경기도
공무직
일반상식

KB193818

경기도
공무직 필기시험
일반상식(한국사 포함)

개정 7판 발행	2024년 3월 25일
개정 8판 발행	2025년 4월 4일

편 저 자 | 공무원시험연구소
발 행 처 | (주)서원각
등록번호 | 1999-1A-107호
주　　소 | 경기도 고양시 일산서구 덕산로 88-45(가좌동)
대표번호 | 031-923-2051
팩　　스 | 031-923-3815
교재문의 | 카카오톡 플러스 친구 [서원각]
홈페이지 | goseowon.com

현대사회는 지식정보사회로 노동력·자본에 이어 지식이 재산이 되는 시대입니다. 수많은 정보와 지식이 쏟아지는 이 시대를 살아가는 데 있어 가장 중요한 것은 "변화하는 지식의 홍수 속에서 넓은 지식·정보를 빠르게 습득하고 그 많은 정보 중에서 자신에게 필요한 지식을 선별하여 자신의 것으로 체화하는 능력"입니다. 이와 같은 능력이 가장 두드러지게 나타나는 과목이 바로 "상식"입니다.

본서는 경기도 공무직 통합 채용 필기시험에 대비하기 위하여 촌각을 다투는 수험생들에게 도움이 되고자 기획한 교재입니다 방대한 양의 상식 가운데 최근 상식 및 공공기관 및 공기업 채용시험에 자주 출제되는 내용만을 선별하여 효율적인 학습을 가능케 합니다. 뿐만 아니라 경기도 관련 역사 및 문화, 주요 시책에 대하여 한 눈에 파악하기 쉽도록 요약하여 정리하였습니다.

본서는 경기도 공무직 일반상식 채용시험에 대비하기 위한 도서입니다.

1 채용시험에 출제가 예상되는 내용만을 정리하여 효율적인 학습이 가능하도록 하였습니다.

2 한국사를 포함한 일반상식과 경기도소개의 핵심을 한눈에 파악할 수 있도록 요약 정리하였습니다.

3 이론뿐만 아니라 기출복원문제와 과목별 출제예상문제로 경기도 공무직 일반상식 채용시험을 효율적으로 준비할 수 있습니다.

경기도 공무직 일반상식 채용시험을 준비하는 수험생들에게 합격의 영광이 함께 하기를 기원합니다.

Structure

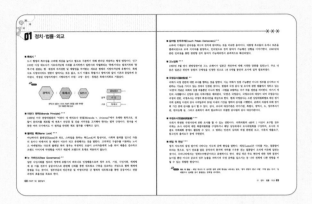

일반상식

영역별 최근 시사용어를 선별하여 수록하였으며 시험에 자주 출제되는 주요 빈출 용어를 정리하였습니다. 핵심 용어의 중요체크를 통하여 중요도를 확인할 수 있습니다.

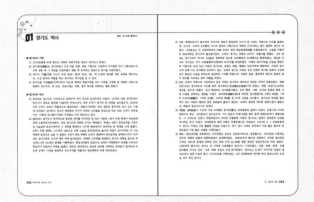

경기도 소개

공무직 근로자 통합 채용 시험에 출제되는 경기도 역사부터 정책까지 경기도의 전반적인 내용을 한 눈에 파악할 수 있도록 정리 하였으며 시책에 관련된 예상 문제를 풀어볼 수 있습니다.

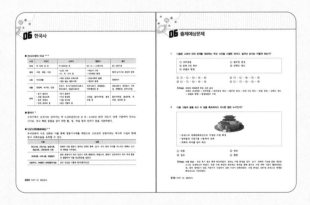

한국사 상식 포함

최근 들어 중요도가 높아지고 있는 한국사를 함께 정리하였습니다. 시험에 자주 출제되는 주요 내용을 확인할 수 있습니다.

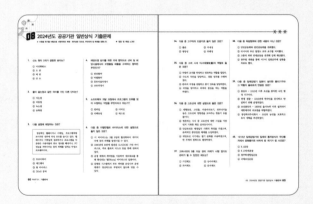

기출문제

공공기관에서 출제된 문제들을 모아 2020~2024년 기출복원문제를 수록하였습니다. 실전과 같이 문제를 풀어볼 수 있습니다.

Contents

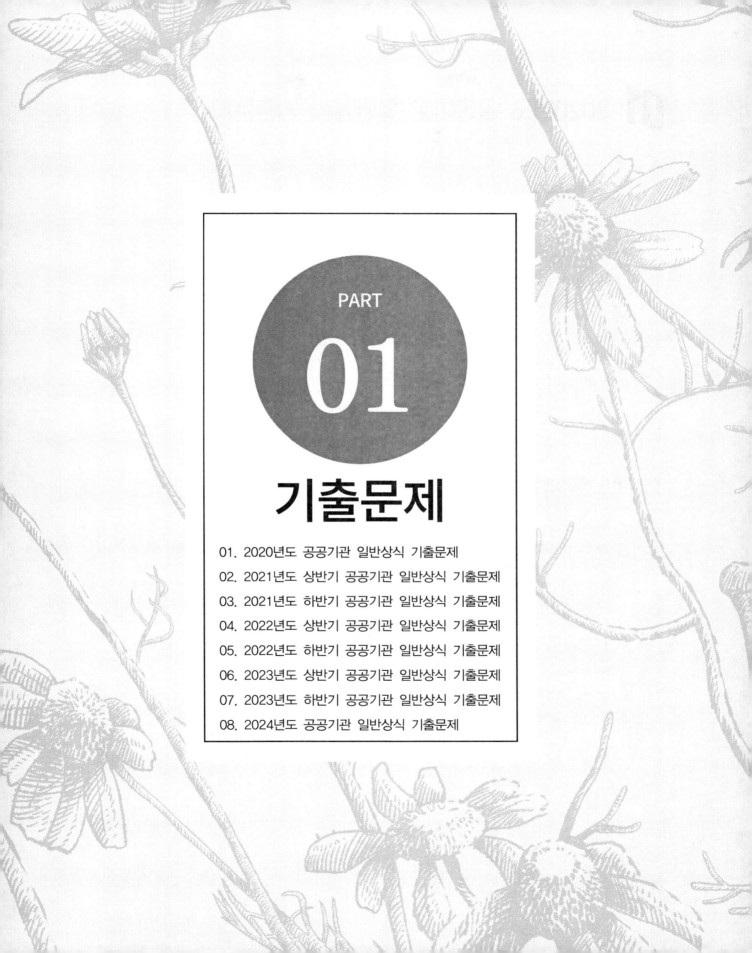

PART

01

기출문제

01 2020년도 공공기관 일반상식 기출문제

※ 수험생 후기를 바탕으로 서원각에서 복원·재구성한 것으로, 무단전재 및 복제를 금합니다.　　＊ 정답 및 해설 p.346

1 근대 철학의 창시자로 생각하는 인간과 이성의 역할을 강조하며 '나는 생각한다. 그러므로 나는 존재한다'의 명제를 밝힌 철학자는 누구인가?

① 플라톤
② 데카르트
③ 칸트
④ 파스칼

2 다음은 무엇에 대한 설명인가?

> 연극에서 비롯된 정신적 학대를 일컫는 심리학 용어로 거부, 반박, 전환, 경시, 망각, 부인 등 타인의 심리나 상황을 교묘하게 조작해 그 사람이 현실감과 판단력을 잃게 만들고, 이로써 타인에게 통제능력을 행사하는 것을 말한다.

① 가스라이팅 효과
② 사일로 효과
③ 파파게노 효과
④ 제노비스 신드롬

3 1610년에 갈릴레이가 손수 만든 망원경을 사용하여 처음 발견한 것으로 갈릴레이 위성이라 하는 목성의 위성 중 제3위성의 이름은 무엇인가?

① 이오
② 유로파
③ 칼리스토
④ 가니메데

4 다음이 설명하는 캠페인은 무엇인가?

> 호주의 비영리 단체 YGAP의 대표 엘리엇 코스텔로가 고아원에서 아동학대를 당하다 구조된 캄보디아 소녀를 돌보며 겪은 경험을 바탕으로 시작되었다. 할리우드 배우들도 SNS에 빨간 매니큐어를 바른 사진을 업로드하며 이 캠페인에 참여하였다.

① 폴리시드맨
② 아이스 버킷 챌린지
③ 스테이 스트롱
④ Black Out Tuesday

5 홍콩은 1842년 청나라와 영국 간에 벌어진 아편전쟁에서 청나라가 패하면서 영국에 할양되었다. 영국의 식민지배를 청산하고 홍콩의 주권이 대영제국에서 '중화인민공화국의 특별행정구'로 되었을 때는 언제인가?

① 1949년
② 1972년
③ 1984년
④ 1997년

6 ( ) 안에 들어갈 말로 알맞은 것을 고르시오.

> ( )는 법률적으로 두 가지 수단이 있다. 하나는 최초의 매매계약을 할 때에 매도인이 ( )할 권리를 유보하고 그 목적물을 ( )할 수 있다고 약속하는 것이고, 다른 하나는 한 번 보통의 매매계약을 체결하고 나서 다시 매도인이 장래의 일정 기간 내에 매수인으로부터 매수할 수 있다고 예약을 하는 것이다.

① 전매(轉買)
② 환매(還買)
③ 판독(判讀)
④ 투기(投機)

7 대한민국 임시정부 제2대 대통령, 독립운동가이자 역사학자 박은식이 '국어와 국사가 살아 있으면 그 나라는 망하지 않는다'는 신념과 함께 저술한 책은 무엇인가?

① 동사강목
② 한국사신론
③ 백록담
④ 한국통사

8 다음 중 품사가 다른 하나는 무엇인가?

① 그녀는 <u>아마도</u> 우산을 집에 두고 온 모양이다.
② 내 생일은 <u>다다음</u> 날인 18일이야.
③ 아침으로 사과 <u>두</u> 개를 먹고 나왔다.
④ <u>새</u> 책으로 공부할 때 기분이 좋다.

9 다음 설명으로 해당하는 것을 고르시오.

> 이것이 선언되면 베이스에 있던 주자 모두가 다음 베이스로 자동 진루할 수 있다. 첫째, 투수가 투구와 관련된 동작을 일으킨 다음 그 투구를 중지했을 경우. 둘째, 투수가 1루에 송구하는 흉내만 내고 실제로 송구하지 않았을 경우. 셋째, 투수가 베이스에 송구하기 전 베이스가 있는 방향으로 발을 똑바로 내딛지 않았을 경우. 넷째, 투수가 불필요하게 경기를 지연시켰을 경우 등

① 보크
② 번트
③ 베이스 온 볼스
④ 리터치

10 고속도로 주행 시 안전거리로 알맞은 것은?

① 90km/h 주행 시 85m
② 100km/h 주행 시 100m
③ 110km/h 주행 시 80m
④ 120km/h 주행 시 95m

11 다음에서 바르게 연결되지 않은 것은?

① 오라토리오 – 천지창조
② 하이든 – 놀람교향곡
③ 피카소 – 아비뇽의 처녀들
④ 베토벤 – 월광소나타

12 부모와 결혼한 자식의 가족이 한집에 동거하지만 각기 독립적으로 생활하는 것을 무엇이라고 하는가?

① 쉐어하우스   ② 핵가족
③ 수정핵가족   ④ 프렌디

13 다음에 ㉠에 들어갈 알맞은 것은 무엇인가?

> 6월과 10월을 한자 그대로 적으면, '육'월, '십'월이 된다. 이대로 발음하게 되면 부드럽지 못하게 읽히는데, 이러한 발음을 '유'월과 '시'월로 매끄럽게 하는 현상을 (㉠)(이)라 한다.

① 불협화음   ② 활음조
③ 유음   ④ 두음법칙

14 불확실하고 위험한 상황에서 용기를 내 먼저 도전하는 사람, 또는 사업으로 다른 이들에게 참여의 동기부여를 유발하는 선구자를 뜻하는 말은 무엇인가?

① 레몬마켓
② 체리피커
③ 코요테 모멘트
④ 퍼스트펭귄

15 다음 9m를 나노미터로 변환한 것으로 알맞은 것은?

① 9×10^{-9}
② 9×10^{-8}
③ 9×10^{-7}
④ 9×10^{-6}

16 그린러시(Green Rush)에 대한 설명으로 알맞은 것은?

① 금광이 발견된 지역으로 사람들이 몰려드는 현상이다.
② 반짝이는 기발한 아이디어와 창조적 사고의 전문직 종사자이다.
③ 국내외 경기의 흐름을 분석해 발표하는 경제 동향 관련 보고서이다.
④ 대마초가 합법화된 나라로 자금이나 사람이 몰려드는 현상이다.

17 다음 보기에 대해 알맞은 답을 고르시오.

> 그룹 방탄소년단(BTS)의 멤버, 슈가의 음반이 미국 빌보드 앨범 차트에 올랐다. 한국의 솔로 가수 앨범으로는 최고의 기록이며, 사극을 닮은 뮤직비디오와 우리 고유의 음악을 활용한 멜로디에 세계의 관심이 집중되었다. '이 곡은 조선시대 공식적인 행사에 따르는 행진 음악이다.

① 시나위 　　　　② 대취타
③ 여민락 　　　　④ 수제천

18 세계 최초로 여성 참정권을 부여한 나라는?

① 미국
② 프랑스
③ 뉴질랜드
④ 아르헨티나

19 다음을 읽고 빈칸에 들어갈 말로 알맞은 것은?

> 1738년 과학자 _____(이)가 발표한 _____ 정리는 유체의 흐름이 빠른 곳의 압력은 느린 곳의 압력보다 작아진다는 이론으로 유체의 위치에너지와 운동에너지의 합이 항상 일정하다는 것을 밝혔다.

① 샤를 　　　　② 뉴턴
③ 베르누이 　　　④ 그레섬

20 다음 한자표기와 뜻이 알맞지 않은 것은?

① 부패(腐敗) : 정치, 사상, 의식 따위가 타락함
② 부정(不定) : 올바르지 아니하거나 옳지 못함
③ 빈부(貧富) : 가난함과 부유함을 아울러 이르는 말
④ 보존(保存) : 잘 보호하고 간수하여 남김

21 브레이크가 고장난 기차가 달리고 있다. 레일 위에는 5명의 인부가 있었는데, 기차가 이대로 달린다면 인부들은 모두 죽게 될 것이다. 한 가지 방법이 있다면 레일 변환기로 기차의 방향을 바꾸는 것뿐이다. 만약 레일을 바꾼다면 한 명의 인부가 죽게 된다. 이때 당신이 어떠한 선택을 할 것인지 물어보는 심리학적 질문을 무엇이라고 하는가?

① 죄수의 딜레마
② 폴리애나 현상
③ 치킨 게임
④ 트롤리 딜레마

22 '애빌린의 역설'에 대한 설명으로 옳은 것은?

① 집단 내 구성원들 모두가 자신이 원하지 않는 쪽의 결정에 동의하는 현상

② 실제로 일어날 가능성이 없는 일에 대해 수시로 생각하며 걱정하는 현상

③ 약을 올바로 처방했는데도 환자가 의심을 품어 약효가 나타나지 않는 현상

④ 사회적으로 존경받는 지위의 사람이 가면이 벗겨질지 모른다는 망상으로 괴로워하는 현상

23 가장 높은 시청률과 청취율을 유지하여 비싼 광고비를 지불해야 하는 방송시간대를 일컫는 용어는?

① 콜 타임
② 브레이크아웃 타임
③ 프라임타임
④ 랩 타임

24 제4의 물질 상태라고 부르며, 초고온에서 전자(음전하)와 이온(양전하)으로 기체가 분리되는 상태를 말하는 것은 무엇인가?

① 콜로이드
② 쿼크
③ 플라즈마
④ 초전도

25 다음 왕과 왕의 업적이 바르게 연결된 것은?

① 조선 현종 – 진대법
② 고려 성종 – 문신월과법
③ 조선 세조 – 경국대전 반포
④ 신라 문무왕 – 녹읍 폐지

26 기원전 480년에 페르시아군과 그리스 연합군 사이에 발발한 전투로, 영화 「300」의 배경이 되기도 한 이 전투의 이름은?

① 테르모필레
② 플라타이아
③ 레우크트라
④ 펠로폰네소스

27 「공산당 선언」과 「자본론」을 저술한 철학자는?

① 마르크스
② 다윈
③ 레닌
④ 베버

28 기업이 증권시장에 주식 상장을 하기위해 하는 기업공개를 의미하는 용어로, 기업의 자사 주식과 경영 내역 등을 시장에 알리는 것을 의미하는 것은?

① IB
② IPO
③ PER
④ ROE

29 신문광고 요금을 이론적으로 비교하는 단위를 나타내는 척도로 신문매체의 광고가치를 발행한 부수와 비용 측면에서 경제적으로 평가할 때 이용하는 것을 일컫는 용어는?

① 프레임 레이트
② 디플레이트
③ 밀라인 레이트
④ 타임 레이트

30 다음 설명하는 '왕'의 재위기간에 있었던 사실로 옳은 것은?

> 이 왕은 장희빈을 왕비로 책봉하였다. 환국을 직접 주도하면서 정국을 이끌었다.

① 붕당정치 폐해를 경계하고자 탕평책을 실시하였다.
② 금위영을 설치하여 5군영 체제를 확립하였다.
③ 일본과의 무역을 재개하기 위해 기유약조를 체결하였다.
④ 균역법을 실시하여 농민의 군역 부담을 덜어주었다.

31 다음 설명하는 엑셀 함수는?

	A	B	C
1	시	도	구
2	서울	경기도	종로구
3	제주	강원도	중구
4	세종	충청북도	용산구
5	부산	충청남도	성동구
6	대구	전라북도	성북구

위 그림처럼 분리되어 있는 내용을을 하나의 셀로 정리하여 연결된 주소를 만들기 위해서 사용하는 함수로 여러 문자열, 배열의 텍스트를 지정한 구분기호를 포함하여 합치는 함수이다.

① SUMIF   ② TRIMMEAN
③ VLOOKUP   ④ TEXTJOIN

32 다음 중 밑줄 친 부분의 맞춤법 표기가 바른 것은?

① 땀을 너무 많이 흘려서 <u>호졸근</u>하다.
② <u>엇저녁</u>에 가족들과 운동을 했다.
③ 빨리 달리다가 벽에 <u>부딪쳤다</u>.
④ <u>며칠</u> 간 해외여행을 떠날 예정이다.

33 다음 상황에 해당하는 용어는?

> A : 이번에 S전자에서 신제품 휴대폰이 나
>   왔어! 출고가가 100만 원이래.
> B : 그래? 내 휴대폰은 재작년에 S전자 휴
>   대폰 100만 원인데 너무 예쁘고 성능이
>   좋아!
> A : 그 제품은 신제품이 나오면서 50만 원
>   으로 가격이 떨어졌더라.
> B : 이 휴대폰도 신제품만큼 멋진데, 처음
>   샀을 때보다 가격이 많이 떨어졌네.

① 서비타이제이션
② 리엔지니어링
③ 카니발리제이션
④ 서비사이징

34 1984년 LA올림픽에서 부상하기 시작한 마케팅 기법으로, 올림픽 경기에 공식적으로 후원은 하지 않으나 광고 문구에 올림픽과 관련한 마케팅을 하는 것을 일컫는 용어는?

① 엠부시 마케팅
② 바이럴 마케팅
③ 크리슈머 마케팅
④ MOT 마케팅

35 다음 설명하는 ㉠ 왕의 업적으로 옳지 않은 것은?

> ㉠은 한명회, 권람 등과 함께 일으킨 정변을 통해 왕위에 올랐다. ㉠은 김종서, 황보인 등 재상에게 정치의 실권을 넘어가자 어린 왕을 내쫓고 왕이 되었다.

① 현직 관리에게만 수조권을 지급하는 직전법을 실시하였다.
② 영토 개척을 위해 4군 6진을 설치하였다.
③ 국방력 강화를 위해 호패법을 시행하였다.
④ 경국대전 편찬 작업을 진행하였다.

36 1808년 나폴레옹 시대부터 시작된 프랑스 국가시험으로, 프랑스의 졸업시험이자 대입자격시험은?

① SAT
② 가오카오
③ 바칼로레아
④ 아비투어

37 다음 중 제일 나중에 일어난 사건은?

① 88올림픽
② 6.29선언
③ 12.12사태
④ 5.18 민주화운동

38 누르하치가 부족을 통합시켜 세운 왕조로 중국 최후의 통일 왕조는?

① 명나라
② 청나라
③ 송나라
④ 수나라

39 수영장 끝에 다다라서 물속에서 앞으로 반을 돈 뒤에 벽면을 차고 나가는 턴을 일컫는 말은?

① 플립 턴
② 롤오버 턴
③ 오픈 턴
④ 평영 턴

40 쇠와 피에 의해서 통일을 이뤄낼 수 있다는 철혈 정책과 오스트리아 배척 정책을 통해서 독일에 통일을 이뤄낸 정치가는?

① 쿠르트 슈마허
② 요아힘 가우크
③ 빌리 브란트
④ 비스마르크

02 2021년도 상반기 공공기관 일반상식 기출문제

※ 수험생 후기를 바탕으로 서원각에서 복원·재구성한 것으로, 무단전재 및 복제를 금합니다.　　※ 정답 및 해설 p.352

1 다음 밑줄 친 이것의 용어는?

> 이것은 어두운 흑색의 세립질 화성암이다. 지구에 대부분 지각이 이것으로 구성되어있다. 이것은 용암이나 마그마가 식은 뒤에 굳으면서 생긴다. 달, 금성, 화성에서도 발견되고 있으며 국내에선 제주도를 대표하는 돌 중에 하나이다.

① 유문암　　　　② 안산암
③ 화강암　　　　④ 현무암

2 다음 중 고구려와 관련된 것은?

① 소도　　　　② 영고
③ 동맹　　　　④ 무천

3 미국 매사추세츠공과대학(MIT) 미디어랩에서 무료로 제공한 컴퓨터 프로그래밍 도구로 동화, 게임, 애니메이션 등을 만들고 공유할 때 사용하는 것은?

① 스크래치　　　　② 자바
③ 파이선　　　　④ C언어

4 광고 카피라이팅 룰인 5I의 법칙에 해당하는 단어가 아닌 것은?

① Independence　　　② Idea
③ Immediate Impact　　④ Incessant Interest

5 다음 밑줄 친 이것에 해당하는 소설 형식은?

> 이것은 기이한 내용 전하는 이야기라는 뜻이다. 이것은 대표적으로 금오신화, 삼설기, 금령전, 안락국전 등이 있다. 몽환의 세계, 신선의 세계 등을 표현한 소설로 작자의 개성이 뚜렷하게 드러난다.

① 통속소설　　　　② 전기소설
③ 가문소설　　　　④ 본격소설

6 다음 밑줄 친 이것이 의미하는 것은?

> 이것은 고종 때 설치되었던 상설 조폐기관이다. 이것은 조선사회에 근대적 화폐제도 도입에 선구적인 역할을 했다.

① 전환국　　　　② 제중원
③ 기기창　　　　④ 박문국

7 다음 빈칸에 ㉠과 ㉡을 알맞게 넣은 것은?

> ㉠은 ㉡은 온도 눈금으로 ㉠과 ㉡의 눈금 간격은 동일하다. 그러나 ㉠은 물의 어는 점이 0도이나 ㉡은 273.15K이고 끓는 점도 ㉠은 100도이지만 ㉡은 373.15K이다. ㉠은 물의 특이성을 이용하여 온도를 재는 반면 ㉡은 물질의 특이성에 의존하지 않는 특징이 있다.

	㉠	㉡
①	섭씨온도	절대온도
②	절대온도	화씨온도
③	화씨온도	절대온도
④	섭씨온도	임계온도

8 1970년대 덴마크에서 처음 시작되었고, 개인 주거 공간과 함께 공동체 생활까지 하는 공동체 시설을 갖추고 있는 협동 주거 형태를 일컫는 용어는?

① 셰어하우스
② 비오톱
③ 타운하우스
④ 코하우징

9 다음 관형격조사가 옳게 들어간 것은?

① 선거에서 압승하여 당선되었다.
② 오전에 상사로부터의 연락이 있었다.
③ 오랜 친구에게로의 문자가 왔다.
④ 부서 안에서의 권력싸움이 있다.

10 다음 설명하는 뮤지컬 제목은?

> 아바(ABBA)의 음악을 바탕으로 만들어진 뮤지컬로, 지중해를 배경으로 미혼모 도나의 딸인 소피가 자신의 생부를 찾기 위해 어머니 일기장에 기록된 도나의 옛 연인인 세 명의 남자에게 청첩장을 보내는 것으로 시작된다. 그들이 모두 만나면서 회상과 감상에 젖으며 부르는 아바의 히트 곡들이 곳곳에 녹아있다.

① 오페라의 유령
② 맘마미아
③ 캣츠
④ 레미제라블

11 사토시 나카모라 프로그래머가 개발한 가상화폐로 블록체인 기술이 적용된 코인으로 적절한 것은?

① 이더리움　　　　② 알트코인
③ 비트코인　　　　④ 리플

12 큰 예산이 들어가는 일은 빠르게 결정되지만 적은 예산이 들어가는 일에는 격론이 벌어지는 일을 의미하는 법칙은?

① 사소함의 법칙
② 그레샴의 법칙
③ 그로슈의 법칙
④ 무어의 법칙

13 다음 중 작가와 작품이 올바르게 짝지어진 것은?

① 요한네스 브람스 – 레퀴엠 D단조
② 셰익스피어 – 신곡
③ 빈센트 반 고프 – 선상파트의 점심
④ 레오나르도 다 빈치 – 모나리자

14 기원전 5세기부터 기원전 4세기까지 그리스를 중심으로 활동했던 철학사상가이자 교사들을 무엇이라고 하는가?

① 탈무드
② 소피스트
③ 테아이테토스
④ 크리티아스

15 손 소독제의 구성 성분으로 적절하지 않은 것은?

① 메탄올　　　　② 에탄올
③ 글리세롤　　　　④ 과산화수소

16 저작물 이용을 허락하는 표시 CCL에서 저작자를 반드시 표시해야 하는 조항을 의미하는 용어는?

① NC　　　　② BY
③ ND　　　　④ SA

17 거시경제지표로 옳지 않은 것은?

① 국민소득
② 종합수지
③ 기업매출
④ 실업률

18 아바타를 통해 가상세계를 다니면서 현실에서처럼 문화나 사회 활동을 할 수 있는 것으로 의미하는 단어는?

① NFT
② 메타버스
③ 블록체인
④ 디파이

19 다음 중 한국형 앰뷸런스를 개발한 사람은?

① 인요한
② 이국종
③ 박노자
④ 인세반

20 신라시대의 골품제도 기능으로 적절한 것은?

① 씨족사회의 전통을 발전
② 사회적 대립과 갈등을 조절
③ 정치활동의 범위를 결정
④ 민간문화의 수준을 높임

21 고려시대의 법속으로 옳지 않은 것은?

① 상장제례는 유교적 규범에 따라 시행했다.
② 반역죄와 불효죄는 중죄이고 유교원리를 중시했다.
③ 지방관은 중요사건 이외에는 관습법으로 다스렸다.
④ 근친혼이 유행하면서 후기에 금지령을 내렸다.

22 고려시대의 무역항으로 옳은 것은?

① 청해진
② 울산
③ 당항성
④ 벽란도

23 다음은 고려 전기에 실시된 정책이다. 정책의 배경에 대한 설명으로 옳은 것은?

> • 지방관 파견
> • 과거제 정비
> • 향리제도 마련
> • 과도한 불교행사 억제

① 최승로 시무28조
② 묘청 서경천도운동
③ 태조 왕건 훈요10조
④ 성리학 수용

24 조선시대에 국왕의 직속으로 죄인을 다스리는 부서로 옳은 것은?

① 성균관   ② 춘추관
③ 의금부   ④ 홍문관

25 다음 저서의 설명이 바르게 연결되지 않은 것은?

① 경국대전 – 법의 성문화
② 팔도지리지 – 국방력 강화와 중앙집권화
③ 농사직설 – 중국의 농법을 정리
④ 향약집성방 – 우리나라 실정에 맞는 의학서적

26 음력 3월에 드는 24절기의 다섯 번째 절기는?

① 춘분
② 청명
③ 우수
④ 경칩

27 '지역화폐'에 대한 설명으로 옳지 않은 것은?

① 지역화폐는 지류형 · 모바일형 · 카드형 종류가 있다.
② 백화점, 대형마트와 사행성 업소에서는 사용할 수 없다.
③ 국가가 발행하는 법정화폐이다.
④ 1997년 외환위기 때 도입되었으나 2006년부터 본격화되었다.

28 다음 〈보기〉에서 나타내는 것은?

> 〈보기〉
> • 조선후기 이이를 추모하기 위해 창건한 서원
> • 위치 : 경기도 파주시 법원읍 동문리
> • 1973년 7월 10일 경기도 시도기념물 제45호로 지정

① 화석정   ② 소수서원
③ 문회서원   ④ 자운서원

29 병원체의 유전 정보를 주입해 체내에서 항원 단백질을 생성하게 하여 면역 반응을 유도하는 백신을 무엇이라고 하는가?

① CNA 백신　　② DNA 백신
③ mRNA 백신　　④ mDNA 백신

30 성공을 하고 사람들의 환영을 받으며 고향으로 돌아온다는 뜻의 사자성어는?

① 錦衣還鄕　　② 錦上添花
③ 錦繡江山　　④ 錦衣夜行

31 다음 밑줄 친 ㈎에 해당하는 인물과 사건으로 옳은 것은?

> 그러면 조선 근세에 종교나 학술이나 정치나 풍속이나 사대주의의 노예가 됨은 무슨 사건에 원인하는 것인가 …… 나는 한마디로 회답하여 말하기를 고려 인종 13년 <u>㈎</u> 를 원인으로 생각한다 …… 그 실상은 낭가와 불교양가 대 유교의 싸움이며, 국풍파 대 한학파의 싸움이며, 독립당 대 사대당의 싸움이며, 진취사상 대 보수 사상의 싸움이니 …… 이것이 어찌 일천년래 제일사건이라 하지 아니하랴 ……
>
> 〈조선사 연구초〉

① 강감찬 귀주대첩　　② 묘청 서경천도운동
③ 김윤후 처인성 전투　　④ 이성계 위화도 회군

32 다음 밑줄 친 '이것'이 제작된 시기의 내용으로 옳은 것은?

> <u>이것</u>은 하늘의 모습(천상)을 목성의 운행을 기준으로 설정한 12구역(차)와 별자리 구역을 12구역(분야)으로 구분하여 서로 대응시킨 천상도(天象圖)이다. 현재 우리나라 국보 제228호로 지정되어 있으며 왕의 명령에 따라 서운관에서 제작되었으며, 현존하는 우리나라 최고의 석각천문도이다. 상단의 천문도 원 안에는 모두 1,467개의 별이 기록되어 있으며, 중국의 순우천문도에 기록되어 있는 1,434개의 별보다 그 수가 많아 보다 세밀한 관측이 이루어졌음을 알 수 있다.

① 왕권 강화를 목적으로 하는 6조 직계제가 처음으로 시행되었다.
② 학문과 정책 연구를 위해 집현전이 설치되고 경연 기능이 강화되었다.
③ 유교통치이념 확립을 위해 「국조오례의」, 「삼강행실도」 등이 보급되었다.
④ 「경제육전」, 「조선경국전」 등의 법전과 국가통치에 관한 법제서 등이 간행되었다.

33 다음 중 실학사상에 관한 설명으로 옳지 않은 것은?

① 정약용은 공동 경작, 공동 분배를 실현할 수 있는 여전론을 주장하였다.
② 박지원은 수레와 선박의 이용 및 화폐 유통을 강조하며 상공업 진흥을 주장하였다.
③ 박제가는 「북학의」를 저술하고 소비를 통한 생산력 증대를 주장하였다.
④ 유수원은 사농공상의 직업적 평등화를 주장하며 「의산문답」을 저술하였다.

34 다음 내용과 관련된 독립 운동 단체로 옳은 것은?

> 민중은 우리 혁명의 대본영(大本營)이다. 폭력은 우리 혁명의 유일 무기이다. 우리는 민중 속에 가서 민중과 손을 잡고 끊임없는 폭력 – 암살·파괴·폭동으로써, 강도 일본의 통치를 타도하고, 우리 생활에 불합리한 일체 제도를 개조하여, 인류로써 인류를 압박치 못하며, 사회로써 사회를 수탈하지 못하는 이상적 조선을 건설할지니라.

① 대한광복회　　　② 신간회
③ 의열단　　　　　④ 독립의군부

35 다음 (개), (내)에 해당하는 내용으로 옳은 것은?

> 고종이 어린 나이에 왕위에 즉위한 이후 그의 아버지인 흥선대원군이 수렴청정을 하게 되었다. 흥선대원군은 안동 김씨, 풍양 조씨 등 외척 세력에 의한 세도정치의 폐단을 개혁하고자 하였다. 중종 때 여진, 왜구를 방어하기 위한 임시 회의 기구로 설치된 이후 임진왜란 이후 국정 전반을 주관하는 상설 회의 기구가 된 (개)를(을) 혁파하였다. 또한 「대전회통」, 「육전조례」를 편찬함으로써 국가 통치 기강을 확립하고자 하였고, 이 과정에서 관리들의 인사 행정이나 관례에 관한 사례를 모아 (내)를(을) 편찬하였다.

　　　　　　(개)　　　　　　(내)
① 비변사　　　　　　양전편고
② 비변사　　　　　　전록통고
③ 비변사　　　　　　수교집록
④ 서원　　　　　　　수교집록

36 다음 (개) 시기에 해당하는 내용으로 옳은 것은?

> 고부민란 → 전주성 점령 → 우금치 전투 → (개) → 단발령 실시

① 자치기구인 집강소가 설치되었다.
② 지방관 권한이 축소되고 재판소가 설치되었다.
③ 개혁기구로 군국기무처가 설치되었다.
④ 독립신문이 발행되고 독립문이 건립되었다.

37 다음을 보고 이것이 시행된 이후의 내용으로 옳지 않은 것은?

> 제1조 일본국 정부는 동경의 외무성을 경유하여 지금부터 한국이 외국에 대하는 관계 및 사무를 감리, 지휘하고, 일본국의 외교 대표자 및 영사는 외국에 거주하는 한국의 신민 및 이익을 보호한다.
>
> 제2조 일본국 정부는 한국과 타국 간에 현존하는 조약의 실행을 완수하는 임무를 담당하고 한국 정부는 지금부터 일본국 정부의 중개를 거치지 않고서는 국제적 성질을 가진 어떤 조약이나 약속을 맺지 않을 것을 서로 약속한다.

① 통감부가 설치되었다.
② 러일전쟁이 발발하였다.
③ 헤이그 특사가 파견되었다.
④ 신민회가 조직되었다.

38 다음 단체 활동을 주도한 인물로 옳은 것은?

> • 의열단
> • 조선혁명 군사정치 간부학교
> • 민족혁명당
> • 조선의용대

① 홍범도   ② 김원봉

③ 김좌진   ④ 지청천

39 다음 밑줄 친 것에 해당하는 것으로 옳은 것은?

> 의 법안은 임시수도인 부산에서 통과된 법안이다. 의 법안은 대통령 직선제와 양원제를 골자로 하는 정부 측 안, 내각책임제와 단원제를 골자로 하는 국회 안을 절충해서 통과한 법안이었다. 대통령 간선제를 직선제로 바꾼 것이 가장 핵심적인 내용이라 평가받고 있다.

① 1차 개헌

② 2차 개헌

③ 3차 개헌

④ 7차 개헌

40 다음을 주장한 인물의 활동으로 옳지 않은 것은?

> 역사란 무엇이뇨. 인류 사회의 아와 비아의 투쟁이 시간부터 발전하며 공간부터 확대하는 심적 활동의 상태의 기록이니, 세계사라 하면 세계 인류의 그리되어 온 상태의 기록이며, 조선사라 하면 조선 민족의 그리되어 온 상태의 기록이니라.

① 매일신보의 주필로 임명되어 항일 언론 활동을 하였다.

② 「독사신론」, 「수군 제일 위인 이순신전」 등을 저술하였다.

③ 안창호, 양기탁, 이회영 등과 함께 신민회 활동에 참여하였다.

④ 대한민국 임시정부에 참여하며 임시의정원 의원으로 활동하였다.

03 2021년도 하반기 공공기관 일반상식 기출문제

※ 수험생 후기를 바탕으로 서원각에서 복원·재구성한 것으로, 무단전재 및 복제를 금합니다. ✱ 정답 및 해설 p.358

1 CCL(Creative Common License)은 저작권자가 자신의 창작물에 몇 가지 조건을 붙여 사용자가 자유롭게 이용할 수 있도록 허락한다는 저작권 라이선스이다. 다음 중 CCL의 조건이 아닌 것은?

① CL   ② NC
③ ND   ④ SA

2 암호화폐 중 비트코인을 제외한 가상화폐를 통틀어 뜻하는 용어로 옳은 것은?

① 이더리움   ② 알트코인
③ 라이트코인   ④ 폴리비우스

3 다음 〈보기〉의 내용이 가리키는 용어는?

> 〈보기〉
> 김OO의 회사 선배가 가상화폐에 투자하여 크게 이익을 본 후 퇴사했다는 소식을 들었다. 다음 날 친구들과의 모임에서도 친구들이 가상화폐 또는 주식에 투자하고 있다는 사실을 알게 되었다. 혼자서만 뒤처졌다는 생각에 김OO는 집에 가자마자 가상화폐 계좌를 개설하여 투자를 시작하였다.

① LID증후군   ② 노모포비아
③ 램프증후군   ④ 포모증후군

4 4차 산업혁명에 맞춰 새롭게 등장한 노동계급으로 정보기술을 요구하는 직종에서 일하는 사람을 부르는 용어는?

① 화이트칼라
② 골드칼라
③ 뉴칼라
④ 퍼플칼라

5 IPO에 대한 설명으로 옳은 것은?

① 기업이 주식이나 사채투자자들을 대상으로 자본시장에 정당한 평가를 얻기 위한 홍보활동이다.
② 비상장기업이 유가증권시장 또는 코스닥에 상장하기 위해 주식 및 경영내용을 공개하는 것이다.
③ 장기 자금 조달 및 기업의 인수·합병, 기업공개, 증자 등의 업무를 취급하는 금융기관이다.
④ 증권거래소가 매매 가능한 품목 또는 종목을 지정하는 것을 뜻한다.

6 메타버스(Metaverse)에 대한 설명으로 옳지 않은 것은?

① 비유(Metaphor)와 우주(Universe)의 합성어이다.

② 대표적인 메타버스 플랫폼으로 '제페토'가 있다.

③ 아바타를 활용하여 현실과 같이 사회 · 문화적 활동이 가능하다.

④ 5G 상용화와 코로나19로 더욱 주목받게 되었다.

7 저작권에 대한 설명으로 옳지 않은 것은?

① 저작재산권은 저작자가 생존하는 동안과 사망 후 70년간 존속된다.

② 공동저작물의 경우 가장 먼저 사망한 저작자가 사망한 후 70년간 존속된다.

③ 사실 전달에 불과한 시사보도는 저작권을 보호받지 못한다.

④ 법률이 퍼블릭 도메인으로 선언한 것은 헌법, 법률, 조약, 명령, 조례 및 규칙 등이 있다.

8 회의시간에 사소한 안건에는 시간을 많이 들이는데 비해 중요한 안건에는 적은 시간을 할애하는 것을 나타내는 용어는?

① 슈바베의 법칙

② 그레셤의 법칙

③ 사소함의 법칙

④ 그로슈의 법칙

9 기업이 자신들의 이익을 위하여 경영권 방어, 약탈 등 경제적 비용을 비효율적으로 사용하여 경제력을 낭비하는 현상을 뜻하는 것은?

① 로젠탈 효과　　② 리카도 효과

③ 크레스피 효과　　④ 지대추구

10 인터넷 검색, 동영상, 쇼핑 등 작은 화면에 많은 상품을 효과적으로 진열할 때 한눈에 알아볼 수 있도록 하는 것은?

① 섬네일(Thumbnail)　　② 해시태그(Hashtag)

③ 브이로그(V-log)　　④ 딥페이크(Deepfake)

11 최소한의 비용으로 제품과 서비스의 가치를 떨어뜨리지 않으며 제품을 생산하는 방법을 분석하는 경영전략은?

① 리엔지니어링　　② 전사적자원관리

③ 가치분석　　④ 가치공학

12 헌법상 대통령이 주재해야 하는 국무회의는?

① 국가안전보장회의

② 국가원로자문회의

③ 국민경제자문회의

④ 민주평화통일자문회의

13 작가와 작품이 올바르게 짝지어진 것이 아닌 것은?

① 미켈란젤로 – 다비드
② 빈센트 반 고흐 – 별이 빛나는 밤
③ 클로드 모네 – 아비뇽의 여인들
④ 요하네스 페르메이르 – 진주 귀고리를 한 소녀

14 다음에 대한 설명으로 옳은 것은?

〈보기〉
　과거에는 단순히 책을 보고 읽고 쓸 줄 알면 됐다. 하지만 정보가 쏟아지는 현재 상황에서는 복잡하고 수많은 데이터 중에서 스스로 판단하여 정확하고 명확한 정보를 찾아 읽고 쓸 줄 알아야 한다.

① 디지털 루덴스
② 디지털 네이티브
③ 디지털 워터마크
④ 디지털 리터러시

15 전통 국악기 중 줄을 사용하여 연주하는 현악기가 아닌 것은?

① 가야금　　　② 거문고
③ 장구　　　　④ 해금

16 다음 중 매 종류에 속하지 않는 것은?

① 송골매　　　② 참매
③ 보라매　　　④ 옥송골

17 투자신탁상품의 일종으로 공사채형과 주식형에서 유리한쪽으로 전환이 가능한 금융상품은?

① 카멜레온 펀드
② 엄브렐러 펀드
③ 멀티클래스 펀드
④ 뮤추얼 펀드

18 다음 중 맞춤법이 옳은 것은?

① 백성들의 원망과 불만이 걷잡을 수 없이 커졌다.
② 저 아이와 서툴었던 지난 내 모습과 겹쳐 보인다.
③ 작업하기 간편토록 자료를 정리해주었다.
④ 하늘을 날으는 저 새들처럼 나도 자유롭고 싶다.

19 다음이 설명하는 속담과 같은 의미의 속담은 무엇인가?

　무엇을 전혀 모르던 사람도 오랫동안 보고 듣노라면 제법 따라할 수 있게 됨을 비유적으로 이르는 말

① 서당개 삼년이면 풍월을 읊는다.
② 고래 싸움에 새우 등 터진다.
③ 없는 놈이 우는 소리하면 있는 놈도 우는 소리 한다.
④ 죽 먹는다는 소리 하면 죽 먹게 되고 못산다는 소리 하면 못살게 된다.

20 다음 셰익스피어의 작품 중 4대 비극에 해당하지 않는 것은?

① 햄릿
② 리어왕
③ 맥베스
④ 한여름밤의 꿈

21 다음 중 의태어가 아닌 것은?

① 아장아장
② 반짝반짝
③ 데굴데굴
④ 철썩철썩

22 다음 밑줄 친 부분의 표기가 바른 것은?

① 새파랗게 어린놈이 <u>어따대고</u> 반말이냐!
② <u>왠 놈이</u> 길을 막아섰다.
③ <u>농삿일은</u> 결코 쉽지 않다.
④ <u>등굣길</u> 버스는 언제나 사람이 가득하다.

23 다음 중 맞춤법으로 올바르지 않은 것은?

① 갯벌은 썰물에 들어난다.
③ 바람이 너무 차가워 몸을 움츠렸다.
④ 얽히고설킨 복잡한 마음을 표현할 수 없다.
⑤ 시 한 구절이 가슴을 설레게 하였다.

24 GNP에 환경요소를 합산한 것은?

① 녹색 GNP
② 레드 GNP
③ 화이트 GNP
④ 옐로우 GNP

25 다음이 설명하는 마케팅으로 옳은 것은?

> A회사는 회사 제품 가운데 가장 인기가 있고 큰 성공을 거둔 이어폰에 집중하여 판촉하고 있다. A회사에 대한 긍정적인 이미지를 다른 제품으로 확대 · 전파하여 전체 상품의 매출을 극대화 하려고 한다.

① 프로슈머 마케팅
② PPL 마케팅
③ 넛지 마케팅
④ 플래그십 마케팅

26 디자인이나 활용도를 더하여 전혀 다른 제품으로 생산하는 것은?

① 사이버 렉카　　② 제로웨이스트
③ 업사이클링　　④ 브레인 포그

27 다음이 설명하는 세대는 무엇인가?

> 경제적 자립을 토대로 자발적 조기 은퇴를 추진하는 사람들을 말한다. 이들은 일반적인 은퇴연령인 50 ~ 60대가 아닌 30대 말이나 늦어도 40대 초반까지는 조기 은퇴의 목표를 가진다. 따라서 20대부터 소비를 줄이고 수입의 70 ~ 80% 이상을 저축하는 등의 극단적 절약을 선택하기도 한다.

① 통크족

② 예티족

③ 파이어족

④ 싱커즈족

28 봄을 나타내는 한자가 아닌 것은?

① 雨水

② 穀雨

③ 淸明

④ 霜降

29 2025년 최저임금으로 옳은 것은?

① 10,030원

② 9,860원

③ 9,620원

④ 9,160원

30 다음 중 신간회와 관련이 가장 적은 인물은?

① 신채호

② 양기탁

③ 이승훈

④ 이상재

31 다음에서 설명하는 나라의 풍습이나 특징으로 옳은 것은?

> 나라에는 임금이 있었다. 모두 가축 이름으로 관직명을 정하였는데, 마가(馬加) · 우가(牛加) · 저가(猪加) · 구가(狗加)와 대사(大使) · 대사자(大使者) · 사자(使者)였다. … 여러 가는 별도로 사출도(四出道)를 다스렸다. … 가뭄이 계속되어 오곡이 익지 않으면 그 허물을 왕에게 돌려 '왕을 바꾸어야 한다.'라고 하거나 '왕을 죽여야 한다.'라고 하였다.
>
> – 삼국지 위서 동이전 –

① 제천행사로는 10월의 영고가 있었다.

② 전쟁에 출전할 때 소의 굽으로 점을 쳤다.

③ 특산물로는 단궁, 과하마, 반어피 등이 있다.

④ 다른 부족을 침입하면 노비나 소, 말로 배상하는 책화가 있었다.

32 다음을 제시한 인물에 관한 설명으로 옳은 것은?

> 제2조 필요 이상의 관원이나 관직을 정리할 것
> 제3조 토지 점유를 시정할 것
> 제4조 조세를 공평히 할 것
> 제5조 왕실에 공상(供上)을 금지할 것
> 제9조 비보사찰(裨補寺刹) 이외의 사찰을 정리
> 　　　할 것

① 후대의 왕들에게 남길 교훈을 정리한 〈훈요 10조〉를 남겼다.

② 교정도감과 도방을 설치해 국정과 사병 확대를 추구하였다.

③ 전민변정도감을 설치하여 토지 개혁과 노비 제도 개혁을 추구하였다.

④ 성균관을 재정비하고 신진사대부를 기용하는 등 유학 교육 진흥을 도모하였다.

33 밑줄 친 '이번 문서'를 보낸 조직에 대한 설명으로 옳은 것은?

> • 이번 문서에서는 몽고의 연호를 사용했는데, 이번 문서에서는 연호를 사용하지 않았다.
> • 이전 문서에서는 몽고의 덕에 귀의하여 군신 관계를 맺었다고 하였는데, 이번 문서에서는 강화로 도읍을 옮긴 지 40년에 가깝지만, 오랑캐의 풍습을 미워하여 진도로 도읍을 옮겼다고 한다.
> 　　　　　　　　　　　　　　－「고려첩장(高麗牒狀)」－

① 최우가 도적을 막기 위해 만든 조직에서 비롯되었다.

② 최충헌이 신변 보호와 집권체제 강화를 위해 조직하였다.

③ 거란의 침입에 대비하기 위한 조직으로 편성되었다.

④ 쌍성총관부 탈환에 주도적인 역할을 한 조직이었다.

34 다음 중 조선 후기 노비에 대한 설명으로 옳은 것은?

① 군공을 세우거나 납속을 통해 상민이 되는 경우가 많아졌다.

② 농민층의 몰락으로 노비의 수가 급증하여 국가 재정에 타격을 주었다.

③ 사노비는 상전에게 강하게 예속되었으며 상민과의 구별이 더욱 엄격해졌다.

④ 정부는 국가재정상, 국방상의 이유로 노비수를 늘리기 위한 노력을 기울였다.

35 (가), (나) 자료의 사건 사이에 있었던 사실로 옳지 않은 것은?

> (가) 우리 국모의 원수를 생각하며 이미 이를 갈았는데, 참혹한 일이 더하여 우리 부모에게서 받은 머리털을 풀 베듯이 베어 버리니 이 무슨 변고란 말인가.
>
> (나) 군사장 허위는 미리 군비를 신속히 정돈하여 철통과 같이 함에 한 방울의 물도 샐 틈이 없는지라. 이에 전군에 전령하여 일제히 진군을 재촉하여 동대문 밖으로 진격하였다.

① 외교권이 박탈되고 통감부가 설치되었다.

② 고종이 강제로 퇴위되고 군대가 해산되었다.

③ 안중근이 하얼빈에서 이토 히로부미를 저격하였다.

④ 헤이그에 이상설, 이준, 이위종을 특사로 파견하였다.

36 공민왕의 개혁정치에 대한 설명으로 옳지 않은 것은?

① 전민변정도감을 설치하였다.

② 몽고식 관제를 폐지하고 원 간섭기 이전으로 복귀하였다.

③ 쌍성총관부를 무력으로 철폐하였다.

④ 권문세족의 적극적인 후원을 받았다.

37 조선의 통치기구에 대한 설명 중 옳은 것은?

① 의정부는 최고의 행정집행기관으로 그 중요성에 의해 점차 실권을 강화하였다.

② 홍문관은 정치의 득실을 논하고 관리의 잘못을 규찰하고 풍기·습속을 교정하는 일을 담당하였다.

③ 예문관과 춘추관은 대간(臺諫)이라 불렸는데, 임명된 관리의 신분·경력 등을 심의·승인하는 역할을 담당하였다.

④ 지방 양반들로 조직된 향청은 수령을 보좌하고 풍속을 바로 잡고 향리를 규찰하는 등의 임무를 맡았다.

38 1995년 '역사바로세우기' 운동의 일환으로 철거된 일제 식민 통치 기관으로 옳은 것은?

① 조선총독부
② 조선은행
③ 통감부
④ 동양척식주식회사

40 다음 밑줄 친 지역에 대한 사실로 옳은 것은?

> 이 지역의 영유권을 놓고 비문에는 다음과 같이 기록되어 있다. "오라총관 목극등이 황제의 뜻을 받들어 변경을 답사해 이곳에 와서 살펴보니 서쪽은 압록이 되고 동쪽은 토문(土門)이 되므로 분수령 위에 돌에 새겨 기록한다."

① 과거에는 가지도, 석도 등으로 불리기도 했다.
② 「세종실록지리지」, 「동국문헌비고」 등에 우리 영토로 기록되어 있다.
③ 과거 일본이 남만주 철도 부설권을 얻는 대가로 청의 영토로 인정하였다.
④ 고종은 '대한제국 칙령 제41호'를 통해 이 지역이 우리 영토임을 규정하였다.

39 다음 내용이 실린 시기에 관한 내용으로 옳은 것은?

> 붕당의 폐단이 요즈음보다 심한 적이 없었다. 처음에는 유학에 소란을 일으키더니, 이제는 한쪽 사람을 모조리 역적으로 몰고 있다. … 우리나라는 본래 치우쳐 있고 작아서 사람을 쓰는 방법 역시 넓지 못한데, 요즈음에 이르러서는 그 사람을 임용하는 것이 모두 같은 붕당 사람들이니 … 한 조정 가운데서 공격을 일삼고 한 집안에서 싸움만을 서로 계속하고 있으니, 이러면 나라가 장차 어떻게 되겠는가?

① 공납의 폐단을 개혁하기 위해 대동법이 처음으로 시행되었다.
② 농민의 군포 부담을 줄여주기 위해 균역법이 처음으로 시행되었다.
③ 풍흉에 관계 없이 조세를 수취하는 영정법이 처음으로 시행되었다.
④ 서얼들이 규장각 검서관에 중용되면서 중인층의 신분 해방 요청이 증가하였다.

04 2022년도 상반기 공공기관 일반상식 기출문제

※ 수험생 후기를 바탕으로 서원각에서 복원·재구성한 것으로, 무단전재 및 복제를 금합니다.   ＊ 정답 및 해설 p.365

1 저소득층 주거 지역에 중산층 이상이 유입되면서 본래 거주하던 주민들이 밀려나는 현상은?

① 젠트리피케이션
② 디즈니피케이션
③ 어시더피케이션
④ 투어리스티피케이션

2 민요 장단 빠르기 순서로 옳은 것은? (느린 가락부터 빠른 가락 순)

① 중모리 – 중중모리 – 진양 – 휘모리 – 자진모리
② 진양 – 중모리 – 중중모리 – 자진모리 – 휘모리
③ 자진모리 – 휘모리 – 중모리 – 중중모리 – 진양
④ 휘모리 – 중모리 – 중중모리 – 자진모리 – 진양

3 일하지 않으며 일할 의지도 없는 청년 무직자를 뜻하는 신조어는?

① 욜로족
② 니트족
③ 프리터족
④ 파이어족

4 생물테러감염병 또는 치명률이 높거나 집단발생 우려가 커서 발생 또는 유행 즉시 신고하고 음압 격리가 필요한 감염병으로 옳은 것은?

① 결핵
② 뎅기열
③ 에볼라바이러스병
④ 지카바이러스 감염증

5 ㉠ ~ ㉢에 대한 설명으로 옳지 않은 것은?

> 헌법 제33조에는 근로자의 근로조건 향상과 권리를 위해 노동3권이 규정되어 있다. 근로자가 단체를 결성·운영하며 단체 활동을 할 수 있는 (㉠), 노동조합이 사용자와 근로조건에 관하여 교섭하고 단체협약을 체결하는 (㉡), 노동쟁의가 발생한 경우에 근로자들이 주장을 관철하기 위하여 업무의 정상적인 운영을 저해하는 (㉢)이(가) 이다.

① ㉠은 단결권, ㉡은 단체교섭권, ㉢은 단체행동권이다.
② ㉠은 노조를 설립할 수 있는 권리이다.
③ 공무원 근로자는 법률이 정하는 자에 한하여 ㉠ ~ ㉢을 가진다.
④ ㉠ ~ ㉢은 어떠한 제한도 불가능한 절대적 기본권이다.

6 성문법에 해당하는 것은?

① 조리
② 조례
③ 판례법
④ 관습법

7 다음이 설명하는 증후군으로 옳은 것은?

> 현대 사회의 신종 질병으로 사회문제로 대두되
> 고 있는 증상이다. 일상생활에 지장을 느낄 정
> 도로 인터넷에 지나치게 의존하고 인터넷을 하
> 지 않을 땐 불안감을 느끼는 인터넷 중독증을
> 뜻한다. 인터넷으로 마음의 위안을 얻고, 인터
> 넷을 하며 보내는 시간이 길어지며, 작업 효율
> 이 떨어지는 내성 현상, 금단 증상까지 나타나
> 기도 한다.

① 플레처리즘
② 개피털리즘
③ 웨바홀리즘
④ 메타폴리즘

8 작품과 화가의 연결로 옳은 것은?

① 타히티의 여인들 – 고흐
② 도라 마르의 초상 – 고갱
③ 수련 – 모네
④ 비너스의 탄생 – 피카소

9 다음의 상황이 나타내는 것은?

> 甲종목을 갖고 있지 않은 투자자가 해당 종목
> 의 주가하락을 예상하고 매도주문을 냈을 경
> 우, 甲종목의 주가가 현재 2만 원이라면 일단
> 2만 원에 매도한다. 3일 후 결제일 주가가
> 16,000원으로 떨어졌다면 투자자는 16,000원
> 에 주식을 사서 결제해 주고 주당 4,000원의
> 시세차익을 얻게 된다.

① 공매도
② 공매수
③ 대차거래
④ 선물옵션

10 선거의 4대 원칙으로 옳지 않은 것은?

① 평등선거
② 자유선거
③ 직접선거
④ 비밀선거

11 삼강오륜에 해당하지 않는 것은?

① 군위신강(君爲臣綱)
② 장유유서(長幼有序)
③ 부부유별(夫婦有別)
④ 교우이신(交友以信)

12 경제적, 사회적 여건 차에 의해 정보격차가 심화되는 현상은?

① 디지털 트윈
② 디지털 노마드
③ 디지털 리터러시
④ 디지털 디바이드

13 매년 12월에 종교적 의식으로써 하늘에 제사를 지내는 제천행사가 열리는 나라의 설명으로 옳지 않은 것은?

① 제사장인 천군과 신성지역인 소도가 있었다.
② 순장, 형사취수제 등의 풍습이 있었다.
③ 1책 12법이 시행되었다.
④ 부족들 간 동맹을 맺는 연맹왕국이었다.

14 나이는 지칭하는 말로 옳지 않은 것은?

① 약관(弱冠) − 15세
② 상수(桑壽) − 48세
③ 진갑(進甲) − 62
④ 망백(望百) − 91

15 ( ) 안에 들어갈 말로 옳은 것은?

> ( )은 1988년에 시행되었다. 혼자서 대비하기 어려운 생활의 위험을 모든 국민이 사회적으로 대처하는 제도로서 소득이 있을 때 일정액의 보험료를 납부하도록 하고, 노령·장애·사망 등 일정한 사유로 소득이 줄어들거나 없어졌을 때 연금을 지급하여 최소한의 소득을 보장한다.

① 고용보험
② 산재보험
③ 국민연금
④ 건강보험

16 IPC가 주최하여 4년 주기로 개최되며, 올림픽이 폐막한 후 한 달 정도 기간 내에 올림픽 개최 도시에서 개최하는 국제경기대회는?

① 유스올림픽
② 패럴림픽
③ 프레올림픽
④ 대항 올림픽

17 대통령 선거법으로 옳지 않은 것은?

① 선거일 기준 만 20세 이상 국민부터 투표할 수 있다.
② 선거일 현재 5년 이상 국내에 거주하고 있는 만 40세 이상 대한민국 국민이어야 한다.
③ 대통령 선거는 임기만료일 전 70일 이후에 치러진다.
④ 대통령의 임기는 전임대통령의 임기만료일의 다음날 0시부터 개시된다.

18 기후위기 대응을 위해 온실가스를 줄일 수 있도록 가정과 상업, 아파트 단지 등을 대상으로 시행하는 전 국민 온실가스 감축 실천 제도는?

① 탄소제로
② RE100
③ 탄소포인트제
④ 업사이클링

19 몇몇 나라가 동등한 입장에서 블록을 형성하여, 역내(域內) 교역은 관세 없이 자유로이 하고, 역외(域外) 국가에 대해서는 배타적 무역 장벽을 쌓아 경쟁력을 높이는 방식의 경제 체제는?

① 공유경제
② 블록경제
③ 구독경제
④ 매크로경제

20 비핵보유국이 새로 핵무기를 보유하는 것과 보유국이 비보유국에 대하여 핵무기를 양여하는 것을 동시에 금지하는 조약은?

① WIPO
② IFAD
③ ITLOS
④ NPT

21 지자체 최초로 경기도에서 도입한 수당으로 취업면접에 참여한 청년들을 대상으로 연3회(4월, 9월, 12월) 모집하고 최대 30만원을 지역화폐로 지급하는 수당의 명칭은?

① 취업촉진수당
② 조기재취업수당
③ 창업농육성장학금
④ 청년면접수당

22 미국 연방준비제도에서 기준금리를 인상하는 정책을 지칭하는 말로 기준금리를 1% 인상하는 것을 의미하는 것은?

① 빅스텝
② 울트라 스텝
③ 자이언트 스텝
④ 베이비 스텝

23 봉준호 감독의 영화 중에서 제72회 칸 영화제에서 수상을 받은 작품명은?

① 괴물
② 설국열차
③ 기생충
④ 마더

24 2025년은 무슨 해인가?

① 을사년
② 갑진년
③ 임인년
④ 계묘년

25 우크라이나의 수도는 어디인가?

① 앙카라
② 자카르타
③ 키이우
④ 캔버라

26 서희 장군이 거란의 소손녕과의 담판을 통해 강동 6주를 차지한 시대는 언제인가?

① 고구려시대
② 조선시대
③ 고려시대
④ 발해시대

27 8촌 내에 혈촌이나 배우자 등과 같은 친족 사이에 벌어진 재산범죄에 대한 형을 면제하거나 고소를 해야 공소제기가 가능한 특례제도를 의미하는 것은?

① 반의사불론죄
② 친고죄
③ 무고죄
④ 친족상도례

28 정부나 중앙은행의 개입 없이 개인 간에 돈을 주고받는 암호화된 가상화폐를 의미하는 것은?

① 블록체인
② NFT
③ 메타버스
④ 비트코인

29 정책결정권자나 선거입후보자가 지역주민을 모아 정책이나 주요 이슈를 설명하면서 의견을 교류하는 비공식적인 공개회의로 미국 뉴잉글랜드 지역에서 유래된 회의를 의미하는 것은?

① 브라운백 미팅
② 타운홀 미팅
③ 워크아웃미팅
④ 도어스테핑

30 동맹국이나 우호국 사이에서만 공급망을 구축하는 현상을 의미하는 것은?

① 프렌드쇼어링
② 리쇼어링
③ 오프쇼어링
④ 니어쇼어링

31 자신의 신념과 가치관에 부합하는 부분에만 집중하고 그렇지 않을 경우 외면을 하는 사고방식을 무엇이라고 하는가?

① 인지 부조화
② 귀인 이론
③ 확증편향
④ 자기 효능감

32 하천이나 바다쪽으로 육지 일부분이 뾰족하게 뻗은 모양을 한 지형을 무엇이라고 하는가?

① 곶
② 납
③ 리
④ 면

33 범죄를 수사함에 있어 범죄 사실을 밝히기 위해 사용되어지는 과학적인 기술이나 수단·방법 등의 개념을 포함하는 단어는 무엇인가?

① 스모킹 건
② 패스트트랙
③ 포렌식
④ 훌리건

34 겨울철 대게 동부아시아에서 나타나는 날씨의 특징으로 3일간 춥고 4일간 따뜻한 기온 변화를 나타내는 용어를 무엇이라고 하는가?

① 삼온사온
② 삼한사한
③ 삼온사한
④ 삼한사온

35 경제 활동을 통해 지출된 비용에서 얻게 된 이득이나 만족감을 금전화하여 표현한 것을 무엇이라고 하는가?

① 사익
② 이익
③ 편익
④ 수익

36 당사자 일방이 어느 일을 완성할 것을 약정하고 상대방이 그 일의 결과에 대하여 보수를 지급할 것을 약정함으로써 그 효력이 생기는 것을 무엇이라고 하는가?

① 수급
② 보급
③ 도급
④ 지급

37 범죄 현장에서 체포된 피의자를 식별하기 위해 찍는 얼굴 사진을 무엇이라고 하는가?

① 페이스샷
② 워시샷
③ 룩샷
④ 머그샷

38 경제, 사회, 기술 등이 변화하고 성장해가는 와중에 이에 따라가지 못하여 정체되거나 쇠퇴해 가는 산업을 무엇이라고 하는가?

① 뿌리산업
② 사양산업
③ 쇠퇴산업
④ 기간산업

39 급격한 물질 문화의 변화를 비물질문화가 대처하지 못하여 뒤떨어지는 현상을 무엇이라고 하는가?

① 문화접변
② 문화지체
③ 문화실조
④ 문화전계

40 10세 이상 19세 미만의 범죄 및 비행 행위를 일으킬 가능성이 있는 소년을 무엇이라고 하는가?

① 비행소년
② 촉법소년
③ 범죄소년
④ 우범소년

1 소셜커머스에 대한 설명으로 옳지 않은 것은?

① 전자상거래의 일환으로 볼 수 있다.
② 마케팅 비용이 고가라는 점이 단점이다.
③ MD가 상품을 선변하여 판매하는 방식이다.
④ SNS를 활용한 전자상거래이다.

2 고대 그리스 수학자 중 한명인 아르키메데스로부터 유래된 단어로 생각지도 못한 발견을 하거나 깨달았을 때 외치는 단어를 무엇이라고 하는가?

① 유레카
② 하기오스
③ 뉴마
④ 유게네스

3 비즈니스 용어 중 하나로 새로운 프로젝트를 시작하는 단계를 말하며 관계자들이나 고객들과의 첫 회의를 뜻하는 용어를 무엇이라고 하는가?

① 펜딩
② 킥오프
③ 포워딩
④ 홀딩

4 스키점프와 크로스컨트리 스키로 구성된 경기를 무엇이라고 하는가?

① 노르딕 복합
② 산악스키
③ 바이애슬론
④ 봅슬레이

5 관심있어하는 분야에 대하여 깊게 파고들며 나아가 소비행위로 이어지는 현상을 무엇이라고 하는가?

① 딩크소비
② 컷쇼비
③ 디깅소비
④ 딥소비

6 신뢰성 있는 상품을 만드는 것부터 환경정화활동, 각종 봉사활동, 근로자권익 향상, 질서 있는 경쟁 등의 내용을 포함하는 사회적 책임을 적극적으로 수행하는 경영기법을 무엇이라고 하는가?

① CEM
② CSR
③ ESG
④ ERP

7 리더가 업무효율을 높이기 위해 조직원들에게 업무 재량에 맞게 책임이나 권한등을 부여하거나 이양하는 과정을 무엇이라고 하는가?

① 브로드밴딩
② 코칭
③ 변혁적 리더십
④ 임파워먼트

8 닐 스티븐슨의 소설 「스노 크래시」에서 등장한 개념으로 3차원 가상세계를 뜻하는 것은?

① 메타버스
② 증강현실
③ 혼합현실
④ 확장현실

9 판소리에서 창자(唱者)가 극적인 전개를 보충설명하기 위하여, 대목과 대목 사이에 가락을 붙이지 않고 말하듯 사설을 엮어가는 것은?

① 아니리
② 시나위
③ 추임새
④ 발림

10 경찰관이 피의자를 체포·조사하기 전에 고시하는 원칙을 무엇이라고 하는가?

① 불고불리의 원칙
② 신의성실의 원칙
③ 미란다 원칙
④ 무죄추정의 원칙

11 지방자치제가 실시되면서 대두된 그 지방의 댐, 쓰레기, 핵처리장소 등을 거부하는 지역이기주의로 혐오시설이 자기 지역 내에 설치되는 것을 반대하는 현상을 무엇이라 하는가?

① 스프롤 현상
② 님비 현상
③ 아노미 현상
④ 소외 현상

12 채무자가 공사채나 은행 융자, 외채 등의 원리금 상환 만기일에 지불 채무를 이행 할 수 없는 상태를 무엇이라고 하는가?

① 모라토리엄
② 골든크로스
③ 왝더독
④ 디폴트

13 상환 만기가 도래한 부채의 상환을 금융기관이 연장해 주는 조치를 취하는 것을 무엇이라고 하는가?

① 오버론
② 롤오버
③ 브릿지론
④ 디파이

14 다음 ( ) 안에 들어갈 알맞은 말은?

> (   )은/는 원래 프랑스에서 비롯된 제도인데 독일은 제1차 세계대전 이후 엄청난 전쟁 배상금 지급을 감당할 수 없어 (   )을/를 선언했고 미국도 대공황 기간 중인 1931년 후버 대통령이 전쟁 채무의 배상에 대하여 1년의 지불유예를 한 적이 있는데 이를 후버 (   )라/이라 불렀다고 한다. 이외에도 페루, 브라질, 멕시코, 아르헨티나, 러시아 등도 (   )을/를 선언한 바가 있다.

① 모라토리엄
② 모블로그
③ 서브프라임 모기지론
④ 디폴트

15 브레이크가 고장 난 기차가 달리는 레일 위에는 다섯 명의 인부가 있다. 기차가 이대로 달리면 인부가 모두 죽는다. 레일 변환기로 기차의 방향을 바꾸면 한 명의 인부가 죽고 다섯명이 살게 된다. 이때 당신의 선택은 어떠한지 물어보는 윤리학 분야의 사고실험을 무엇이라고 하는가?

① 죄수의 딜레마
② 폴리애나 현상
③ 치킨 게임
④ 트롤리 딜레마

16 대체가 불가능한 토큰으로 디지털 자산에 고유한 인식 값을 부여하여 상호교환이 불가능한 것으로 가상자산에 자산의 소유권을 명확하게 지정하여 유일성 가치를 부여하는 것은?

① 암호화폐   ② 메타버스
③ NFT   ④ 알트코인

17 컴퓨터 관련 용어가 아닌 것은?

① 푸가
② 서버
③ 데몬
④ 미러

18 우크라이나 남쪽 부근에 위치해 있으며 흑해 방향으로 돌출돼 있는 반도를 무엇이라고 하는가?

① 아라비아 반도
② 알래스카 반도
③ 크림반도
④ 데칸고원

19 미국 지방 연방 준비은행 중 하나인 캔자스시티 연방 준비은행이 1978년부터 와이오밍주 잭슨홀에서 주최하는 연례 경제정책 심포지엄을 무엇이라고 하는가?

① 타운 홀 미팅
② 잭슨 홀 미팅
③ 올 핸즈 미팅
④ 킥 오프 미팅

20 2000년대부터 주목을 받은 소프트웨어 개발 방법론으로 폭포수 개발 방법론과 달리 전반적으로 계획에 따라 개발하는 방식이 아닌 피드백을 통해 유연하게 접근하여 개발하는 방식을 무엇이라고 하는가?

① 베이퍼웨어
② 코덱
③ 컴파일러
④ 애자일

21 2020년 6월 유럽연합(EU)이 처음 발표하였으며 지속적이면서도 친환경 산업이 가능한 경제 활동을 위해 정해놓은 범위를 무엇이라고 하는가?

① 그린 택소노미
② 그린북
③ RE100
④ 그린메일

22 정보와 전염병의 합성어로, 추측이나 뜬소문이 더해진 부정확한 정보가 미디어나 IT 기기를 통해 전염병처럼 빠르게 확산되며 부작용을 일으킨다는 것을 의미하는 용어는?

① 네카시즘
② 사이버 불링
③ 인포데믹스
④ 인터넷 트롤링

23 정부나 의회에 의해 임명된 관리로서, 시민들이 제기한 각종 민원을 수사하고 해결해주는 민원조사관을 무엇이라고 하는가?

① 마타도어
② 로그롤링
③ 게리맨더링
④ 옴부즈만

24 "Over The Top"의 약자로, 드라마나 영화 등 다양한 미디어 콘텐츠를 인터넷을 통해 제공하는 서비스를 무엇이라고 하는가?

① OTP
② OTT
③ TOP
④ TTP

25 거부, 반박, 전환, 경시, 망각, 부인 등 타인의 심리나 상황을 교묘하게 조작해 그 사람이 현실감과 판단력을 잃게 만드는 것을 무엇이라 하는가?

① 고슴도치 딜레마
② 램프 증후군
③ 가스라이팅
④ 가면현상

26 다음 보기 중 미국의 IRA 법안의 주요 내용으로 옳지 않은 것은?

① 법인세 인상
② 기후변화 대응
③ 의료비 지원
④ 북한 핵문제

27 대중의 호기심에 호소하여 흥미 본위로 보도하는 센세이셔널리즘 경향을 띠는 저널리즘을 무엇이라고 하는가?

① 팩저널리즘(Pack Journalism)
② 옐로저널리즘(Yellow Journalism)
③ 제록스저널리즘(Xerox Journalism)
④ 포토저널리즘(Photo journalism)

28 부여는 5부족 연맹 왕국으로 중앙의 왕과 그 주변 지역을 사출도로 각각 나누어 해당 관할 구역을 다스렸다. 여기에서 사출도에 해당하는 관할 구역으로 옳지 않은 것은?

① 마가
② 우가
③ 고가
④ 저가

29 조선시대 궁궐로 1868년 경복궁이 다시 지어질 때까지 경복궁의 역할을 대체하여 임금이 거처하며 나라를 다스리는 정궁이 된 곳은 어디인가?

① 경복궁   ② 창덕궁
③ 창경궁   ④ 덕수궁

30 전쟁·학살 등 비극적 역사의 현장이나 엄청난 재난과 재해가 일어났던 곳을 돌아보며 교훈을 얻는 여행을 무엇이라고 하는가?

① 오버투어리즘
② 오프투어리즘
③ 다크투어리즘
④ 볼런투어리즘

31 다음에서 설명하는 전자기 법칙은?

> 도체에 흐르는 전류세기가 도체 양끝 전압과 비례하고 전기저항과는 반비례하는 것을 의미한다.

① 플레밍의 법칙
② 줄의 법칙
③ 렌츠의 법칙
④ 옴의 법칙

32 자신만 소외되고 뒤처지는 것 같은 불안과 공포를 느끼는 증상을 무엇이라 하는가?

① 파랑새 증후군
② 포모 증후군
③ 피터팬 증후군
④ 스톡홀름 증후군

33 정부가 특별하게 정해진 기관에 지원은 하되, 일부 거리를 두며 운영에는 직접적으로 간섭하지 않음으로 자율권을 보호한다는 원칙을 무엇이라고 하는가?

① 팔길이원칙
② 3면 등가의 원칙
③ 회기계속의 원칙
④ 페이고원칙

34 경기불항 후 회복기로 들어서다가 또 다시 불황이 찾아오는 이중침체 현상을 무엇이라고 하는가?

① 블랙 스완
② 그레이 스완
③ 어닝 쇼크
④ 더블 딥

35 온라인 상에서 말과 행동을 패러디 하거나 모방을 한 콘텐츠들이 유행처럼 도는 온라인 놀이 문화를 무엇이라고 하는가?

① 네임
② 밈
③ 라인
④ 마임

36 기업들이 계약직 혹은 임시직으로 사람을 고용하는 경제형태를 무엇이라고 하는가?

① 단기 경제
② 단기 채용
③ 긱 경제
④ 긱 채용

37 바람에 대한 순 한글 명칭으로 잘못된 것은?

① 동풍 : 샛바람
② 서풍 : 하늬바람
③ 북풍 : 된바람
④ 남동풍 : 높새바람

38 1898년(광무 2) 9월 5일 남궁억 등이 창간한 일간 신문을 무엇이라고 하는가?

① 제국신문
② 한성순보
③ 황성신문
④ 독립신문

39 이순신 장군의 해전 중 하나로 정유재란 당시 백의종군에서 풀려나 돌아온 이순신 장군이 13척의 배로 133척의 일본배와 전투를 하여 이긴 해전을 무엇이라고 하는가?

① 명량해전
② 한산대첩
③ 옥포해전
④ 사천해전

40 다음 (가)에 대한 설명으로 옳지 않은 것은?

> 예전에 성종이 (가) 시행에 따르는 잡기가 정도(正道)에 어긋나는데다가 번거롭고 요란스럽다 하여 이를 모두 폐지하였다. … (중략) … 이것을 폐지한 지가 거의 30년이나 되었는데, 이때에 와서 정당문학 최항이 청하여 이를 부활시켰다.

① 국제 교류의 장이었다.
② 정월 보름에 개최되었다.
③ 토속 신에게 제사를 지냈다.
④ 훈요 10조에서 시행할 것을 강조하였다.

06 2023년도 상반기 공공기관 일반상식 기출문제

※ 수험생 후기를 바탕으로 서원각에서 복원·재구성한 것으로, 무단전재 및 복제를 금합니다.   ✽ 정답 및 해설 p.379

1 챗GPT의 특징으로 옳지 않은 것은?

① openAI에서 개발하였다.
② 수많은 지식과 대화를 통한 데이터베이스로 챗gpt를 훈련시킨다.
③ 깨끗한 채팅을 위해 모더레이션API(Moderation API)를 사용한다.
④ 대본, 논문, 기사 등의 문서작업은 불가능하다.

2 뇌의 신경전달세포가 만들어내는 화학물질로 세포 간 여러 신호를 전달하는 기능을 하며 '행복 호르몬'이라고도 불리우며 이것을 무엇이라고 하는가?

① 게놈
② 멜라민
③ 세로토닌
④ 바이메탈

3 다음 설명으로 옳은 것은?

> 국회의원은 현행범이 아닌 이상 회기 중 국회의 동의 없이 체포 또는 구금되지 아니하며, 회기 전에 체포 또는 구금된 때에도 현행범이 아닌 한 국회의 요구가 있으면 회기 중에도 석방되는 특권이다.

① 불체포특권
② 면책특권
③ 게리멘더링
④ 옴부즈만

4 펀드매니저들이 시장수익률보다 높은 수익을 얻기 위해 과감한 운용전략을 펴는 펀드를 무엇이라고 하는가?

① 뮤추얼펀드(Mutual Fund)
② 역외펀드(Off Shore Fund)
③ 스폿 펀드(Spot Fund)
④ 액티브 펀드(Active Fund)

5 다음 보기 중 국가별 전통 춤으로 옳지 않은 것은?

① 아르헨티나 – 탱고
② 스페인 – 바라따나띠얌
③ 쿠바 – 살사댄스
④ 하와이– 훌라 춤

6 1980년대 중반 대한민국의 유례없는 경제 호황을 누렸었던 3저호황에 대한 현상으로 옳지 않은 것은?

① 저달러
② 저유가
③ 저수출
④ 저금리

7 다음 중 슈베르트의 작품이 아닌 것은?

① 겨울 나그네
② 백조의 노래
③ 군대 행진곡
④ 한여름 밤의 꿈

8 한정적인 자원을 알뜰하게 소비하여 효율을 극대화하려는 소비자를 무엇이라고 하는가?

① 체리슈머
② 그린슈머
③ 블루슈머
④ 리뷰슈머

9 다음 중 동물과 관련된 사자성어가 아닌 것은?

① 군계일학
② 오비이락
③ 토사구팽
④ 오비삼척

10 판소리에 대한 용어로 옳지 않은 것을 고르시오.

① 고수 : 피리를 불며 반주하는 사람을 일컫는다.
② 바디 : 판소리의 전체적인 법제, 혹은 어느 전승 계보의 텍스트
③ 아니리 : 가락을 붙이지 않고 말하듯이 엮어가는 사설
④ 추임새 : 창자의 흥을 돋우기 위해 고수나 청중이 중간에 곁들이는 감탄사

11 정상적인 부부생활을 영위하면서 의도적으로 자녀를 갖지 않는 젊은 맞벌이 부부 일컫는 용어를 무엇이라 하는가?

① 니트족
② 딩크족
③ 통크족
④ 리터루족

12 다음 보기에서 설명하는 현상의 반대말을 무엇이라고 하는가?

> 'Not In My Back Yard'의 약어로, 지방자치제가 실시되면서 대두된 그 지방의 댐, 쓰레기, 핵처리장소 등을 거부하는 지역이기주의로 혐오시설이 자기 지역 내에 설치되는 것을 반대하는 현상

① 도넛 현상
② 스프롤 현상
③ 핌피 현상
④ U턴 현상

13 다음 보기 중 성격이 다른 하나는 무엇인가?

① 광상곡
② 위령곡
③ 레퀴엠
④ 진혼곡

14 몇몇 나라가 동등한 입장에서 블록을 형성하여, 역내(域內) 교역은 관세 없이 자유로이 하고, 역외(域外) 국가에 대해서는 배타적 무역 장벽을 쌓아 경쟁력을 높이는 방식의 경제 체제는?

① 공유경제
② 블록경제
③ 구독경제
④ 매크로경제

15 지구 땅 속에서 최초로 지반변동이 일어나며 지진의 원인이 되는 지점을 무엇이라고 하는가?

① 진원
② 지진파
③ 단층
④ 진앙

16 소리의 3요소에서 소리의 세기는 무엇에 따라 결정이 되는가?

① 시간
② 음파의 모양
③ 진동수
④ 진폭

17 다음은 초미세먼지 주의보 발령기준에 대한 설명이다. 빈칸에 들어갈 순서의 내용으로 옳은 것은?

> 기상조건 등을 고려하여 해당지역의 대기자동측정소 PM-2.5 시간당 평균농도가 (　　) $\mu g/m^3$ 이상 (　　)시간 이상 지속인 때

① 75, 1
② 75, 2
③ 150, 1
④ 150, 2

18 작품과 저자의 연결이 옳지 않은 것은?

① 마르크스 – 정신현상학
② 헤겔 – 법철학 강요
③ 니체 – 비극의 탄생
④ 칸트 – 순수이성비판

19 주식이나 채권 등에 소수의 투자자들로부터 자금을 모아 이를 가지고 투자하는 펀드를 무엇이라고 하는가?

① 상장지수펀드
② 멀티클래스 펀드
③ 엄브렐러 펀드
④ 사모펀드

20 사자성어와 속담의 연결이 옳지 않은 것은?

① 목불식견 – 낫 놓고 기억자도 모른다.
② 담호호지 – 호랑이 굴에 들어가도 정신만 차리면 산다.
③ 망우보뢰 – 소 잃고 외양간 고친다.
④ 경전하사 – 고래싸움에 새우등 터진다.

21 '영국(Britain)'과 '탈퇴(Exit)'의 합성어로 영국의 유럽연합 탈퇴를 뜻하는 용어를 무엇이라고 하는가?

① 브릭스
② 모두스비벤디
③ 브렉시트
④ 리커플링

22 기업연합을 뜻하는 것으로, 같은 종류의 여러 기업들이 경제상 · 법률상의 독립성을 유지하면서 상호간의 무리한 경쟁을 피하고 시장을 독점하기 위해 협정을 맺고 횡적으로 연합하는 것을 무엇이라고 하는가?

① 아웃소싱(Outsourcing)
② 어닝 쇼크(Earning Shock)
③ 워크아웃(Workout)
④ 카르텔(Cartel)

23 우리나라 4대 명절 중 음력 5월 5일을 무엇이라고 하는가?

① 설날
② 한식
③ 단오
④ 추석

24 현재 욕구와 행복에 충실하고 중요시 여기며 계획적으로 소비하기보다는 그 상황에 맞는 소비생활을 하는 사람들을 무엇이라고 하는가?

① 프리터족
② 파이어족
③ 니트족
④ 욜로족

25 다음 보기 중 영국방송사 이름에 해당하는 것은 무엇인가?

① BBC
② NBC
③ CBS
④ ABC

26 다음 보기 중 나이를 지칭하는 말과 옳지 않은 것은?

① 지천명(知天命) : 40세
② 약관(弱冠) : 20세
③ 이립(而立) : 30세
④ 망팔(望八) : 71세

27 슬람 여성의 전통복식으로 눈쪽 망사를 제외하고 머리에서 발목까지 전신을 덮어쓰는 통옷 형태의 의상을 무엇이라고 하는가?

① 차도르
② 부르카
③ 니캅
④ 키마르

28 프랜시스 베이컨이 주장한 4대 우상으로 옳지 않은 것은?

① 종족의 우상
② 동굴의 우상
③ 상품의 우상
④ 극장의 우상

29 고온의 환경에서 장시간 직사광선에 노출되면서 신체가 이상이 생기는 병을 무엇이라고 하는가?

① 일사병
② 망상장애
③ 강박증
④ 조현병

30 레임덕(Lame Duck)에 관한 설명으로 옳은 것은?

① 임기 말기에 나타나는 권력 누수 현상이다.
② 임기 중 일을 추진하기보다는 무사안일하게 시간이 흐르기만을 기다리는 현상이다.
③ 임기 말기에 나타나는 권력 공백 현상이다.
④ 정치세력이 상호지원의 차원에서 투표 거래나 투표 담합을 하는 행위이다.

31 다음 중 여론조사 결과 열세에 있는 후보를 지지하는 현상을 가르키는 용어는 무엇인가?

① 밴드왜건 효과
② 데킬라 효과
③ 언더독 효과
④ 위약 효과

32 경제적, 사회적 여건 차에 의해 정보격차가 심화되는 현상은?

① 디지털 트윈
② 디지털 노마드
③ 디지털 리터러시
④ 디지털 디바이드

33 다음 보기 중 골프 4대 메이저 대회로 옳지 않은 것은?

① 마스터스
② PGA챔피언십
③ US 오픈
④ 프로암

34 1962년 12월 20일 국보로 지정된 국보 제11호는 무엇인가?

① 익산 미륵사지 석탑
② 구례 화엄사 각황전 앞 석등
③ 강진 무위사 극락보전
④ 영천 거조사 영산전

35 다음에 제시한 유물과 관계가 깊은 시대에 대한 설명으로 옳은 것은?

> 고인돌, 민무늬토기, 거친무늬거울, 반달돌칼

① 동굴이나 바위 그늘에서 살거나 강가에 막집을 짓고 살았다.
② 군장이 부족의 풍요와 안녕을 기원하는 제사를 지냈다.
③ 무리생활을 했으며 평등한 공동체적 생활을 하였다.
④ 뼈도구를 사용하여 채집과 사냥을 하면서 생활하였다.

36 다음에 제시한 유물과 관계가 깊은 시대에 대한 설명으로 옳은 것은?

> ⑺ 나·당 연합군이 평양성을 함락시켰다.
> ⑷ 신라가 매소성에서 당군을 크게 물리쳤다.
> ⑸ 계백의 저항에도 불구하고 사비성이 함락되었다.
> ⑹ 백제·왜 연합군이 나·당 연합군과 백강에서 전투를 벌였다.

① ⑷ - ⑺ - ⑸ - ⑹
② ⑷ - ⑸ - ⑺ - ⑹
③ ⑸ - ⑹ - ⑺ - ⑷
④ ⑹ - ⑸ - ⑺ - ⑷

✳✳✳

37 다음 중 고려 왕에 대한 업적으로 옳은 것은?

① 태조 : 노비 안검법 제정
② 광종 : 시무 28조 수용
③ 성종 : 북진정책
④ 현종 : 초조대장경 간행

38 (개) ~ (래) 시기에 있었던 사실로 옳은 것은?

① (개) - 현량과를 실시하였다.
② (내) - 무오사화와 갑자사화가 일어났다.
③ (대) - 두 차례에 걸친 예송이 일어났다.
④ (래) - 신해통공으로 금난전권을 폐지하였다.

39 흥선대원군이 실시한 정책으로 적절하지 않은 것은?

① 의정부와 삼군부를 통합하고, 비변사의 기능을 확대하였다.
② 폐단이 심했던 환곡제를 개혁하여 사창제를 실시하였다.
③ 종래에 상민(常民)에게만 징수해 온 군포를 양반에게까지 확대 · 징수하였다.
④ 법치질서를 정비하기 위해 대전회통(大典會通)을 간행하였다.

40 다음과 같은 개혁이 추진될 당시의 정황으로 적절한 것은?

> ⊙ 단발령 실시
> ⓒ 태양력 사용
> ⓒ 우편사무 시작
> ⓔ 소학교 설립
> ⓜ '건양' 연호 사용
> ⓗ 종두법 실시

① 청은 군대를 상주시키고 조선의 내정에 간섭하였다.
② 개화당 요인들이 우정국 개국 축하연 때에 정변을 일으켰다.
③ 일제는 명성황후를 시해한 후 친일내각을 수립하였다.
④ 통감부가 설치되어 조선의 모든 내정에 간섭하였다.

07 2023년도 하반기 공공기관 일반상식 기출문제

✻ 정답 및 해설 p.385

1 베버는 어떠한 사람의 계층을 분류하는 데 3가지 요소를 종합적으로 고려하여 분류할 것을 주장하였다. 베버의 3P 분류에 속하지 않는 것은?

① 재산(Property)
② 위신(Prestige)
③ 성격(Personality)
④ 권력(Power)

2 「감염병의 예방 및 관리에 관한 법률」에 따라 제1급 감염병에 해당하지 않은 질병은 무엇인가?

① 에볼라바이러스병
② 신종인플루엔자
③ 쯔쯔가무시증
④ 리프트밸리열

3 기업의 자본금이 적자로 인해 줄어들면서 마이너스가 된 현상을 무엇이라고 하는가?

① 자기자본
② 자본잠식
③ 자본준비금
④ 타인자본

4 다음 보기 중 한옥의 종류로 옳지 않은 것은 무엇인가?

① 초가집
② 기와집
③ 너와집
④ 이글루

5 다음 보기 중 한국의 세계문화유산으로 옳지 않은 것은?

① 석굴암과 불국사
② 행주산성
③ 조선왕릉
④ 한국의 서원

6 영리를 목적으로 하지 않는 제3영역의 다양한 시민 단체를 무엇이라고 하는가?

① ERP
② ESG
③ MOU
④ NPO

7 다음 보기 중 '사중주'를 영어로 표현한 것으로 옳은 것은?

① Octet
② Sextet
③ Quintet
④ Quartet

8 (　　) 안에 들어갈 말로 옳은 것은?

> 초 미세먼지가 유난히 짙어지는 (　　　)까지 미세먼지 감축을 위해 다양한 방안을 강구하여 시행하고 있다.

① 12월부터 이듬해 3월
② 11월부터 이듬해 4월
③ 12월부터 이듬해 5월
④ 11월부터 이듬해 6월

9 타인으로부터 빌린 자본을 지렛대 삼아 자기자본이익률을 높이는 방식을 무엇이라고 하는가?

① 레버레지효과
② 로빈 후드 효과
③ 리카도 효과
④ 립스틱 효과

10 다음 보기 중 핌피현상과 관련없는 건물은 무엇인가?

① 대형 쇼핑몰
② 공원
③ 쓰레기 처리장
④ 병원

11 다음 보기 중 노벨상의 종류로 옳지 않은 것은?

① 경제학상
② 생리의학상
③ 경영학상
④ 화학상

12 산소 원자 1개와 수소 원자 2개로 이루어진 무기화합물을 무엇이라 하는가?

① 암모니아
② 물
③ 이산화황
④ 질산

13 다음 중 오륜기의 색이 아닌 것은 무엇인가?

① 파랑
② 노랑
③ 검정
④ 주황

14 경기침체와 물가 상승이 동시에 발생하고 있는 상태를 나태내는 용어는?

① 스태그플레이션
② 택스플레이션
③ 디플레이션
④ 디스인플레이션

15 특정 지역의 기존 거주자나 임차인들이 지역이 활성화되고 변화함에 따라 가치가 상승하면서 내몰리는 현상을 무엇이라고 하는가?

① 리디노미네이션
② 머천다이징
③ 젠트리피케이션
④ 하우스 푸어

16 다음 보기 중 세계 3대 영화제로 옳지 않은 것은?

① 칸 영화제
② 베니스 국제 영화제
③ 베를린 국제 영화제
④ 몬트리올 영화제

17 메모리 반도체의 한 종류로 전기를 넣은 상태에서도 일정 주기마다 동작을 가하지 않으면 기억된 정보가 지워지는 휘발성메모리를 무엇이라고 하는가?

① D램
② M램
③ 플래시메모리
④ F램

18 '선을 끊는다'는 의미로 기존에 가입된 지상파나 케이블 등의 유료 방송을 해지한 시청자들이 OTT(Over – The – Top), 인터넷 TV와 같이 온라인 스트리밍 서비스 등의 새로운 플랫폼으로 이동하는 현상을 무엇이라고 하는가?

① 코드커팅
② 커스컴
③ 매스컴
④ 소셜 미디어

19 토마토의 빨간색에 들어가 있는 성분으로 심혈관 질환을 예방하고 피부 노화를 방지하는 이것을 무엇이라고 하는가?

① 안토시아닌
② 라이코펜
③ 에스테르
④ 포타슘

20 외국인 계절근로자의 최대 체류기간으로 옳은 것은?

① 5개월
② 6개월
③ 7개월
④ 8개월

23 다음 보기 중 저자가 다른 하나의 작품은 무엇인가?

① 성소부부고
② 홍길동전
③ 허생전
④ 국조시산

21 정부가 경기부양을 위해 경기변동의 진폭을 줄이며 위험요소가 생기지 않도록 경제의 안정적 성장을 도모하는 정책을 무엇이라고 하는가?

① 양적 완화
② 경기 안정화 정책
③ 유동성 함정
④ 어닝쇼크

24 은퇴 후 여유로운 경제력으로 즐겁게 육아를 하며 활동적고 헌신적인 생활을 하는 노년층을 무엇이라고 하는가?

① 피딩족
② 딩크족
③ 딘트족
④ 파이어족

22 게임이나 드라마 · 영화 속 작품에 등장하는 설정 일부를 가져와 새로운 작품을 만들어내는 것을 무엇이라고 하는가?

① 프리퀄(Prequel)
② 에필로그(Epilogue)
③ 스핀오프(Spin-off)
④ 시퀄(Sequel)

25 병의 좁은 입구로 물이 나올 때 속도가 제한돼 있는것처럼, 소수의 구성 요소로 인해 시스템 전체 기능이 저하되는 현상을 무엇이라고 하는가?

① 병목 현상
② 빨대 현상
③ 도넛 현상
④ U턴 현상

26 다음 보기 중 입체파 화가로 옳지 않은 것은?

① 파블로 피카소

② 조르주 브라크

③ 빈센트 반 고흐

④ 후안 그리스

27 테니스의 4대 메이저 대회가 아닌 것은?

① 윔블던

② 호주오픈

③ US오픈

④ 스페인오픈

28 사마귀가 수레바퀴에 맞선다는 뜻으로 본인의 힘을 생각하지 않고 강한 상대에게 무모한 도전을 한다는 뜻을 가진 사자성어로 옳은 것은?

① 권불십년(權不十年)

② 당랑거철(螳螂拒轍)

③ 전전반측(輾轉反側)

④ 방약무인(傍若無人)

29 2022 항저우 아시안게임 슬로건을 무엇인가?

① 행복을 같이 나누면, 미래가 열린다.

② 행복을 같이 나누면, 승리가 보인다.

③ 마음이 서로 통하면, 미래가 열린다.

④ 마음이 서로 통하면, 행복이 보인다.

30 모기로 인해 인간이 발생할 수 있는 전염병으로 옳지 않은 것은?

① 가성우역

② 지카바이러스

③ 말라리아

④ 뎅기열

31 훈민정음 창제 당시 글자수는 몇자인가?

① 27자

② 28자

③ 29자

④ 30자

32 신문·방송에 관련된 용어 중 설명이 옳지 않은 것은?

① 커스텀 커뮤니케이션(Custom Communication) – 특정 소수의 사람들을 상대로 전달되는 통신 체계
② 엠바고(Embargo) – 기자회견이나 인터뷰의 경우 발언자의 이야기를 정보로서 참고할 뿐 기사화해서는 안 된다는 조건을 붙이는 발표
③ 전파월경(Spillover) – 방송위성의 전파가 대상 지역을 넘어서 주변국까지 수신이 가능하게 되는 현상
④ 블랭킷 에어리어(Blanket Area) – 난시청지역

33 1271년 ~ 1295년까지 동방을 여행한 마르코 폴로의 체험담으로 루스티첼로가 기록한 여행기를 무엇이라고 하는가?

① 동방견문록
② 동방여행록
③ 동방체험록
④ 동방추억록

34 신석기시대의 대표적인 유적에 해당하는 것은?

① 춘천 율문리 철자형 집터
② 서울 암사동 움집
③ 고창 고인돌
④ 나주 복암리 옹관묘

35 우리나라 청동기 문화에 대한 특징으로 옳지 않은 것은?

① 한반도에서는 기원전 10세기경에 청동기 시대가 전개되었다.
② 청동기 문화의 대표적인 유물로는 비파형동검과 민무늬토기가 있다.
③ 생산경제가 발달하였으며 청동기 제작과 관련된 전문장인이 출현하였다.
④ 집터는 대게 원형이나 모서리가 둥근 네모꼴이다.

36 다음 밑줄 친 '왕'에 대한 설명으로 옳은 것은?

> '왕'의 이름은 소(昭)다. 치세 초반에는 신하에게 예를 갖추어 대우하고 송사를 처리하는 데 현명하였다. 빈민을 구휼하고, 유학을 중히 여기며, 노비를 조사하여 풀어 주었다. 밤낮으로 부지런하여 거의 태평의 정치를 이루었다. 중반 이후로는 신하를 많이 죽이고, 불법(佛法)을 지나치게 좋아하며 절도가 없이 사치스러웠다.
>
> – 고려사절요 –

① 쌍기의 건의로 과거제를 실시하였다.
② 12목을 설치하고 지방관을 파견하였다.
③ 호족을 견제하기 위해 사심관과 기인제도를 마련하였다.
④ 승려인 신돈을 등용하여 전민변정도감을 설치하였다.

37 고려 초에 빈민에게 곡식을 빌려주고 추수기에 상환하도록 하는 진대기관으로 986년(성종 5)에 의창으로 바뀐 빈민 구제 기관을 하는가?

① 흑창
② 고창
③ 광학보
④ 제위보

38 조선 시대 토지 제도와 수취 체제에 대한 설명으로 옳지 않은 것은?

① 세종 때에는 풍흉과 토지의 비옥도에 따라 조세를 차등으로 수취하는 공법이 시행되었다.
② 가호마다 토산물을 수취하는 공납은 백성들에게 가장 큰 조세 부담이었다.
③ 조선 건국 직후 태조는 기존의 전시과 체제를 개편하고 과전법을 시행하였다.
④ 성종 때에는 지방 관청이 조세 수취 후 관리들에게 지급하는 관수관급제가 시행되었다.

39 다음은 신문왕의 정책들이다. 이러한 정책을 시행한 목적은?

• 국학의 설립
• 달구벌 천도 시도
• 문무 관료에게 토지 지급
• 9주 5소경 설치
• 녹읍 폐지

① 지방문화의 발달 토대
② 귀족체제의 강화
③ 중앙집권적 전제왕권강화
④ 국가재정의 확보

40 다음의 역사적 사건이 일어난 순서는 어떻게 되는가?

| ㉠ 정묘호란 | ㉡ 병자호란 |
| ㉢ 삼포왜란 | ㉣ 정유재란 |

① ㉠-㉡-㉢-㉣
② ㉡-㉠-㉢-㉣
③ ㉡-㉢-㉣-㉠
④ ㉢-㉣-㉠-㉡

※ 수험생 후기를 바탕으로 서원각에서 복원·재구성한 것으로, 무단전재 및 복제를 금합니다.   ＊ 정답 및 해설 p.392

1. 산소 원자 3개가 결합한 분자는?

① 이산화탄소
② 오 존
③ 메 탄
④ 산 소

2. 물이 끓는점과 같은 의미를 가진 다른 단어는?

① 어는점
② 비등점
③ 녹는점
④ 승화점

3. 다음 설명에 해당하는 것은?

> 정상적인 웹페이지나 이메일, 프로그램처럼 보이지만 내부에 악성 코드를 숨기고 있다. 웹페이지나 이메일에 접속하거나 프로그램을 다운받은 사용자들의 중요 정보를 빼내거나, PC 성능을 저하시키는 등의 피해를 입히는 악성소프트웨어이다.

① 트로이목마
② 애드웨어
③ 웜 바이러스
④ DDoS 공격

4. 해양오염 방지를 위한 국제 협약으로 선박 및 해양시설에서의 오염물질 배출을 규제하는 협약은 무엇인가?

① 런던협약
② 바젤협약
③ 몬트리올의정서
④ 교토의정서

5. 소프트웨어 개발 과정에서 프로그램의 오류를 찾아 수정하는 작업을 무엇이라고 하는가?

① 컴파일
② 디버깅
③ 리팩토링
④ 테스팅

6. 다음 중 미켈란젤로 바이러스에 대한 설명으로 옳지 않은 것은?

① 이 바이러스는 3월 6일에 활성화되어 데이터 삭제 등의 피해를 발생시킬 수 있다.
② 1990년대 초반에 발견된 도스(DOS) 기반 바이러스로, 주로 플로피 디스크 등을 통해 전파되었다.
③ 운영 체제의 취약점을 이용하여 네트워크를 통해 확산되는 웜(Worm) 바이러스의 일종이다.
④ 감염된 시스템에서 부트 섹터를 손상시켜 운영 체제가 정상적으로 부팅되지 않도록 만들 수 있다.

7. 변혁적 리더십의 핵심 특징은 무엇인가?

① 구조적 변화 추진

② 구성원 동기 부여

③ 보수적 운영

④ 절차 중심 관리

8. 다음 중 탄소발자국에 대한 설명으로 옳지 않은 것은?

① 개인 또는 조직이 직·간접적으로 배출하는 온실가스의 총량을 의미한다.

② 탄소발자국을 줄이기 위해서는 에너지 효율 향상, 재생 가능 에너지 사용 등이 중요하다.

③ 탄소발자국은 자연적으로만 발생하며, 인간 활동과는 관련이 없다.

④ 제품의 생산, 유통, 소비, 폐기 등 전 과정에서 발생하는 탄소 배출량을 평가할 수 있다.

9. 다음 중 오로라에 대한 설명으로 옳지 않은 것은?

① 오로라는 태양에서 방출된 입자가 지구의 자기장과 반응하여 형성된다.

② 오로라는 주로 극지방(북극과 남극)에서 관찰되며, 밤하늘에서 빛을 발하는 현상이다.

③ 오로라는 대기의 오염으로 인해 발생하는 광학적 현상이다.

④ 태양 활동이 활발할수록 오로라가 더 강하게 나타날 수 있다.

10. 다음 중 성층권에 대한 설명으로 가장 적절한 것은?

① 성층권은 지표면과 가장 가까운 대기층으로, 기상 현상이 활발하게 발생하는 곳이다.

② 성층권에는 오존층이 존재하며, 태양의 자외선을 흡수하는 중요한 역할을 한다.

③ 성층권에서는 기온이 고도가 올라갈수록 낮아지며, 강한 대류 현상이 발생한다.

④ 성층권은 우주와 바로 맞닿아 있는 대기층으로, 산소 농도가 매우 높다.

11. 다음 중 각국의 전통의상과 해당 국가의 연결이 옳지 않은 것은?

① 쑤타이 – 말레이시아

② 아오자이 – 베트남

③ 사리 – 인도

④ 기모노 – 일본

12. 다음 중 프로슈머에 대한 설명으로 가장 적절한 것은?

① 생산자(Producer)와 소비자(Consumer)가 완전히 구분되는 경제 구조를 의미한다.

② 기업이 제품을 생산하고 소비자는 이를 단순히 구매하는 전통적인 소비 방식이다.

③ 프로슈머는 기업의 마케팅 전략과 무관하며, 소비자 행동과는 관련이 없는 개념이다.

④ 소비자가 단순히 제품을 구매하는 것에 그치지 않고, 제품 개발 및 개선에 적극적으로 참여하는 역할을 한다.

13. 가격은 그대로이나 제품의 양이 줄어드는 현상을 의미하는 용어는?

① 인플레이션
② 디플레이션
③ 슈링크플레이션
④ 스태그플레이션

14. 다음 중 코스피(KOSPI)에 대한 설명으로 옳은 것은?

① 코스피는 중소기업과 벤처기업이 주로 상장된 시장이다.
② 코스피는 대한민국의 대표적인 주가지수로, 유가증권시장에 상장된 기업들의 시가총액을 기준으로 산출된다.
③ 코스피는 일정한 값으로 유지되며, 시장 상황에 따라 변동하지 않는다.
④ 코스피와 코스닥은 완전히 동일한 개념으로, 같은 방식으로 운영된다.

15. 블록체인 기술을 활용한 티켓 예매 방식은 무엇이라고 하는가?

① 바코드 티켓
② 바이오메트릭 티켓
③ QR 코드 티켓
④ NFT 티켓

16. 다음 중 미디어 리터러시의 개념과 가장 거리가 먼 것은?

① 미디어가 전달하는 정보를 비판적으로 분석하고 해석하는 능력
② 다양한 미디어 형식을 이해하고 효과적으로 활용하는 능력
③ 특정 미디어 플랫폼을 독점적으로 이용하도록 유도하는 능력
④ 미디어를 통해 전달되는 메시지의 제작 의도를 파악하는 능력

17. 다음 중 그리스 신화의 포도와 와인의 신 디오니소스에 대한 설명으로 옳지 않은 것은?

① 디오니소스는 와인과 연극, 축제의 신으로 숭배되었다.
② 그의 어머니는 인간 세멜레이며, 아버지는 제우스이다.
③ 디오니소스는 로마 신화에서 바커스(Bacchus)로 불린다.
④ 디오니소스는 술을 금지하고 절제를 강조하는 신으로 알려져 있다.

18. 근대 올림픽의 창시자는?

① 짐 나이스미스
② 피에르 드 쿠베르탱
③ 토마스 바흐
④ 후안 안토니오 사마란치

19. 다음 중 안토니 가우디의 건축물이 아닌 것은?

① 사그라다 파밀리아 (Sagrada Família)

② 카사 바트요 (Casa Batlló)

③ 구엘 공원 (Park Güell)

④ 구겐하임 빌바오 미술관 (Guggenheim Bilbao Museum)

20. 다음 중 엑셀 오류 메시지에 대한 설명으로 옳지 않은 것을 모두 고른 것은?

> ⊙ #N/A는 함수나 수식에 값을 사용할 수 없는 경우 표시된다.
>
> ⓒ #Null!은 수식의 텍스트를 인식할 수 없을 때 오류 메시지다.
>
> ⓒ #DIV/0!은 값이 없는 셀이나 0으로 수를 나눌 경우 나타나는 오류다.
>
> ⓔ #Name?은 교차하지 않는 두 범위에서 논리곱을 지정할 경우 나타난다.
>
> ⓜ #REF!는 잘못된 숫자 값이 수식이나 함수에 포함되어 있을 경우 표시된다.

① ⊙

② ⓒ, ⓒ

③ ⓒ, ⓔ, ⓜ

④ ⓒ, ⓔ, ⓜ

21. 다음 중 캔슬 컬쳐에 대한 설명으로 옳지 않은 것은?

① 개인이나 단체의 부적절한 행동이나 발언에 대한 사회적 비판과 보이콧을 의미한다.

② 캔슬 컬쳐는 항상 법적 처벌과 연관되어 있으며, 공식적인 제재 조치가 뒤따른다.

③ SNS와 온라인 커뮤니티의 발달로 인해 더욱 확산되었다.

④ 일부에서는 표현의 자유를 위축시킬 수 있다는 논란이 있다.

22. 외국인 계절근로자의 연장된 체류 추가 기간은?

① 1개월　　　　② 2개월

③ 3개월　　　　④ 6개월

23. 다음 중 뉴노멀(New Normal)이 의미하는 것은?

① 기존의 표준이나 방식이 변화하여 새롭게 자리 잡은 상태

② 변화에 대한 거부감을 강조하는 개념

③ 위기 상황에서도 기존 질서를 유지하려는 움직임

④ 과거의 전통적 방식으로 회귀하는 현상

24. 다음 중 한강 작가의 책이 아닌 것은?

① 흰

② 소년이 온다

③ 작별하지 않는다

④ 무의 노래

25. 〈보기〉의 ⊙~ⓔ에 해당하는 사자성어가 올바르게 짝지어진 것은?

> ⊙ 편안하고 안락한 생활을 즐김
>
> ⓒ 적극적으로 개입하여 문제를 해결함
>
> ⓒ 침착하게 상황을 분석하고 신중히 판단함
>
> ⓔ 세상이 크게 변했음을 피부로 느끼는 감정

① ⊙ – 와신상담　　② ⓒ – 수수방관

③ ⓒ – 전전반측　　④ ⓔ – 격세지감

26. 다음 중 팝 아트의 주요 특징에 해당하는 것은?

① 전통 회화 기법을 고수하며 고전적 주제를 다룬다.

② 대중문화를 소재로 활용하여 예술 작품을 창작한다.

③ 작가의 내면세계를 추상적으로 표현하는 데 중점을 둔다.

④ 빛과 색채의 순간적인 인상을 포착하여 표현한다.

27. 다음 중 서킷브레이커(Circuit Breaker)에 대한 설명으로 옳은 것은?

① 주식시장에서 일정 기간 동안 거래량이 급감하면 발동되는 제도이다.

② 주식시장뿐만 아니라 암호화폐 시장에서도 동일한 기준으로 적용되는 규제이다.

③ 주식시장에서 급등락을 방지하기 위해 일정 수준의 가격 변동이 발생하면 일시적으로 매매를 정지하는 제도이다.

④ 특정 종목의 거래가 하루 동안 금지되는 규제로, 투자자의 과열 매수를 방지하는 역할을 한다.

28. 다음 중 '퍼레니얼 세대'가 의미하는 것은?

① 나이에 관계없이 다양한 세대의 특성을 보유한 사람들

② 베이비붐 세대 이후 출생한 X세대와 밀레니얼 세대 사이의 중간 세대

③ 은퇴 후에도 경제 활동을 지속하며 주로 투자와 창업에 관심을 가지는 고령층

④ 특정 세대가 아닌, 특정한 시기에 공통된 문화를 경험한 사람들

29. 다음 중 임금상승률과 실업률 사이의 상충관계를 나타낸 것은?

① 엥겔곡선

② 래퍼곡선

③ 로렌츠 곡선

④ 필립스 곡선

30. 사업의 효율적인 성장을 위하여 스타트업이 사용하는 마케팅 전략에 해당하지 않는 것은?

① 그로스 해킹

② 퍼포먼스 마케팅

③ 전통 광고

④ 소셜 미디어 마케팅

31. 다음 중 숏폼 콘텐츠 과다 사용으로 나타날 수 있는 현상을 일컫는 용어는?

① 딥 브레인

② 팝콘 브레인

③ 스마트 브레인

④ 릴렉스 브레인

32. 막혀 있던 공기가 터지면서 나는 소리는?

① 파열음　　　　② 파찰음

③ 마찰음　　　　④ 비 음

33. 부여와 관련된 것이 아닌 것은?

① 사출도　　　　② 순장

③ 민며느리제　　④ 영고

34. 다음 중 고구려의 도읍지로 옳지 않은 것은?

① 졸본
② 국내성
③ 평양성
④ 위례성

35. 다음 중 고려 시대 어사대(御史臺)의 역할로 옳은 것은?

① 국왕의 교서를 작성하고 반포하는 역할을 맡았다.
② 수도의 치안을 담당하고, 경찰 업무를 수행하였다.
③ 관리의 부정을 감찰하고 풍기 단속을 담당하였다.
④ 국경을 방어하고 외적의 침입을 막는 역할을 하였다.

36. 다음 중 고조선에 대한 설명으로 옳은 것은?

① 세형동검, 고인돌, 미송리식토기, 잔무늬거울 등은 고조선의 영향권을 보여주는 청동기 유물들이다.
② 현존하는 사서 중 고조선에 대한 사실을 가장 먼저 기록한 책은 삼국유사이다.
③ 단군조선은 제정일치 사회의 특징을 가졌으며, 본격적인 중앙집권 체제를 도입하였다.
④ 위만조선 시기에는 철기 문화를 수용하였으며, 한 무제의 침략으로 멸망하였다.

37. 고려시대의 5품 이상 관리 자제가 시험 없이도 관리가 될 수 있었던 제도는?

① 기인제도
② 상수리제도
③ 과거제도
④ 음서제도

38. 다음 중 독립협회에 관한 내용이 아닌 것은?

① 만민공동회와 관민공동회를 개최했다.
② 러시아의 부산 절영도 조차 요구를 저지했다.
③ 고종의 퇴위 반대운동을 전개해 강제 해산됐다.
④ 중추원 개편을 통해 서구식 입헌군주제 실현을 목표로 했다.

39. 다음 중 일제강점기 일본이 설치한 통치기구와 그 역할이 올바르게 연결된 것은?

① 통감부 - 1910년 이후 조선을 통치한 식민 행정 기구이다.
② 헌병 경찰 - 1910년대 한국인을 감시하고 탄압하기 위해 운영되었다.
③ 조선총독부 - 1905년 을사늑약 이후 설치되어 대한제국의 외교권을 박탈하였다.
④ 동양척식주식회사 - 조선의 농민을 보호하고 토지 개혁을 추진하였다.

40. 1919년 일제강점기에 일제의 통치방식이 무단통치에서 문화통치로 바뀌게 된 계기가 된 사건은?

① 3.1운동
② 6.10만세운동
③ 광주학생항일운동
④ 국채보상운동

PART

02

일반상식

01 정치·법률·외교

✿ 특례시 ✦

도시 행정의 특수성을 고려해 위상을 높이고 별도로 구분하기 위해 편의상 적용하는 행정 명칭이다. 인구 100만 이상 대도시가 기초자치단체 지위를 유지하면서 일반시와 차별화되는 '특례시'라는 법적지위와 '광역시'에 걸맞는 행·재정적 자치권한 및 재량권을 부여받는 새로운 형태의 지방자치단체 유형이다. 특례시로 지정되더라도 권한이 달라지는 것은 없고, 도시 이름도 특별시나 광역시와 달리 기존과 동일하게 유지된다. 개정된 지방자치법이 시행되면서 수원·고양·용인·창원은 특례시의회로 거듭났다.

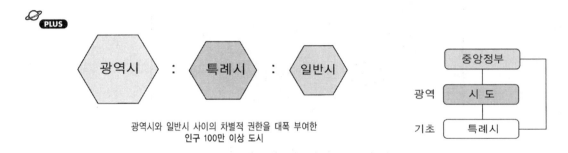

광역시와 일반시 사이의 차별적 권한을 대폭 부여한
인구 100만 이상 도시

✿ 미란다 원칙(Miranda Principle) ✦✦✦

1966년 미국 연방대법원의 "미란다 대 애리조나 판결(Miranda v. Arizona)"에서 유래한 원칙으로, 경찰이 용의자를 체포할 때 변호사 선임권 및 진술 거부권을 고지해야 한다는 법적 규정이다. 한국을 비롯한 여러 국가에서도 이 원칙을 반영한 체포 절차를 시행하고 있다.

✿ 블레임 룩(Blame Look) ✦✦✦

비난하다의 블레임(Blame)과 외모, 스타일을 뜻하는 룩(Look)의 합성어로, 사회적 물의를 일으킨 자들의 옷이나 악세서리 등 패션이 이슈가 되고 유명해지는 것을 말한다. 고의적인 구설수를 이용하는 노이즈 마케팅과는 다르게 블레임 룩의 경우는 부정적인 모습이 소비자들에게 노출 되어 매출은 감소하고 브랜드 이미지에 악영향을 미치기 때문에 브랜드의 호재로 적용되지 않는다.

✿ 뉴 거버넌스(New Governance) ✦✦

일반 시민사회를 정부의 영역에 포함시켜 파트너로 인정해줌으로써 정부 조직, 기업, 시민사회, 세계체제 등 이들 전부가 공공서비스와 관련해 신뢰를 통한 네트워크 구축을 강조하는 개념으로 협력 체제에 중점을 두는 것이다. 정부부문과 민간부문 및 비영리부문 간 협력적 네트워크를 통한 공공서비스 전달 과정의 효율성을 목표로 한다.

❆ 감자칩 민주주의(Couch Potato Democracy) ✦✦

소파에 기대앉아 감자칩을 먹으며 정치에 참여하는 것을 비유한 용어이다. 대통령 후보들의 유세나 토론을 텔레비전으로 보며 지지자를 결정하고, 인터넷으로 정치 참여가 가능해진 상황을 이야기한다. 1990년대 중반 인터넷을 통한 쌍방향 정치 참여가 가능케되면서 본격적으로 확산되었다.

❆ 고노담화 ✦✦✦

1993년 8월 당시 관방장관이던 고노 요헤이가 일본군 위안부에 대해 사죄한 담화를 일컫는다. 주요 내용은 일본군 위안부 동원의 강제성을 인정한 것으로 1년 8개월 동안의 조사에 걸쳐 발표하였다.

❆ 국정감사(國政監査) ✦✦

국회가 국정 전반에 대한 조사를 행하는 것을 말한다. 이는 국회가 입법 기능뿐만 아니라 정부를 감시하고 비판하는 기능을 가지고 있는 것에서 인정된 것이다. 헌법과 국정 감사 및 조사에 관한 법률에서 정하고 있는 '국정'의 개념은 의회의 입법 작용뿐만 아니라 행정 · 사법을 포함하는 국가 작용 전반을 의미한다. 여기서 개인의 사생활이나 신앙과 같은 사적사항은 제외된다. '국정'은 국정감사, 국정조사의 대상이 되며 국정감사는 국정의 전반, 국정조사는 국정의 특정사안을 대상으로 한다. 현재 국정감사는 소관 상임위원회별로 매년 정기국회 집회일 이전의 감사 시작일부터 30일 이내의 기간을 정하여 감사를 시행한다. 본회의 의결에 의해 정기회 기간 중에 감사를 실시 할 수 있다. 감사, 조사의 대상기관은 국가기관, 특별시, 광역시, 도, 정부투자기관, 한국은행 등, 그리고 본회의가 특히 필요하다고 의결한 감사원의 감사 대상기관이다.

❆ 국정조사권(國政調査權) ✦✦✦

국회가 특정한 국정사안에 관한 조사를 할 수 있는 권한이다. 국회의원의 4분의 1 이상이 요구할 경우 국회는 조사 사안에 대한 특별위원회를 구성하거나 해당 상임위에서 조사위원회를 구성하며, 조사위 의결로 국회폐회 중에도 활동할 수 있다. 그 범위는 안건의 심의와 직접 관련된 보고, 서류의 제출요구, 참고인의 출석요구 등에 국한된다.

❆ 레임 덕 현상 ✦✦✦

정치 지도자의 집권 말기에 나타나는 지도력 공백 현상을 말한다. 레임(Lame)은 다리를 저는, 절름발이 의라는 뜻으로, 임기 만료를 앞둔 공직자의 통치력 저하를 기우뚱 걷는 절름발이 오리에 비유해 일컫는 것이다. 우리나라에서는 '권력누수현상'이라고 표현하기도 한다. 레임 덕은 주요 현안에 대한 정책 결정이 늦어질 뿐만 아니라 공조직 업무 능률을 저하시켜 국정 공백을 일으키는 등 나라 전체에 나쁜 영향을 끼칠 수 있는 위험한 현상이다.

> 🪐 **PLUS** **데드 덕 현상** ⋯ 레임 덕보다 더 심각한 권력 공백 현상을 나타내는 말로, '정치 생명이 끝난 사람', '가망 없는 인사', '실패했거나 실패할 것이 틀림없는 정책'을 의미한다.

특별재난지역(特別災難地域) ✦✦

태풍 · 홍수 등의 자연재해나 화재 · 붕괴 등의 대형 사고와 같은 인적재난, 에너지 · 통신 · 금융 · 의료 · 수도 등 국가기반체계의 마비와 전염병 확산 등으로 인해 극심한 피해를 입었을 때 수습 및 복구를 위해 특별한 조치와 지원이 필요가 인정되는 지역이다. 특별한 조치가 필요하다고 인정되는 경우, 중앙사고대책본부장은 중앙안전대책위원회의 심의를 거쳐 특별재난 지역으로 선포할 것을 대통령에게 건의할 수 있다(재난 및 안전관리기본법). 특별재난지역의 선포를 건의 받은 대통령은 당해 지역을 특별재난 지역으로 선포할 수 있다. 특별재난지역으로 선포된 지역은 대통령령이 정하는 응급대책 및 재해구호와 복구에 필요한 행정 · 재정 · 금융 · 세제 등의 특별지원을 받을 수 있다.

스윙 보터(Swing Voter) ✦✦

선거에서 특정 정당이나 후보를 일관되게 지지하지 않고, 상황에 따라 투표 성향을 바꾸는 유권자를 의미한다. 이들은 정치적 성향이 고정되어 있지 않으며, 이슈, 후보자, 경제 상황 등에 따라 투표 결정을 내리는 특징이 있다. 특히 경합 지역에서 스윙 보터의 선택이 선거 결과를 결정짓는 경우가 많아 각 정당은 이들을 공략하기 위한 전략을 세운다. 미국 대선에서 플로리다, 펜실베이니아와 같은 주(州)는 스윙 보터가 많아 선거의 승패를 좌우하는 중요한 지역으로 간주된다. 따라서 후보자들은 스윙 보터의 표심을 얻기 위해 유권자 친화적인 정책과 중도적인 메시지를 강조하는 경향이 있다.

님투현상(NIMTOO) ✦✦

'Not In My Terms Of Office'의 약어로, 직역하면 '나의 공직 재임 기간 중에는 안 된다'는 뜻이다. 공직자가 자신의 임기 중에 일을 무리하게 추진하지 않고 무사안일하게 시간이 흐르기만 기다리는 현상을 말한다.

민주정치(民主政治) ✦

자유와 평등을 기반으로 한 국민에 의한 통치 형태를 말한다. 기본적 인권 또는 다수결원칙, 법치주의 등을 그 속성으로 하며 국민이 직접 정치에 참가하는 직접민주제와 국민의 대표에 의해 통치하는 간접민주제가 있으나, 모두 의회제와 권력분립 등을 수반하는 국민의 정치 참여를 뜻한다.

PLUS
- **직접민주정치** : 순수민주정치라고도 하며, 국민이 대표자를 통하지 않고 직접 국가의사를 결정하는 제도를 말한다. 이 제도는 국민발안(initiative) · 국민투표(referendum) · 국민소환(recall) 등의 형태로 나타나며, 현재 미국의 일부 주와 스위스의 Coaton에 있어서의 인민집회를 제외하고는 그 예가 드물다.
- **간접민주정치** : 대표민주정치라고도 하며, 대표자를 통해 국민의 의사가 간접적으로 정치에 반영되는 제도로서 내각책임제와 대통령중심제의 두 가지 형태가 있다.

✿ 중우정치(衆愚政治) ✦

다수의 비합리적인 판단은 선동과 군중 심리에서 나올 수 있다는 민주주의의 단점을 부각시킨 용어이다. 이에 대해 아리스토텔레스는 빈민정치, 플라톤은 폭민정치로 규정하였다. 대중에 의한 정치를 혐오하는 보수 정치가, 혹은 사상가들에 의해 민주주의를 멸시하는 의미로도 사용된다.

✿ 책임총리제 ✦✦

한국은 대통령제를 채택하면서도 부통령 대신 국무총리라는 직책을 두고 있다. 헌법상 국무총리는 국정의 2인자로 행정부를 통괄하고, 국무회의 부의장으로서 국무위원의 임명·제청권, 해임 건의권 등을 행사할 수 있다. 책임총리제는 이러한 현실을 지양하고 대통령과 총리가 업무를 구체적으로 명료히 분담해 수행하는 분권형 국정운영체제의 일환이다.

✿ 캐스팅보트(Casting Vote) ✦✦

2대 정당의 세력이 거의 같을 때 그 승패를 결정하는 제3당의 투표를 말한다. 우리나라 국회의 경우 가부동수일 때에는 부결된 것으로 간주한다. 가부동수인 경우에는 두 가지의 입법례가 있다. 하나는 부결된 것으로 보는 제도이고, 다른 하나는 의장이 캐스팅보트를 가지는 제도이다. 한국의 국회에서는 가부가 동수인 경우 그 의결은 부결된 것으로 본다(헌법 제49조).

✿ 섀도캐비닛(Shadow Cabinet) ✦✦

각료 후보로 조직된 내각으로, 야당에서 정권을 잡는 경우를 대비하여 조직하는 것이다. 1876년에 생긴 제도로, 양당제가 잘 발달되어 있는 영국에서는 야당이 정권 획득에 대비하여 총리 이하 각 각료로 예정된 멤버를 정해두고, 정권을 잡으면 그 멤버가 그대로 내각의 장관이 되는 경우가 많았다. '그늘의 내각' 또는 '그림자 내각'으로 번역되는데, 본래는 영국 야당의 최고지도부를 말하는 것이었다.

✿ NPT(Nuclear Nonproliferation Treaty) ✦✦✦

핵확산금지조약을 이르는 말로, 핵을 보유하고 있지 않은 국가가 새로이 핵무기를 보유하는 것과 보유국이 비보유국에 핵무기를 넘기는 것을 동시에 금지하는 조약이다. 이 조약은 1968년 7월 UN에서 채택되어 1970년 3월에 발효되었다.

✿ 북한의 비핵화 원칙 ✦

구분	내용
FFVD	• 최종적이고 완전히 검증된 비핵화 • 2018년 7월 마이크 폼페이오 국무장관의 3차 방북에 앞서 미국 국무부가 제시한개념
CD	• 완전한 비핵화 • 2018년 6월 12일 싱가포르에서 있었던 트럼프 대통령과 김정은 위원장 간의 북미정상회담에서 공동성명에 명시된 개념
PVID	• 완전하고 검증 가능하며 되돌릴 수 없는 핵 폐기 • 마이크 폼페이오 미 국무장관이 2018년 5월 취임 시 언급한 개념
CPD	• 완전하고 영구적인 폐기 • 북한 핵무기를 비롯하여 생화학무기와 탄도미사일을 완전하고 영구적으로 폐기한다는 의미
CVID	• 완전하고 검증가능하며 되돌릴 수 없는 핵폐기 • 조지 부시 행정 1기에 북한 핵문제를 해결하고자 수립된 원칙
CVIG	• 완전하고 검증 가능하며 되돌릴 수 없는 안전보장 • 마이크 폼페이오 미 국무장관이 김정은 북한 국무위원장과 논의해 CVID에 대한안전보장 방안으로 제시한 개념
CVIP	• 완전하고 검증 가능하며 되돌릴 수 없는 평화 • 북한 비핵화와 함께 미국이 북한의 체제를 보장할 경우 한반도에 완전한 평화가 찾아온다는 의미

✿ 넷플릭스 법(Netflix 法) ✦✦

정확한 명칭은 '전기통신사업법 개정안 시행령'이다. 국내에 서버를 두지 않은 해외 사업자에게 국내 망을 이용한 것에 대한 대가를 지불하도록 하기 위하여 처음 도입하기 시작하였다. 국내에 서버를 둔 사업자는 국내 망 접속료를 내는 반면에, 국내에 서버 없이 서비스를 제공하는 사업자는 국내 통신사들에게 망 이용료를 내지 않기 때문이다. 이는 하루 평균 이용자가 100만 명 이상이며 국내 트래픽의 1% 이상의 업체에게 적용된다. 한편 한국인터넷기업협회는 전기통신사업법 개정으로 새로운 규제가 도입되면서 이는 콘텐츠 사업자의 발전을 저해할 수 있다는 의견을 밝혔다. 만일 콘텐츠 사업자들이 망 이용료를 더 부담하게 된다면 최종 소비자에게 전가할 수 있기 때문에 기존의 통신료에 콘텐츠 이용료까지 이중 부담이 될 수 있을 것이라는 전망이다.

✿ 대선거구제(大選擧區制) ✦✦

한 선거구에서 다수(보통 5인 이상)의 대표를 선출하는 제도이다. 이 제도는 전국적으로 큰 인물이 당선되기 쉬운 장점이 있으나, 선거구가 너무 넓어서 후보자의 인물·식견을 판단하기 어렵고 비용이 많이 드는 단점이 있다.

- **중선거구제(中選擧區制)** : 한 선거구에서 2 ~ 4명의 대표자를 선출하는 제도이다. 우리나라는 자치구·시·군의원 선거에서 채택하고 있다.
- **소선거구제(小選擧區制)** : 한 선거구에서 한 사람의 대표를 선출하는 제도이다. 선거구가 작기 때문에 선거관리와 투표가 간단하고 비용이 비교적 덜 들며, 선거인이 후보자를 잘 알 수 있는 동시에 정국이 안정되기 쉬운 장점이 있다. 우리나라는 지역구 국회의원 및 시·도의원 선거에서 채택하고 있다.

�֎ 선거권(選擧權) ✦✦

국가기관으로서의 국민이 각종 공무원을 선임하는 권리로서 선거에 참여할 수 있는 지위 또는 자격을 말한다. 우리나라의 경우 선거권을 갖는 요건으로는 대한민국 국민이어야 하고, 선거일 현재 18세 이상이어야 한다. 소극적 요건으로는 금치산 선고를 받지 않았어야 하며, 금고 이상의 형을 선고받고 그 집행이 종료된 상태여야 한다. 선거범, 정치자금부정수수죄 및 선거비용관련 위법행위에 관한 벌칙에 규정된 자 또는 대통령·국회의원·지방의회의원·지방자치단체의 장으로서 그 재임 중의 직무와 관련하여 수뢰·사전수뢰 내지 알선수뢰, 알선수재에 규정된 죄를 범한 자로서 100만 원 이상의 벌금형을 선고받고 그 형이 확정된 후 5년 또는 형의 집행유예 선고를 받아 그 형이 확정된 후 10년 이상이 경과되어야 하며, 법원의 판결 또는 다른 법률에 의하여 선거권이 정지 또는 상실되어서도 안 된다.

✷ 사전투표(事前投票) ✦

조기투표(早期投票)라고도 하며, 유권자가 지정된 선거일 이전에 투표를 할 수 있도록 하는 제도를 말한다. 우편을 통하거나, 사전투표를 위해 지정된 투표소에서 실시하며, 실시 방법과 기간은 관할 기관과 선거의 종류에 따라 다르다. 사전투표는 통상적으로 투표 참여율을 높이고, 선거 당일의 투표소 혼잡을 막기 위해 시행한다. 사전투표는 선거 기간 동안 투표 장소를 벗어난 곳에 있다거나, 투표 업무 종사자, 선거 운동원, 의료 일정 등의 사유로 인하여 선거일에 선거를 할 수 없는 유권자의 선거를 위해 도입되었다. 사전투표는 기존의 부재자투표의 편의성을 높이기 위해 수정 도입된 것으로 사전신고를 하지 않아도 된다. 투표소는 관할 구역 안의 읍·면·동마다 설치된다. 선거일 전 5일부터 2일간 선거가 진행되며 투표용지는 사전투표소에서 인쇄로 교부한다. 투표시간은 기존 부재자 투표와 동일한 오전 6시부터 오후 6시까지다.

✷ 게리맨더링(Gerrymandering) ✦✦

선거구를 특정 정당이나 후보자에게 유리하게 인위적으로 획정하는 것을 말한다. 이것은 1812년 미국의 게리(Gerry)라는 매사추세츠 주지사가 자기의 소속 정당에 유리하게 선거구를 획정한 결과 샐러맨더(Salamander : 희랍신화 속의 도롱뇽)와 비슷한 기형의 선거구가 된 데서 유래되었다.

✷ 마타도어(Matador) ✦✦✦

출처를 위장하거나 밝히지 않는 선전으로 흑색선전의 의미로 정치권에서 널리 쓰인다. 근거 없는 사실을 조작하여 상대를 중상모략하는 행위를 뜻한다. 스페인어 'Matador(마따도르)'에서 유래하여 붉은 천으로 투우를 유인하여 마지막에 정수리를 찌르는 '투우사(Bullfighter)'를 지칭한다.

✷ 로그롤링(Log Rolling) ✦✦

선거를 도와주고 그 대가를 받거나 이권을 얻는 행위를 의미한다. 원래는 '통나무 굴리기'라는 뜻으로, 서로 협력하여 통나무를 모으거나 강물에 굴려 넣는 놀이에서 연유된 것이다.

✿ 매니페스토(Manifesto) ✦✦✦

선거 시 목표와 이행 가능성, 예산 확보의 근거를 구체적으로 제시한 공약을 말한다. '증거', '증거물'이라는 의미를 가진 라틴어 마니페스투(Manifestus)가 이탈리라어 마니페스또(Manifesto)가 되어 '과거 행적을 설명하고, 미래 행동의 동기를 밝히는 공적인 선언'이라는 의미로 사용되고 있다. 우리나라에서는 '참 공약 선택하기', '바른 공약 실천운동' 정도로 표현된다.

✿ 출구조사(Exit Poll) ✦✦

투표를 마치고 나오는 유권자를 대상으로 면접 조사하여 투표자 분포 및 정당 · 후보자별 지지율 등의 정보를 얻는 선거여론조사를 말한다. 우리나라는 텔레비전, 라디오, 일간신문사에 한하여 투표소 50m 밖에서 출구조사를 허용하고 있다. 투표 마감 후 결과가 공표되어 선거 결과를 가장 빠르게 예측할 수 있다.

✿ 오픈 프라이머리(Open Primary) ✦

개방형 경선제로 미국 대통령 선거에서 정당별 후보를 투표자가 자기의 소속 정당을 밝히지 않고 투표할 수 있는 예비 경선의 한 방식이다. 대선후보 선출권을 소속 당원에게 국한하지 않고 일반 국민으로 확대했다. 국민의 선거 참여 기회를 확대해 참여 민주주의를 실현하지만, 당원의 존재감이 약화되어 정당정치의 실현이 어려워질 수 있다.

✿ 원내교섭단체(院內交涉團體) ✦

국회에서 정당 소속 의원들이 개개인의 주장 혹은 소속 정당의 의견을 통합하여 국회가 개회되기 전 반대당과 교섭 · 의견조정을 하기 위하여 구성하는 의원단체를 말한다. 국회의원 20인 이상의 정당을 단위로 구성함이 원칙이나 다른 교섭단체에 속하지 않는 의원 20인 이상으로 구성할 수도 있다.

✿ 엽관제(獵官制) ✦

선거를 통하여 정권을 잡은 사람이나 정당이 직책을 담당하는 정치적 관행으로, 실적제도(Merit System)에 대립되는 제도를 말한다. 본래 국민의 봉사자이어야 할 공무원이 일부의 봉사자로 전락하고 직무의 계속성이 저해 받는 것에 대해 비판의 소리가 높자, 이에 대한 개선책으로 전문성과 기술성에 기초한 과학적 공무원제도인 실적제가 도입되었다. 우리나라의 경우 엽관주의 현상은 이승만정권의 자유당 창당(1952)을 계기로 대두되었다.

✿ 플레비사이트(Plebiscite) ✦✦

직접민주주의의 한 형태로 국민이 국가의 의사결정에 참여하는 제도로 일종의 국민투표이다. 최고통치자가 권력의 계속유지와 관련해 신임을 물을 경우 채택하는 등 주로 항구적인 정치상태를 창출하는 데 쓰인다. 특정인의 통치나 영토의 변경에 대하여 임의적으로 국민의 표결에 부치는 것이다.

✿ 보궐 선거 ✦✦✦

대통령이나 국회의원, 지역구 의원 등이 그 임기 중에 사직 · 사망 · 실격함으로 인해 궐석(闕席)이 생길 경우, 그 자리를 보충하기 위하여 그 구역에 한해 실시하는 선거이다. 당선자는 전임자의 잔임 기간만 재임하며, 보궐선거(補缺選擧)라고도 한다.

- **재선거** : 선거 자체에 문제가 있는 경우, 당선자가 없는 경우 다시 한 번 치르는 선거를 말한다.
- **총선거** : 의회를 처음으로 구성하거나 전원을 경신하기 위해 실시하는 선거를 말한다.
- **지방선거** : 지방 자치법에 따라 지방의회 의원 및 장을 뽑는 선거이다.

✿ 필리버스터(Filibuster) ✦✦

의회 안에서 다수파의 독주를 막기 위하여 합법적 수단으로 의사 진행을 지연시키는 무제한 토론을 말한다. 법안의 통과 · 의결 등을 막기 위하여 장시간의 발언을 하거나, 출석 거부, 총퇴장, 유회(流會) · 산회(散會)의 동의, 불신임안 제출, 투표의 지연 등이 있다. 우리나라에서는 이를 제지하기 위해 국회의원 발언 시간에 제한을 두는 규정을 설정하였다. 필리버스터는 개정된 국회법(106조의2)에 의하면 본회의에 부의된 안건에 대하여 무제한 토론을 하려는 경우 재적의원 3분의 1이상의 요구서를 의장에게 제출해야 하고 의장은 해당 안건에 대하여 무제한 토론을 실시할 수 있다. 무제한 토론은 1인당 1회에 한 해 토론 할 수 있고, 토론자로 나설 의원이 더 이상 없을 경우 종결된다. 또한 재적의원 3분의 1 이상이 무제한 토론의 종결 동의 및 무기명 투표로 재적의원 5분의 3 이상이 종결에 찬성할 경우 중단할 수 있다.

✿ 불체포특권(不逮捕特權) ✦✦

국회의원은 현행범이 아닌 이상 회기 중 국회의 동의 없이 체포 또는 구금되지 아니하며, 회기 전에 체포 또는 구금된 때에도 현행범이 아닌 한 국회의 요구가 있으면 회기 중에도 석방되는 특권이다. 면책특권과 더불어 헌법에서 보장한 국회의원의 2대 특권 중 하나이다.

✿ 불소추특권(不訴追特權) ✦✦

대통령은 재직 기간 중 헌법 제84조에 의해 내란 · 외환의 죄 이외의 범죄에 대하여 대통령의 재직 기간 중 형사상 소추(訴追)를 받지 않는다. 이는 외국에 대하여 국가를 대표하는 지위에 있는 대통령의 신분과 권위를 유지하고 국가원수 직책의 원활한 수행을 보장하기 위함이다. 그러나 재직 중이라도 민사상, 행정상의 소추, 국회에 의한 탄핵소추는 받을 수 있다.

이원집정부제(二元執政府制) ✦

대통령제와 의원내각제의 요소를 결합하여 행정부가 이분화되어 있는 절충식 정부 형태로, 평상시에는 국무총리(수상)가 행정권을 주도하지만 일단 비상사태가 발생하면 대통령이 행정권을 장악하여 단순한 국가원수로서의 지위뿐 아니라 실질적인 행정수반의 역할을 담당하게 된다.

포퓰리즘(Populism) ✦✦

본래의 목적보다는 대중의 인기를 얻는 것을 목적으로 하는 정치의 행태로, 다수의 일반 대중을 정치의 전면에 내세워 집권세력의 권력을 유지하지만 실제로는 소수 집권세력의 권력을 공고히 하는 정치체제다. 포퓰리즘은 정치 지도자들의 정치적 편의주의(便宜主義)·기회주의(機會主義)를 근본으로 하여 개혁을 내세우므로 대중을 위함이 아닌 지나친 인기 영합주의에 빠지기 쉽고, 합리적인 개혁이 아닌 집권세력의 권력유지나 비집권세력의 권력 획득 수단으로서 악용되기도 한다. 엘리트주의와 대립되는 개념이다.

공수처법 ✦✦✦

정식 명칭은 '고위공직자비리수사처 설치 및 운영에 관한 법률안'으로 2020년 8월 4일 국회 본회의를 통과하였다. 이 법안은 공수처장 인사청문 근거 규정 마련을 위한 인사청문회법, 국회법 개정안, 공수처장 후보추천위원회 운영규칙 제정안 등 공수처 후속 3법을 말한다. 고위공직자 등의 범죄 행위를 상시적으로 수사·기소할 수 있는 고위공직자비리수사처를 설치하여 고위공직자 등의 부정부패와 권력남용을 방지함을 목적으로 한다. 이 법안에서 규정하고 있는 고위공직자란 차관급 이상의 공무원 및 국가공무원법에 따른 고위공무원단에 속하는 공무원, 국회의원, 지방자치단체의 장, 법관 및 검사, 교육감, 준장급 이상의 장교, 경무관급 이상의 경찰공무원 등으로 해당 직에서 퇴임한 날로부터 3년이 지나지 아니한 자를 포함한다.

지방자치(地方自治) ✦✦✦

일정한 지역공동체의 주민이 자치단체에 참가하여 지역공공사무를 자기책임하에 스스로 또는 대표자를 통하여 처리하는 행위를 말한다. 지방자치는 자신이 속한 지역의 일을 주민 스스로가 처리한다는 민주정치의 기본적인 요구에 기초를 두고 있으며, 단체자치(團體自治)와 주민자치(住民自治)의 결합으로 본다.

주민자치(住民自治) ✦✦

중앙집권적이며 관료적인 지방자치를 배제하고 주민이 지방자치의 주권자가 되어 문제해결의 주체가 되어야 한다는 것으로, 주민의 자치능력을 중요시하는 민주적·지방분권적인 지방제도이다. 본래 영국에서 형성되었으며 그 구체적인 제도는 단체자치보다 뒤떨어지지만, 영국에서 법제화되었고 미국에도 도입되었다.

❈ 네이밍 법안 ✦✦✦

법의 명칭은 따로 있지만 법안을 발의한 사람이나 피해자 및 가해자 등 특정 인물의 이름을 붙인 법안이다. 주목도나 홍보 효과가 높아 복잡한 법률명을 대신하여 사용된다. 네이밍 법안은 사건을 공론화 시킬 수 있어 해당 사안을 확실하게 드러낼 수 있다는 이점이 있다. 그러나 피해자의 이름이 붙은 법안은 실질적인 내용이 전달되지 않고 감정에 호소할 수 있다는 점과 안타까운 마음에 선입견을 갖게 되어 부작용을 야기할 수 있다. 또한 피해자의 이름을 붙이게 될 때에는 유가족에게 상처가 될 수 있으므로 신중해야 한다.

✎ PLUS 네이밍 법안 종류

ⓐ **김영란법**(부정청탁 및 금품 등 수수의 금지에 관한 법률)

당시 국민권익위원회 위원장 김영란 대법관이 발의하여 김영란법이라고 불린다. 공직자를 비롯한 언론인과 사립학교 교직원 등은 1회 100만 원을 초과하는 금품을 수수할 시 형사처벌(3년 이하의 징역 또는 3,000만 원 이하의 벌금)을 받도록 규정하고 있다. 김영란법이 허용하는 상한액은 식사 3만 원, 선물 5만 원, 경조사비 5만 원이다.

ⓑ **임세원법**(의료법 일부 개정안)

환자가 휘두른 흉기에 찔려 숨진 강북삼성병원 임세원 교수 사건을 계기로 발의하여 임세원법이라고 불린다. 의료인에게 폭력을 휘둘렀을 경우 처벌이 가중되고 주취 감경 규정을 적용하지 않아 의료인과 환자를 법적으로 보장한다. 상해를 입혔을 경우 7년 이하의 징역 또는 1,000만 원 이상 7,000만 원 이하의 벌금이 부과되고, 중상해를 입혔을 경우 3년 이상 10년 이하의 징역, 사망에 이르게 한 경우 무기징역 또는 5년 이상의 징역에 처하게 된다.

ⓒ **김용균법**(산업안전보건법 개정안)

비정규직 청년 노동자 김용균 씨가 운송설비 점검 중 컨베이어 벨트에 끼어 사망한 사건을 계기로 발의하여 김용균법이라고 불린다. 사업주의 책임 범위를 확장하고 사업주가 안전조치를 위반하면 3년 이하의 징역 또는 3,000만 원 이하의 벌금에 처한다. 노동자가 사망할 시 7년 이하의 징역 또는 1억 원 이하의 벌금에 처한다.

ⓓ **조두순법**(성폭력 범죄의 처벌 등에 관한 특례법)

등교 중이었던 여아를 성폭행 하여 피해아동에게 중상해를 입힌 조두순 사건을 계기로 발의하여 조두순법이라고 불린다. 처음에는 피해아동의 이름으로 불리다가 후에 가해자 조두순이름인 조두순법으로 변경되었다. 음주나 약물로 인한 심신미약 상태에도 형을 감경하지 않으며 미성년자에 대한 성폭력 공소시효는 피해자가 성년에 달한 날부터 진행한다.

ⓔ **기타**

신해철법(의료사고 피해구제 및 의료분쟁 조정법 개정안), 해인이법(어린이 안전관리에 관한 법률안), 하준이법(주차장법 개정안, 도로교통법 개정안), 구하라법(부모가 부양의 의무를 게을리 하였을 경우 부모 상속권 박탈 개정안) 등

✿ 살찐 고양이법(Fat Cat Law) ✦✦✦

자치단체 산하 공공기관의 임원들이 지나치게 높은 연봉을 받는 것을 제한하기 위한 법령 또는 조례를 말한다. 본래 '살찐 고양이'는 배부른 자본가를 뜻하는 말로, 1928년 저널리스트 프랭크 켄트가 발간한 도서 「정치적 행태」에서 처음 사용되었다. 2008년 글로벌 금융 위기 당시 미국 월가의 탐욕스런 은행가와 기업인을 비난하는 말로 사용되었다. 직원들의 구조조정과 임금 삭감 등 어려운 상황 속에서도 거액의 연봉과 퇴직금, 각종 보너스 등을 누리는 경영진들의 도덕적 해이를 비꼬아 살찐 고양이라는 말로 비난하였다. 또한 당시 정치자금을 많이 내는 부자나 특혜를 입은 부자들을 살찐 고양이로 빗대어 표현하였는데 1960년 민주당 예비선거에서 부유층으로부터 많은 지원을 받는 존 케네디 후보에, 휴버트 험프리 후보는 "나는 살찐 고양이의 지원을 받는 후보가 아니다."라는 말을 하기도 하였다. 우리나라에서는 부산이 최초로 '살찐 고양이법'을 시행하였다. 「부산광역시 공공기관 임원 보수기준에 관한 조례」는 부산시가 설립한 공사·공단 6곳, 출자·출연기관 19곳의 대표이사 연봉은 법정 최저임금의 월 환산액에 12개월을 곱해 산출한 금액의 7배(이사, 감사 등은 6배)를 넘지 못하도록 되어있으며, 2019년 5월 8일 공포하면서 시행되었다. 이후 경기도에서 두 번째로 도입하였고, 경기도가 설립한 공사·공단 및 출자·출연기관 임원의 연봉 상한선을 최저임금의 월 환산액에 12개월을 곱해 산출한 금액의 7배 이내로 정해 권고해야 한다고 규정되어있다.

✿ 기소독점주의(起訴獨占主義) ✦

범죄를 기소해 소추(訴追)하는 권리를 검사만이 가지고 있는 것을 말한다. 기소독점주의는 공소제기의 적정성을 보장하며, 검사가 개인적 감정에 지배되지 않고 국가적 입장에서 공평하면서도 획일적인 입장을 기한다는 점에서 장점이 있다. 그러나 검사가 외부압력에 굴복하거나 결탁해 자의적이고 독단적인 공소권 행사를 할 우려도 있다.

✿ 기소편의주의(起訴便宜主義) ✦

충분한 범죄 혐의가 있고 소송 조건을 갖추었음에도 불구하고 검사의 재량에 의하여 공소를 제기하지 아니할 수 있음을 말한다. 이에 대응하는 것이 기소법정주의(起訴法定主義)이다. 기소편의주의에서는 공소를 하고 난 후에도 그 취소가 가능하며, 한국 형사소송법도 제1심판결의 선고가 있기 전까지는 공소를 취소할 수 있다고 규정하고 있다(형사소송법 255조 1항). 또 형사소송법 제247조는 범인의 연령·성행(性行), 지능과 환경, 피해자에 대한 관계, 범행동기·수단과 결과, 범행 후의 정황에 따라 공소를 제기하지 않을 수도 있다고 규정하고 있다.

✿ 스모킹 건(Smoking Gun) ✦✦✦

어떤 범죄나 사건을 해결할 때 나오는 확실하고 결정적인 증거를 일컫는다. 가설을 증명하는 과학적 근거라는 뜻으로도 쓰이며 살해 현장에 있는 용의자의 총에서 연기가 피어난다면 이는 틀림없이 명백한 증거가 된다는 의미에서 붙여진 이름이다. 과거에는 범죄 행위에 대한 결정적 증거로 사용되는 물건이나 사실을 '스모킹 건'이라 표현하였으나, 현재는 특정 현상이나 가설을 뒷받침하는 과학적 근거를 가리키는 말로도 쓰인다. 영국의 유명 추리소설 「셜록 홈즈」에서 유래되었다. 소설에서는 '연기 나는 총(Smoking Pistol)'이라는 표현을 사용했으나, 이후 '스모킹 건'이라는 표현으로 바뀌었다. 1974년 리처드 닉슨 대통령의 워터게이트 사건 당시 이 사건을 조사한 미 하원 사법위원회의 뉴욕주 하원의원 바버 코너블이 닉슨 대통령과 수석보좌관 사이에 오간 대화가 담긴 녹음테이프(증거물)를 가리켜 '스모킹 건'이라는 말을 쓰면서 이 용어가 일반적으로 사용되기 시작했다.

✿ 대사(Ambassador) ✦

국가를 대표하여 외교교섭을 행하기 위하여 외국에 파견되는 외교사절의 제1계급으로, 특명전권대사의 약칭이며, 전권대사라고도 한다. 대사는 경력직 공무원인데 그 중 특정직 공무원으로서 국가의 원수로부터 다른 국가의 원수에게 파견된다.

- **공사** : 국가를 대표하여 외교교섭을 하기 위해 외국에 파견되는 제2급 외교사절로, 특명전권공사의 약칭이다. 그 아래에 변리공사·대리공사가 있다.
- **영사** : 자국의 통상과 국민보호를 위해 외국에 파견하는 공무원을 말한다. 본국에서 파견되는 파견영사와 다른 나라에 거주하는 사람 중에서 선임되는 명예영사(선임영사)가 있다.

✿ 메리토크라시 ✦✦

출신이나 가문 등이 아닌 실적과 능력에 따라 지위 및 보수가 결정되는 체제를 말한다. 능력주의, 실력주의라고도 하며 1958년 영국의 정치가이자 사회학자 마이클 영이 「능력주의 사회의 부상」에서 아리스토크라시(aristocracy)에 상응하는 개념으로 만든 말이다.

✿ 영토고권(領土高權) ✦

국내법 및 국제법의 범위 내에서 영토 안에 존재하는 모든 사람과 물건을 배타적으로 지배하는 국가권력을 말한다. 이는 사유재산제도를 인정하는 국가에서 사유물에 대한 지배권을 의미하는 것이 아니라 대외적인 관계에서 토지 및 그 부속 물건을 보호하는 통치권의 행사를 의미한다.

✿ 공무담임권 ✦✦✦

공직에 임명될 수 있는 공직취임권과 피선거권을 포함한 권리이다. 즉 임명직 공무원에서는 피임용될 권리를 말하며 선거직 공무원에서는 피선거권을 의미한다. 헌법은 모든 국민에게 법률이 정하는 바에 의하여 주권자가 국가기관이 될 수 있도록 한다. 따라서 공무담임권은 입법 · 사법 · 행정 · 지방자치단체 · 공공단체 등 일체의 직무를 담당할 수 있는 국민의 기본권으로, 피선거권보다 넓은 범위의 개념이다.

✿ 국제연합(UN : United Nations) ✦✦✦

국제연맹을 계승한 국제평화기구로, 미국 대통령 프랭클린 루스벨트가 UN의 명칭을 고안하여 1945년 10월 24일에 공식 출범하였다. 매년 10월 24일을 국제 연합의 날로 기념하고 있으며, UN의 본부는 미국 뉴욕에 있다. 평화유지 · 군비축소 · 국제협력 등의 주요 활동을 하며, 주요기구 · 전문기구 · 보조기구로 구성되어 있다. 현재 회원국은 193개국이며, 공용어는 영어 · 불어 · 스페인어 · 러시아어 · 아랍어 · 중국어이다. 우리나라는 1991년 9월 17일 제46차 UN총회에서 북한 다음으로 161번째 회원국으로 가입하였다. 2001년 세계평화에 기여한 공로가 인정되어 전 UN사무총장 코피 아난과 공동으로 노벨평화상을 수상하였다. 우리나라에선 2006년 10월에 반기문이 UN 사무총장으로 임명되어 2007년 1월 1일부터 제8대 UN 사무총장으로서 업무를 수행하였다.

- **주요기구** : 총회, 안전보장이사회, 경제사회이사회, 신탁통치이사회, 사무국, 국제사법재판소
- **전문기구** : 유엔식량농업기구 (FAO), 국제민간항공기구 (ICAO), 국제농업개발기금 (IFAD), 국제 노동 기구 (ILO), 국제해사기구 (IMO), 국제통화기금 (IMF), 국제전기통신연합 (ITU), 유엔교육과학문화기구 (UNESCO), 세계보건기구 (WHO), 유엔산업개발기구 (UNIDO), 만국우편연합 (UPU), 세계은행 그룹 (World Bank Group), 세계지식재산기구 (WIPO), 세계기상기구 (WMO), 세계관광기구 (UNWTO)
- **산하기구** : 세계식량계획 (WFP), 아시아태평양방송개발기구 (AIBD), 유엔환경계획 (UNEP), 유엔인간정주위원회 (HABITAT), 유엔마약통제계획 (UNDCP), 유엔마약통제및범죄예방사무소 (ODCCP), 구유고국제형사재판소 (ICTY), 르완다국제형사재판소 (ICTR), 유엔인구기금 (UNFPA), 유엔대학(UNU), 국제공무원위원회 (ICSC), 국제해양법재판소 (ITLOS), 유엔사막화방지협약사무국 (UNCCD), 유엔무역개발회의 (UNCTAD), 유엔합동감사단 (JUD), 유엔아동기금 (UNICEF), 유엔개발계획 (UNDP), 유엔팔레스타인난민구호사업기구 (UNRWA), 기후변화에관한유엔기본협약 (UNFCCC), 유엔시스템대학(UNSSC), 유엔직원합동연금기금 (UNSSC), 유엔인간주거계획 (UN-Habit), 유엔여성기구 (UN Women), 유엔인구기금 (UNFPA), 유엔난민기구 (UNHCR), 유엔에이즈합동계획 (UNAIDS), 유엔연구사업소 (UNOPS), 유엔재해경감국제전략 (UNISDR), 유엔인권이사회 (UNHRC)

✿ 원샷법 ✦✦✦

기업들이 인수합병(M&A) 등 사업 재편을 쉽게 할 수 있도록 상법 · 세법 · 공정거래법 등의 관련 규제를 특별법으로 한 번에 풀어주는 법이다. 정식 명칭은 '기업활력제고를 위한 특별법'이다. 2015년 7월 9일 국회 산업통상자원위원회 소속 이헌재 새누리당 의원이 '기업활력제고를 위한 특별법'제정안을 대표 발의했다. 발의된 제정안은 그동안 지주회사의 선제적 구조조정을 가로막았던 계열사 출자 제한 규정 등을 완화하는 내용을 담고 있다. 원샷법 지원 대상은 과잉공급 업종으로 제한된다.

❖ 초치 ✦✦

상대국 때문에 문제가 발생한 경우 상대국 외교관을 외교 당국 사무실로 불러내어 항의하는 것을 말한다.

> **PLUS**
> • **아그레망** : 외교 사절을 파견할 때 상대국에게 얻는 사전 동의를 말한다.
> • **페르소나 그라타** : 외교 사절을 받아들이는 국가에서 호의를 가지고 받아들이는 사람을 말한다.
> • **페르소나 논 그라타** : 외교 사절을 받아들이는 국가에서 받아들이기를 기피하는 사람을 말한다.

❖ 국민참여재판(國民參與裁判) ✦✦

2008년 1월 1일부터 시행된 한국형 배심원 재판제도를 말한다. 배심원은 만 20세 이상의 대한민국 국민으로 해당 지방법원 관할구역에 거주하는 주민 중 무작위로 선정되어 법적 구속력이 없는 평결을 내리고, 선고 형벌에 대해 토의하는 등의 재판참여의 기회를 갖는다. 2008년 2월 12일 대구지방법원에서 처음 열렸다. 국민참여재판은 형사재판으로 특수공무집행방해치사, 뇌물, 배임수재, 특수강도강간의 사건들에 적용되며, 배제결정이 있거나 피고인이 원하지 않을 경우 해당하지 않는다. 법정형이 사형·무기징역 등에 해당할 경우 9명, 그밖의 사건은 7명, 피고인·변호인이 공소사실의 주요내용 인정 시엔 5명으로 하며, 5명 이내의 예비배심원을 둔다. 판사가 배심원과 다른 선고를 할 경우, 판사가 피고인에게 배심원의 평결 결과를 알리고, 다른 선고를 한 이유를 판결문에 밝힌다.

❖ 국민소환제(國民召還制) ✦

부적격한 국회의원을 임기 전 파면할 수 있도록 하는 제도를 의미한다. 일정 기준 이상의 유권자가 지역구·비례대표 국회의원에 대한 국민소환투표에 찬성하면, 투표가 진행되고 그 결과에 따라 해임이 가능하다. 국민의 손으로 선출된 대표를 다시 국민의 손으로 내칠 수 있다는 것으로 '국민파면' 혹은 '국민해직'이라고도 한다.

❖ 헌법소원(憲法訴願) ✦✦

공권력의 행사 또는 불행사에 의해 헌법상 보장된 기본권을 침해당했다고 생각되는 개인이나 법인이 권리를 되찾기 위해 헌법재판소에 그 심판을 요구하는 것을 말한다. 이때의 공권력에는 입법·사법·행정이 모두 포함되는 것이 원칙이지만, 현행 「헌법재판소법」 법원의 판결을 대상에서 제외하고 있어 법원의 판결을 뒤엎는 헌법소원을 낼 수는 없다.

❖ 패스트 트랙(Fast Track) ✦✦✦

상임위에서 재적 위원 5분의 3이 찬성하면 법안을 지정하고 총 330일이 지나면 합의가 되지 않아도 법안을 통과시킬 수 있는 제도를 말한다. 국회법 제85조의 2에 규정된 내용으로 발의된 국회의 법안 처리가 무한정 표류하는 것을 막고 법안의 신속처리를 위해 마련되었다. 2019년 패스트 트랙의 지정 사례로 선거제 개혁안, 공수처 설치법안, 형사소송법·검찰청법 개정안 등이 있다.

집단소송제(集團訴訟制) ✦

기업의 허위공사 · 분식결산 등으로 피해를 입은 투자자가 손해배상청구소송을 제기해 승소하면 같은 피해를 입은 다른 사람들도 별도의 재판 절차 없이 동일한 배상을 받을 수 있도록 하는 제도이다. 원래 집단소송제는 파산 · 제조물책임 · 환경 · 시민권 · 소비자취업차별 등 광범위한 사안에 대해 적용되는 것이지만, 우리 정부는 증권거래와 관련된 사안에 대해서만 도입하였다. 구체적으로는 유가증권신고서와 공개매수신고서의 허위 · 부실기재, 사업보고서 및 반기 · 분기보고서의 허위 · 부실기재, 수시공시와 조회공시사항의 허위 · 부실공시 등이다. 대표소송제와 혼동되는 경우가 많은데 대표소송제는 회사를 대표해 경영진을 대상으로 제기하는 소송으로 승소 시 보상금도 회사로 돌아가는 반면, 집단소송제는 피해를 본 투자자들이 직접 보상받는다.

탄핵소추권(彈劾訴追權) ✦✦

대통령과 고위 공직자를 대상으로 법적인 책임을 헌법이 정하는 특별한 소추절차에 따라 추궁하여 헌법 침해로부터 헌법을 보호하기 위한 헌법재판제도로 국회의 권리이다. 국회는 헌법과 법률의 규정에 따라 대통령이나 특정 고위 공무원의 위법행위에 대해 탄핵의 소추를 의결할 수 있다. 탄핵소추는 재적의원 3분의 1 이상의 발의에 재적의원 과반수의 찬성으로 의결하고, 대통령의 경우 국회 재적의원 과반수의 발의에 재적의원 3분의 2 이상의 찬성이 필요하다.

죄형법정주의(罪刑法定主義) ✦✦✦

범죄와 형벌을 미리 법률로써 규정하여야 한다는 근대형법상의 기본원칙이다. 아무리 사회적 비난을 받아야 할 행위라 할지라도 법률이 범죄로서 규정하지 않았다면 처벌할 수 없으며, 범죄에 대하여 법률이 규정한 형벌 이외의 처벌을 할 수 없다는 것을 의미한다. 국가권력의 남용을 방지하여 국민의 자유와 인권을 보장하려는 데에 그 목적이 있다. 관습형법금지의 원칙, 소급효금지의 원칙, 명확성의 원칙, 유추해석금지의 원칙, 적정성의 원칙을 내용으로 한다.

플리바게닝(Plea Bargaining) ✦

사전형량조정제도를 말한다. 유죄를 인정하는 대신 형량을 경감받는 것으로 즉, 검사와 피고 측 변호사 간의 유죄 인정을 조건으로 형량을 협상하는 것이다. 이 경우에는 항소 등의 절차 없이 바로 판사가 형량을 구형한다. '유죄답변거래', '유죄협상제도' 등으로도 불린다. 미국 정부는 수사 · 기소 · 재판 최종심까지 들어가는 천문학적 비용을 절감하기 위해 이 제도를 적극적으로 활용한다. 영국이나 프랑스, 스페인 등 일부 대륙계 국가에서도 제한적으로 채택하고 있다. 우리나라의 경우 플리 바겐에 대한 법적 근거는 없으나 기소에 대한 검사의 재량을 폭넓게 인정하는 기소편의주의와 기소독점주의를 채택하고 있어 수사의 형태가 암묵적으로 플리바겐과 비슷하게 이루어지고 있다. 뇌물사건이나 마약 범죄 등의 수사에 주로 활용된다.

�֍ 백서 ✦✦

정부가 정치·외교·경제 등 각 분야에 대해 분석하고 전망하여 그 내용을 국민에게 알리기 위한 보고서이다. 1920년대에 영국 정부가 외교 정책을 알리는 보고서 표지 색에서 비롯되었다.

✖ 헌법(憲法) ✦✦✦

헌법은 국가의 통치조직과 통치의 기본원리 그리고 국민의 기본권을 보장하는 법이다. 형식적 의미의 헌법은 성문헌법으로서 규정되어 있는 내용과 관계없이 헌법이라는 이름을 가진 규범을 말하며, 영국과 같은 불문헌법 국가에서는 형식적 의미의 헌법이 존재하지 않는다. 우리나라는 성문헌법·민정헌법·경성헌법으로서 국민주권주의, 자유민주주의, 복지국가의 원리, 국제평화주의, 조국의 평화적 통일의 지향 등을 기본으로 한다.

PLUS • 헌법의 개정절차

절차	내용
제안	대통령 : 국무회의의 심의, 국회의원 : 재적 과반수
공고	대통령이 공고, 20일 이상
국회의결	공고된 날로부터 60일 이내, 재적의원 3분의 2 이상 찬성
국민투표	국민투표로 확정, 국회의원 선거권자 과반수의 투표와 투표자 과반수의 찬성, 국회의결 후 30일 이내
공포	대통령의 공포, 즉시 공포(거부권 없음)

• 헌법의 개정과정

시기	주요 내용	공화국
제1차(1952)	대통령직선제, 국회양원제	제1공화국 (대통령제)
제2차(1954)	초대대통령 중임제한 철폐, 국민투표제 채택	
제3차(1960)	내각책임제, 대법원장·대법관선거제	제2공화국 (의원내각제)
제4차(1960)	반민주행위자·부정축재자·부정선거관련자 처벌을 위한 소급입법 근거인 헌법 부칙 마련	
제5차(1962)	대통령제, 단원제, 법원에 위헌법률심사권 부여	제3공화국 (대통령제)
제6차(1969)	대통령 3선 취임 허용, 대통령 탄핵소추요건 강화	
제7차(1972)	통일주체국민회의 신설, 대통령 권한 강화, 국회 권한 조정, 헌법 개정 절차 이원화	제4공화국 (유신헌법)
제8차(1980)	대통령 간선제, 단임제(7년), 구속적부심 부활, 연좌제 금지, 국정조정권 부여, 헌법 개정 절차 일원화	제5공화국 (대통령제)
제9차(1987)	대통령 직선제, 단임제(5년), 국정조사권 부활로 국회 권한 강화, 비상조치권 국회 해산권 폐지로 대통령 권한 조정	제6공화국 (대통령제)

헌법재판소(憲法裁判所) ✦✦✦

헌법에 관한 분쟁 또는 의의(疑義)를 사법적으로 풀어나가는 재판소로, 1960년 제2공화국 헌법에 헌법재판소 설치가 규정되었으나 무산되고, 1987년 10월 말 공포된 개정 헌법에서 헌법위원회가 헌법재판소로 바뀌어 1988년 최초로 구성되었다. 헌법재판소는 대통령 · 국회 · 대법원장이 각각 3명의 위원을 선임해 9인의 재판관으로 구성되고 대통령이 국회의 동의를 얻어 재판관 중에서 위원장을 임명한다. 헌법재판소는 법원의 제청에 의한 법률의 위헌여부 심판, 탄핵의 심판, 정당의 해산 심판, 국가기관 상호 간과 국가기관과 지방자치단체 간 및 지방자치단체 상호 간의 권한쟁의에 관한 심판, 법률이 정하는 헌법소원에 관한 심판을 담당한다.

사면(赦免) ✦✦✦

대통령의 고유권한으로, 형의 집행을 면제해주거나 형 선고의 효력을 없애주는 조치를 말한다. 특정죄목에 대해 일괄적으로 처벌을 면해주는 일반사면과 사면의 대상을 일일이 정해 취해지는 특별사면의 두 가지가 있다. 특별사면은 다시 가석방 또는 복역 중인 피고인의 남은 형 집행을 면제해주는 조치인 잔형집행면제, 집행유예를 받은 사람에게 형의 선고를 없었던 일로 해주는 형선고실효 두 가지 방법이 있다. 또 행정처분취소는 경찰청 등 행정기관의 처분을 면해주는 조치이며, 징계사면은 말 그대로 징계 받은 사실을 없던 일로 하는 것이다. 파면이나 해임을 뺀 정직, 견책, 감봉을 받은 전 · 현직 공무원들의 징계기록이 없어지고 호봉승급 등 인사상 불이익을 받지 않게 된다.

청원권(請願權) ✦✦

국가기관이나 지방자치단체에 대하여 국민이 희망을 진술할 수 있는 권리를 말한다. 공무원의 비위 시정에 대한 징계나 처벌의 요구, 손해의 구제, 법령 또는 규칙의 제정 · 폐지 · 개정 등에 관하여 그 희망을 문서로써 진정할 수 있다. 청원을 접수한 국가기관은 공정 신속히 심사 · 처리하여 청원인에게 그 결과를 회답해 줄 의무가 있다. 그러나 반드시 청원의 내용대로 실행할 의무는 없다.

복권(復權) ✦

상실된 특정 권리 · 자격을 회복시키는 것으로 헌법 및 사면법상 대통령의 명에 의해, 형법에 의한 형의 선고, 파산법에 의한 파산선고로 상실 또는 정지된 자격을 회복시키는 것이다. 복권은 형의 집행을 종료하거나 집행면제를 받은 자에 한해서만 행해지는 것인데, 형의 선고에 의한 기성의 효과는 복권이 되어도 변경되지 않는다. 일반 복권은 대통령령으로 하고, 특정한 자에 대한 복권은 대통령이 행하되 법무장관의 상신과 국무회의의 심의를 거쳐야 한다. 특별복권은 검찰총장의 신청으로, 형의 집행종료일 또는 집행이 면제된 날로부터 3년이 경과된 자에 대해 법무부장관의 상신을 거쳐 대통령이 행한다.

✿ 소멸시효(消滅時效) ✦

권리를 행사할 수 있음에도 불구하고 권리를 행사하지 않는 상태가 일정 기간 계속된 경우 권리소멸의 효과를 생기게 하는 제도를 말한다. 시효제도(時效制度)는 사회질서의 안정, 채증(採證)의 곤란 등의 이유로 인정되고 있으나 점유권, 일정한 법률관계에 필연적으로 수반되는 상린권, 담보물권 등은 소멸시효에 걸리지 않는다.

✿ 상소(上訴) ✦✦

소송법상 법원의 판결 또는 결정에 대하여 억울하다고 생각하는 당사자가 그 재판의 확정 전에 상급법원에 대하여 다시 심판해 줄 것을 요구하는 소송행위를 말하며, 항소·상고·항고가 있다.

✿ 항소(抗訴) ✦

지방법원이나 그 지원(支院)에서 받은 제1심 판결에 대하여 억울하다고 생각하는 당사자가 그 재판이 확정되기 전에 고등법원이나 또는 지방법원 본원 합의부에 다시 재판을 청구하는 것을 말한다. 항소기간은 민사소송의 경우에는 2주일, 형사소송은 7일 이내이며, 항소기일이 지나면 선고는 확정된다. 또한 보통 군법회의 판결에 대한 고등군법회의에서의 상소도 항소라 한다.

✿ 상고(上告) ✦

고등법원이나 지방법원 합의부의 제2심 판결에 대하여 억울하게 생각하는 당사자가 그 재판의 확정 전에 대법원에 다시 재판을 청구하는 것을 말한다. 상고심에서는 법심판의 법령위반만을 심사대상으로 하기 때문에 당사자는 법적 평가의 면에 한하여 불복을 신청할 수 있으므로 보통 상고심을 법률심이라고 한다. 상고를 할 수 있는 재판은 원칙적으로 항소심의 종국판결에 한하지만 불항소합의가 있을 때의 비약적 상고(민사소송법), 또는 특수한 사건에서 고등법원이 제1심이 되는 때(행정소송법)에는 예외가 인정되고 있다. 상고를 할 수 있는 자는 원판결의 파기로 이익이 있는 자에 한하며, 상고제소기간은 항소의 경우와 같은 제한이 있다.

 PLUS
- **비상상고(非常上告)** : 형사소송에서 판결이 확정된 후에 그 사건의 심리가 법령에 위반된 것을 발견한 경우에 한해 검찰총장이 대법원에 불복신청을 하는 제도이다. 이때 피고인의 구제를 주된 목적으로 하지 않으며, 다만 법령의 해석·적용의 시정이 주 목적이다.
- **비약상고(飛躍上告)** : 형사 또는 민사소송에 있어서 제1심 판결에 대한 항소를 제기하지 않고 직접 상고법원인 대법원에 상소하는 것을 말한다.

✿ 항고(抗告) ✦

지방법원의 결정이나 명령에 대하여 불복(不服)이 있는 당사자 또는 제3자가 상급법원에 상소하는 것을 말한다. 불복을 신청할 수 없는 결정·명령이라도 헌법해석의 착오, 기타 헌법 위반이 있음을 이유로 할 때는 대법원에 특별항고를 할 수도 있다.

즉결심판(卽決審判) ✦

범증이 명백하고 죄질이 경미한 범죄사건(20만 원 이하의 벌금, 구류, 과료에 해당)에 대하여 정식 형사소송 절차를 밟지 않고 「즉결심판에 관한 절차법」에 의거, 경찰서장의 청구로 순회판사가 행하는 약식재판이다. 주로 「경범죄처벌법」 위법사범(무임승차, 무전취식, 허위신고, 음주소란, 새치기 등), 가벼운 폭행죄, 단순 도박죄, 「도로교통법」상의 자동차주정차금지위반, 「향토예비군설치법」상의 예비군훈련불참자 등을 들 수 있다. 즉결심판의 청구는 관할 경찰서장이 서면으로 하는데 검사의 기소독점에 대한 예외이다. 즉결심판에 있어서는 피고인의 자백만으로써 유죄를 인정할 수 있고 피고인이 피의자신문조서의 내용을 부인하더라도 유죄를 인정할 수 있도록 증거조사의 특례가 인정된다. 즉결심판에 불복하는 경우 피고인은 고지를 받은 날로부터 7일 이내에 소관 지방법원 및 지방법원 지원에 정식재판을 청구할 수 있다. 정식재판의 판결이 나면 즉결심판은 효력을 잃는다.

일사부재리(一事不再理)의 원칙 ✦

「형사소송법」에서 일단 판결이 확정되면 같은 사건에 관하여 다시 공소의 제기가 허용되지 않는다는 원칙으로, 이에 위배된 공소는 면소판결을 받는다. 단, 「민사소송법」에서는 이 원칙이 적용되지 않는다.

인정사망제도(認定死亡制度) ✦✦

수재(水災)나 화재 등 사망확률이 높은 사고의 경우, 시신이 발견되지 않더라도 이를 조사한 관공서가 사망으로 인정하면 별도의 재판 없이 사망신고를 할 수 있도록 하는 제도이다.

미필적 고의(未必的故意) ✦✦

어떤 결과가 발생할지도 모르나 경우에 따라서는 그렇게 되어도 상관없다고 생각하는 경우에 존재하는 고의를 가리킨다. 즉, 범죄사실이 발생할 가능성을 인식하고도 이를 용인하는 것을 말한다. 이런 경우에는 과실범이 아니라 고의범으로서 처벌된다.

과태료(過怠料) ✦

법률질서에 대한 위반이기는 하지만 형벌을 가할 만큼 중대한 일반 사회법익의 침해가 아니라고 인정되는 경우에 부과하는 현행 질서상의 질서벌을 말한다. 예를 들면, 출생신고를 하지 않아서 「가족관계의 등록 등에 관한 법률」을 위반하였을 경우 해당 관청에 물게 되는 돈 따위를 말한다. 즉, 과태료는 행정법상 법령위반자에 대한 금전적인 벌로서 형(刑)은 아니다.

> **PLUS** 과료(科料) … 경범죄에 과하는 재산형으로 형법이 규정하는 형벌의 일종이다. 그 금액이 적고 또는 비교적 경미한 범죄인에 대해 과한다는 점에서 벌금과 차이가 있다.

�֎ 공소시효(公訴時效) ✦✦✦

확정판결 전에 시간의 경과에 의하여 형벌권이 소멸하는 제도를 말한다. 공소시효의 기산점은 범죄 행위가 종료된 때부터 시작된다. 현행법상 인정되는 공소시효는 7종류가 있으며, 공소가 제기된 범죄는 판결의 확정이 없이 공소를 제기한 때로부터 25년을 경과하면 공소시효가 완성한 것으로 간주하나, 2015년 7월에 살인사건 공소시효는 폐지되었다.

> **PLUS** 현행 공소시효
> - 사형에 해당되는 범죄 : 25년
> - 무기징역 또는 무기금고 : 15년
> - 장기 10년 이상의 징역 또는 금고 : 10년
> - 장기 10년 미만의 징역 또는 금고 : 7년
> - 장기 5년 미만의 징역 또는 금고, 장기 10년 이상의 자격정지 또는 벌금 : 5년
> - 장기 5년 이상의 자격정지에 해당하는 범죄 : 3년
> - 장기 5년 미만의 자격정지, 구류, 과료 또는 몰수에 해당하는 범죄 : 1년

✖ 선고유예(宣告猶豫) ✦

영미법에서 비롯된 형사정책적 제도로서 일정한 범인에 대하여 범죄를 인정함에 그치거나 또는 일정 기간 유죄의 판결을 하는 것을 유예하고, 그 기간을 무사히 경과한 경우는 그 유죄의 판결을 언도하지 않는 제도를 말한다. 선고유예는 형의 선고를 유예한다는 점에서 형의 집행을 유예하는 집행유예와 다르다.

✖ 집행유예(執行猶豫) ✦

형사정책적 입장에서 인정한 제도로서 유죄를 인정한 정상에 의하여 일정 기간 그 형의 집행을 유예하여 유예기간 중 특별한 사고 없이 그 기간을 경과한 때에는 형의 선고는 효력을 상실하게 하고 형이 없었던 것과 동일한 효과를 발생케 하는 제도이다. 집행유예는 3년 이하의 징역 또는 금고의 형을 선고할 경우 정상에 참작할 사항이 있을 때, 1년 이상 5년 이하의 기간 동안 형의 집행을 유예하는 제도이다.

✖ 공신(公信)의 원칙 ✦✦

실제로는 권리관계가 존재하지 않지만 권리관계의 존재를 추측할 만한 외형적 표상(등기 · 점유)이 있는 경우에 이 외형을 신뢰하고 거래한 자를 보호하여 진실로 권리관계가 존재하는 것과 같은 법률 효과를 인정하려고 하는 원칙이다.

✖ 외교 행낭 ✦✦✦

본국과 재외공관 사이에 문서 및 공용물품을 주고받기 위해 사용되는 문서 발송 가방으로, 외교관계에 관한 비엔나 협약27조로 국제법상 각국의 권리로 인정되었다. 최근에는 우리 정부가 인도 현지 한인회의 요청에 따라 산소발생기를 외교 행낭으로 보낸 바 있다.

데이터 3법 ✦

개인정보 보호법 · 정보통신망법(정보통신망 이용촉진 및 정보보호 등에 관한 법률) · 신용정보법(신용정보의 이용 및 보호에 관한 법률)개정안이다. 데이터 3법은 개인정보보호에 관한 법이 소관 부처별로 나뉘어 있기 때문에 생긴 불필요한 중복 규제를 없애 4차 산업혁명의 도래에 맞춰 개인과 기업이 정보를 활용할 수 있는 폭을 넓히기 위해 마련되었다. 빅 데이터 3법, 데이터경제 3법이라고도 부른다.

PLUS 데이터 3법의 주요 내용

- **개인정보보호법 개정안 :** 개인정보 관련 개념을 개인정보, 가명정보, 익명정보로 구분한 후 가명정보를 통계 작성 연구, 공익적 기록보존 목적으로 처리할 수 있도록 허용한다. 가명정보 이용 시 안전장치 및 통제 수단을 마련한다. 행정안전부, 금융위원회, 방송통신위원회 등으로 분산된 개인정보보호 감독기관을 통합하기 위해 개인정보보호위원회로 일원화한다. 개인정보보호위원회는 국무총리 소속 중앙행정기관으로 격상한다.
- **정보통신망법 개정안 :** 개인정보 관련 법령이 개인정보보호법, 정보통신망법 등 다수의 법에 중복되어 있고 감독기구도 행정안전부, 방송통신위원회, 개인정보보호위원회 등으로 나눠져 있어 따른 혼란을 해결하기 위해 마련되었다. 정보통신망법에 규정된 개인정보보호 관련 사항을 개인정보보호법으로 이관한다. 온라인상 개인정보보호 관련 규제 및 감독 주체를 방송통신위원회에서 개인정보보호위원회로 변경한다.
- **신용정보보호법 개정안 :** 은행, 카드사, 보험사 등 금융 분야에 축적된 방대한 데이터를 분석 및 이용해 금융상품을 개발하고 다른 산업 분야와의 융합을 통해 부가가치를 얻기 위해 마련되었다. 가명조치한 개인 신용정보로써 가명정보 개념을 도입해 빅 데이터 분석 및 이용의 법적 근거를 명확히 마련한다. 가명정보는 통계작성, 연구, 공익적 기록보존 등을 위해 신용정보 주체의 동의 없이도 이용, 제공할 수 있다.

체포동의안 ✦✦✦

국회 회기 동안 불체포 특권을 가진 국회의원에게 적용되는 동의안으로, 영장 판사가 동의안을 국회에 보내 국회의원 과반수 출석과 과반수 찬성을 받아야 구속할 수 있다.

근저당권 ✦✦

채권자와 채무자 사이에서 일정한 지속적 거래계약으로부터 발생하는 불특정 채권을 장래의 결산기에 있어서 채권 최고액까지 담보하기 위한 저당권을 말한다.

개헌저지선(改憲沮止線) ✦✦✦

국회에서 헌법개정안 통과를 막을 수 있는 정족수로 국회의원 전체의 1/3에 해당한다. 헌법개정안이 가결되려면 국회의원의 2/3 이상의 찬성이 필요하므로 '개헌저지선', 즉 재적의원 1/3이 반대하면 헌법개정안은 의결될 수 없다. 제21대 국회를 기준으로 국회의원 수가 약 300명(비례대표 포함)임을 감안하면 200명 이상이 찬성해야 개헌안을 국민투표에 부칠 수 있다. 따라서 101명이 반대하면 개헌안은 국회에서 부결되는 것이다.

✣ 이해충돌방지법 ✦✦

국회는 2021년 4월 29일 임시회 본회의를 열어 공직자가 직무를 수행할 때 자신의 사적 이해관계로 인해 공정하고 청렴한 직무수행을 저해하는 것을 방지하기 위한 법안을 통과시켰다. 해당 법안은 지난 2013년 이른바 김영란법(부정청탁금지법)의 일부로 발의되었으나 공직자의 직무 범위가 모호하다는 이유로 보류되었다. 2021년 3월 LH 직원들의 부동산 투기 사태를 계기로 법안이 처리되었으며 2021년 12월 28일 국무회의에서 의결되어 2022년 5월 19일부터 시행되었다.

구분	내용
신고·제출의무	• 사적이해관계자 신고 및 회피·기피 신청 • 공공기관 직무 관련 부동산 보유·매수 신고 • 고위공직자 민간부문 업무활동 내역 제출 • 직무관련자와의 거래 신고 • 퇴직자 사적 접촉 신고
제한·금지행위	• 직무 관련 외부활동의 제한 • 가족 채용 제한 • 수의계약 체결 제한 • 공공기관 물품 등의 사적 사용·수익 금지 • 직무상 비밀 등 이용 금지

✣ R2P(Responsibility To Protect) ✦✦✦

보호책임 원칙으로, 특정국가가 집단학살이나 반인도 범죄 등으로부터 자국민을 보호하지 못할 경우 UN이 나서야 한다는 원칙이다.

✣ 착한 사마리아인 법 ✦✦✦

성서에 나오는 비유로, 강도를 만난 유태인을 같은 유태인 제사장과 레위인은 그냥 지나쳤으나 당시 사회적으로 멸시받던 사마리아인 한 명만이 돌봐주었다는 이야기에서 비롯되었다. 자신에게 피해가 오거나 특별한 의무가 없음에도 최소한의 도덕심으로 위험에 처한 사람을 도와준 사마리아인에서 유래 된 것이다. '착한 사마리아인 법'은 다른 사람의 생명이나 신체에 위험이 가해지는 것을 보면서도 구조하지 않는 경우를 처벌하는 법이다. 일부 국가에서는 형법에 '착한 사마리아인' 조항을 규정해놓았다. 대표적인 예로 프랑스 형법 제223-6조에 보면 "위험에 처해 있는 사람을 구조해 주어도 자기가 위험에 빠지지 않음에도 불구하고, 자의(自意)로 구조해 주지 않은 자는 5년 이하의 징역, 혹은 7만 5천 유로 이하의 벌금에 처한다."고 규정하고 있다. 규정되지 않은 규범은 강제성이 따르지 않는다. 그러므로 도덕적으로는 당연히 지켜야하나 법적 의무는 없다. 그렇기에 '착한 사마리아인 법'을 규정하여 도덕적인 차원에서 인간이 해야 할 일, 그리고 국가나 사회 공공질서를 유지함을 목적으로 하나, 개인의 자유까지 침해 될 가능성이 크다 반대의 주장도 있다.

01 출제예상문제

1   충분한 범죄 혐의가 있고 소송 조건을 갖추었음에도 불구하고 검사의 재량에 의하여 공소를 제기하지 아니할 수
    있음을 말하는 용어는?

    ① 기소독점주의
    ② 기소법정주의
    ③ 기소편의주의
    ④ 기소불합리주의

    🔍 Advice   ① 기소독점주의 : 범죄를 기소해 소추(訴追)하는 권리를 검사만이 가지고 있는 것을 말한다.
              ② 기소법정주의 : 법률이 미리 일정한 전제 조건을 정해 두고 그 조건이 충족되면 반드시 기소해야 하는 원칙
                을 말한다.

2   다음 중 국제비정부기구에 해당되지 않는 것은?

    ① 국제연합
    ② 국경없는의사회
    ③ 유니세프
    ④ 국제엠네스티

    🔍 Advice   국제연합(UN)은 국제정부기구에 해당한다.

3 다음 내용에 해당하는 법은?

> 공직사회에 대한 국민들의 불신을 유발하는 이른바 LH 사건을 계기로 종직자의 공정한 직무수행을 보장하고 정부에 대한 국민의 신뢰를 높이기 위해 _____이 추진되었다.

① 체포동의안
② 근저당권
③ 이해충돌방지법
④ 원샷법

🔎**Advice** 이해충돌방지법 … 공직자가 직무를 수행할 때 자신의 사적 이해관계로 인해 공정하고 청렴한 직무수행을 저해하는 것을 방지하기 위한 법안으로, 지난 2013년 이른바 김영란법(부정청탁금지법)의 일부로 발의되었으나 공직자의 직무 범위가 모호하다는 이유로 보류되었다. 2021년 3월 LH 직원들의 부동산 투기 사태를 계기로 2022년 5월 19일부터 시행되었다.

① 체포동의안 : 국회 회기 동안 불체포 특권을 가진 국회의원에게 적용되는 동의안이다.

② 근저당권 : 채권자와 채무자 사이에서 일정한 지속적 거래계약으로부터 발생하는 불특정 채권을 장래의 결산기에 있어서 채권 최고액까지 담보하기 위한 저당권을 말한다.

④ 원샷법 : 기업들이 인수합병(M&A) 등 사업 재편을 쉽게 할 수 있도록 상법·세법·공정거래법 등의 관련 규제를 특별법으로 한 번에 풀어주는 법이다.

4 다음 중 엽관주의와 관련 있는 것은?

① 권력행정의 강화
② 실적제의 확립
③ 정치·행정의 분리
④ 정당정치의 발전

🔎**Advice** 엽관주의 … 19세기 미국에서 발달하였다. 정당에 대한 기여도, 충성도를 기준으로 공직을 임면하는 제도로서 정당정치의 발전과 연계된다.

⭐ANSWER   1.③ 2.① 3.③ 4.④

5 다음 중 헌법의 개정 절차로 옳은 것을 고르면?

① 공고 – 제안 – 국회의결 – 국민투표 – 공포
② 제안 – 국회의결 – 국민투표 – 공고 – 공포
③ 제안 – 공고 – 국회의결 – 국민투표 – 공포
④ 공고 – 제안 – 국회의결 – 공포 – 국민투표

    ♦Advice 제안 → 공고 → 국회의결 → 국민투표 → 공포

      ※ 헌법의 개정 절차
        ㉠ 제안 : 헌법개정은 국회재적의원 과반수 또는 대통령의 발의로 제안된다.
        ㉡ 공고 : 제안된 개정안은 대통령이 20일 이상의 기간 동안 이를 공고하여야 한다.
        ㉢ 국회의 의결 : 국회는 개정안이 공고된 날부터 60일 이내에 의결하여야 하며, 의결은 재적의원 3분의2 이상의 찬성을 얻어야 한다.
        ㉣ 국민투표 : 국회를 통과한 개정안은 30일 이내에 국민투표에 붙여 국회의원 선거권자 과반수의 투표와 투표자 과반수의 찬성을 얻을 때에 헌법 개정이 확정된다.
        ㉤ 공포 : 헌법 개정이 확정되면 대통령은 즉시 이를 공포하여야 한다.

6 다음 중 필리버스터의 설명으로 옳지 않은 것은?

① 의회 안에서 다수파의 독주를 막기 위하여 불법적 수단으로 의사 진행을 지연시키는 무제한 토론을 말한다.
② 우리나라에서는 국회의원 발언시간에 제한을 두는 규정을 설정하였다.
③ 본회의에 부의된 안건에 대해 무제한 토론을 하려는 경우 재적의원 3분의 1 이상의 요구서를 의장에게 재출해야 한다.
④ 무제한 토론은 1인당 1회에 한해 토론할 수 있다.

    ♦Advice 필리버스터는 합법적 수단이다.

7 권리에 대한 행사가 있음에도 불구하고 이를 행사치 않고 일정 기간을 계속함으로써 권리소멸의 효과를 생기게 하는 제도는?

① 플리바게닝
② 감청영장
③ 소멸시효
④ 복권

🕐 *Advice* 소멸시효 … 취득시효에 대비되는 개념으로 권리자가 권리행사를 할 수 있음에도 일정 기간 동안 권리를 행사하지 않는 경우 그 권리가 실효되는 제도를 말한다.

8 공공기관 임원의 급여를 제한하는 법령으로 국내에서는 경기도가 두 번째로 조례를 공포한 이 법은 무엇인가?

① 살찐 고양이법
② 넷플릭스법
③ 네이밍법
④ 메건법

🕐 *Advice* 살찐 고양이법 … 자치단체 산하 공공기관의 임원들이 지나치게 높은 연봉을 받는 것을 제한하기 위한 법령 또는 조례를 말한다. 1928년 저널리스트 프랭크 켄트가 발간한 도서 「정치적 행태」에서 처음 사용되었으며, 2008년 글로벌 금융 위기 당시 미국 월가의 탐욕스런 은행가와 기업인을 비난하는 말로 사용되었다.
② 넷플릭스법 : 과도한 트래픽을 유발하는 부가통신사업자는 통신서비스 품질유지 의무를 지어야 한다는 법안이다.
③ 네이밍법 : 명칭은 따로 있지만 주목도와 홍보 효과를 위하여 이름을 붙인 법안을 말한다.
④ 메건법 : 미국의 성폭력법으로, 성범죄자의 신상정보를 이웃들이 확인할 수 있도록 공공기록에 등록하는 법을 말한다.

9 선거를 도와주고 그 대가를 받거나 이권을 얻는 행위를 일컫는 용어는?

① 매니페스토(Manifesto)
② 로그롤링(Log Rolling)
③ 게리맨더링(Gerrymandering)
④ 플레비사이트(Plebiscite)

Advice 로그롤링(Log Rolling) … '통나무 굴리기'라는 뜻으로, 서로 협력하여 통나무를 모으거나 강물에 굴려 넣는 놀이에서 연유된 것이다.
    ① 매니페스토(Manifesto) : 선거 시에 목표와 이행가능성, 예산확보의 근거를 구체적으로 제시한 유권자에 대한 공약을 말한다.
    ③ 게리맨더링(Gerrymandering) : 선거구를 특정 정당이나 후보자에게 유리하게 인위적으로 획정하는 것을 말한다.
    ④ 플레비사이트(Plebiscite) : 직접민주주의의 한 형태로 국민이 국가의 의사결정에 국민투표로 참여하는 제도이다.

10 대통령 후보들의 유세나 토론을 텔레비전으로 보며 지지자를 결정하고 인터넷으로 정치 참여가 가능해진 상황을 무엇이라고 하는가?

① 중우정치
② 국민소환제
③ 당3역
④ 감자칩 민주주의

Advice ① 중우정치 : 아리스토텔레스(Aristoteles)가 민주정치의 결함을 비꼬아서 한 말이다.
    ② 국민소환제 : 부적격한 국회의원을 임기 전 파면할 수 있도록 하는 제도를 의미한다.
    ③ 당3역 : 한 정당의 중추적인 실력자, 즉 사무총장, 원내대표, 정책심의회의장을 가리킨다.

11 앨빈 토플러가 말한 권력의 원천에 해당하지 않는 것은?

① 폭력   ② 권위
③ 지식   ④ 부(富)

Advice 앨빈 토플러는 그의 저서 「권력 이동」에서 폭력을 저품질 권력, 부(富)를 중품질 권력, 지식을 고품질 권력이라 표현하였다.

12 선거의 4대 원칙이 아닌 것은?

① 보통선거   ② 비밀선거
③ 평등선거   ④ 자유선거

Advice 자유선거 … 선거 활동을 하는 데에 간섭을 받지 않고 유권자가 자유롭게 의사를 나타낼 수 있는 조건과 환경에서 이루어지는 선거를 말한다.

※ 민주선거 4대 원칙
　　㉠ 보통선거 : 만 18세 이상 대한민국 국민은 누구나 선거권을 가진다.
　　㉡ 평등선거 : 차별 없이 누구나 평등하게 한 표씩 투표권을 가진다.
　　㉢ 직접선거 : 자신의 투표권으로 대통령·국회의원을 직접 선출한다.
　　㉣ 비밀선거 : 투표 내용을 비공개로 한다.

13 다음 중 레임 덕(Lame Duck) 현상에 관한 설명으로 옳은 것은?

① 집권자의 임기 말기에 나타나는 정치력 약화 현상이다.
② 외채 상황이 어렵게 된 후진국의 경제혼란현상이다.
③ 군소정당의 난립으로 인한 정치적 혼란현상이다.
④ 선진국과 후진국 사이에 나타나는 경제적 갈등 현상이다.

Advice 레임 덕 현상 … 공직자의 임기 말 권력누수 현상을 일컫는 말이다. '레임(Lame)'의 사전적 의미는 '다리를 저는, 절름발이의'로 임기만료를 앞둔 공직자의 통치력 저하를 '절름발이 오리'에 비유한 것이다.

★ ANSWER 9.② 10.④ 11.② 12.④ 13.①

14 다음 중 가족이 대신해서 권리를 주장할 수 있는 권리는?

① 신원권
② 청원권
③ 항변권
④ 참정권

Advice 신원권 … 가족 중 한 사람이 중대한 인권을 침해받은 경우 그 가족이 진실을 규명할 수 있도록 보장하는 권리이다.
② 청원권 : 국민이 국가 기관에 대하여 문서로 희망 사항을 청원할 수 있는 권리이다.
③ 항변권 : 청구권 행사를 저지할 수 있는 권리이다.
④ 참정권 : 국민이 직·간접으로 정치에 참여할 수 있는 권리이다.

15 다음 중 중임이 불가능한 사람은?

① 광역자치단체의 장
② 대법원장
③ 헌법재판소 재판관
④ 감사원장

Advice 광역자치단체의 장은 3회까지 연임이 가능하고, 헌법재판소 재판관은 법률이 정하는 바에 따라 연임이 가능하다. 감사위원장은 1회에 걸쳐 중임이 가능하다. 대법원장의 경우 중임할 수 없음을 「헌법」제105조 제1항에서 규정하고 있다.

16 다음 중 UN에 대한 설명으로 바르지 않은 것은?

① 2007년 1월 1일부터 반기문 유엔사무총장은 임기를 시작하여 2016년 12월 31일 10년간의 유엔
사무총장의 임기를 마치고 퇴임하였다.

② 상임이사국 5개국과 비상임이사국 7개국으로 구성된다.

③ 상임이사국 5개국은 미국, 영국, 러시아, 프랑스, 중국이다.

④ 비상임이사국 중 아랍 국가 1개국은 반드시 아프리카와 아시아 가운데 선출된다.

🖊️*Advice* UN(국제연합) … 전쟁 방지와 평화 유지를 위해 설립된 국제기구이다. 5개의 상임이사국과 10개의 비상임이사
국으로 구성된다. 활동은 크게 평화 유지 활동 · 군비 축소 활동 · 국제 협력 활동으로 나뉘며, 주요기구 및
보조기구, 전문기구로 구성되어 있다. 미국 · 영국 · 프랑스 · 중화민국(현 타이완) · 소련과 여타 서명국 과반수
가 국제연합헌장을 비준한 1945년 10월 24일에 공식 출범하였으며 이후 매년 10월 24일을 국제연합의 날로
기념하고 있다. 본부는 미국 뉴욕에 있다.

17 다음 중 유엔군이 회담이 결렬되자 일방적으로 설정한 남북 간 해상경계선을 무엇이라 하는가?

① DMZ
② JSA
③ NLL
④ 휴전선

🖊️*Advice* ① DMZ : 우리나라 비무장 지대이다.
② JSA : 공동경비지역이다.
④ 휴전선 : 육상 경계선을 말한다.

18 우리나라의 선거제도로 알맞지 않은 것은?

① 대통령 피선거권 45세 이상

② 국회의원 피선거권 18세 이상

③ 지방자치단체장 피선거권 18세 이상

④ 대통령 선거권 18세 이상

🖊️*Advice* ① 선거일 현재 5년 이상 국내에 거주하고 있는 40세 이상의 국민은 대통령의 피선거권이 있다(공직선거법
제16조 제1항).

⭐ *ANSWER*　14.①　15.②　16.②　17.③　18.①

19 다음 중 행정권을 견제하기 위해 국회에 주어진 권한이 아닌 것은?

① 특별사면동의권　　　　　　　　　② 국군해외파견동의권
③ 국무총리임명동의권　　　　　　　④ 조약체결 · 비준동의권

✏️**Advice** 국회는 일반 사면에 대한 동의권만 가진다. 특별사면은 대통령 고유의 권한으로 국무회의의 의결을 거치면 된다.

20 다음 중 국가의 정보 활동에 관한 기본 정책을 수립하고 집행하는 대통령 직속의 국가 최고정보기관은?

① 공수처
② 국방부
③ 국정원
④ 중앙수사부

✏️**Advice** 국정원 … 국가정보원의 약칭으로 국가기밀정보 및 중요 산업정보 방어, 간첩 색출, 국가안보 관련 범죄 수사, 국가를 위해 필요한 해외정보 수집 · 분석 · 배포 등 국가의 정보활동에 관한 기본정책을 수립하고 집행하는 업무를 수행한다.
① 공수처 : 고위공직자 비리 수사처의 약칭으로 전직 대통령 · 국회의원 · 법관 · 지방자치단체장 · 검사 등 고위공직자 및 그 가족의 비리를 수사 및 기소할 수 있는 독립기관을 말한다.
② 국방부 : 국방에 관련된 군정 및 군령, 기타 군사에 관한 사무를 관장하는 중앙행정기관이다.
④ 중앙수사부 : 검찰총장의 직할 수사조직으로 2013년에 전면 폐지되었다.

21 우리나라 인권위원회에 대한 설명으로 바르지 않은 것은?

① 행정부 소속 일반기관이 아닌 독립적인 기관이다.
② 법적, 제도적 해결을 위한 절차와 제공뿐 아니라 고통에 대한 공감과 대안을 모색할 수 있도록 도와준다.
③ 인권 침해를 받은 당사자만이 진정할 수 있다.
④ 신체활동이 자유롭지 못한 구금, 보호시설 수용자들을 위해 해당시설을 직접 방문하여 인권상담과 진정접수를 한다.

✏️**Advice** ③ 진정접수는 제3자가 한다. 그러나 제3자가 진정을 접수할 경우에는 진정사건의 당사자가 거부하면 접수가 성사되지 않는다.

22 다음 중 국회의 동의 또는 승인을 요하지 않는 대통령의 권한은?

① 계엄선포권
② 대법원장임명권
③ 일반사면권
④ 긴급명령권

Advice 계엄을 선포한 때에는 대통령은 지체 없이 국회에 통고하여야 한다(헌법 제77조 제4항).

23 다음 중 일반 국민들을 배심원으로 선정하여 유죄 및 무죄의 평결을 내리게 하는 한국형 배심원 재판제도를 일컫는 말은?

① 배심원제도
② 추심원제도
③ 국민참여재판제도
④ 주민소환제도

Advice 국민참여재판제도 … 2008년 1월부터 시행된 배심원 재판제도로 만 20세 이상의 국민 가운데 무작위로 선정된 배심원들이 형사재판에 참여하여 유죄 · 무죄 평결을 내리지만 법적인 구속력은 없다.

24 무기징역의 공소시효로 옳은 것은?

① 5년
② 10년
③ 15년
④ 25년

Advice 공소시효 … 어떤 범죄 사건이 일정한 기간의 경과로 형벌권이 소멸하는 제도로 무기징역 또는 무기금고에 해당하는 범죄의 공소시효는 15년이다.
① 장기 5년 미만의 징역 또는 금고, 장기 10년 이상의 자격정지 또는 벌금에 해당하는 범죄는 5년이다.
② 장기 10년 이상의 징역 또는 금고에 해당하는 범죄는 10년이다.
④ 사형에 해당하는 범죄는 25년이다.

⭐ ANSWER 19.① 20.③ 21.③ 22.① 23.③ 24.③

25 아그레망이란 무엇인가?

① 외교사절 임명에 앞서 행하는 접수국의 동의 절차이다.
② 외교사절 임명에 앞서 자국 원수의 동의 절차이다.
③ 남아프리카에서 행해져온 인종차별과 인종격리정책을 말한다.
④ 유엔 가입 신청 시 안전보장이사회에서 동의하는 절차이다.

🔖 **Advice** 아그레망(Agrément) … 타국의 외교사절을 승인하는 절차로, 새로운 대사를 파견할 때 사전에 상대국에 그 인물을 받아들일지의 여부를 조회하는 것이다. 외교사절의 파견은 아그레망 – 임명 – 신임장부여 – 파견의 순으로 이루어진다.

26 다음 외교사절에 대한 설명 중 옳지 않은 것은?

① 상주대사란 특명전권대사로서 재외공관의 장이다.
② 외교사절의 제2계급은 특명전권공사이다.
③ 영사는 자국의 경제적 이익과 자국민 이익의 보호를 임무로 하는 공무원이다.
④ 공사는 직무, 외교특권, 명예 그리고 지위에 있어서 대사 밑에 있다.

🔖 **Advice** 외교사절
  ㉠ 대사 : 특명전권대사의 약칭으로, 국가를 대표하여 외교교섭을 행하기 위해 외국에 파견되는 외교사절의 제1계급이다.
  ㉡ 영사 : 외국에서 자국의 통상과 국민의 보호를 담당하는 공무원으로, 직무영사(또는 파견영사)와 명예영사(또는 선임영사)가 있다.
  ㉢ 공사 : 특명전권공사의 약칭으로, 국가를 대표하여 외국에 파견되는 외교사절 중 제2계급이다. 대사와 공사는 의전이나 석차에 관한 경우 외에는 차별되지 않는다.

27 다음 중 당3역에 해당되지 않는 직책은?

① 원내대표   ② 정책위의장
③ 사무총장   ④ 대변인

🔖 **Advice** 당3역 … 원내대표, 사무총장, 정책위의장을 이르는 말이다.

28 다음은 무엇에 대한 설명인가?

> • 대통령제에서 대통령과 행정부는 의회에 대하여 책임을 지지 않으며, 의회의 정부불신임권과 정부의 국회해산권이 없다.
> • 지방자치는 일정한 지역을 기초로 하여 국가로부터 어느 정도 독립된 지방공공단체가 설치되어(단체 자치), 그 사무를 지역주민의 참가와 의사에 따라 처리하는(주민자치) 것을 말한다.

① 권력분립   ② 직접참여
③ 대표의 원리   ④ 국민주권

Advice 권력분립 ··· 국가권력을 복수의 기관에 분산시켜 견제와 균형의 관계를 유지하여 권력의 남용을 막고 국민의 자유와 권리를 보장하려는 원리이다.

29 헌법재판소에서 관장하는 사항이 아닌 것은?

① 정당의 해산   ② 위헌법률의 심판
③ 선거법의 적용   ④ 대통령의 탄핵

Advice 헌법재판소는 법원의 제청에 의한 법률의 위헌여부심판, 탄핵의 심판, 정당의 해산심판, 국가기관 상호 간, 국가기관과 지방자치단체 간 및 지방자치단체 상호 간의 권한쟁의에 관한 심판, 헌법소원에 관한 심판을 관장한다(헌법재판소법 제2조).

30 다음 중 헌법재판소의 심판대상에 해당하지 않는 것은?

① 검사가 내린 불기소처분
② 법률이 헌법에 위반되는지의 여부
③ 대통령에 대한 탄핵 여부
④ 대법원 판결이 헌법에 위반되는지의 여부

Advice 헌법재판소는 현행헌법상 위헌법률심판권, 탄핵심판권, 위헌정당해산심판권, 권한쟁의심판권, 헌법소원심판권의 권한이 있다.

ANSWER 25.① 26.④ 27.④ 28.① 29.③ 30.①

31 다음 중 정보민주주의의 구성요소가 아닌 것은?

① 정보참가권　　　　　　　　　② 정보사용권
③ 정보수정권　　　　　　　　　④ 프라이버시권

🅐*Advice* 정보민주주의 … 알리지 않을 권리(프라이버시의 권리), 알 권리(정보의 공개 · 공유), 알릴 권리(표현의 자유), 정보사용권, 정보참가권 등 정보에 관한 기본적 인권에 입각한 민주주의를 말한다.

32 다음 네 사건을 시기 순으로 옳게 나열한 것은?

㉠ 제1차 남북 탁구 협회 회담　　　　㉡ 제1차 남북 체육회담 ㉢ 남북 UN 동시 가입　　　　　　　　㉣ 제1차 남북 고위급회담

① ㉠ - ㉡ - ㉣ - ㉢　　　　　② ㉠ - ㉢ - ㉣ - ㉡
③ ㉡ - ㉢ - ㉠ - ㉣　　　　　④ ㉢ - ㉡ - ㉣ - ㉠

🅐*Advice* ㉠ 남북 탁구협회 회담 : 1979년 2월 27일
　　　　㉡ 제1차 남북 체육회담 : 1984년 4월 9일
　　　　㉣ 제1차 남북고위급회담 : 1990년 9월 4일
　　　　㉢ 남북 UN 동시 가입 : 1991년 9월 17일
　　　　※ 남북 탁구협회 회담 … 평양 세계탁구선수권 대회 남북 단일팀 구성 문제 협의를 위한 회의로 총 4차례 열렸다. 남북 체육회담은 LA올림픽에서 단일팀으로 출전하기 위해 진행한 회의였으나 아웅산 테러사건과 최은희 · 신상옥 납치사건이 수면 위로 오르며 결렬되었다. 남북 고위급 회담은 우리 정부가 국제정세의 변화에 대응하여 민족 전체가 이익이 되는 방향으로 남북관계를 정립하기 위한 노력의 단초를 열었다는 의의를 갖는 회의이다. 남북 UN 동시 가입은 한반도에서 양 측의 정통성 및 합법성 논쟁에 종지부를 찍고, 화해와 공존의 시대를 연 역사적 의의를 갖는다.

33 다음 중 정당해산결정권을 가진 기관은?

① 법원　　　　　　　　　　　　② 헌법재판소
③ 대통령　　　　　　　　　　　④ 국회

🅐*Advice* 헌법재판소의 권한 … 위헌법률심판권, 탄핵심판권, 위헌정당해산심판권, 권한쟁의심판권, 헌법소원심판권

34　다음 중 FTA에 대한 설명으로 옳지 않은 것은?

① 우리나라가 처음으로 FTA를 체결한 나라는 칠레이다.

② 상품무역 이외에 서비스 · 투자에 관한 분야에서는 적용하기가 힘들다.

③ 보다 다양한 종류의 품목이 이전보다 저렴한 가격으로 수입됨에 따라 국민의 소비자 후생이 높아
질 수 있다.

④ 지역별 FTA활용센터를 이용하여 중소기업의 활용도를 증대할 수 있다.

💧*Advice*　FTA(자유무역협정)은 협정 체결국간 상품 관세장벽뿐만 아니라 서비스 · 투자 등 다양한 분야에서의 비관세
장벽까지도 완화하는 특혜무역협정이다.

35　현대의 정치적 이데올로기 중 개발도상국이 근대화과정에서 개인을 국가에 단결시키기 위하여 주로 사용하는
것은?

① 제국주의

② 자유주의

③ 민족주의

④ 신자유주의

💧*Advice*　근대화의 초기단계에서 국가의 안전과 발전에 역점을 두는 개발도상국들의 경우 민족주의는 가장 유력한 이
데올로기로서의 기능을 가진다.

✦ ANSWER　31.③　32.①　33.②　34.②　35.③

36 다음 중 압력단체에 대한 설명으로 틀린 것은?

① 로비활동 중에서 특히 매수를 목적으로 하는 로비를 소셜 로비(Social Lobby)라고 한다.
② 정부의 어떤 정책을 채택 또는 거부하도록 하기 위하여 파업을 이용하기도 한다.
③ 로비활동으로 성과를 거두지 못하면 대중선전활동을 통해 목적을 관철시키기도 하는 데, 이것을 풀뿌리 로비(Grass – Roots Lobbying)라고 한다.
④ 연좌시위, 동맹파업, 가두행진, 불매운동 등은 근로자의 이익추구를 위한 비정치적 행위로서 압력 단체의 활동수단으로 볼 수 없다.

Advice 정상적인 영향력 행사 방법이 난관에 부딪히면 연좌시위, 동맹파업, 가두행진, 불매운동 등을 하게 되는데 이러한 행동은 매스미디어의 초점을 받아 일반 대중과 주요단체 등의 주의를 환기시켜 여론을 일으키고 결국 정책결정자에게 영향을 끼치게 된다.

37 다음 중 헌법재판소의 권한을 바르게 묶은 것은?

> ㉠ 법원의 위헌법률심사제청이 있을 때 법률이 헌법에 위반되는지의 여부를 심판한다.
> ㉡ 국회로부터 탄핵소추를 받은 자가 있을 경우 이를 심판한다.
> ㉢ 명령 · 규칙 · 처분이 헌법이나 법률에 위반되는지의 여부를 최종적으로 심판한다.

① ㉠   ② ㉠㉡
③ ㉡㉢   ④ ㉠㉡㉢

Advice ㉢ 명령 · 규칙 · 처분 등의 심사권은 대법원의 권한이다.

38 다음 중 입법권으로부터 기본적 인권이 침해되었을 때 가장 유효한 구제수단은?

① 형사보상청구권   ② 위헌법률심사제도
③ 행정소송제도   ④ 손해배상청구권

Advice 법률이 헌법에 규정된 기본적 인권을 침해한다는 것은 곧 위헌법률의 판단문제를 의미한다.

39 비정부조직(NGO)에 대한 설명으로 옳지 않은 것은?

① 유엔헌장에 따라 UN의 사업에 참가하는 단체이다.
② 자원단체는 물론 다국적 기업도 포함된다.
③ 평화·환경 분야에서 국가의 기능을 보완 또는 협력한다.
④ 국경을 초월한 시민활동단체로서 인권·반핵 분야에서 활동하지만 군축 분야는 활동영역에서 제외된다.

Advice UN에 등록되어 있는 단체로는 UNICEF, UNESCO, UNCTAD 등이 있으며, 국경을 초월하여 군축·평화·환경·원조·경제협력 등의 분야에서 활동하고 있다.

40 다음 중 헌법을 개헌하지 않더라도 개정이 가능한 것은?

① 대통령의 임기   ② 헌법재판소 재판관의 수 변경
③ 선거구 획정 변경   ④ 지방자치단체의 의회제도 폐지

Advice 선거구 획정 … 대표를 선출하기 위하여 선거구를 분할하는 것을 말한다. 전국적인 인구조사 이후 의석 재분배와, 재분배된 의석수에 따라 그 단위 지역 안에서 새로운 선거구의 경계선을 획정한다. 「공직선거법」에 따르면 국회의원 지역 선거구의 공정한 획정을 위해 중앙선거관리위원회에 선거구 획정위원회를 둔다. 선거구 획정위원회는 당해 국회의원의 임기 만료에 의한 총선거의 선거일 전 1년까지 선거구 획정안을 작성하여 국회의장에게 제출하여야 하며, 국회는 이 획정안을 존중하도록 규정하고 있다. 그러나 우리나라는 국회의원 정수 및 지역구와 비례구 의석 간의 비율이 고정되어 있지 않고 법률로 정하도록 되어 있기 때문에 선거를 앞두고 국회의원 수 등에 늘 변동이 생긴다.
① 대통령의 임기는 5년 단임제로 「헌법 제70조」에서 규정하고 있다.
② 헌법재판소 재판관의 수는 9명으로 「헌법 제111조 제2항」에서 규정하고 있다.
④ 「헌법 제118조 제2항」에 규정하고 있어 헌법 개정 없이 의회를 폐지할 수 없다.

ANSWER   36.④   37.②   38.②   39.④   40.③

41 우리나라 현행 형법상 형벌의 종류는?

① 7종　　　　　　　　　　　　　　② 8종

③ 9종　　　　　　　　　　　　　　④ 10종

　Advice 우리나라의 형법은 사형·징역·금고·자격상실·자격정지·벌금·구류·과료·몰수로 총 9종의 형벌을 규정하고 있다(형법 제41조).

42 다음은 인권발달의 약사(略史)를 열거한 것이다. 연대순으로 올바르게 나열된 것은?

┌───┐
│ ㉠ 대헌장(영국)　　　　　　　　　　　ⓛ 권리청원(영국)
│ ㉢ 권리장전(영국)　　　　　　　　　　㉣ 버지니아주헌법(미국)
│ ㉤ 인권선언(프랑스)　　　　　　　　　ⓗ 바이마르헌법(독일)
└───┘

① ㉠ − ⓛ − ㉢ − ㉣ − ㉤ − ⓗ　　　② ㉠ − ⓛ − ㉢ − ㉤ − ㉣ − ⓗ

③ ㉠ − ㉢ − ⓛ − ㉣ − ㉤ − ⓗ　　　④ ㉠ − ㉣ − ⓛ − ㉤ − ㉢ − ⓗ

　Advice ㉠−ⓛ−㉢−㉣−㉤−ⓗ

　　※ 인권발달의 약사(略史)

　　　㉠ 영국 대헌장(1215년) : 국왕의 절대 권력 행사에 최초로 제한을 두고 국민 인권을 보장하는 발판을 마련하였다.

　　　ⓛ 영국 권리청원(1628년) : 영국 하원에서 기초하여 찰스 1세의 승인을 얻은 국민 인권에 관한 선언이다.

　　　㉢ 영국 권리 장전(1689년) : 명예혁명 이후 국왕의 권력 행사에 의회의 동의를 받도록 규정함으로써 시민의 자유와 권리를 보장하였다.

　　　㉣ 미국의 독립 선언(1776년) : 미국 독립 혁명 과정에서 발표되어 천부 인권과 저항권 등을 명시하였다.

　　　㉤ 프랑스 인권선언(1789년) : 혁명 과정에서 선포된 인권으로 자유권, 재산권, 저항권 등으로 규정하였다.

　　　ⓗ 독일 바이마르헌법(1919년) : 모든 국민이 인간다운 생활을 누릴 수 있도록 하기 위해 노동자의 권리, 교육받을 권리, 사회 보장권 등 최초로 사회권을 규정하였다.

43 다음은 무엇에 대한 설명인가?

> 국회의원은 현행범이 아닌 이상 회기 중 국회의 동의 없이 체포 또는 구금되지 아니하며, 회기 전에 체포 또는 구금된 때에도 현행범이 아닌 한 국회의 요구가 있으면 회기 중에도 석방되는 특권이다.

① 불체포특권
② 면책특권
③ 게리멘더링
④ 옴부즈만

🔍*Advice* 불체포특권 ··· 면책특권과 더불어 헌법에서 보장한 국회의원의 2대 특권 중 하나이다.

44 다음 설명 중 옳지 않은 것은?

① 입법부, 사법부, 행정부의 3권으로 나누어 각각을 담당하는 자를 상호 분리·독립시켜 견제시킴으로써 국민의 자유를 보장하는 자유적인 통치원리는 권력분립론이다.
② 권력분립론은 로크의 2권분립과 몽테스키외의 3권분립이 있다.
③ 다원주의는 현대사회기능의 세분화, 전문화에 기인되었다.
④ 권력분립제는 사회제도이며 다원주의는 정치제도이다.

🔍*Advice* 권력분립제 ··· 민주정치의 제도원리, 다원주의는 민주주의의 운영원리이다.

⭐ *ANSWER* 41.③ 42.① 43.① 44.④

45 다음 중 직접민주정치제도만 모은 것은?

> ㉠ 국민소환   ㉡ 국민대표
> ㉢ 국민발안   ㉣ 국민투표
> ㉤ 대통령제

① ㉠㉡㉢   ② ㉠㉢㉣
③ ㉠㉢㉤   ④ ㉡㉢㉣

Advice 직접민주정치방법 … 국민투표·국민발안·국민소환이 있다.

46 현대정치에서 압력집단의 수가 많아지고 그 기능이 강화되는 이유는?

① 정부의 기능이 축소되고 있기 때문이다.
② 집권을 원하는 집단이 많아졌기 때문이다.
③ 개인과 집단의 이익이 다원화되고 있기 때문이다.
④ 정당 내부에 민주화가 진행되고 있기 때문이다.

Advice 현대사회의 세분화·전문화 경향에 따라 계층 간의 이익이 다원화되고 있기 때문이다.

47 특정 정당이나 특정 후보자에게 유리하도록 자의적으로 부자연스럽게 선거구를 정하는 것을 방지하기 위해 우리나라에서 채택하고 있는 제도는?

① 다수대표제
② 비례대표제
③ 선거구 법정주의
④ 선거공영제

Advice 게리맨더링을 방지하기 위하여 우리나라에서는 선거구 법정주의를 채택하여 국회 내의 선거구 획정위원회에서 선거구를 합리적으로 획정한다.

48 다음 중 다수 무차별 테러를 일컫는 말은?

① 사이버테러   ② 백색테러

③ 적색테러   ④ 슈퍼테러

Advice 슈퍼테러 … 주체와 대상을 알 수 없는 불특정 다수의 무차별 테러를 일컫는다.
① 사이버테러 : 인터넷상에서 어떤 목적을 위해 해킹하거나 바이러스를 유포하는 등 정보통신망과 시스템을 무력화 하는 테러를 일컫는다.
② 백색테러 : 정치적 목적을 달성하기 위해 암살, 파괴 등을 수단으로 하는 우익세력의 테러를 일컫는다.
③ 적색테러 : 정치적 목적을 달성하기 위해 암살, 파괴 등을 수단으로 하는 좌익세력의 테러를 일컫는다.

49 출구조사에 있어, 여론조사결과 우세한 것으로 나타난 후보나 정당의 지지도가 상승하는 것을 나타내는 말은?

① 언더독 효과   ② 밴드왜건 효과

③ 데킬라 효과   ④ 위약 효과

Advice ① 언더독 효과 : 사람들에게는 약자를 동정하는 심리가 있어 여론조사결과 열세에 있는 후보를 지지하는 경향을 보이는 것을 말한다.
③ 데킬라 효과 : 1995년 초 발생한 멕시코의 금융 위기가 다른 중남미 국가에 미친 파급효과를 지칭하는 말이다.
④ 위약 효과 : 약효가 전혀 없는 가짜약을 복용한 환자의 상태가 호전되는 현상을 의미한다.

50 UN헌장의 기초가 된 것은?

① 얄타회담

② 모스크바선언

③ 샌프란시스코회의

④ 덤버튼 오크스회의

Advice 덤버튼 오크스회의 … 1944년 8월 21일부터 9월 28일까지는 미국 · 영국 · 소련의 3개국이, 9월 29일부터 10월 7일까지는 미국 · 영국 · 중국의 3개국이 각각 회의를 갖고 '일반적 국제기구 설립을 위한 제안'을 채택하였다.

⭐ ANSWER   45.②   46.③   47.③   48.④   49.②   50.④

✳✳✳ ─────────────────────────────────

51 다음 중 반의사불벌죄에 해당하는 것은?

① 모욕죄
② 명예훼손죄
③ 퇴거불응죄
④ 친족 간의 재산죄

> **Advice** 반의사불벌죄(反意思不罰罪) … 피해자가 처벌을 원하지 않으면 처벌할 수 없는 죄이다. 피해자의 고소 없이도 처벌할 수 있으나 피해자가 적극적으로 처벌을 원치 않을 경우에는 형벌권이 없어지므로, 해제조건부범죄라고도 한다. 기소 후 불처벌 의사표시를 하면 공소기각의 판결을 해야 한다.
> ①③④ 반의사불벌죄(反意思不罰罪)에는 명예훼손죄, 폭행죄, 협박죄, 교통사고 처리특례법에 의한 범죄, 외국의 국기 국장의 모독 등이 있다.

52 다음 중 우리나라의 지방자치에 관한 설명으로 옳지 않은 것은?

① 지방자치단체는 독자적인 법인격은 없다.
② 지방자치단체의 자주재원은 지방세와 세외수입으로 구성된다.
③ 주민의 직접적인 참여와 통제를 강화시킨다.
④ 중앙정부의 전제정치에 대한 방어기능을 도모한다.

> **Advice** 지방자치단체 … 일정한 지역적 범위를 그 구역으로 하고 그 구역 안의 모든 주민들에 의해 선출된 기관이 국가로부터 상대적으로 독립하여 자주적으로 지방적 사무를 처리할 권능을 가지는 법인격 있는 단체를 말한다. 자치단체는 국가 아래서 국가 영토의 일부를 그 구역으로 하고 있으며, 그 지배권(자치권)은 시원적인 것이 아니라 국가로부터 전래된 것이다.

53 형법상 형벌이 아닌 것은?

① 과태료

② 구류

③ 몰수

④ 벌금

🕭 **Advice** 과태료는 행정상의 질서벌에 해당된다.

54 다음 내용에 해당하는 것은?

> 甲 생명보험사의 즉시연금 가입자들이 미지급금을 반환해달라고 제기한 공동소송에서 법원이 또 다시 원고측 손을 들어줬다. 금소연은 20xx년 생명보험사들이 즉시연금 가입자들로부터 만기환급금 재원을 임의로 차감, 보험금을 덜 지급했다며 가입자들을 모아 공동소송을 진행했다.

① 집단소송제

② 대표소송제

③ 죄형법주의

④ 공무담임권

🕭 **Advice** 집단소송제 … 기업의 허위공사·분식결산 등으로 피해를 입은 투자자가 손해배상청구소송을 제기해 승소하면 같은 피해를 입은 다른 사람들도 별도의 재판절차 없이 동일한 배상을 받을 수 있도록 하는 제도이다.
  ② 대표소송제 : 회사를 대표해 경영진을 대상으로 제기하는 소송이다.
  ③ 죄형법주의 : 어떤 행위가 범죄가 되고 또 그 범죄에 대해 어떠한 처벌을 할 것인가를 미리 법률로써 명문화시켜야 한다는 원칙이다.
  ④ 공무담임권 : 공직에 임명될 수 있는 공직취임권과 피선거권을 포함한 권리이다.

⭐ *ANSWER* 51.② 52.① 53.① 54.①

55 피고가 유죄를 인정하거나 다른 사람에 대해 증언을 하는 대가로 검찰 측이 형을 낮추거나 가벼운 죄목으로 다루기로 거래하는 것은?

① 팍스시니카   ② 로그롤링
③ 시클로비아   ④ 플리바게닝

Advice 플리바게닝에 의한 경우에는 항소 등의 절차 없이 바로 판사가 형량을 구형한다. '유죄답변거래', '유죄협상제도' 등으로도 불린다. 우리나라의 경우 플리바게닝에 대한 법적 근거는 없으나, 기소에 대한 검사의 재량을 폭넓게 인정하는 기소독점주의와 기소편의주의를 채택하고 있어 플리바게닝과 비슷한 형태의 수사가 암묵적으로 이뤄지고 있다.

56 권력분립제도를 발전시켜 입법 · 사법 · 행정의 3권분립을 정식화한 사람은?

① 로크(Locke)
② 루소(Rousseau)
③ 몽테스키외(Montesquieu)
④ 보댕(Bodin)

Advice 권력분립이론 … 17 ~ 18세기 자연법사상의 산물로, 로크에 의하여 처음으로 주장되었다. 그는 '통치2론'에서 국가권력을 입법권 · 집행권 · 동맹권의 셋으로 나누었으나, 이는 군주와 의회의 권한을 대립시킨 2권분립이다. 이 이론을 프랑스의 몽테스키외가 '법의 정신'에서 3권분립론으로 완성하였다.

57 정치적 사상의 반대자를 대중으로부터 고립시켜 공격·탄압할 목적으로 기성사실을 날조하는 것을 지칭하는 용어는?

① 프레임업   ② 레이더스
③ 스핀아웃   ④ 스핀오프

🔷 **Advice** ② 레이더스 : 자신이 매입한 주식을 배경으로 회사경영에 압력을 넣어 기존 경영진을 교란시키고 매입주식을 비싼 값에 되파는 등 부당이득을 취하는 집단이다.
③ 스핀아웃 : 경영 조직으로부터 업무 일부를 분리하여 독립한 별개 회사로서 경영하는 일이다.
④ 스핀오프 : 정부출연연구기관의 연구원이 자신이 참여한 연구결과를 가지고 별도의 창업을 할 경우 정부보유의 기술을 사용한 데 따른 로열티를 면제해 주는 제도를 말한다.

58 다음 내용이 설명하고 있는 것은?

> 이는 인적재난 및 자연재난으로 구분되며 대형사고 및 국가기반체계의 마비 및 전염병 확산 등으로 인해 많은 피해를 입었을 경우에 이에 대한 수습 및 복구 등을 위해 특별조치 및 국가적 지원이 필요할 시에 인정되는 지역이다.

① 보통재난지역
② 일부재난지역
③ 특별재난지역
④ 특별침수지역

🔷 **Advice** 특별재난지역 … 재난으로 인해 특별조치가 필요하다고 인정될 시에 심의를 거쳐 특별재난지역으로 선포할 것을 대통령에게 건의할 수 있다.

⭐ANSWER 55.④ 56.③ 57.① 58.③

02 경제·경영

✱ 리쇼어링(Reshoring) ✦✦

생산비와 인건비 절감 등을 이유로 해외로 이전했던 생산시설, 공장, 또는 일자리 등을 다시 본국으로 되돌리는 현상을 말한다. 이는 주로 제조업 부흥, 일자리 창출, 공급망 안정화, 국가 경제 활성화 등의 목표를 가지고 추진되며, 오프쇼어링(Offshoring)과는 반대되는 말이다.

 PLUS 오프쇼어링(Offshoring) … 기업업무의 일부를 해외 기업에 맡겨 처리하는 것으로 업무의 일부를 국내기업에 맡기는 아웃소싱의 범주를 외국으로 확대했다는 것이 차이점이다.

✱ G20 ✦✦✦

G7을 확대 개편한 세계정제협의기구로, 주요 국제 금융 현안을 비롯하여 특정 지역의 경제위기 재발 방지책 등을 논의하기 위한 선진·신흥경제 20개국의 재무장관 및 중앙은행 총재 회의의 모임을 말한다. G7과 한국, 중국, 러시아, 인도, 인도네시아, 호주, 브라질, 멕시코, 아르헨티나, 남아공, 사우디, 튀르키예, EU 의장국, IMF, IBRD, 유럽중앙은행, 국제통화금융위원회(IMFC) 등이 참가한다. G20 정상회의는 본래 경제위기 극복을 위한 한시적 협의기구라는 성격이 강했으나, 제3차 피츠버그 정상회의 이후 세계 경제 문제를 다루는 최상위 포럼으로 격상되었다.

PLUS
- **G7** : 서방선진 7개국 간에 매년 정기적으로 개최되는 국제회담으로, 세계경제향방과 각국 간의 경제정책협조·조정문제를 논의한다. 1975년 당시 프랑스 대통령인 프랑수아 지스카르 데스탱의 주창으로 시작돼, 두 차례의 석유위기 타개와 냉전종식 후 세계질서 개편 등을 다루면서 국제사회의 최고정책기구로 자리 잡았다. 회원국은 미국·독일·영국·프랑스·이탈리아·캐나다·일본으로 총 7개국이다.
- **G8** : G7 + 러시아

✱ 자유무역협정(FTA : Free Trade Agreement) ✦✦✦

국가와 국가 사이에 무역장벽을 완화하거나 철폐하여 무역자유화를 실현하기 위한 양 국가 또는 지역 사이에 체결하는 특혜무역협정으로 각 나라가 무역을 자유화함으로써 무역 거래와 국제 간의 분업이 확대돼 서로의 이익이 증대될 것이라는 자유주의 경제이론에서 출발한다. FTA는 상품분야의 무역자유화와 관세인하에 중점을 두고 있었으나 WTO체제 이후 상품의 관세철폐 외에도 서비스 및 투자 자유화까지 포괄하는 것이 일반적인 추세다. 그 밖에 지적재산권, 정부조달, 무역구제제도 등 정책의 조화 부문까지 협정의 대상 범위가 확대되었고 다자간 무역 협상 등을 통하여 전반적인 관세수준이 낮아지면서 다른 분야로 협력영역을 늘려가게 된 것도 이 같은 포괄 범위 확대의 한 원인이다.

피구 효과(Pigou Effect) ✦✦✦

임금의 하락이 고용의 증대를 가져온다는 피구(A.C. Pigou)의 이론을 말한다. 즉, 기업의 임금 인하는 사람들이 보유하고 있는 현금이나 예금잔고의 실질가치를 인상하는 결과가 되어 일반물가수준은 하락하게 된다. 이러한 실질현금잔고의 증가는 소득에 변화가 없더라도 소비지출을 증가시키므로 결과적으로 고용을 증대시킨다.

톱니 효과(Ratchet Effect) ✦✦✦

관성 효과라고도 부르며 소득이 높았을 때 굳어진 소비 성향이 소득이 낮아져도 변하지 않는 현상을 말한다. 관성 효과가 작용하면 소득이 감소하여 경기가 후퇴할 때 소비 성향이 일시에 상승한다. 소비는 현재의 소득뿐만 아니라 과거의 소득에도 영향을 받고 있어 소비자의 소비지출은 소득과 동반하여 변동하는 것이 아니라 안정적인 경향을 보여 경기후퇴 시에도 빠르게 변동을 보이진 않는다. 이처럼 소비의 상대적 안정성으로 경기가 후퇴하여도 소비가 소득의 감소와 같은 속도로 줄어들지 않게 되어 경기후퇴속도는 상당히 완화된다.

베블런 효과(Veblen Effect) ✦

허영심에 의해 수요가 발생하는 것으로, 가격이 상승한 소비재의 수요가 오히려 증가하는 현상이다. 예를 들면, 값비싼 귀금속류나 고가의 가전제품, 고급 자동차 등 경제상황이 악화되어도 수요가 줄어들지 않는데, 이는 자신의 부를 과시하거나 허영심을 채우기 위해 구입하는 사람들이 있기 때문이다.

리카도 효과(Ricardo Effect) ✦

일반적으로 호경기 때에는 소비재 수요 증가와 더불어 상품의 가격 상승이 노동자의 화폐 임금보다 급격히 상승하게 되므로 노동자의 임금이 상대적으로 저렴해진다. 이 경우 기업은 기계를 대신하여 노동력을 사용하려는 경향이 발생하는데, 이를 리카도 효과라 한다.

개인워크아웃제도(개인신용회복지원제도) ✦✦

금융기관 간 맺은 '신용회복지원협약'에 따른 신용불량자 구제제도이다. 최저생계비 이상의 소득이 있는 개인 또는 개인사업자가 채무과다로 현재의 소득으로는 채무상환을 할 수 없어 신용불량자로 등재되어 있는 경우 신용회복지원위원회에 개인워크아웃신청을 하면, 금융기관의 채무를 일정 부분 조정하여 줌으로써 신용불량자가 경제적으로 회생할 수 있도록 도와주는 제도이다. 사회적으로 신용불량자가 급증하자 금융감독원이 신용불량자 증가 억제 및 금융이용자보호대책의 일환으로 마련한 제도로 2002년 10월 도입되었다.

✖ 소비자 기대지수(Consumer Expectation Index) ✦✦✦

경기에 대한 소비자들의 기대심리를 반영한 지수를 말한다. 기준점수를 100으로 하고 이를 웃돌면 6개월 이후의 경기가 현재보다 개선될 것으로 보는 가구가 나빠질 것으로 보는 가구보다 많다는 것을 의미한다. 매월 통계청에서 작성하는데, 주요 기대지수는 경기 · 가계생활 · 소비지출 · 내구소비재 및 외식 · 문화 · 오락 등이고 소득계층 및 연령대별로 분석해서 작성한다.

✖ 소비자 물가지수(CPI : Consumer Price Index) ✦

전국 도시의 일반소비자가구에서 소비 목적을 위해 구입한 각종 상품과 서비스에 대해 그 전반적인 물가수준동향을 측정하는 것이며, 이를 통해 일반소비자가구의 소비생활에 필요한 비용이 물가변동에 의해 어떻게 영향받는가를 나타내는 지표이다.

✖ 사이드 카(Side Car) ✦✦

선물시장이 급변할 경우 현물시장에 대한 영향을 최소화함으로써 현물시장을 안정적으로 운용하기 위해 도입한 프로그램 매매호가 관리제도의 일종으로, 주식시장에서 주가의 등락폭이 갑자기 커질 경우 시장에 미치는 영향을 완화하기 위해 주식매매를 일시 정지시키는 제도인 서킷 브레이커(Circuit Braker)와는 상이하다. 주가지수 선물시장을 개설하면서 도입하였는데, 지수선물가격이 전일종가 대비 5% 이상 상승 또는 하락해 1분간 지속될 때 발동하며, 일단 발동되면 발동 시부터 주식시장 프로그램 매매호가의 효력이 5분간 정지된다. 그러나 5분이 지나면 자동적으로 해제되어 매매체결이 재개되고, 주식시장 후장 매매 종료 40분 전(14시 20분) 이후에는 발동할 수 없으며, 또 1일 1회에 한해서만 발동할 수 있게 되어 있다.

✖ 서킷브레이커(circuit breakers) ✦✦✦

주식거래 시 주가가 급격하게 하락할 때 매매를 일시적으로 중단하는 제도이다. 뉴욕증권거래소에서 1987년 10월 이른바 블랙먼데이(Black Monday)의 증시폭락 이후 최초로 도입되었으며, 우리나라에서는 유가증권시장에 1998년 12월 7일부터 국내주식 가격 제한폭이 상하 15%로 확대되면서 도입되었고 코스닥시장은 2001년 9 · 11테러 이후 이 제도가 도입되어 그날 처음 발동되었다. 서킷브레이커는 주가가 폭락하는 경우 거래를 정지시켜 시장을 진정시키는 목적으로 주가지수가 전일종가 대비 10% 이상 하락한 상태로 1분 이상 지속될 경우 발동된다. 서킷브레이커가 발동되면 처음 20분 동안 모든 종목의 호가 접수 및 매매거래가 정지되며, 향후 10분 동안 새로 동시호가만 접수되고, 하루 한번만 발동할 수 있으며, 장 종료 40분 전에는 발동할 수 없다. 우리나라의 경우를 보면 매매 거래 중단 요건은 주가지수가 직전 거래일의 종가보다 8%(1단계), 15%(2단계), 20%(3단계) 이상 하락한 경우 매매 거래 중단의 발동을 예고할 수 있다. 1, 2단계 발동 시 20분간 거래가 중단되고 3단계 땐 즉시 매매가 종료된다.

모라토리엄(Moratorium) ✦✦✦

전쟁 · 천재(天災) · 공황 등으로 경제가 혼란되어 채무이행에 어려움이 생길 때 국가의 공권력에 의해 일정 기간 채무의 이행을 연기 또는 유예하는 것을 뜻한다. 이는 일시적으로 안정을 도모하기 위한 채무국의 응급조치로 채무의 추심이 강행되면 기업도산의 수습을 할 수 없게 되는 우려에서 발동한다. 모라토리엄을 선언하면 국가신인도가 직강하되고 은행 등 금융업체들의 신용도가 사실상 제로상태에 빠지므로 대외경상거래가 마비된다. 이에 따라 수출이 힘들어지고 물가가 상승하며 화폐가치가 급락한다. 대규모 실업사태와 구조조정의 고통이 장기화되며, 외채 사용이 엄격히 통제된다.

생산자물가지수(PPI : Producer Price Index) ✦

대량 거래로 유통되는 모든 상품의 가격변동을 측정하기 위해 작성된 지수이다. 도매물가지수를 사용해 오다 1990년부터 생산자물가지수로 바뀌었다. 이 지수는 1차 거래단계가격을 대상으로 한다. 국내생산품은 생산자 판매가격을, 수입품의 경우는 수입업자 판매가격을 기준으로 하고 이것이 불가능할 경우 다음 거래단계인 대량도매상 또는 중간도매상의 판매가격을 이용한다. 소비자 물가지수와 같은 특수목적지수와는 달리 상품의 전반적인 수급동향을 파악할 수 있고 포괄 범위가 넓기 때문에 국민경제의 물가수준측정에 대표성이 가장 큰 지수이다. 한편 생산자물가지수는 기업 간의 중간거래액을 포함한 총거래액을 모집단으로 하여 조사대상품목을 선정하였기 때문에 원재료, 중간재 및 최종재에 해당되는 품목이 혼재되어 있어 물가변동의 중복계상 가능성이 크다고 할 수 있다. 이러한 생산자물가지수의 한계를 보완하기 위하여 한국은행은 '가공단계별 물가지수' 또한 편제해 오고 있다.

엥겔의 법칙(Engel's Law) ✦

독일의 통계학자 엥겔(E. Engel)은 가계지출에 대해 음식물비의 비율을 조사한 결과 그 비율의 크기가 생활정도를 나타내는 지표가 된다고 했다. 즉, 소득이 낮은 가정일수록 전체의 생계비에 대한 음식물비의 비율이 높고, 소득의 증가에 따라 음식물비의 비율이 감소하고 문화비의 비율이 증가한다는 것이다.

PLUS 엥겔계수 공식

$$\text{엥겔계수} = \frac{\text{음식물비}}{\text{총생계비}} \times 100$$

덤핑관세 ✦

덤핑방지를 목적으로 하는 관세이다. 어느 나라가 어떤 상품의 값을 크게 내려 수출함으로써 이것을 수입한 나라의 산업이 큰 타격을 받을 경우, 수입국 정부는 국내산업보호책으로 그 품목의 관세율을 인상하게 되는데 덤핑상품에 대해서는 징벌적인 관세로 부과하여 정상가격과 수출가격의 차액만큼 부과한다.

✤ 리디노미네이션 ✦✦

디노미네이션은 화폐, 채권, 주식 등의 액면금액을 의미한다. 리디노미네이션은 한 나라의 화폐를 가치의 변동 없이 화폐, 채권, 주식 등의 액면을 동일한 비율의 낮은 숫자로 표현하거나, 새로운 통화단위로 화폐의 호칭을 변경하는 것으로, 우리나라에서는 1953년에 100원을 1환으로, 화폐개혁이 있었던 1962년에 10환을 1원으로 바꾼 일이 있으며, 2004년에 1,000원을 1원으로 바꾸는 안이 논의되기도 했다. 리디노미네이션을 실시할 경우에 거래편의의 제고, 통화의 대외적 위상재고, 인플레이션 기대심리 억제, 지하자금의 양성화 촉진 가능성 등의 장점 등이 있으나, 새 화폐 제조와 컴퓨터시스템 · 자동판매기 · 장부 변경 등에 대한 큰 비용, 물가상승 우려, 불안심리 초래 가능성 등의 문제가 있다.

PLUS 주요 사례

- **튀르키예** : 1998년부터 튀르키예중앙은행에 화폐 단위 변경 추진 위원회를 구성하고 7년간의 논의 끝에 튀르키예의 화폐 단위 100만 리라를 1신리라로 변경하는 데 성공하였다. 리디노미네이션 이후 지금까지도 혼란 없이 사용되고 있어, 리디노미네이션의 대표적인 성공 사례로 평가 받고 있다.
- **프랑스** : 취지 및 방법을 국민들에게 널리 홍보하여 심리적 불안함을 해소하였고, 3년에 걸쳐 신권과 구권을 병행하여 혼란을 최소화하였다. 이와 같은 과정 속에서 발생할 수 있는 부정부패를 방지하기 위한 처벌조항도 만들었고, 1960년에 100 대 1의 리디노미네이션을 시행하여 성공적인 결과를 거두었다.
- **짐바브웨** : 물가 안정을 위해 2006년에 화폐 단위를 1,000 대 1로 절하하였으나, 환율과 물가가 함께 급등하는 혼란을 겪었다. 극심한 인플레이션이 계속되자, 2008년에는 100억 대 1, 2009년에는 1조 대 1의 리디노미네이션을 시행하였다. 그럼에도 물가가 치솟자 짐바브웨는 2015년 자국 화폐인 짐바브웨달러를 폐기하고 미국 달러를 쓰기로 결정하였고, 리디노미네이션의 대표적인 실패 사례로 손꼽히고 있다.
- **베네수엘라** : 물가 상승을 잡기 위한 개혁이었지만, 오히려 물가 상승에 가속도가 붙어 하이퍼인플레이션을 초래하였다. 2008년에 1,000 대 1를 시행하고 2018년에는 10만 대 1 리디노미네이션을 시행하였으나, 2018년에 물가 상승률은 1만%를 훌쩍 넘었다.

✤ 경제협력개발기구(OECD : Organization for Economic Cooperation and Development) ✦

자유시장경제를 추구하는 나라들이 모여 세계경제의 주요 현안들을 협의해 해결방안을 도출하는 기구이다. 제2차 세계대전 후 유럽의 부흥 및 경제협력을 추진해 온 유럽경제협력기구(OEEC)를 개편하여 1961년 발족되었으며, 재정금융상의 안정 · 고용생활수준의 향상 · 개발도상국의 경제발전 도모 · 세계무역의 다각적 확대 등을 목적으로 한다. 의사결정은 모든 회원국의 만장일치로 하며, 최고기관인 이사회와 각료이사회 및 상주대표회의로 구성되어 있다. 우리나라는 1996년 7월 6일 심사를 통과해 10월 19일 29번째 회원국이 되었다.

✤ 헤지펀드(Hedge Fund) ✦✦✦

국제증권 및 외환시장에 투자해 단기이익을 올리는 민간투자기금을 말한다. 100명 미만의 투자가들을 결성한 후 조세회피 지역으로 위장거점을 두어 자금을 운영하는데, 대표적인 것으로는 소로스의 퀀텀펀드, 로버트슨의 타이거펀드 등이 있다. 모집은 물론이고 투자대상과 실적 등이 베일에 싸여 있어 언제 어디서 투기를 할지 모른다는 점에서 '복병'으로 인식된다.

뮤추얼펀드(Mutual Fund) ✦✦

미국 투자신탁의 주류를 이루고 있는 펀드 형태로, 개방형·회사형의 성격을 띤다. 개방형이란 투자자들의 펀드 가입 탈퇴가 자유로운 것을 의미하며, 회사형이란 투자자들이 증권투자를 목적으로 하는 회사의 주식을 소유하는 형태를 말한다. 즉, 뮤추얼펀드는 증권투자자들이 이 펀드의 주식을 매입해 주주로서 참여하는 한편, 원할 때는 언제든지 주식의 추가발행·환매가 가능한 투자신탁이다. 투자 방법에 따라 보통주펀드, 균형펀드, 수익펀드, 채권·우선주펀드로 구분되는데, 이 중 보통주펀드의 규모가 제일 크다.

유동성 딜레마(Liquidity Dilemma) ✦

미국의 국제수지 적자는 해외의 소유 달러를 증가시켜 국제유동성을 활발하게 하는데, 그것은 동시에 달러의 신용을 동요시킨다. 그렇다고 해서 미국이 본격적으로 적자해소에 나서서 국제수지의 균형을 회복하면 이번에는 타국에의 달러공급이 정지되어 세계 전체로서는 국제유동성이 부족해서 고심하게 된다. 이를 유동성 딜레마라고 하는데, 1959년 미국 예일대 로버트 트리핀교수가 제기한 것으로 이러한 모순을 극복하기 위해 일국의 통화에 의존하지 않는 국제적으로 관리되는 통화 SDR(IMF 특별인출권)이 구상됐다. 그러나 미국이 국제수지의 균형을 유지, 달러의 공급이 미국의 단기 신용공여에 의해 행해지게 된다면 이와 같은 모순은 생기지 않는다.

다보스 포럼(Davos forum) ✦✦

세계경제포럼 연차총회의 통칭으로 민간 재단이 주최하지만 세계 각국의 정계(政界)·재계(財界)·관계(官界)의 유력 인사들이 모여 공식적인 의제 없이 참가자의 관심분야에 대한 각종 정보를 교환하고 세계경제 발전 방안에 대하여 논의한다. 매년 1 ~2월 스위스의 고급 휴양지인 다보스에서 회의를 하기 때문에 일명 '다보스 회의'라고도 한다. 1971년 독일 출신의 하버드대 경영학교수 클라우스 슈바브(K. Schwab)에 의해 만들어져 독립적 비영리재단 형태로 운영되고 있고 본부는 제네바에 있으며, 기관지 「월드링크(World Link)」를 격월간으로, 「세계경쟁력 보고서」를 매년 발간한다.

큐코노미(Qconomy) ✦✦✦

큐코노미(Qconomy)는 격리(Quarantine)와 경제(Economy)를 합성한 용어이다. 코로나19 확산에 따른 격리 및 봉쇄조치 이후 전망되는 경제상을 나타낸다. 코로나19가 전 세계로 확산됨에 따라 이를 막기 위해 사회적 거리두기를 시행하였고 배달도 가급적 비대면으로 수령하기, 온라인 구매의 급증, 재택근무, 비대면 수업 등 언택트 문화가 확산되었다. 아울러 사회적 거리두기로 실내에서만 경제활동을 하는 홈코노미(Homeconomy)도 등장하였으며, 공연이나 스포츠 경기는 공연장이 아닌 유튜브, 네이버 등을 통해 온라인 생중계를 시행하는 등 새로운 소비 방식으로 변화되었다.

✖ 기준 금리 ✦✦✦

한국은행의 최고 결정기구인 금융통화위원회에서 매달 회의를 통해 결정하는 금리로, 한국은행의 환매조건부 채권 매매, 대기성 여수신 등 금융기관 간 거래의 기준이 되는 금리를 말한다. 한은이 기준 금리를 올리면 시중 금리도 상승하게 되고 기준 금리를 낮추면 시중 금리도 떨어지게 된다.

✖ K자형 회복 ✦✦

학력·고소득 노동자는 경기침체에서 빠르게 회복하는 반면에 저학력·저소득 노동자는 회복이 어렵거나 오히려 소득이 감소하는 등의 양극화 현상을 일컫는다. 보통은 경기하락이 급격하게 나타났다가 회복되는 V자형, 일정 기간 동안은 침체되다가 회복되는 U자형으로 나타나나 코로나19를 통해 임금과 교육수준, 인종 등에 따른 새로운 형태의 경제회복이 나타나고 있다. 고소득층에서는 정보기술을 중심으로 교육과 노동에 타격이 거의 없는 반면, 저소득층에서는 사실상 불가능하여 빈부 격차가 악화되고 있다.

✖ 세이프가드(Safe Guard) ✦

수입이 급증해서 국내의 경쟁업계에 중대한 손해를 입히거나 입힐 우려가 있다고 판단되는 경우 발동할 수 있는 긴급 수입 제한 조치이다. GATT(관세 및 무역에 관한 일반 협정)는 원칙적으로 가맹국이 무역에 대한 제한을 가할 수 없다고 금지하고 있지만, 세이프가드는 특례로서 GATT협정 제19조에 규정되어 있다.

✖ 그린워시(Green Wash) ✦✦✦

기업이 실제로는 환경에 악영향을 끼치는 제품을 생산하면서 광고 등을 통해 친환경적인 이미지를 내세우는 행위를 말한다. 환경에 대한 대중의 관심이 늘고, 친환경 제품에 대한 선호가 높아지면서 생겼다. 환경친화적인 이미지를 상품 제작에서부터 광고, 판매 등 전 과정에 걸쳐 적용·홍보하는 그린 마케팅(Green Marketing)이 기업의 필수 마케팅 전략 중 하나로 떠오르면서, 실제로는 친환경적이지 않은 제품을 생산하는 기업들이 기업 이미지를 좋게 포장하는 경우가 생겨나고 있는 것이다. 이러한 기업들의 이율배반적인 행태를 고발하기위해 미국의 다국적기업 감시단체 기업감시(Corpwatch)는 매년 지구의 날, 대표적인 그린워시 기업을 선정하고 있다.

✿ 불마켓 ✦✦

황소가 뿔을 하늘을 향해 찌르는 모습처럼, 시장시세의 강세나 강세가 예상되는 경우를 말한다. 최근 저점 대비 20% 이상 상승했을 때를 의미하곤 한다. 강세시장을 예고하는 패턴으로는 장기하락 후의 상승 전환 등이 있다.

> **PLUS** 베어마켓 … 곰이 앞발을 아래로 내려치는 모습처럼, 주식시장이 하락하거나 하락이 예상되는 경우를 말한다. 거래가 부진한 약세 시장을 의미한다. 최근 고점 대비 20% 이상 하락하는 경우를 의미한다. 장기간 베어마켓이 진행되는 가운데 일시적으로 단기간에 급상승이 일어나는 경우를 베어마켓랠리(Bear Market Rally)라고 하는데 그 기간은 길지 않은 편이다.

✿ 고객관계관리(CRM : Customer Relationship Management) ✦✦✦

기존 고객의 정보를 분석해서 고객의 특성에 맞는 마케팅을 전개하는 것으로 고객관계관리라고 한다. 전산시스템과 인터넷의 발달로 다양한 고객관리를 할 수 있게 되면서 새로운 마케팅 기법으로 각광받고 있다. 기업이 고객의 성향과 욕구를 미리 파악해 이를 충족시켜 주고, 기업이 목표로 하는 수익이나 광고 효과 등 원하는 바를 얻어내는 기법을 말한다. 영화관을 예로 들자면, 회원카드를 통하여 고객이 어떤 영화를 얼마나 자주 보고 언제 보는가를 CRM을 통해 고객의 취향을 파악해, 취향에 맞는 영화가 개봉될 때를 맞춰 할인쿠폰이나 개봉정보를 알려줄 수 있다. 이 경우 무작위로 정보를 보내는 것보다 비용과 효과면에서 유리하다.

✿ 고객경험관리(CEM : Customer Experience Management) ✦✦✦

고객은 단순히 가격과 품질만을 검토하여 이성적으로 제품을 구매하는 것이 아니라, 친절한 매장 직원이나 편리한 주문시스템 같은 감성적 요인으로 구매를 하는 경향이 있다는 측면에서 등장한 고객관리 기법이다.

✿ 마이크로크레딧(무보증소액창업대출) ✦

제도권 금융회사와 거래하기 어려운 저소득층에 대한 무담보 소액대출이다. 방글라데시, 베네수엘라 등 제도금융권이 발달되지 않은 저개발 국가에서 시작된 민간주도의 빈민에 대한 소자본 창업지원제도이다. 우리나라에서는 미소금융이라 부른다.

✿ B2B · B2C ✦✦✦

B2B는 'Business To Business'(기업 對 기업)의 줄임말로 기업과 기업이 전자상거래를 하는 관계를 의미하며, 인터넷 공간을 통해 기업이 원자재나 부품을 다른 기업으로부터 구입하는 것이 대표적이다. 일반 소비자와는 큰 상관이 없지만 거래규모가 엄청나서 앞으로 전자상거래를 주도할 것으로 보인다. B2C는 'Business To Consumer'의 줄임말로 기업이 개인을 상대로 인터넷상에서 일상용품을 판매하는 것이 대표적이다.

✽ 서브프라임 모기지(Sub Prime Mortgage) ✦✦

미국에서 신용등급이 낮은 저소득층을 대상으로 높은 금리에 주택 마련 자금을 빌려 주는 비우량 주택 담보대출을 뜻한다. 미국의 주택담보대출은 신용도가 높은 개인을 대상으로 하는 프라임(Prime), 중간 정도의 신용을 가진 개인을 대상으로 하는 알트 A(Alternative A), 신용도가 일정 기준 이하인 저소득층을 상대로 하는 서브프라임의 3등급으로 구분된다. 2007년 서브프라임 모기지로 대출을 받은 서민들이 대출금을 갚지 못해 집을 내놓아 집값이 폭락하며 금융기관의 파산 및 글로벌 금융 위기를 야기했다. 시사주간지 타임에서 서브프라임 모기지를 '2010년 세계 50대 최악의 발명품'으로 선정하였다.

✽ 역모기지론(Reverse Mortgage Loan) ✦

고령자들이 보유하고 있는 주택을 담보로 금융기관에서 일정액을 매월 연금형식으로 받는 대출상품이다. 주택연금 또는 장기주택저당대출이라고 한다. 부동산을 담보로 주택저당증권(MBS)을 발행하여 장기주택 자금을 대출받는 제도인 모기지론과 자금 흐름이 반대이기 때문에 역모기지론이라고 한다. 주택은 있으나 경제활동을 할 수 없어 소득이 없는 고령자가 주택을 담보로 사망할 때까지 자택에 거주하면서 노후 생활자금을 연금 형태로 지급받고, 사망하면 금융기관이 주택을 처분하여 그동안의 대출금과 이자를 상환 받는다.

✽ 재산세(財産稅) ✦✦✦

일정한 재산에 대하여 부과되는 조세를 말한다. 토지, 건축물, 주택, 선박 및 항공기를 과세물건으로 하며 납세지는 토지, 건축물, 주택, 선박의 선적항, 항공기의 정치장의 소재지를 기준으로 한다.

✽ 엔젤계수 ✦✦

가계에서 지출하는 비용 중 아이들(유아에서 초등학생까지)을 위해 사용되는 돈이 차지하는 비중으로, 엔젤계수에는 과외비와 학원비 같은 교육비, 장난감 구입비, 용돈, 의복비, 아이들을 위한 외식비 등이 포함된다. 우리나라의 경우 엔젤계수가 높은 편인데, 아무리 가정 형편이 어려워도 아이들을 위한 지출은 줄지 않고 있기 때문이다. 특히 교육비를 미래를 위한 투자로 인식하기 때문에 부모들은 불황이 심할수록 교육비를 늘리지 않으면 불안해하고, 아울러 불황일수록 교육 경쟁은 더 치열해지면서 과외비와 학원비 같은 교육비가 증가한다. 한편 어린이를 대상으로 하는 사업을 엔젤 비즈니스라고 한다.

✽ 레인지 포워드 ✦

불리한 방향의 리스크를 헤지하기 위해 옵션을 매입하고 그에 따른 지급 프리미엄을 얻기 위해 유리한 방향의 옵션을 매도하여 환율변동에 따른 기회이익을 포기하는 전략이다. 환율 변동으로 인해 발생할 수 있는 이익과 손실을 모두 일정 수준으로 제한함으로써 환 리스크는 일정 범위 내로 제한된다.

✖✖✖

✿ 민스키 모멘트(Minsky Moment) ✦✦✦

부채의 확대에 기대어 경기 호황이 이어지다 호황이 끝나면서 금융 위기가 도래하는 시점을 말한다. 즉, 경기 호황이 끝난 후 은행 채무자의 부채 상환 능력이 악화되어 채무자가 결국 건전한 자산마저 팔게 되는 금융 위기 시점이다. 금융시장이 호황기에 있으면 투자자들은 고위험 상품에 투자하고 이에 금융시장은 탄력을 받아 규모가 확대된다. 그러나 투자자들이 원하는 만큼의 수익을 얻지 못하면 부채 상환에 대한 불안이 커지면서 금융시장은 위축되고 금융 위기가 도래하게 된다.

✿ 비트코인(Bitcoin) ✦✦✦

실물이 없는 가상화폐이다. 사토시 나카모토 프로그래머가 개발한 비트코인은 컴퓨터의 정보 기본 단위인 비트(Bit)와 동전(Coin)의 합성어이다. 실생활 사용이 아닌 온라인상 거래를 위한 가상화폐이다. 예를 들면 '싸이월드'의 도토리, '네이버'의 쿠키 등도 있다. 이는 인터넷 서비스마다 다른 이름으로 불리는 것인데, 비트코인과의 차이점이 있다면 이러한 화폐의 주인이 특정 회사라는 것이다. 완전한 익명으로 거래되는 비트코인은 컴퓨터와 인터넷만 있다면 누구나 계좌를 만들 수 있다. 하지만 탈세와 범죄에 악용될 수 있다는 단점을 가진다. 따라서 통화 공급량은 제한해 두었다. 총 발행량이 2,100만 개 정도이며, 이 유통량이 기준을 넘을 시 한 번에 채굴할 수 있는 양은 줄어들고 문제도 어려워져 희소성이 높아진다.

✿ BCG매트릭스(BCG Matrix)

BCG매트릭스는 컨설팅 전문회사인 'Boston Consulting Group'에 의해 개발된 것으로 기업 경영 전략 수립의 분석도구로 활용된다. 이는 사업의 성격을 단순화, 유형화하여 어떤 방향으로 의사결정을 해야 할지를 명쾌하게 얘기해 주지만, 사업의 평가요소가 상대적 시장점유율과 시장성장률뿐이어서 지나친 단순화의 오류에 빠지기 쉽다는 단점이 있다. X축은 상대적 시장점유율, Y축은 시장성장률을 놓고 각각 높음·낮음의 두 가지 기준을 정한 매트릭스로 구성하여 사업을 4가지로 분류했다.

> **PLUS** BCG매트릭스 사업의 분류
> • Star사업 : 수익과 성장이 큰 성공사업으로 지속적인 투자가 필요하다.
> • Cash Cow사업 : 기존 투자에 의해 수익이 지속적으로 실현되는 자금 원천사업으로 시장성장률이 낮아 투자금이 유지·보수에 들어 자금산출이 많다.
> • Question Mark사업 : 상대적으로 낮은 시장 점유율과 높은 성장률을 가진 신규사업으로 시장점유율을 높이기 위해 투자금액이 많이 필요하며, 경영에 따라 Star사업이 되거나 Dog사업으로 전략할 위치에 놓이게 된다.
> • Dog사업 : 수익과 성장이 없는 사양사업으로 기존의 투자를 접고 사업철수를 해야 한다.

✖ 가젤형 기업(gazelles company) ✦

상시 근로자 10인 이상이면서 매출이나 순고용이 3년 연속 평균 20% 이상인 기업으로, 빠른 성장과 높은 순고용 증가율이 가젤(빨리 달리면서도 점프력도 좋은 영양류의 일종)과 닮았다는 데서 이름이 유래됐다. 자생적 성장을 이룬 기업을 지칭하므로 인수합병은 제외된다. 특히 가젤형 기업 중에서도 매출 1,000억 원 이상의 기업은 슈퍼 가젤형 기업이라고 한다. 가젤형 기업은 규모가 작아 눈에 띄지 않지만, 틈새시장을 집요하게 파고들어 세계 최강자 자리에 오른 히든 챔피언과는 차이가 있다. 히든 챔피언이 매출 시장에 비중을 더 두는 데 비해 가젤형 기업은 안정적인 일자리 창출에 중추적인 역할을 하고 있기 때문이다.

✖ 파킹(parking) 통장 ✦✦

잠시 주차를 하듯 짧은 시간 여유자금을 보관하는 통장을 의미한다. 일반 자유입출금 통장처럼 수시입출금이 가능하면서 비교적 높은 수준의 금리를 제공하는 게 특징이다. 정기예금이나 적금과 달리 상당기간 자금이 묶이지 않기 때문에 최근 각광받고 있다. 파킹 통장은 불안한 투자환경과 시장 변동성 속에서 잠시 자금의 휴식처가 필요하거나 당장 목돈을 사용할 계획이 없는 투자자들에게 유용하다. 특히 하루만 맡겨도 금리 수익을 거둘 수 있다는 게 장점으로 꼽힌다. 일반적인 자유입출금 통장이 연 0.1 ~ 0.2%(세전) 수준의 이자를 주는 반면 파킹 통장은 일정 금액 이상이 통장에 '파킹'되어 있으면 연 2% 이상의 높은 금리를 지급한다.

✖ 차등의결권(差等議決權) ✦✦✦

적대적 M&A(인수합병)로부터 경영권 방어수단 중 하나이다. 차등의결권주식, 복수의결권(주식)이라고도 부른다. 이는 일반 주식이 가지는 의결권보다 몇 배 더 높은 주식을 말한다. 예를 들면, 최대주주 소유의 보통주가 주당 1표의 의결권을 갖는다. 대신 일반인에게 2등급 주식을 발행하여 배당을 늘려주되 10주 당 의결권 1표를 갖게 하는 것이다. 따라서 대주주의 지배권을 강화하고 안정적으로 경영권을 행사할 수 있어 적대적 인수합병의 경영권 방어수단으로 이용하는 것이다. 우리나라는 1주당 1의결권을 갖는 것이 원칙이며 차등의결권 제도 자체가 없다. 시행중인 나라는 미국, 유럽 등에서 도입하고 있다. 미국의 포드자동차의 창업주인 포드가(家)가 소유하는 지분은 7%, 차등의결권에 따라서 40%의 의결권을 가진다. 스웨덴의 발렌베리가(家)도 마찬가지로 지주회사의 지분을 19% 보유하지만 41%의 의결권을 가진다. 차등의결권은 적은 지분으로 적대적 인수합병으로부터 경영권을 방어하는 효과를 가지지만, 무능한 경영자가 있을 경우 교체하기가 어렵고 경영진의 소수 지분의 의사 결정이 다수의 의사인 것처럼 왜곡될 수 있다. 또한, 소수의 경영진들이 개인 이익만을 쫓을 수 있는 단점을 가진다.

×××

✼ 핀테크 ✦✦✦

금융을 뜻하는 '파이낸스(Finance)'와 기술을 뜻하는 '테크놀로지(Technology)'의 합성어이다. 예금, 대출, 자산관리, 결제, 송금 등 다양한 금융서비스가 IT와 모바일의 기술 발달과 더불어 새로운 형태로 진화하고 있으며, 넓은 의미에서 이러한 흐름에 해당하는 모든 서비스를 핀테크 서비스라고 할 수 있다. 서비스 외에 관련된 소프트웨어나 솔루션, 플랫폼을 개발하기 위한 기술과 의사결정, 위험 관리, 포트폴리오 재구성, 성과 관리, 시스템 통합 등 금융시스템의 개선을 위한 기술도 핀테크의 일부라 할 수 있다.

✼ 애그플레이션 ✦✦

곡물가격 상승이 사회 전반의 물가 상승으로 확산되어 경제위기를 초래할 우려가 있으며, 특히 곡물 자급률이 낮은 나라는 그 위험성이 더욱 커진다. 곡물가격이 상승하는 요인으로는 지구 온난화 등 기상 이변으로 인한 공급 감소, 육류 소비 증가에 따른 사료용 곡물 수요 증가, 경작지 감소 등이 있다.

✼ 죄악세(Sin Tax) ✦✦

주류, 담배, 도박 등 사회에 부정적인 영향을 끼치는 것들로 소비를 억제할 필요가 있는 품목에 과세하는 세금이다. 죄악세의 목적은 담배, 주류 등이 소비되면서 발생하는 여러 문제들(담배 소비로 인한 간접흡연, 주류 소비로 인한 음주운전, 음주폭력 등)을 처리하는 과정에서 사회적 비용을 줄이고, 국민의 복지와 건강을 증진시키기 위함이다. 죄악세의 대표적인 항목은 담배, 주류로 소비자 지불 금액 중 세금이 60 ~ 70% 차지한다. 특히, 담배는 교육세, 소비세, 국민건강증진기금, 부가가치세, 폐기물부담금 여러 가지 부담금을 포함한다. 죄악세는 모든 국민이 적용되며, 소득 여부에 관계없이 일괄적으로 부과된다. 정부는 이렇게 발생되는 수입을 특수 사업 또는 정부예산을 보충하게 된다. 죄악세는 선진국일수록 담배와 주류의 가격이 높다. 또한 다른 나라에서는 비만유발 식품(설탕), 코카인, 마리화나 등의 마약류에도 죄악세를 부과한다.

✼ 지역화폐(地域貨幣) ✦✦✦

특정 지역에서 자체적으로 발행하며 그 지역에서만 소비할 수 있는 화폐이다. 형태에 따라 지류형·카드형·모바일형으로 나뉜다. 지자체에 따라 다르지만 일정 비율의 할인율을 제공받을 수 있으며 업주들은 보다 저렴한 카드 수수료와 지자체 홈페이지를 통한 홍보 효과를 기대할 수 있다.

✿ 빌바오 효과(Bilbao Effect) ✦✦✦

도시의 랜드마크 건축물이 해당 지역에 미치는 영향을 이르는 말이다. 이는 스페인 북부 소도시 빌바오에서 비롯되었다. 빌바오는 과거에 제철소, 조선소로 융성하였으나 1980년대 불황으로 철강산업이 쇠퇴하자 바스크 분리주의자들의 연이은 테러로 급격히 실업률 등이 급격히 하락하였다. 이를 극복하기 위해 정부에서는 문화산업을 통한 도시재생사업을 계획하였고, 사업의 일환으로 구겐하임 미술관을 유치하였다. 미술관 개관 이후 빌바오에는 매년 100만 명의 관광객이 찾아오면서 관광업 호황이 이루어졌고, 이후 도시 랜드마크 건축물이 도시 경쟁력을 높이는 효과를 나타내는 말로 사용되기 시작하였다.

✿ 네카라쿠배당토직야 ✦✦✦

네이버, 카카오, 라인, 쿠팡, 배달의 민족, 당근마켓, 토스, 직방, 야놀자 앞 글자를 줄인 말로, 취업시장에서 선호하는 기업을 일컫는다.

✿ 펜트업 효과 ✦✦✦

외부 요인에 의해 억제되었던 소비가 그 요인이 해소되면서 한꺼번에 급속히 분출되는 현상이다. 코로나19 확산으로 사회적 거리가 추진되며 경제활동이 급격히 위축되었다가 최근 회복세로 돌아서면서 극대화 됐다. 수요공급의 원칙에 따라 자연스럽게 물가가 상승할 수 있어 지속되면 오히려 소비 심리의 위축을 불러올 수 있다.

✿ 어닝 쇼크(Earning Shock) ✦✦

기업이 시장에서 예상했던 것보다 저조한 실적을 발표하여 주가에 영향을 미치는 현상으로, 어닝(Earning)은 주식시장에서 기업의 실적을 뜻한다. 분기 또는 반기별로 기업들이 집중적으로 그동안의 영업 실적을 발표하는 시기를 어닝시즌(Earning Season)이라 한다. 영업 실적은 해당 기업의 주가와 직결되기 때문에 투자자들은 이에 민감할 수밖에 없는데, 어닝 쇼크는 어닝시즌에 기업이 발표한 영업 실적이 시장의 예상치보다 훨씬 저조하여 주가에 충격을 준다는 의미에서 붙여진 용어이다. 영업 실적이 시장의 예상치보다 저조한 경우에는 주가 하락으로 이어지는 경우가 일반적이며, 영업 실적이 좋더라도 예상했던 것보다 저조하면 주가가 하락하기도 한다.

✿ 긱 이코노미(Gig Economy) ✦✦✦

1920년대 미국 재즈 공연장에서 필요에 따라 연주자를 단기 섭외하던 방식을 의미하는 Gig에서 유래하였다. 기업들이 필요할 때마다 계약직 혹은 임시직으로 사람을 섭외하여 고용하는 경제 형태이다. 노동자 입장에서는 어딘가에 고용되어 있지 않고 필요할 때 일시적으로 일을 하는 '임시직 경제'를 가리킨다. 모바일 시대에 접어들면서 이런 형태의 임시직이 급증하고 있다.

✖ 그린GNP ✦✦✦

국민총생산(GNP)은 한 해 동안 한 국가의 국민이 생산한 재화와 서비스의 화폐 가치로서 한 국가의 경제 활동과 경제적 후생을 표시하는 지표로 사용하고 있다. 그러나 GNP의 지표는 자원, 오염문제에 따른 사회적 비용을 반영하지 못하기 때문에 정책 입안 및 평가 과정에서 경제와 환경을 통합한 새로운 지표가 필요하다. 예를 들면, 대기오염으로 호흡기 질환 환자가 증가해 병원이나 약국을 찾는 사람이 늘어난 경우 이는 사회적으로 바람직하지 않은 현상이지만, 의료 서비스업은 소득이 증가하기 때문에 GNP는 상승한다. 이러한 문제점을 해결하기 위해 나타난 것이 그린GNP이다. 그린GNP는 환경에 영향을 주는 경제 행위를 분류해낼 수 있고, 그 경제 행위가 환경에 미치는 영향을 평가할 수 있다는 장점을 지닌다. 반면, 기존의 GNP 통계와 함께 사용하지 않을 경우 경제정책 수립에 어려움이 있으므로 여건 변화에 대응하기 어렵다. 따라서 UN통계국이 주도하는 그린GNP는 기존의 GNP구조를 유지하면서 문제점을 보완하는 형식으로 추진되고 있다.

✖ 온디맨드(On Demand Economy) ✦✦✦

플랫폼과 기술력을 가진 회사가 수요자의 요구에 즉각 대응하여 제품 및 서비스를 제공하는 것을 말한다. 기존의 거래는 고객이 직접 재화와 서비스가 있는 곳을 찾아갔지만 이제는 고객이 원할 때 서비스가 바로 제공되는 것이다. 한마디로 공급이 아닌 수요가 모든 것을 결정하는 체계를 갖는다. 이는 비즈니스의 성공과 실패가 모두 고객의 손끝에서 이루어질 수 있는 시대가 온 것이다. 온디맨드는 모바일을 중심으로 고객과 근처에 있는 서비스 제공자를 연결해 준다. 모바일을 통해 주문을 받은 서비스 제공자는 고객이 원하는 시간에 맞춰 서비스를 제공한다. 따라서 어디서나 원하는 상품을 주문하고 원하는 방식으로 즉각적인 서비스를 제공받을 수 있으며 오프라인에 집중되는 사업에게는 모바일, 온라인 플랫폼 등 판매 유통을 넓힐 수 있는 계기가 되고 있다. 온디맨드 경제의 대표적인 예로 외국에서 흔히 사용하는 '우버'가 있다. 우버(Uber)는 운송차량과 택시 고객을 스마트폰 애플리케이션을 이용하여 연결시켜주는 세계적으로도 유명한 미국 운송 서비스 애플리케이션이다. 우리나라에서도 우버와 비슷한 종류의 카카오택시, 카카오 대리운전과 같은 스마트폰 애플리케이션을 통한 서비스를 제공하고 있다. 또한 스마트폰 애플리케이션으로 부동산 매물을 확인할 수 있으며 이러한 어플에서 개개인의 소비자 성향에 맞춰 그에 따른 서비스를 제공해준다.

✖ 덤머니 ✦✦✦

금융 시장에 대한 전문성이 높은 기관투자자나 규모가 큰 개인투자자의 자금을 지칭하는 스마트머니와 반대되는 자금으로, 상대적으로 전문성이 결여된 개인투자자의 자금을 일컫는다.

✖ 업틱룰 ✦✦✦

공매도에 따른 직접적인 주식 가격 하락 방지를 위해 직전 가격 이하로 공매도 호가 제출을 금지하는 제도이다.

매스클루시버티(Massclusivity) ✦✦

대중을 의미하는 'Mass'와 특별함을 의미하는 'Exclusivity'가 합쳐진 개념으로, 자신만을 위한 차별화된 상품이나 서비스를 원하는 소비자의 니즈에 따라 생겨난 용어이다. '매스티지(Masstige)'란 비교적 가격이 저렴하고 대량생산이 가능한 고급 제품, 즉 브랜드 이미지를 갖추며 가치에 합리적인 가격으로 유통되는 것을 말한다. 매스티지가 확산되면서 대중화된 제품에 싫증을 느낀 일부 소비자들은 차별화되고 자신을 위한 특별한 제품이나 서비스를 원하게 되는데 이러한 형상을 '매스클루시버티'라고 한다. '매스클루시버티'는 VVIP 대상으로 1대1 고객상담을 통하여 주문제작하는 방식으로 극소수의 구매층을 공략한다. 고가이기는 하나, 자신만의 니즈를 반영한 개성있는 생산제품으로 주목받고 있는데 이는 패션에만 국한되는 것이 아니라 다른 산업으로까지 확대되고 있다. 고객이 원하는 가치를 중점으로 전자제품, 여행상품 등 다양한 산업분야에서도 활용되고 있다.

시장조성자 ✦✦✦

주식 등 상품 거래 시 매도와 매수 양방향에 호가를 제공하여 유동성을 공급함으로써 거래가 이뤄질 수 있도록 하는 증권사이다. 한국거래소와 계약된 업체만 시장조성자가 될 수 있다.

쇼트 스퀴즈 ✦✦✦

주가 하락을 예상했던 공매도 투자자들이 주가 상승으로 인한 손실이 발생하여 추가 손실을 예방하기 위해 상품이나 주식을 매수하는 것을 말한다. 이러한 주식 구입은 주식 가격을 더욱 상승시킨다.

카르텔(Cartel) ✦✦

같은 업종에 종사하는 기업끼리 서로 독립적이면서 제조나 판매, 가격 등의 부분에서 협정을 맺는 것으로 담합이라고도 한다. 기업의 입장에서는 무리하게 경쟁하지 않고도 이윤을 추구할 수 있고, 경쟁자의 침투도 함께 막아낼 수 있다. 이러한 기업들의 카르텔을 사적 카르텔이라고 하며, 정부가 특정 산업보호나 산업구조 합리화 등을 위해 가격이나 산출량 등을 대놓고 규제하는 경우를 공공 카르텔이라 한다. 국가 간의 카르텔로 석유수출국기구(OPEC)나 설탕, 커피 등 국제적인 상품거래와 관련한 카르텔도 있다.

한계기업(限界企業) ✦✦

미래 경쟁력을 상실하여 앞으로의 성장이 어려운 기업을 말한다. 보통 임금 상승, 기술개발 등 여러 경제 여건의 변화에 적절히 대응하지 못하면서 나타나는데, 한계기업들은 재무구조가 부실하여 회사가 영업활동을 통해 벌어들인 이익으로 이자비용조차 감당하지 못한다.

호킹지수(Hawking Index) ✦✦

책 전체 페이지를 100페이지로 가정하고 독자가 처음부터 끝까지 읽은 비율을 계산한 것으로, 책을 구입한 독자가 실제로도 책을 읽었는지 측정하는 지수이다. 미국의 수학자 조던 엘런버그(Jordan Ellenberg)가 2014년 세계 최대 인터넷 서점 아마존의 전자책 단말기인 킨들에 나온 정보를 이용해 조사한 도서의 완독률을 공개하며 내놓은 이론이다. 독자들이 해당 책에서 가장 많이 추천한 구절이 몇 쪽에 있는지 찾아 평균을 내고 전체 쪽수에서 차지하는 비율을 따져 지수가 산출되며, 책을 구입해놓고는 몇 장 읽지 않고 포기한 책일수록 호킹지수는 낮아진다. 스티븐 호킹(Stephen Hawking)의 대표작 「시간의 역사」가 전 세계적으로 1,000만 부 이상 팔린 엄청난 베스트셀러였음에도, 이 책을 끝까지 제대로 읽은 독자들은 많지 않았다는 점에 나온 이론이다. 엘런버그의 분석에 따르면 전 세계에서 1,000만 부 이상 팔린 「시간의 역사」의 호킹지수는 6.6%로 100명 중 6.6명 정도만 제대로 책을 읽었다는 의미이다. 이밖에도 워싱턴포스트(WP)는 정치서적 몇 권을 선정해 호킹지수를 자체 분석하였는데, 클린턴의 저서 「힘든 선택들」은 호킹지수 2.04%에 불과하였고, 조 바이든의 저서 「지켜야 할 약속들」의 호킹지수는 2.78%였다. 한편, 워싱턴포스트(WP)의 조사 대상 서적 중에서 가장 많이 읽힌 책은 로버트 게이츠의 「의무」였는데, 이 책의 호킹지수는 24.55%였다.

스튜어드십 코드(Stewardship Code) ✦✦✦

연기금과 자산운용사 등 주요 기관투자자들의 의결권 행사를 적극적으로 유도하기 위한 자율지침을 말한다. 기관들도 고객 재산을 선량하게 관리해야 할 의무가 있다는 필요성에 의해 생겨난 용어다. 주요 기관투자자가 주식을 보유하는 데에 그치지는 것이 아니라 투자 기업의 의사결정에 적극 참여해 주주와 기업의 이익을 추구하고, 지속 가능한 성장과 투명한 경영을 이끌어 내는 것이 목적이다.

PLUS 스튜어드십 코드의 7원칙

㉠ 수탁자 책임정책 제정 및 공개
㉡ 이해상충 방지정책 제정 및 공개
㉢ 투자대상회사 주기적 점검
㉣ 수탁자 책임 활동을 위한 내부지침
㉤ 의결권 정책 및 행사 내역 공개
㉥ 수탁자 책임 활동 주기적 보고
㉦ 역량 및 전문성 확보

M&A(Mergers And Acquisitions) ✦✦

둘 이상의 기업이 하나로 통합하는 기업합병과 기업의 자산이나 주식 획득을 통해 경영권을 확보하는 기업인수의 개념으로, M&A는 주로 주식 확보를 통해 이루어지며, 주식 확보에 쉬운 방법은 기존의 대주주가 가지고 있는 주식을 사들이는 것이다. 우리나라는 1997년 4월 1일부터 주식소유한도가 완전 폐지되어 본격적인 M&A시대로 접어들었다.

✖ 매파와 비둘기파 ✦✦

베트남 전쟁 당시 처음 사용되었던 용어이다. 정치적인 의미로는 평화적이고 온건한 입장을 평화를 상징하는 비둘기에 빗대어 비둘기파, 강경한 세력을 매섭게 공격하는 매에 빗대어 매파라고 하는데, 금융 용어에서는 다른 성격을 띤다. 매파는 물가안정을 위해 긴축정책과 금리인상을 주장하는 세력을 의미한다. 경기 과열을 막고, 인플레이션을 억제하자는 입장이다. 인플레이션은 통화량 확대와 꾸준한 물가상승 그리고 화폐가치의 하락을 의미하기 때문에 긴축정책을 통해 금리를 올려 시중의 통화량을 줄이고 지출보다 저축의 비중이 높여 화폐의 가치를 올리자는 것이다. 비둘기파는 경제성장을 위해 양적완화와 금리인하를 주장하는 세력을 의미한다. 경제성장을 위하여 적절한 인플레이션이 필요하다는 입장이다. 금리를 인하하면 대출 및 투자와 소비가 증가하여 시장경제가 활성화되기 때문에 경제활동을 촉진시키기 위해 적절한 인플레이션이 필요하다고 주장하는 것이다. 다만 물가가 지속적으로 상승할 경우 물가불안정을 초래하므로 적절한 인플레이션이 중요하다. 한편, 매파와 비둘기파 사이의 중립파는 올빼미파라고 한다.

✖ 어닝 서프라이즈(Earning Surprise) ✦✦

영업 실적이 예상보다 높은 경우에 주가가 큰 폭으로 상승하는 현상으로, 기업이 실적 발표 시 시장에서 예상했던 실적과 다른 발표를 하는 것을 말한다. 우리나라에서는 깜짝 실적이라고도 한다. 시장의 예상치보다 실적이 저조하면 기업이 아무리 좋은 실적을 발표해도 주가가 떨어지기도 하고 반대로 저조한 실적을 발표해도 예상치보다 높거나 낮은 두 가지 경우 모두를 나타낼 수 있지만, 통상 서프라이즈의 의미가 좋은 것을 나타내는 의미로 사용되기 때문에 실적이 예상치보다 높은 경우에 해당한다.

✖ 레몬마켓(Lemon Market) ✦✦✦

구매자와 판매자 간 거래대상 제품에 대한 정보가 비대칭적으로 주어진 상황에서 거래가 이루어지면서 우량품은 자취를 감추고 불량품만 남아도는 시장을 말한다. 시장에 불량품이 넘치게 되면서 결과적으로 소비자도 외면하게 되는 시장이 되는 것이다. 즉 쓸모없는 재화나 서비스가 거래되는 시장을 일컫는다. 이와 반대로 우량의 재화나 서비스가 거래되는 시장은 피치마켓(Peach Market)이라고 한다.

✖ 린 스타트업(Lean Startup) ✦✦

아이디어를 빠르게 최소요건제품(시제품)으로 제조한 뒤 시장의 반응을 통해 다음 제품 개선에 반영하는 전략이다. 단기간에 제품을 만들고 성과를 측정한 후, 다음 제품 개선에 반영하는 것을 반복하여 성공 확률을 높이는 경영 방법의 일종이다. 시제품을 제조하여 시장에 내놓고 반응을 살피며 수정하는 것이 핵심이다. 일본 도요타자동차의 린 제조(Lean Manufacturing) 방식을 본 뜬 것으로, 미국 실리콘밸리의 벤처기업가 에릭 리스가 개발했다. 린 스타트업은 만들기 → 측정 → 학습의 과정을 반복하면서 꾸준히 혁신해가는 것을 목표로 한다.

✤ 코요테 모멘트(Coyote Moment) ✦✦

코요테가 먹이사냥에만 집중하고 달리다가 낭떠러지를 뛰어 넘고 나서 발아래 아무것도 없다는 것을 알아차리는 순간으로, 이를 알아차리는 땐 이미 추락하여 수습하기 어려운 것을 일컫는다. 통상적으로 증권시장에서 갑작스러운 증시의 붕괴같은 상황에서 주로 사용되는데, 두려워했거나 피하고 싶은 상황에 처해있다는 사실을 깨닫는 순간을 의미한다. 예일대 교수 스티븐 로치는 코로나19 쇼크가 전형적인 코요테 모멘트라 지목하며 경기침체를 전망했다.

✤ 공매도(空賣渡) ✦✦✦

주식이 없지만 주식을 매도하는 것이다. 주가의 하락을 예상하는 종목의 주식을 빌려서 매도한 후, 주가가 실제로 떨어지게 되면 싼 값에 다시 사서 빌린 주식을 갚음으로써, 차익을 얻을 수 있는 매매 기법을 말한다. 이 전략은 초단기에 매매차익을 노릴 때 주로 사용되며, 하락장에서 수익을 낼 시 주로 사용한다.

✤ 신용점수제 ✦✦

2021년 1월 1일부터 신용등급제(1 ~ 10등급)는 신용점수제(1 ~ 100점)로 개편되어 전면 실시되고 있다. 개인신용평가회사에서는 신용등급을 산정하기 않고 개인신용평점만을 산정하여 금융소비자와 금융회사에 제공한다. 이에 따라 금융권 신용 위험 관리역량을 제고하고 금융회사별 리스크 전략, 금융소비자 특성에 따라 차별화된 서비스 제공이 가능해졌다. 또한 세분화된 대출 심사 기준을 도입하여 획일적인 대출 여부에서 벗어나 저신용층의 금융접근성까지 제고되었다.

✤ 리걸테크(Legal-Tech) ✦

법률과 기술의 결합으로 새롭게 탄생되는 서비스이다. 변호사 검색, 상담 신청, 법령 검색, 업무 처리 등을 도와주는 기술로, 초기에는 법률 서비스를 제공하는 기술이나 소프트웨어를 뜻했지만 최근에는 새로운 법률 서비스를 제공하는 스타트업 · 산업 등으로도 그 의미가 확장되고 있다.

02 출제예상문제

1 생산비와 인건비 절감 등을 이유로 해외로 생산시설을 옮긴 기업들이 다시 자국으로 돌아오는 현상을 말하는 용어는?

① 리마 신드롬
② 리먼사태
③ 리쇼어링
④ 오프쇼어링

🔊 **Advice** 리쇼어링(Reshoring) … 생산비와 인건비 절감 등을 이유로 해외로 생산시설을 옮긴 기업들이 다시 자국으로 돌아오는 현상을 말한다. 온쇼어링(Onshoring), 인쇼어링(Inshoring), 백쇼어링(Backshoring)도 비슷한 개념으로서 오프쇼어링(Offshoring)과는 반대되는 말이다.
① 리마 신드롬 : 인질범들이 포로나 인질들에게 정신적으로 동화되어 그들에 대한 공격적인 태도가 완화되는 현상을 의미한다.
② 리먼사태 : 2008년 9월 15일 미국의 투자은행 리먼브러더스 파산에서 시작된 글로벌 금융 위기를 칭하는 말이다.
④ 오프쇼어링(Offshoring) : 기업업무의 일부를 해외 기업에 맡겨 처리하는 것으로 업무의 일부를 국내기업에 맡기는 아웃소싱의 범주를 외국으로 확대했다는 것이 차이점이다.

2 다음 중 각국의 통화 단위가 알맞게 연결된 것은?

① 이스라엘 – 랜드
② 에티오피아 – 리라
③ 쿠웨이트 – 디나르
④ 튀르키예 – 링깃

🔊 **Advice** · 주요국 통화

구분	내용	구분	내용
태국	바트	영국	파운드
인도	루피	대만	달러
베트남	동	싱가포르	달러
튀르키예	리라	쿠웨이트	디나르
캄보디아	리엘	체코	코루나
말레이시아	링깃	러시아	루블
인도네시아	루피아	에티오피아	비르/버르
덴마크	크로네	이스라엘	세켈
브라질	헤알	남아프리카공화국	랜드

3 제품 판매와 기부를 연결하는 마케팅으로 지구 온난화로 생존환경을 위협받고 있는 북극곰을 돕자는 취지로 2011년 코카콜라가 시작한 캠페인, 미국 제약회사 헬프 레미디스가 반창고 신제품을 내놓으면서 골수 기증 프로그램 가입서를 첨부한 캠페인이 대표적이다. 이처럼 기업의 경영 활동과 사회적 이슈를 연계시키는 마케팅으로, 기업과 소비자의 관계를 통해 기업이 추구하는 사익(私益)과 사회가 추구하는 공익(公益)을 동시에 얻는 게 목표인 것은?

① 크리슈머 마케팅
② 앰부시 마케팅
③ 바이럴 마케팅
④ 코즈 마케팅

✑Advice 코즈 마케팅(Cause Marketing) … 기업의 대의명분(Cause)과 마케팅이 전략적으로 결합한다는 의미로 '코즈 연계 마케팅(Cause Related Marketing)'이라고도 한다. 우리나라에서는 CJ제일제당이 2012년 초부터 생수 제품인 '미네워터'를 구매하는 소비자들이 제품에 따로 마련된 기부용 바코드나 QR코드를 찍으면 아프리카 어린이들이 마시는 물을 정화하기 위한 작업에 드는 비용으로 100원을 기부하게 하는 사례가 있다.
① 크리슈머 마케팅(Consumer Marketing) : 크리슈머(Cresumer)는 창조를 뜻하는 크리에이티브(Creative) 와 소비자라는 뜻의 컨슈머(Consumer)를 조합한 신조어로, 단순히 기존 제품을 사용하는 데 그치지 않고 제품에서 새로운 가치와 스토리를 찾아내는 소비자를 말하고 이를 타깃으로 하는 마케팅을 말한다.
② 앰부시 마케팅(Ambush Marketing) : 앰부시(Ambush)는 '매복'을 뜻하는 말로, 앰부시 마케팅이란 스포츠 이벤트에서 공식적인 후원업체가 아니면서도 광고 문구 등을 통해 올림픽과 관련이 있는 업체라는 인상을 주어 고객의 시선을 끌어 모으는 판촉전략을 말한다.
③ 바이럴 마케팅(Viral Marketing) : 누리꾼이 이메일이나 다른 전파 가능한 매체를 통해 자발적으로 어떤 기업이나 기업의 제품을 홍보하기 위해 널리 퍼뜨리는 마케팅 기법이다.

4 믹타(MIKTA)는 민주주의와 자유시장경제 등 핵심가치를 공유하며 국제 사회 공익 증대에 기여하는 의지와 역량을 보유한 중견국들의 협력 매커니즘이다. 경제 규모 세계 20위 안에 드는 공통점을 가진 믹타(MIKTA)에 포함되지 않는 나라는?

① Mexico
② Indonesia
③ Turkey
④ Argentina

✑Advice MIKTA … Mexico, Indonesia, Korea, Turkey, Australia이다. 믹타 회원국은 G20 회원국 중 G7이나 브릭스(BRICS)에 포함되지 않으며 국제무대에서 활동한다는 공통점을 가진다.

⭐ANSWER 1.③ 2.③ 3.④ 4.④

5 다음 중 산업재산권에 해당하지 않는 것은?

① 상표권

② 저작권

③ 특허권

④ 실용신안권

  Advice 산업재산권 … 좁은 의미에서는 특허권, 실용신안권, 디자인권, 상표권 및 서비스표권을 말하며, 넓은 의미에서는 노하우권, 미등록주지상표권 등 산업상 보호 가치가 있는 권리를 모두 포함하여 말한다. 보통은 좁은 의미로 사용된다.

6 호경기 때 소비재 수요 증가와 더불어 상품의 가격 상승이 노동자의 화폐 임금보다 급격히 상승하게 되어 노동자의 임금이 상대적으로 저렴해지는 것과 관련성이 높은 효과는?

① 전시 효과

② 리카도 효과

③ 톱니 효과

④ 베블런 효과

  Advice 리카도 효과(Ricardo Effect) … 호경기에 소비재 수요 증가와 더불어 상품의 가격 상승이 노동자의 화폐 임금보다 급격히 상승하게 되면서 노동자의 임금이 상대적으로 저렴해지는데, 이런 경우 기업은 기계를 대신 사용하려는 경향이 발생한다.
   ① 전시 효과(Demonstration Effect) : 미디어 등 사회의 소비 영향을 받아 타인의 소비를 모방하려는 성향을 말한다.
   ③ 톱니 효과(Ratchet Effect) : 생산 또는 수준이 일정 수준에 도달하면 이전의 소비 성향으로 돌아가기 힘든 현상을 말한다.
   ④ 베블런 효과(Veblen Effect) : 가격 상승에도 과시욕이나 허영심 등으로 수요가 줄지 않는 현상을 말한다.

7 환경에 악영향을 끼치면서 광고 등을 통해 친환경적인 이미지를 내세우는 행위로 옳은 것은?

① 퍼팅 그린
② 그린벨트
③ 그린워시
④ 그린피스

> **Advice** ① 퍼팅 그린 : 골프에서 홀 둘레에 퍼팅하기 좋도록 잔디를 가꾸어 놓은 구역을 말한다.
> ② 그린벨트 : 개발제한구역으로 도시의 무질서한 확산을 방지하고 환경을 보전하기 위해 설정한 녹지대를 말한다.
> ④ 그린피스 : 1971년에 설립된 국제 환경보호 단체로, 핵 실험 반대와 자연보호 운동 등의 활동을 펼치고 있다.

8 TQM에 대한 설명으로 옳지 않은 것은?

① 고객중심
② 총체적 품질향상을 통한 경영목표 달성
③ 총괄적 품질경영
④ 제품생산이 이루어진 후의 검사 전략

> **Advice** TQM(Total Quality Management) … 고객만족을 달성하기 위한 전략적, 통합적 관리체제이다. 전통적 관리와 TQM의 차이점 중 핵심적인 내용은 고객지향, 품질보장, 권한위임 및 조직구성원의 참여, 계속적 개선의 차원이라고 할 수 있다. 과거의 품질관리와는 달리 제품생산이 이루어진 후의 검사보다는 불량품을 예방하는 전략을 구사한다.

⭐ ANSWER 5.② 6.② 7.③ 8.④

9 다음 사례가 설명하는 것은?

> A사는 '프리미엄 마케팅' 전략에 따라 1,600만 원대의 홈시어터 프로젝터, 1,400만 원대의 고음질 오디오 시스템 등을 출시했다. 차별화된 명품 가전을 원하던 마니아 소비자의 욕구에 발 빠르게 대응하고 있다는 평가다.

① 카르텔
② 매스티지
③ 매스클루시버티
④ 스튜어드십 코드

💧*Advice* 매스클루시버티 ⋯ VVIP 대상으로 1대1 고객상담을 통하여 주문제작하는 방식으로 극소수의 구매층을 공략한다. 고가이기는 하나, 자신만의 니즈를 반영한 개성 있는 생산제품으로 주목받고 있는데 이는 패션에만 국한되는 것이 아니라 다른 산업으로까지 확대되고 있다. 고객이 원하는 가치를 중점으로 전자제품, 여행상품 등 다양한 산업분야에서도 활용되고 있다
    ① 카르텔 : 같은 업종에 종사하는 기업끼리 서로 독립적이면서 제조나 판매, 가격 등의 부분에서 협정을 맺는 것을 말한다.
    ② 매스티지 : 비교적 가격이 저렴하고 대량생산이 가능한 고급 제품을 합리적인 가격으로 유통하는 것을 말한다.
    ④ 스튜어드십 코드 : 주요 기관투자자들의 의결권 행사를 적극적으로 유도하기 위한 자율지침을 말한다.

10 모든 사원이 회사 채무에 대하여 직접·연대·무한의 책임을 지는 회사 형태는 무엇인가?

① 합명회사
② 합자회사
③ 유한회사
④ 주식회사

💧*Advice* ② 합자회사 : 사업의 경영은 무한책임사원이 하고, 유한책임사원은 자본을 제공하여 사업에서 생기는 이익의 분배에 참여하는 형태이다.
    ③ 유한회사 : 사원이 회사에 출자금액을 한도로 하여 책임질 뿐, 회사채권자에 대해서는 책임을 지지 않는 사원으로 구성된 회사이다.
    ④ 주식회사 : 주식의 발행으로 설립된 회사이다.

11 다음 ( ) 안에 들어갈 알맞은 말은?

> 니콜라스 탈레브는 그의 책에서 ( )을/를 '과거의 경험으로 확인할 수 없는 기대 영역 바깥쪽의 관측 값으로, 극단적으로 예외적이고 알려지지 않아 발생 가능성에 대한 예측이 거의 불가능하지만 일단 발생하면 엄청난 충격과 파장을 가져오고, 발생 후에야 적절한 설명을 시도하여 설명과 예견이 가능해지는 사건'이라고 정의했다. 이것의 예로 20세기 초에 미국에서 일어난 경제대공황이나 9 · 11 테러, 구글(Google)의 성공 같은 사건을 들 수 있다.

① 블랙 스완　　　　　　　　　② 화이트 스완
③ 어닝 쇼크　　　　　　　　　④ 더블 딥

🔷 **Advice** 블랙 스완 … 극단적으로 예외라서 발생을 예측할 수 없고 대응 역시 불가능한 위기를 말한다.
　② 화이트 스완 : 과거의 경험을 비추어 볼 때 충분히 예측이 가능한 위기임에도 불구하고 적절한 대응책을 마련하고 있지 못하는 상황을 일컫는 말이다. 미국 뉴욕대학교 누리엘 루비니(Nuriel Roubini) 교수의 「위기의 경제학Crisis Economics」에서 처음 사용되었다.
　③ 어닝 쇼크 : 기업이 실적을 발표할 때 시장에서 예상했던 것보다 저조한 실적을 말한다.
　④ 더블 딥 : 경체침체 후 잠시 회복기를 보이다가 다시 침체에 빠지는 이중 침체 현상을 말한다.

12 주식시장에서 주가와 등락폭이 갑자기 커질 경우 시장에 미치는 영향을 완화하기 위해 주식매매를 일시 정지하는 제도는?

① 서킷 브레이크　　　　　　　② 섀도 보팅
③ 공개매수(TOB)　　　　　　 ④ 사이드 카

🔷 **Advice** ② 섀도 보팅 : 뮤추얼펀드가 특정 기업의 경영권을 지배할 정도로 지분을 보유할 경우 그 의결권을 중립적으로 행사할 수 있도록 제한하는 제도로 다른 주주들이 투표한 비율대로 의결권을 분산시키는 것이다.
　③ 공개매수(TOB) : 주식 등 유가증권을 증권시장 외에서 10인 이상 불특정 다수인으로부터 청약을 받아 공개적으로 매수하는 것을 말한다.
　④ 사이드 카 : 선물거래에서 가격이 4% 이상 상승해 1분간 지속되면 발동하는 것으로, 프로그램 매매가 5분간 정지된다.

⭐ ANSWER　9.③　10.①　11.①　12.①

13 다음 중 기준금리에 대한 설명으로 옳지 않은 것은?

① 한국은행에 설치된 금융통화위원회에서 매월 회의를 통해 금리를 결정한다.

② 금융기관 간 거래의 기준이 되는 금리이다.

③ 한국은행이 기준금리를 올리면 시중 금리가 상승한다.

④ 외국환거래에 적용되는 기준금리는 한국은행장이 정하고 있다.

🔷**Advice** 기준금리(基準金利) … 한국은행의 대기성 여·수신, 환매조건부채권 매매 등 금융기관 간 거래의 기준이 되는 금리로 실제 자금시장에서는 자금의 수요자와 공급자에 의해 거래된다. 한국은행이 기준금리를 올리면 시중금리가 상승하고, 기준금리를 낮추면 시중금리가 떨어진다. 외국환거래에 적용되는 기준금리는 국제금융 시장의 금리에 연동되어 있고, 개별거래 항목별 국제수지를 감안하여 기획재정부장관이 정하고 있다.

14 외부 요인에 의해 억제되었던 소비가 그 요인이 해소되면서 한꺼번에 급속히 분출되는 현상은?

① 펜트업 효과   ② 파노플리 효과

③ 디드로 효과   ④ 립스틱 효과

🔷**Advice** ② 파노플리 효과 : 소비자가 특정 제품을 소비하면 그 제품을 소비하는 집단 혹은 계층과 같아진다는 환상을 갖게 되는 현상이다.

③ 디드로 효과 : 하나의 제품을 구매하고 제품과 관련된 다른 제품을 추가로 계속 구매하는 현상이다.

④ 립스틱 효과 : 경제 불황기에 나타나는 소비 패턴으로, 소비자 만족도가 높으면서 가격이 저렴한 사치품의 판매량이 증가하는 현상이다.

15 다음 중 소셜커머스에 대한 설명으로 옳지 않은 것은?

① 일종의 전자상거래의 일환으로 볼 수 있다.

② 소셜 네트워크 서비스는 마케팅 비용이 고가이다.

③ 일정 수 이상의 구매자가 모이면 파격적인 할인이 발생한다.

④ 미국의 그루폰을 시작으로 국내에서는 쿠팡, 티켓몬스터 등이 대표적이다.

🔷**Advice** 소셜 네트워크 서비스를 통하여 이루어지는 전자상거래인 소셜커머스(Social Commerce)는 구매자들 간의 자발적인 홍보가 이루어지므로 별도의 마케팅 비용이 발생하지 않는다.

16 전쟁 · 천재(天災) · 공황 등으로 경제가 혼란되어 채무이행에 어려움이 생길 때 국가의 공권력에 의해 일정 기간 채무의 이행을 연기 또는 유예하는 것을 무엇이라고 하는가?

① 모블로그
② 서킷브레이커
③ 서브프라임 모기지론
④ 모라토리엄

Advice 모라토리엄 : '지체하다'란 뜻의 'Morari'에서 파생된 말로 대외 채무에 대한 지불유예를 말한다. 신용의 붕괴로 인하여 채무의 추심이 강행되면 기업의 도산(倒産)이 격증하여 수습할 수 없게 될 우려가 있으므로, 일시적으로 안정을 도모하기 위한 응급조치로서 발동된다.
① 모블로그 : 무선통신을 뜻하는 '모바일(Mobile)'과 '블로그(Blog)'를 합쳐 만든 신조어. 때와 장소 가리지 않고 모바일을 관리할 수 있어 인기를 끌고 있다.
② 서킷브레이커 : 주식거래 시 주가가 급격하게 하락할 때 매매를 일시적으로 중단하는 제도이다.
③ 서브프라임 모기지론 : 서브프라임(Subprime)은 '최고급 다음가는, 최우대 대출 금리보다 낮은'을 의미하며 모기지(Mortgage)는 '주택담보대출'이라는 뜻이다. 즉, 한마디로 신용등급이 낮은 저소득층을 대상으로 주택자금을 빌려주는 미국의 주택담보대출 상품을 말한다.

17 다음 중 주식 가격의 형성에 영향을 미치는 요인으로 알맞지 않은 것은?

① 경기변동
② 물가상승
③ 산업구조
④ 인구구조

Advice 주식 가격은 주식을 발행한 기업의 가치 뿐만이 아니라 기업외적인 요인(경기변동, 물가상승, 환율, 국제원자재가격, 산업구조와 특성)에 영향을 받는다.

ANSWER 13.④ 14.① 15.② 16.④ 17.④

18 주가지수선물, 주가지수옵션, 개별주식옵션의 만기가 동시에 겹치는 날로써 3개의 주식파생상품의 만기가 겹쳐 어떤 변화가 일어날지 아무도 예측할 수 없어 혼란스럽다는 의미로부터 파생된 것을 무엇이라고 하는가?

① 소비자 기대지수
② 트리플 위칭 데이
③ 사이드 카
④ 서킷 브레이커

🔍**Advice** 트리플 위칭 데이 … 현물시장의 주가가 다른 날보다 출렁일 가능성이 상존하는 데 이를 가리켜 만기일 효과라고도 한다. 결제일이 다가오면 현물과 연계된 선물거래에서 이익을 실현하기 위해 주식을 팔거나 사는 물량이급변하거나 주가가 이상 폭·등락하는 현상이 나타날 가능성이 크다.
① 소비자 기대지수 : 지금으로부터 6개월 후의 소비자 동향을 나타내는 지수이다.
③ 사이드 카 : 현물시장을 안정적으로 운용하기 위해 도입한 프로그램 매매호가 관리제도이다.
④ 서킷 브레이커 : 주가가 갑자기 큰 폭으로 변화할 경우 시장에 미치는 충격을 완화시키기 위해 주식매매를 일시 정지하는 제도이다.

19 다음 중 경영에서 목표에 의한 관리(MBO)의 효용과 한계에 관한 설명으로 옳지 않은 것은?

① 목표의 명확한 설정 및 성과의 계량적 측정이 어렵다.
② 수평적 의사소통체계보다 수직적 의사소통체계를 개선하는 데 더욱 유리하다.
③ 단기적 목표보다 장기적 목표에 대한 조직구성원들의 관심을 유도하는 데 도움을 준다.
④ 상·하 계급에 관계없이 모든 조직구성원들의 공동참여에 의한 목표 설정을 통하여 목표에 대한 인식을 공유할 수 있다.

🔍**Advice** MBO 이론 … 목표 설정의 가장 대표적인 예로 1965년 피터 드러커가 「경영의 실제」에서 주장한 이론이다. 작업에 대한 구체적인 목표를 설정해야 하며 이때, 구성원들이 계획 설정에 참여한다. 실적 평가를 위한 계획기간이 명시되어 있으며 실적에 대한 피드백 기능이 있다. 목표에 의한 관리는 목표 달성 결과를 측정하므로 단기적인 목표에 주안점을 두고 장기적 목표를 경시할 가능성이 있다.

20 실제로는 은행의 건전성에 큰 문제가 없지만 예금주들이 은행 건전성의 의문을 갖고 비관적으로 생각하는 경우 발생하는 현상을 일컫는 용어는?

① 전대차관　　　　　　　　　② 뱅크 런
③ 워크아웃　　　　　　　　　④ 빅딜

> *Advice* 뱅크 런(Bank Run) … 예금주들이 은행에 맡긴 돈을 제대로 받을 수 없을지도 모른다는 공포감에서 발생하는 예금주들의 예금인출사태를 말한다. 이러한 예금자들의 불안감을 해소하기 위해 금융당국은 은행이 예금 지급불능사태가 되더라도 일정 규모의 예금은 금융당국이 보호해주는 예금보험제도를 시행하고 있다.

21 다음 중 필수공익사업에 해당하지 않는 것은?

① 철도사업　　　　　　　　　② 석유공급사업
③ 병원사업　　　　　　　　　④ 일반은행 사업

> *Advice* 필수공익사업
> ㉠ 철도사업, 도시철도사업 및 항공운수사업
> ㉡ 수도사업, 전기사업, 가스사업, 석유정제사업 및 석유공급사업
> ㉢ 병원사업 및 혈액공급사업
> ㉣ 한국은행사업
> ㉤ 통신사업

22 일정한 대상에 대한 일반적 견해가 평가에 영향을 미치는 현상은?

① 헤일로 효과
② 프레이밍 효과
③ 사일로 효과
④ 집중화 경향

> *Advice* 헤일로 효과(Halo Effect) … 후광 효과라고도 한다. 인물이나 상품을 평정할 때 대체로 평정자가 빠지기 쉬운 오류의 하나로 피평정자의 전체적인 인상이나 첫인상이 개개의 평정요소에 대한 평가에 그대로 이어져 영향을 미치는 등 객관성을 잃어버리는 현상을 말한다.

★ ANSWER　18.②　19.③　20.②　21.④　22.①

23 국제기관이나 외국기업이 중국에서 발행하는 위안화 표시 채권을 말하는 용어는?

① 파노플리   ② 팬더본드
③ 페이밴드   ④ 패닉셀링

🔖 *Advice* ① 파노플리 : 어린 아이가 역할놀이를 통해 마치 그와 같은 인물이 된듯한 기분을 느끼는 것처럼 파노플리를 이루는 상품을 소비하면 그것을 소비할 것이라고 여겨지는 집단에 속한다는 환상을 준다. 무선인터넷 활용에 대한 매력보다도 최신 트렌드를 선도한다는 이미지 때문에 스마트폰을 구입하거나 상품이 사람을 평가한다는 생각에 명품을 소비하는 현상을 예로 들 수 있다.
③ 페이밴드 : 성과에 따라 차등 연봉을 지급하는 제도이다. 연봉에 따라 페이밴드 구간을 나눈 뒤 직급에 상관없이 같은 페이밴드에 속한 직원들끼리 인사고과를 매겨 이에 따라 임금 인상률을 차등 적용하는 것을 말한다.
④ 패닉셀링 : 어떤 특정 증권 혹은 증권 전반에 걸친 혼란스러운 매도 현상을 뜻하는 말로 '투매'라고 한다. 가격이 더 떨어지기 전에 팔려는 증권 소지자들의 급작스런 행동으로 인해 대량 거래와 급격한 가격 하락이 수반되며 중동지역의 원유 공급 중단 사태 등 투자자들에게 심한 악재로 간주되는 예기치 못한 사건에 의해 급작스럽게 발생한다.

24 경기침체 시 물가가 급속히 하락하고 화폐량의 실질가치가 증가하여 민간의 부(Wealth)가 증가하고 소비 및 총수요가 증대되는 효과를 무엇이라 하는가?

① 전시 효과   ② 톱니 효과
③ 피구 효과   ④ 속물 효과

🔖 *Advice* ① 전시 효과 : 미디어의 선전에 의한 소비 증대 효과를 말한다.
② 톱니 효과 : 소비 감소율이 소득 감소율보다 적게 나타나는 효과를 말한다.
④ 속물 효과 : 특정 상품에 대한 소비 증가 시 수요가 줄어드는 현상으로, 소비할 제품이 흔해지는 것을 기피하는 심리에서 기인한다.

25 다음 중 세계 3대 신용평가기관에 속하지 않는 것은?

① 무디스(Moody's)
② 피치(Fitch)
③ S&P(Standard & Poor's)
④ 골드만삭스(Goldman Sachs)

Advice ④ 골드만삭스(Goldman Sachs)는 세계적인 투자은행으로, 신용평가기관이 아니다.

26 로렌츠 곡선에 대한 설명으로 옳지 않은 것은?

① 소득의 불평등 정도를 측정하는 방법이다.
② 소득의 누적 점유율과 인구의 누적 점유율 간의 관계이다.
③ 지니 집중계수는 로렌츠 곡선의 단점을 보완한다.
④ 로렌츠 곡선은 가치판단을 전제하는 측정 방법이다.

Advice 로렌츠 곡선 … 미국의 경제학자 로렌츠가 소득분포의 상태를 나타내기 위하여 작성한 도표이다. 소득이 사회계층에 어떤 비율로 분배되는가를 알아보기 위한 것이다. 가로축에 저소득인구로부터 소득인구를 누적하여 그 백분율을 표시한 결과 45°선의 균등분포선과는 다른 소득불평등 곡선이 나타났다.

27 다음 중 소득이 떨어져도 소비 수준이 변하지 않는 현상은?

① 도플러 효과
② 랠링 효과
③ 의존 효과
④ 관성 효과

Advice 관성 효과 … 톱니 효과로 소득이 높았을 때 굳어진 소비 성향이 소득이 낮아져도 변하지 않는 현상이다. 관성 효과가 작용하면 소득이 감소하여 경기가 후퇴할 때 소비 성향이 일시에 상승한다.

28 X축은 상대적 시장점유율, Y축은 시장성장률을 놓고 각각 높음·낮음의 두 가지 기준을 정한 매트릭스로 구성하고 이 두 가지 요소가 높고 낮음에 따라 4가지 유형으로 사업이나 상품을 구분하는 사업 포트폴리오는?

① STP
② 4P
③ GE매트릭스
④ BCG매트릭스

Advice BCG매트릭스 … 기업의 경영 전략 수립에 있어 기본적인 분석도구로 활용되는 사업포트폴리오 기법이다. '성장 – 점유율 매트릭스(Growth–Share Matrix)'라고도 불리며, 산업을 점유율과 성장성으로 구분해 4가지로 분류한다.

29 기업의 사명, 역할, 비전 등을 명확히 하여 기업 이미지를 하나로 통합하는 것은?

① CI
② CR
③ IR
④ M&A

Advice CI … 같은 회사의 제품이라는 것을 식별할 수 있도록 해주는 기업 활동과 전략을 수립하는 작업으로, 기업의 이미지를 통합한다.
② CR : 각국의 서로 다른 경쟁 조건을 국제적으로 표준화시키는 다자간 협상이다.
③ IR : 기업이 주식 및 사채 투자자들에게 기업의 정보를 제공하기 위한 문서이다.
④ M&A : 기업의 인수와 합병을 말한다.

30 다음 중 현재와 비교하여 6개월 후의 경기, 생활형편, 소비지출 등에 대한 소비자들의 기대를 나타내는 지표를 의미하는 것은?

① 소비자 물가지수　　　　　　　　　　② 경기종합지수

③ 소비자 신뢰지수　　　　　　　　　　④ 소비자 기대지수

　🔍 **Advice**　소비자 기대지수 ⋯ 경기에 대한 소비자들의 기대심리를 반영한 지수를 말한다. 기준점수를 100으로 하고 이를 웃돌면 6개월 이후의 경기가 현재보다 개선될 것으로 보는 가구가 나빠질 것으로 보는 가구보다 많다는 것을 의미한다.

31 다음 중 농산물의 값이 오르면서 식품을 비롯한 일반 물가가 동반 상승하는 현상의 원인으로 볼 수 없는 것은?

① 농산물 경작지의 감소

② 기상 악화 등으로 인한 농산물의 생산량 감소

③ 국제 유가 급등으로 인한 곡물 생산 및 유통 비용의 증가

④ 화석 연료의 활성화

　🔍 **Advice**　애그플레이션(Agflation) ⋯ 농업(Agriculture)과 인플레이션(Inflation)의 합성어로, 농산물 가격 급등으로 일반 물가가 상승하는 현상을 뜻하며, 영국 경제주간지 「이코노미스트」에서 사용했다.

32 악화가 양화를 구축한다는 이론은?

① 엥겔의 법칙　　　　　　　　　　　　② 그레샴의 법칙

③ 슘페터의 혁신　　　　　　　　　　　④ 뉴호라이존

　🔍 **Advice**　그레샴의 법칙 ⋯ 어느 한 사회에서 소재가 나쁜 악화와 금화와 같은 양화가 동일한 액면 가치를 갖고 함께 유통될 경우, 악화만이 그 명목가치로 유통되고 양화는 유통되지 않고 사라지는 현상을 말한다. 양화는 소재가치를 지니고 있어 재보로 이용되거나 사람들이 가지고 내놓지 않으므로 유통되지 않고 사라진다는 것이다. 16세기 영국의 재무관 그레샴이 제창한 화폐 유통에 관한 법칙으로 "악화는 양화를 구축한다."는 말로 표현된다.

⭐ ANSWER　27.④　28.④　29.①　30.④　31.④　32.②

33 SWOT 분석에서 SWOT에 해당하지 않는 것은?

① S - Strength   ② W - Weakness

③ O - Originality   ④ T - Threat

Advice SWOT 분석 ⋯ 강점을 토대로 주어진 기회를 기업에 유리하게 이용하고 위험에는 적절하게 대처하거나 기업의 약점을 보완할 수 있는 전략이다. S는 강점(Strength), W는 약점(Weakness), O는 기회(Opportunity), T는 위협(Threat)을 의미한다.

34 다음 중 생산의 3요소에 해당하지 않는 것은?

① 노동   ② 경영

③ 토지   ④ 자본

Advice 생산의 3요소 ⋯ 토지, 노동, 자본

35 기업의 인수 · 합병 등에서 고용상태가 그대로 옮겨지는 것은?

① 워크아웃   ② 인사고과

③ 론 리뷰   ④ 고용승계

Advice 고용 승계 ⋯ 합병에 따라 존속 또는 신설되는 회사는 소멸되는 회사의 권리와 의무를 포괄적으로 승계하도록 되어있다. 따라서 근로자의 고용관계도 당연히 승계된다. 합병 당사자 사이에 근로자의 전부 또는 일부를 승계하지 않기로 합의했어도 이는 무효이다.

① 워크아웃 : 기업의 재무구조 개선 작업을 말한다.

② 인사고과 : 직원의 능력이나 성적, 태도를 종합적으로 평가하여 인원 비치 및 임금 책정, 교육하는 제도를 말한다.

③ 론 리뷰 : 대출거래가 있는 기업에 대한 신용위험 재평가를 의미한다.

36 다음 중 환율이 상승함으로써 수입과 수출에 미치는 영향을 바르게 나타낸 것은?

① 수출 촉진, 수입 억제

② 수출 억제, 수입 억제

③ 수출 촉진, 수입 촉진

④ 수출 억제, 수입 촉진

Advice 환율이 오르면 수출이 증가하고 수입은 줄어들게 된다.

37 다음 중 지니계수(Gini Coefficient)를 증가시켜 소득 분배를 불균등하게 하는 요인은?

① 금리인상　　　　　　　　② 무료급식제도

③ 상속세　　　　　　　　　④ 의무교육제도

Advice 지니계수 … 계층 간 소득분포의 불균형과 빈부 격차를 보여주는 수치로 0에서 1까지의 값을 가지는 것으로, 이 값이 클수록 소득 분배가 불균등하다.

38 현재의 경기 상태를 나타내는 지표를 동행지수라고 한다. 동행지수의 지표가 아닌 것은?

① 도소매판매액지수

② 비내구소비재출하지수

③ 중간재출하지수

④ 생산자출하지수

Advice 동행지수 … 현재 경기동향을 보여주는 지표로 산업생산지수, 도소매판매지수, 비내구소비재출하지수, 생산자출하지수, 무역수입액, 제조업가동률지수, 시멘트소비량, 비농가 취업자 수의 8개 지표를 합성해 산출한다.

⭐ ANSWER　33.③　34.②　35.④　36.①　37.①　38.③

39 다음 중 국내에서 최초로 개발된 기술을 평가하여 인증하는 마크는?

① NT마크   ② KT마크
③ Q마크   ④ GD마크

    ◑Advice NT마크(New Technology Mark) … 국내에서 최초로 개발된 기술을 평가하여 인증하는 데 필요한 사항을 정하는 것을 목적으로 한다.
        ② KT마크(Korea Good Technology Mark) : 국산신기술인정마크로 국내에서 개발된 신기술의 기업화를 촉진하는 데 목적이 있다.
        ③ Q마크(Q Mark) : 공산품의 품질향상과 소비자를 보호하기 위해 분야별 국가공인시험기관에서 제품의 품질검사에 이상이 없을 때 소비자에게 품질을 보증함을 알리는 마크이다.
        ④ GD마크(Good Design Mark) : 상품의 디자인, 품질, 기능, 안정성 등을 종합적으로 심사하여 우수성이 인정된 상품에 우수상품 상표를 붙여 팔도록 하는 제도다.

40 우리나라의 현행 조세체계는 크게 중앙정부의 국세와 지방정부의 지방세로 나누어진다. 다음 중 그 성격이 다른 조세는?

① 종합토지세   ② 재산세
③ 소득세   ④ 취득세

    ◑Advice 우리나라의 조세체계
        ㉠ 국세 : 소득세, 법인세, 부가가치세, 상속세, 증여세, 특별소비세
        ㉡ 지방세 : 종합토지세, 재산세, 취득세, 등록세 등

41 디플레이션을 해결하기 위한 정책으로 적당한 것은?

① 저금리정책   ② 투자억제정책
③ 흑자재정정책   ④ 지급준비율인상정책

    ◑Advice 디플레이션(Deflation) … 통화축소를 가리키는 말로 상품거래량에 비하여 통화량이 지나치게 적어져 화폐가치는 올라가고 물가는 떨어지는 현상이다.

42 영기준예산(Zero Base Budgeting)의 장점이라고 할 수 없는 것은?

① 재정운용의 탄력성
② 자원의 합리적 배분
③ 적절한 정보의 제시
④ 시간, 노력의 절약

🔷 *Advice* 영기준예산의 장점
　　　㉠ 사업의 전면적인 재평가와 자원배분의 합리화
　　　㉡ 국가재정과 예산운영의 신축성, 강력성 제고
　　　㉢ 하의상달과 관리자의 참여 촉진
　　　㉣ 국민의 조세부담 완화와 감축관리를 통한 자원난 극복

43 경제문제가 발생하는 가장 근본적인 원인으로 적절한 것은?

① 이윤극대화의 원칙
② 한계효용의 법칙
③ 희소성의 원칙
④ 분배의 원칙

🔷 *Advice* 더 많이 생산하고 더 많이 소비하려는 사람들의 욕망은 자원의 희소성으로 인하여 제한되므로, 경제활동은 항상 선택의 문제에 직면하게 되며 경제문제가 발생한다.

44 다음에서 설명하는 제도의 실시 목적은?

> 정부가 농산물가격을 결정함에 있어서 생산비로부터 산출하지 않고 일정한 때의 물가에 맞추어 결정한 농산물가격이다.

① 근로자보호
② 생산자보호
③ 소비자보호
④ 독점의 제한

🔷 *Advice* 제시된 내용은 패리티가격(Parity Price)에 관한 설명으로 농민, 즉 생산자를 보호하려는 데 그 목적이 있다.

45 다음의 통화관리정책 중 한국은행의 통화안정증권과 가장 관련이 큰 것은?

① 재할인율정책

② 지불준비율정책

③ 공개시장조작정책

④ 선별적 규제정책

Advice 공개시장조작정책 … 중앙은행이 일반 공개 금융시장에서 국채 및 유가증권을 매매함으로써 증권가격, 이자율, 시중은행의 지불준비금에 영향을 주어 시중은행의 신용대출을 조정하려는 정책이다.

46 다음 중 경제학적 의미에서 투자라고 볼 수 없는 것은?

① 토지구입   ② 댐건설

③ 재고증가   ④ 설비구입

Advice 투자 … 일정 기간 내의 기계, 공장시설, 재고품, 원자재 및 사회간접자본 등 실물자본의 증가분으로 이익을 얻을 목적으로 사업 등에 자금을 대는 것을 말한다.

47 다음 중 적대적 M&A로 옳은 것은?

① 그린메일   ② 백기사

③ 황금 낙하산   ④ 포이즌 필

Advice 그린메일 … 보유주식을 팔기 위한 목적으로 대주주에게 편지를 보낼 때 초록색인 달러화를 요구한다는 의미에서 그린메일이라는 이름이 붙여졌다. 경영권을 위협하는 수준까지 특정 회사의 주식을 대량으로 매집하고 기존 대주주에게 M&A를 포기하는 조건으로 일정한 프리미엄을 얻어 주식을 매입하도록 요구하는 행위를 일컫는다.

② 백기사 : 적대적 M&A의 매수자보다 높은 가격으로 인수 제의를 하면서도 기존의 경영진을 유지시키는 우호세력을 끌어들여 경영권을 방어하는 수단이다.

③ 황금낙하산 : 인수대상 기업의 CEO가 임기 전에 사임하게 될 경우를 대비하여 거액의 퇴직금, 스톡옵션, 일정 기간 동안의 보수와 보너스 등 받을 권리를 사전에 기재하여 안정성을 확보하고 인수비용을 높이는 방어수단이다.

④ 포이즌 필 : 기존 주주들이 시가보다 저렴하게 주식을 살 수 있는 권리를 주거나 회사에 주식을 비싼 값에 팔 수 있는 권리를 주면서 적대적 M&A에 나선 기업이 부담을 갖게하는 방어수단이다.

48 후진국이나 저소득자가 선진국이나 고소득자의 소비양식을 모방하여 소비를 증대시키는 경향은?

① 가격 효과

② 시너지 효과

③ 전시 효과

④ 대체 효과

Advice ① 가격 효과 : 재화의 가격변화가 그 재화의 수요량에 미치는 효과이다.

② 시너지 효과 : 기업 전체가 가져오는 효과는 기업 각 부문들의 효과를 단순히 합한 것보다 크다는 것이다.

④ 대체 효과 : 실질소득에는 영향을 미치지 않는 상대가격의 변화에 의한 효과이다.

49 UNDP(유엔개발계획)에서 1990년부터 발표하고 있는 인간개발지수(HDI)의 산출대상이 아닌 것은?

① 기대수명

② 1인당 GNP

③ 평균교육년수

④ 기대교육년수

Advice 인간개발지수(HDI) … 국제연합개발계획(UNDP)이 1990년부터 매년 각국의 교육수준과 국민소득, 평균 수명 등에 대한 성취 정도를 평가하여 국가별 선진화 정도를 평가하는 수치를 말한다. 2009년까지 HDI 지수를 산출하는 세부지표는 기대수명, 성인문해율 및 총 취학률, 1인당 GDP였으나 2010년부터 기대수명, 평균교육년수, 기대교육년수, 1인당 GNI로 세부지표가 변경되었다.

50 수출국이 공정가격으로 수출을 하더라도 수입국의 산업에 큰 피해를 줄 경우 한시적으로 관세를 부과하여 수입국의 업자를 보호해 주는 제도는?

① 반덤핑관세

② 조정관세

③ 상계관세

④ 할당관세

Advice 조정관세 … 일시적으로 일정한 기간 동안 세율을 조정하여 부과하는 관세를 말한다.

① 반덤핑관세 : 수출국의 기업이 시장점유율 확대를 목적으로 부당하게 낮은 가격으로 수출, 수입국의 산업이 피해를 보았을 때 수입국 정부가 정상가격과 부당염가가격의 차액만큼 관세를 부과하는 것을 말한다.

③ 상계관세 : 수출국이 특정 수출산업에 대해 장려금이나 보조금을 지급하여 수출상품의 가격경쟁력을 높일 경우 수입국은 그 수입상품에 대해 보조금액에 해당하는 만큼의 관세를 부과하는 것을 말한다.

④ 할당관세 : 물가안정, 물자의 원활한 수급, 산업경쟁력 강화 및 유사물품간 세율불균형 시정 등을 목적으로 40%의 범위에서 기본세율을 가감해 운영하는 탄력관세이다.

⭐ ANSWER 45.③ 46.① 47.① 48.③ 49.② 50.②

51 다음 중 연결이 옳지 않은 것은?

① 환경보존법 제정 - 공공재
② 과점시장 - TV, 승용차, 냉장고
③ 공정거래법 - 독과점규제 및 시장의 불완전한 기능 보완
④ 최저가격정책 - 생산자보호

ⓘ*Advice* 공공재 … 골목의 가로등과 같이 설치비용을 부담한 사람들만이 아니라 그 밖의 사람들도 그 혜택을 함께 누릴 수 있는 재화이다. 이처럼 모든 사람이 공동으로 누리는 재화, 시장 기구를 통하지 않고 공공부문으로부터 공급되는 재화·서비스를 말한다. 국방·경찰·소방·공원·도로·하천·교육 등이 있다.

52 甲국의 농부인 A는 면화 1단위를 생산해 3,000원에 내다 팔고, B는 이 면화를 사서 직물 1단위를 생산해 5,000원에 팔았다. 의류공장을 하는 C는 이 직물을 사서 셔츠 1단위를 만들어 10,000원의 가격을 붙여 도매상을 하는 D에게 넘겼다. D는 이 셔츠를 13,000원에 소매상인 E에게 넘겼고, 걸리버는 E로부터 이 셔츠를 소인국 방문 기념으로 15,000원에 샀다. 이 모든 거래가 1년 동안 이루어졌고 다른 생산품 거래가 없다고 할 때 甲국의 GDP는?

① 15,000원   ② 18,000원
③ 28,000원   ④ 46,000원

ⓘ*Advice* 봉쇄경제에서는 국내총생산(GDP)과 국민총생산(GNP)이 같다. GNP는 일정 기간 동안에 그 나라 국민에 의하여 생산된 최종생산물의 시장가치로 부가가치의 총액과 같다.

　　　※ GDP = GNP - 해외로부터의 순소득

53 네카라쿠배당토직야에 포함되지 않는 것은?

① 네이버
② 카카오
③ 라온시큐어
④ 직방

ⓘ*Advice* 네카라쿠배당토 … 네이버, 카카오, 라인, 쿠팡, 배달의 민족, 당근마켓, 토스, 직방, 야놀자 앞 글자를 따 줄인 말이다.

54 변동환율제의 이점이 아닌 것은?

① 환율의 자동변동
② 국제수지 불균형의 자동조정
③ 무역과 자본거래의 증진
④ 외화준비축적의 불필요

> **Advice** 변동환율제(Floating Exchange Rate System) … 각국의 통화가치를 고정시키지 않고 외환시장의 수급상태에 따라 자유로이 변동되도록 하는 제도이다. 1978년 4월에 출범한 킹스틴(Kingston)체제에서 Imf는 각국에 환율제도의 선택재량권을 부여함으로써 변동환율제를 사실상 인정했다. 변동환율제도는 환 리스크의 증대로 국제무역이 감축된다는 약점이 있다.

55 다음 중 주식과 사채(社債)의 차이점으로 적절하지 않은 것은?

① 주식은 채무가 아니나 사채는 회사 채무이다.
② 사채권자는 주주총회에서의 의결권이 없으며 경영에 참가할 수 없다.
③ 회사는 사채에 대해 일정 기간 동안의 이자를 지불하고 만기일에 사채의 시가(時價)를 상환해야 한다.
④ 회사가 해산되었을 경우 사채가 완불되지 않으면 주주는 잔여재산분배를 받을 수 없다.

> **Advice** 사채는 일정 기간 내에 일정 금액으로 상환된다.

56 구매자에게 최하의 가능한 선에서 결정되었다는 인상을 주기 위해 제품가격을 10,000원, 300,000원으로 하지 않고 9,990원, 299,900원으로 하는 가격결정방법은?

① Price Lining
② Odd Pricing
③ Prestige Pricing
④ Loss Leader

> **Advice** Odd Pricing … 단수가격전략으로 소비자 심리를 고려하여 제품 가격 끝자리를 단수로 표시하여 제품이 저렴하다는 인식을 심어주는 전략이다.
> ① Price Lining : 가격 단계 설정을 말한다.
> ③ Prestige Price : 명성가격 즉, 가격 하나로 품질이 판단되는 것에서 기업은 고가격 유지에 힘쓰는 것을 말한다.
> ④ Loss Leader : 원가보다 싸게 팔거나 일반 판매가보다 훨씬 더 저렴한 가격으로 판매하는 상품을 말한다.

57 다음 중 재무관리의 궁극적 목적에 해당하는 것은?

① 재무유동성 향상
② 기업의 안정 · 지속성 향상
③ 경영의 투명성 보장
④ 기업의 재무상태 확인

Advice 재무관리 ⋯ 기업 운영에 필요한 자금의 조달과 운용에 관련된 모든 의사결정을 효율적으로 수행하기 위한 것이다.

58 다음 중 물가상승률과 실업률 사이에는 상충관계(Trade Off)가 있어서 완전고용과 물가안정이라는 두 가지 정책목표를 동시에 달성시킬 수 없음을 보여주는 것은?

① 필립스 곡선
② 구축 효과
③ 거미집 이론
④ 풀코스트 원리

Advice 필립스 곡선 ⋯ 실업률과 화폐 임금 상승률 간의 상반되는 관계를 나타낸 것이다. 각국은 자국의 고유 필립스 곡선을 가진다. 원래 필립스 곡선은 임금상승률과 실업률 간의 관계를 표시했으나 현재는 물가상승률과 실업률 간의 반비례 관계를 나타내는 것이 일반적이다.
② 구축 효과 : 재정투자는 민간투자를 감소시키기 때문에 기대한 만큼 소득증대를 가져오지 못한다는 이론이다.
③ 거미집 이론 : 수요의 반응에 비해 공급의 반응이 지체되어 일어나는 현상이다.
④ 풀코스트 원리 : 평균비용에다 몇 %에 해당하는 이윤액을 부가해서 가격을 결정하는 가격결정 원리를 말한다.

59 제품수명주기에서 시장 세분화와 차별화 전략이 가장 활발하게 사용되는 시기는?

① 도입기　　　　　　　　　　　　② 성장기
③ 성숙기　　　　　　　　　　　　④ 쇠퇴기

Advice 제품수명주기 ⋯ 제품이 시장에 출시되어 폐기될 때까지 순환되는 일련의 과정을 말한다.

　　※ 제품수명주기 단계별 특성
　　　　㉠ 도입기 : 경쟁자가 적고 거의 독점 상태의 단계이다. 그러나 인지도도 낮기 때문에 매출도 낮은 단계
　　　　　　이다.
　　　　㉡ 성장기 : 제품 판매량이 급속히 증가하면서 순이익이 발생하는 단계이다. 이때, 경쟁기업들이 점차 생
　　　　　　겨난다. 시장 세분화가 시작되며 시장 점유율이 극대화된다.
　　　　㉢ 성숙기 : 매출 최고치를 찍고 기업 경쟁으로 인해 서서히 매출이 줄어드는 단계이다. 이때 시장 세분
　　　　　　화가 극대화되며 차별화 전략으로 기존 시장 점유율을 방어한다.
　　　　㉣ 쇠퇴기 : 소비자의 기호 변화나 경쟁 기업의 증가 등으로 매출이 쇠퇴하는 단계이다.

60 Taylor의 '과학적 관리법'의 목표는 무엇인가?

① 인간관계의 개선
② 기계화의 지속적인 발전
③ 인간노동의 능률화
④ 개인목표와 조직목표의 합치

Advice 테일러(Taylor)의 과학적 관리법 ⋯ 테일러는 종업원의 조직적인 태업이 그들의 자의적인 작업수행태도에서
　　비롯된다는 점을 파악한 후 개인의 작업을 간단한 요소동작으로 분해하고, 각 요소동작의 형태·순서·소요
　　시간 등을 동작연구(Motion Study)와 시간연구(Time Study)를 사용하여 작업환경을 표준화하고 하루에 수
　　행해야 할 업무량, 즉 과업을 설정하여 공장경영의 합리화를 기하려고 하였다. 과학적 관리법의 2대 목표인
　　노동자의 번영과 고용주의 번영을 실현하기 위해 노동자에게는 높은 임금을, 고용주는 낮은 노무비를 추구
　　할 수 있게 한다.

61 다음 중 종합적 품질관리를 뜻하는 것은?

① TQC
② OR
③ LP
④ PR

🔷**Advice** TQC … 전 사원이 QC(품질관리)를 이해하고 조직적으로 제품의 질을 높이려고 노력하는 것을 말한다.

62 브레인스토밍(Brainstorming)에 대한 설명으로 옳지 않은 것은?

① 즉흥적이고 자유분방하게 여러 가지 아이디어를 창안하는 활동이다.
② 오스본(A.F. Osborn)에 의하여 제안되었다.
③ 원래는 문제의 여러 가지 해결책을 고안하려는 목적에서 시작되었다.
④ 관련 분야 최고의 전문가들만 참여한다.

🔷**Advice** 브레인스토밍(Brainstorming) … 한 가지 문제를 집단적으로 토의하여 제각기 자유롭게 의견을 말하는 가운데 정상적인 사고방식으로는 도저히 생각해낼 수 없는 독창적인 아이디어가 나오도록 하는 것이다. 브레인스토밍을 성공시키기 위해서는 자유분방한 아이디어를 환영할 것, 타인의 아이디어를 비판하지 말 것, 되도록 많은 아이디어를 서로 내놓을 것 등이 중요하다.

63 다음 중 마찰적 실업을 줄이기 위한 방법 중 가장 효율적인 것은?

① 임시직을 정규직으로 전환한다.
② 임금상승을 생산성 증대 수준 이하로 억제한다.
③ 노동시장의 수급상황에 대한 정보활동을 강화한다.
④ 근로자의 직업교육을 확대한다.

🔷**Advice** 마찰적 실업 … 노동자가 자신에게 더 나은 조건의 직장을 찾기 위해 갖는 일시적 실업상태를 말한다. 마찰적 실업은 노동시장에 대한 정보 부족 내지는 노동의 이동성 부족이 원인이므로 취업에 대한 정보를 적절한 시기에 효율적으로 제공하는 것이 중요하다.

64 암호화폐와 같은 가상자산의 가격이 급락하고 시장에서의 자금 유출이 지속되는 현상으로, 코인 거래량이 줄어드는 현상을 의미하는 용어는?

① 발롱데세
② 멜팅팟
③ 크립토 윈터
④ 빅블러

🔆 **Advice** ① 발롱데세 : 시험기구나 관측기구를 뜻하는 기상용어에서 비롯된 용어로 반향이 확실치 않은 논리에 대해 시험적으로 특정 의견이나 정보를 언론에 흘림으로써 여론의 방향을 탐색하려는 여론관측수단이라는 의미를 갖는다.
② 멜팅팟 : 다양한 민족과 문화 등이 융합하고 동화되는 현상을 일컫는다.
④ 빅블러 : 빠른 변화로 기존에 존재하던 경계가 모호해지는 현상을 말한다.

65 주변에서 뛰어나다고 생각되는 상품이나 기술을 선정하여 자사의 생산방식에 합법적으로 근접시키는 방법의 경영 전략은?

① 벤치마킹(Bench Marking)
② 리컨스트럭션(Reconstruction)
③ 리엔지니어링(Reengineering)
④ 리포지셔닝(Repositioning)

🔆 **Advice** 벤치마킹(Bench Marking) … 초우량 기업이 되기 위해 최고의 기업과 자사의 차이를 구체화하고 이를 메우는 것을 혁신의 목표로 활용하는 경영 전략이다.

⭐ ANSWER 61.① 62.④ 63.③ 64.③ 65.①

66 다음 중 인간은 원래 선한 존재라는 긍정적인 측면에서, 관리자가 조직구성원을 관리할 때 민주적인 방법을 사용하는 것만이 효과를 극대화할 수 있다는 이론은?

① X이론
② Y이론
③ W이론
④ Z이론

Advice Y이론

ㄱ 가정 : 인간이 자기표현과 자제의 기회를 참여를 통하여 발견하고, 자기행동의 방향을 스스로 정하고 자제할 능력이 있으며 책임 있는 행동을 한다고 본다. 또한 사회·심리적 욕구를 추구하는 사회적 존재로서, 이타적이고 창조적이며 진취적이라고 본다.

ㄴ 관리전략 : 관리자는 조직목표와 개인목표가 조화될 수 있도록 해야 하며, 직무를 통하여 욕구가 충족되고 개인이 발전할 수 있는 조직의 운영방침을 채택해야 한다. 목표관리 및 자체평가제도의 활성화, 분권화와 권한의 위임, 민주적 리더십, 평면적 조직구조의 발달 등이 필요하다.

ㄷ 비판
• 상대적·복합적인 인간의 욕구체계를 너무 단순화시키고 있다.
• 상황에 따라서는 관리자의 명령·지시가 오히려 더 효과적일 수 있다는 점을 간과한다.
• 직무수행을 통한 자기실현욕구의 충족을 강조하고 있으나, 실제로는 직장 밖에서 이러한 욕구를 추구하는 사람이 많다는 비판이 있다.

67 다음 중 국제증권 및 외환시장에 투자해 단기이익을 올리는 민간 투자기금을 무엇이라 하는가?

① 헤지펀드
② 방카슈랑스
③ 코리아펀드
④ 랩 어카운트

Advice 헤지펀드(Hedge Fund) … 100명 미만의 투자가들로부터 개별적으로 자금을 모아 파트너십을 결성한 후 조세회피지역에 위장거점을 설치하고 자금을 운영하는 투자신탁이다.

② 방카슈랑스(Bancassurance) : 은행이나 보험사가 다른 금융부문의 판매채널을 이용하여 자사상품을 판매하는 마케팅전략이다.
③ 코리아펀드(Korea Fund) : 한국증권시장에서 투자활동을 할 수 있는 외국인들의 수익증권이다.
④ 랩어카운트(Wrap Account) : 증권사에서 운용하는 자산종합관리계좌이다.

68 해당 기업이 기관투자자들이나 개인투자자들에게 새로운 경영지표와 사업계획 같은 기업정보를 정확하게 알려주는 제도는?

① IR   ② PR
③ OR   ④ DR

⚙Advice IR(Investor Relation) … 기업이 자본시장에서 정당한 평가를 얻기 위하여 주식 및 사채투자자들을 대상으로 실시하는 홍보활동으로 투자자관계·기업설명활동이라고 한다. IR은 주식시장에서 기업의 우량성을 확보해 나가기 위해서 투자자들만을 대상으로 기업의 경영활동 및 이와 관련된 정보를 제공하는 홍보활동으로 기관투자가를 상대로 하고 회사의 장점뿐 아니라 단점까지도 전달한다.

69 다음 중 투기가 우려되는 특정 지역의 아파트, 각종 회원권 등을 대상으로 국세청이 고시하여 양도세나 상속세의 기준으로 삼는 것은?

① 공시지가   ② 기준시가
③ 과세지가   ④ 표준시가

⚙Advice 기준시가(基準時價) … 소득세법에 의한 양도소득세 계산 시 양도가액 및 취득가액의 산정과 상속세 및 증여세법에 의한 상속증여재산가액의 산정의 기준이 되는 정부가 정한 가액이다.

70 영업비밀 보호전략의 일종으로, 특허출원으로 인한 자사의 기술 지배력이 떨어지는 것을 막기 위해 핵심기술의 특허출원을 하지 않는 전략은?

① 블랙박스 전략   ② 블루오션 전략
③ 사우스웨스트 효과   ④ 앰부시 마케팅

⚙Advice
② 블루오션 : 차별화와 저비용을 통해 포화상태인 기존 시장에서 벗어나 새로운 시장을 창출하려는 경영전략이다.
③ 사우스웨스트 효과 : 미국 '사우스웨스트' 항공사의 초저가 서비스 제공 전략에서 유래되었다. 가격이 하락함에 따라 이용객이 늘어나는 현상이다.
④ 앰부시 마케팅 : 2002 한·일 월드컵을 계기로 주목받기 시작하였다. 스포츠 이벤트에서 공식적인 후원업체가 아니면서도 광고 문구 등을 통해 스포츠 이벤트와 관련이 있는 업체라는 인상을 주어 고객의 시선을 끌어 마케팅 효과를 극대화하는 판촉 전략이다.

⭐ *ANSWER* 66.② 67.① 68.① 69.② 70.①

✳✳✳

71 다음 설명이 뜻하는 용어는?

> 대규모의 자금이 필요한 석유, 탄광, 조선, 발전소, 고속도로 건설 등의 사업에 흔히 사용되는 방식으로 선진국에서는 보편화된 금융기법이다. 은행 등 금융기관이 사회간접자본 등 특정사업의 사업성과 장래의 현금흐름을 보고 자금을 지원한다.

① 프로젝트 파이낸싱   ② 트리플위칭데이

③ 파생금융상품   ④ 액면병합

🔷 **Advice** ② 트리플위칭데이 : 주가지수선물·주가지수옵션·개별주식옵션의 만기가 동시에 겹치는 날을 일컫는 증권
　　　　　　 용어이다.
　　　　　 ③ 파생금융상품 : 외환·예금·채권·주식 등과 같은 기초자산으로부터 파생된 금융상품이다.
　　　　　 ④ 액면병합 : 액면분할의 상대적 개념으로 액면가가 적은 주식을 합쳐 액면가를 높이는 것을 말한다.

72 분식결산의 뜻으로 옳은 것은?

① 대규모기업집단이 계열사의 영업실적을 한데 합쳐 결산한 것
② 기업들이 자기회사의 영업실적을 부풀려 결산한 것
③ 기업들이 자기회사의 영업실적을 줄여 결산한 것
④ 기업들이 남의 회사의 영업실적을 빌려 결산한 것

🔷 **Advice** 분식결산 … 기업이 고의로 자산이나 이익 등을 크게 부풀려 계산한 결산이다.
　　　　　 ①③④ 자기 회사의 영업실적을 올려 금전융통 등을 쉽게 하기 위해 비실현매출의 계상, 자산의 과대평가,
　　　　　 비용과 부채 과소계상, 가공매출의 계상 등의 방법을 쓴다.

73 다음 중 외국인을 포함하여 국내에서 거주하는 모든 사람이 생산하는 부가가치의 총액을 무엇이라고 하는가?

① 국민순생산   ② 국내총생산

③ 국민소득   ④ 국민총생산

🔷 **Advice** 국내총생산 … 외국인을 포함하여 국내에서 거주하는 모든 사람이 생산하는 부가가치의 총액이며, GDP에서
　　　　　 해외지불소득을 빼고 해외수취소득을 합하면 GNP가 된다.
　　　　　 ① 국민순생산 : 일정 기간에 국민경제의 모든 분야에서 생산된 생산물의 총계를 나타낸 것이다.
　　　　　 ③ 국민소득 : 한 국가의 생산물 가치를 일정 기간 두고 집계하여 합산한 총소득을 말한다.
　　　　　 ④ 국민총생산 : 일정 기간 동안 생산한 최종 생산물(재화와 서비스)을 시장가격으로 평가한 총액을 말한다.

74 다음에서 설명하는 것은?

> 미국 서브프라임 사태 및 대형금융기관의 파산으로 시작된 미국발 금융위기가 전세계로 확산되면서 금융위기 상황과 관련된 전반적인 문제를 검토하고 새로운 국제금융 및 통화질서 수립에 대한 논의의 필요성이 대두되면서 출범되었다.

① G20 정상회의　　　　　　　　　② ASEM
③ APEC　　　　　　　　　　　　　④ IMF

Advice ② ASEM : 아시아와 유럽의 주요 국가들이 정치 경제 사회 문화 등 제반분야에서 포괄적 협력을 도모하기 위해 만든 협의체로 아시아와 유럽연합(EU) 회원국의 대통령 또는 수상과 EU 집행위원장들이 2년에 한 번씩 모임을 갖는 '아시아 – 유럽 정상회의'이다.
③ APEC : Asia Pacific Economic Cooperation으로 1989년 1월 보브 호크 당시 호주총리의 제안에 따라 환태평양지역의 주요경제실체간 경제협력과 무역증진을 목표로 결성된 아시아태평양 지역 최초의 범정부간 협력기구이다.
④ IMF : 세계무역 안정을 목적으로 설립한 국제금융기구이다.

75 경제활동에 있어서는 합리적인 선택과 결정이 항상 필요하다. 그렇다면 다음의 내용과 관련하여 중요한 판단기준 두 가지를 고른다면?

> • 인간의 욕망은 무한한데 자원은 희소하므로 항상 선택의 문제에 직면한다.
> • 누구를 위하여 생산할 것인가의 문제에는 공공복리와 사회정의의 실현을 함께 고려해야 한다.

① 효율성과 형평성
② 타당성과 실효성
③ 안정성과 능률성
④ 희소성과 사회성

Advice 제시된 내용은 자원의 희소성과 분배의 문제에 대해 언급하고 있다. 자원의 희소성 때문에 선택의 문제가 발생하므로 최소의 비용으로 최대의 만족을 추구하는 효율성이 판단기준이 되고, 분배의 경우 가장 바람직한 상태인 형평성이 판단기준이 된다.

ANSWER　71.① 72.② 73.② 74.① 75.①

76 다음 ( ) 안에 들어갈 알맞은 말은?

> ( )는 사회 공헌에 노력하는 기업들을 거래소에서 심사·선정함으로써, 투자자들에게는 장기적으로 지속 가능한 기업을 쉽게 선별할 수 있도록 하고, 자산 운용사들에게는 펀드의 포트폴리오 구성을 위한 추가적인 기준을 제시한다. 이미 세계 많은 나라에서는 ( )이/가 사용되고 있는데, 미국에서의 한 조사 결과에 따르면 1993년에서 2006년까지 ( )의 수익률이 평균 시장지수 (모건 스탠리 지수)의 수익률을 크게 앞질렀다고 한다.

① 엥겔지수
② 거래량 지수
③ SRI 지수
④ 가격지수

🔍 **Advice** SRI 지수 … 사회책임투자(Socially Responsible Investment) 또는 지속가능책임투자(Sustainable & Responsible Investment)의 준말로, 사회적이거나 환경적인 책임을 다하고 있는 기업들을 묶어서 만든 주가지수
　　① 엥겔지수 : 경제학에서, 총지출에서 식료품비 지출이 차지하는 비율을 계산한 값을 엥겔지수(엥겔계수)라고 하며, 이 값이 저소득 가계에서 높고 고소득 가계에서 낮다는 통계적 법칙을 엥겔의 법칙이라 한다.
　　② 거래량 지수 : 재화(財貨)의 거래량을 일정한 단계에서 종합적으로 파악하여 경제활동 규모의 변동을 측정하기 위한 종합지수이다.
　　④ 가격 지수 : 어느 일정한 시기를 기준으로 하여 개별상품의 시기에 따른 가격변동을 지수로 나타낸 수치이다.

77 자유주의적 경제에 의한 생산불균형과 경제적 변화는 '보이지 않는 손(Invisible Hands)'에 의하여 조정된다고 주장한 사람은?

① 마르크스(K. Marx)
② 리카도(D. Ricardo)
③ 슘페터(J.A. Schumpeter)
④ 스미스(A. Smith)

🔍 **Advice** 스미스(A. Smith)는 중상주의정책을 비판하고 경제상의 자유방임주의를 주장하여 '보이지 않는 손(Invisible Hands)'에 의한 경제의 예정조화적 발전을 주장하였다.

78 음원사이트나 기프트 카드 등 정액 상품에서 구매자가 제공량을 다 쓰지 않아 떨어지는 부가수입을 말하는 것으로, 정액 상품을 판매한 기업의 배를 불리는 수단으로 악용되고 있다는 지적을 받는 것은?

① 낙전수입
② 포인트수입
③ 잉여수입
④ 가처분수입

Advice 낙전수입 … 정액 상품에서 구매자가 제공량을 다 쓰지 않아 떨어지는 부가수입을 말하는 것으로 최근에는 소셜 커머스에서도 낙전수입 논란이 일고 있어 공정거래위원회가 '소셜커머스 미사용 쿠폰 환불제'를 도입했지만 환불이 불가능한 쿠폰이 여전히 많아 실효성 논란이 일고 있다.

79 다음 중 '빈곤의 악순환'이란 말을 한 학자는?

① 넉시(R. Nurkse)
② 로스토(W.W. Rostow)
③ 클라크(C. Clark)
④ 맬더스(T.R. Malthus)

Advice 빈곤의 악순환 … 미국의 경제학자 넉시의 이론으로 후진국은 국민소득이 낮으므로 국내저축이 미약하여 높은 투자가 이루어질 수 없고 따라서 국민소득 성장률이 낮아지는데, 이것이 되풀이되는 현상을 말한다.

80 제조사가 제품의 결함을 발견하고 수리해주는 소비자 보호제도로 옳은 것은?

① 오픈프라이스제
② 제조물책임법
③ 리콜
④ ISO 9000시리즈

Advice 리콜 … 예기치 못한 개별적인 결함에 대한 보상인 애프터 서비스제에 비해 리콜제는 해당 부품을 점검하고 교환·수리해주는 것을 말한다. 리콜은 반드시 공개적으로 해야 한다.
① 오픈프라이스제 : 최종 판매업자가 제품의 가격을 표시해 제품 가격의 투명성을 높이는 제도이다.
② 제조물책임법 : 소비자가 상품의 결함으로 손해를 입었을 경우, 제조업자는 과실이 없어도 책임이 있다는 무과실 책임이 인정되어 기업이 배상 책임을 지도록 하는 것이다.
④ ISO 9000시리즈 : 국제품질보증제도로, 국제규격에 의해 제품 또는 서비스를 공급하는 공급자의 품질 시스템을 평가해 품질 보증 능력과 신뢰성을 인정해주는 제도이다.

⭐ ANSWER 76.③ 77.④ 78.① 79.① 80.③

03 사회·노동

�֍ 체리슈머(Cherry-sumer) ✦✦

체리슈머(Cherry-sumer)는 체리피킹(Cherry Picking, 가장 좋은 것만 골라 취하는 행위)과 소비자(Consumer)의 합성어로, 상품이나 서비스를 구매할 때 자신에게 유리한 혜택만을 선별적으로 소비하는 소비자를 의미한다. 이들은 할인, 쿠폰, 적립금, 프로모션 등 각종 혜택을 적극적으로 활용하며, 가성비(가격 대비 성능)를 중요하게 고려하는 특징을 가진다. 기업의 충성 고객이라기보다 가격과 혜택에 따라 유동적으로 소비 행동을 바꾸는 경향이 강하다.

✖ 원숭이두창 ✦✦

원숭이두창 바이러스에 감염되어 발생하는 인수공통감염병이다. 1950년대 연구를 목적으로 사육된 원숭이들에서 수두와 비슷한 질병이 발생했음이 처음 발견되어 '원숭이두창'이라는 이름이 붙여졌다. 1970년 콩고민주공화국에서 처음으로 보고되었으며, 이후 중·서부 아프리카 국가에서 보고되며 풍토병화 되었다. 하지만 2022년 5월 이후 스페인, 영국, 이탈리아 등 유럽을 중심으로 발생하기 시작하여 풍토병이 아닌 국가에서 이례적으로 발생함에 따라 국내 유입가능성도 점차 증가하여 우리나라는 현재 원숭이두창을 감염병으로 지정하고 감시를 강화하고 있다.

✖ 미닝아웃 ✦✦✦

정치·사회적 신념 및 가치관을 소비 행위 등을 통해 표출하는 것을 말한다. 대표적인 수단으로 SNS가 있으며 해시태그 기능을 통해 관심사를 공유하거나 옷이나 가방에 메시지를 담는 등 여러 형태로 나타난다.

✖ 장발장 은행(Jeanvaljean Bank) ✦✦

벌금형을 선고받았지만 생활고로 벌금을 낼 수 없는 형편의 취약계층을 돕기 위해 설립된 은행이다. 장발장 은행은 신용조회 없이 무담보 무이자로 벌금을 빌려준다. 대상자는 소년소녀가장, 미성년자, 기초생활보장법상 수급권자와 차상위계층이 우선 대상이며 개인과 단체의 기부로 운영되고 있다.

✖ 도넛 현상(Doughnut Pattern) ✦

대도시의 거주지역과 업무의 일부가 외곽지역으로 집중되고 도심에는 상업기관·공공기관만 남게 되어 도심은 도넛모양으로 텅 비어버리는 현상이다. 이는 도시 내의 지가 상승·생활환경의 악화·교통혼잡 등이 원인이 되어 발생하는 현상으로 도심 공동화현상이라고도 한다.

고령사회(高齡社會) ✦✦✦

노령인구의 비율이 높은 수준에서 기복이 없는 안정된 사회를 말하며, 고령화사회(高齡化社會)는 노령인구의 비율이 현저히 높아져 가는 사회를 말한다. 인구의 고령화 요인은 출생률과 사망률의 저하에 있다. 사회가 발전함에 따라 선진국에서는 평균수명이 연장돼 장수하는 노령인구가 늘고 있어 고령에 따르는 질병 · 고독 · 빈곤 등의 사회경제적 대책이 시급한 상황에 이르고 있다. 고령에 대한 정의는 일정치 않는데, 우리나라의 경우 고령자고용법 시행령에서 55세 이상을 고령자, 50 ~ 55세 미만을 준고령자로 규정하고 있다. 우리나라는 지난 2018년 65세 이상 인구가 총인구의 14%를 넘어 고령사회로 진입했다.

PLUS UN이 분류한 고령에 대한 정의

- **고령사회(aged society)** : 65세 이상 인구가 총인구를 차지하는 비율이 14% 이상
- **고령화사회(aging society)** : 65세 이상 인구가 총인구를 차지하는 비율이 7% 이상
- **초고령사회(post aged society)** : 65세 이상 인구가 총인구를 차지하는 비율이 20% 이상

스프롤 현상(Sprawl Phenomenon) ✦✦

도시의 급격한 팽창에 따라 대도시의 교외가 무질서 · 무계획적으로 주택화되는 현상을 말한다. 교외의 도시계획과는 무관하게 땅값이 싼 지역을 찾아 교외로 주택이 침식해 들어가는 현상으로 토지이용면에서나 도시시설정비면에서 극히 비경제적이다.

팝콘 브레인(Popcorn Brain) ✦✦

미국 워싱턴대학교 정보대학원 교수가 만든 용어로, 디지털기기가 발달하면서 크고 강렬한 자극에만 마치 팝콘이 터지듯 뇌가 반응하는 현상을 '팝콘 브레인(Popcorn Brain)'이라 한다. 스마트폰과 같은 전자기기의 지나친 사용으로 뇌에 큰 자극이 지속적으로 가해지면서 단순하고 잔잔한 일상생활에는 흥미를 잃게 되는 것이다. 딱히 확인 할 것이 없음에도 스마트폰 화면을 켠다거나, 스마트폰을 하느라 할 일을 뒤로 미루는 것도 팝콘 브레인의 증상이다.

U턴 현상 ✦✦

대도시에 취직한 시골 출신자가 고향으로 되돌아가는 노동력 이동을 말한다. 대도시의 과밀 · 공해로 인한 공장의 지방 진출로 고향에서의 고용기회가 확대되고 임금이 높아지면서 노동력의 이동현상이 나타나고 있다.

J턴 현상 ✦

대도시에 취직한 시골출신자가 고향으로 돌아가지 않고 지방도시로 직장을 옮기는 형태의 노동력 이동을 말한다. U턴 현상에 비해 이 현상은 출신지에서의 고용기회가 적을 경우 나타나는 현상이다.

✖ 근로장려세제 ✦✦

일정 소득 이하의 근로 소득자를 대상으로 소득에 비례한 세액공제액이 소득세액보다 많은 경우 그 차액을 환급해 주는 제도로 저소득층의 세금 부담을 덜어주고 더 나아가 소득이 적은 이들일수록 보조금까지 받을 수 있어 '징세'라기 보다는 '복지'의 개념이 강하다. 이 제도는 원천징수 당한 세금을 되돌려받는다는 점에서 연말정산과 비슷하나, 세금을 전혀 내지 않은 사람이라 하더라도 공제액과의 차액을받을 수 있다는 점에서 연말정산과 차이가 있다.

✖ 노동3권(勞動三權) ✦✦✦

노동자가 가지는 세 가지 권리로 단결권·단체교섭권·단체행동권을 말한다. 노동자의 권익(權益)을 위해 헌법상 보장되는 기본권으로서 사회권에 속하며, 단체행동권의 행사는 법률이 정하는 범위 내에서만 보장된다. 공무원의 경우 법률로 인정된 단순 노무에 종사하는 공무원 외에는 노동3권이 보장되지않으며, 공무원에 준하는 사업체에 종사하는 근로자의 단체행동권은 법률에 의해 제한 또는 인정하지않을 수 있다.

구분	내용
단결권	노동자가 근로조건 향상을 위해 단결할 수 있는 권리
단체교섭권	노동자의 노동시간, 임금, 후생복리 등의 조건에 관한 문제를 사용자 측과 단체적으로 협의할 수 있는 권리
단체행동권	단체교섭이 이루어지지 않을 경우 노사 간의 분쟁을 해결하기 위한 파업 등을 할 수 있는 권리

✖ 국민연금 ✦✦✦

보험원리에 따라 운영되는 대표적인 사회보험제도로, 즉 가입자, 사용자로부터 정률의 보험료를 받고, 이를 재원으로 사회적 위험에 노출되어 소득이 중단되거나 상실될 가능성이 있는 사람들이 다양한 급여를 받을 수 있는 제도이다. 노령으로 인한 근로소득 상실을 보전하기 위한 노령연금, 주소득자의 사망에 따른 소득상실을 보전하기 위한 유족연금, 질병 또는 사고로 인한 장기근로능력 상실에 따른 소득상실을 보전하기 위한 장애연금 등이 있다. 공무원, 군인, 사립학교 교직원을 제외한 18세 이상 60세 미만 국내 거주 국민은 강제가입을 채택하고 있다.

 사회보장제도 … 다양한 사회적 위험으로부터 모든 국민을 보호하여 빈곤을 해소하고 국민생활의 질을 향상시키기 위해 국가가 마련한 제도적 장치를 사회보장제도라고 한다. 우리나라에서 시행되고 있는 대표적인 사회보장제도는 국민연금, 건강보험, 산재보험, 고용보험, 노인장기요양보험 등과 같은 사회보험제도, 기초생활보장과 의료보장을 주목적으로 하는 공공부조제도인 국민기초생활보장제도, 그리고 노인·부녀자·아동·장애인 등을 대상으로 제공되는 다양한 사회복지서비스 등이 있다.

✤ 심리효과별 분류 ✦✦

구분	내용
파파게노 효과 (papageno effect)	자살과 관련한 언론보도를 자제하고, 보도를 신중하게 함으로써 자살률을 낮출 수 있는 효과를 말한다.
루핑효과 (looping effect)	이전에 관심이 없다가 새로운 사실을 인식하게 되면 이러한 사실들이 상호작용하게 되어 새로운 사실에 영향을 받는 현상이다. 예를 들어 유명인의 자살을 언론보도를 통해 접하고 관심을 갖게 돼 개개인의 불안심리가 조성되면서 우울감이나 단절감이 자살로 이어지게 된다.
낭떠러지효과	자신이 정통한 분야에 대해서는 임무수행능력이 탁월하지만 조금이라도 그 분야를 벗어나면 낭떠러지에서 떨어지듯이 일시에 모든 문제해결능력이 붕괴되는 현상을 말한다. 낭떠러지효과는 기계문명에 대한 맹신에서 벗어날 것을 인류에게 촉구하는 미래학자들의 경고이기도 하다.
피그말리온효과 (pygmalion effect)	타인의 관심이나 기대로 인해 능률이 오르거나 결과가 좋아지는 현상. 그리스신화에 나오는 조각가 피그말리온의 이름에서 유래한 심리학 용어로 '로젠탈효과'라고도 한다.
스티그마효과 (stigma effect)	타인에게 무시당하거나 부정적인 낙인이 찍히면 행태가 나빠지는 현상. 스티그마효과가 부정적 행태를 보인다면 피그말리온효과는 긍정적 행태를 보인다. '낙인효과'라고도 한다.
베르테르 효과 (werther effect)	유명인이 자살할 경우 그 여파로 사회의 자살률이 증가하는 현상을 말한다.
플라시보 효과 (placebo effect)	환자에게 약효가 없는 약을 복용하도록 할 때, 환자가 진짜 약이라 믿으며 병세가 호전되는 현상으로 투약형식에 관한 심리효과를 말한다.

✤ 체크 바캉스 ✦✦

정부와 기업이 직원들의 휴가비를 지원하는 제도를 의미한다. 정부가 발표한 '경제정책방향'에서 민생경제회복을 위한 방안 중 하나로 포함되었으며 이러한 체크 바캉스 제도는 노동자와 기업이 공동으로 여행 자금을 적립하고 정부가 추가 지원해주는 방식으로 운영된다.

✤ 특수 고용직 노동자 ✦✦✦

근로계약이 아닌 위임 계약이나 도급 계약의 형태로 노무를 제공하고 수당을 받는 일에 종사하는 노동자를 말한다.

✤ 어플루엔자(Affluenza) ✦✦

소비지상주의가 만들어낸 현대인의 소비 심리 관련 질병으로, 풍요로워질수록 더 많은 것을 추구하는 현대인의 소비 심리로 인하여 나타나는 스트레스이다. 갑자기 떼돈을 번 사람이 갑작스런 생활환경 변화에 적응하지 못하고 인생의 목표가 사라지면서 정신적인 공황상태에 빠지는 것을 말한다. 무력감, 권태감, 대인기피증 등의 증세를 보이며 낭비 증상까지 수반한다.

✳✳✳

✼ 무리별 분류

구분	내용
슬로비족(Slobbie)	성실하고 안정적인 생활에 삶의 가치를 더 부여하는 사람들을 일컫는다.
니트족(Neet)	교육이나 훈련을 받지 않고 일도 하지 않으며 일할 의지도 없는 청년 무직자를 일컫는다.
좀비족(Zombie)	대기업·방대한 조직체에 묻혀 무사안일에 빠져있는 비정상적인 사람을 일컫는다.
딩크족(Dink)	정상적인 부부생활을 영위하면서 의도적으로 자녀를 갖지 않는 젊은 맞벌이 부부를 일컫는다.
듀크족(Dewks)	아이가 있는 맞벌이 부부를 일컫는다.
딘트족(Dint)	경제적으로 풍족하지만 바쁜 업무로 소비생활을 할 시간이 없는 신세대 맞벌이를 일컫는다.
네스팅족(Nesting)	단란한 가정을 가장 중시하고 집안을 가꾸는 신가정주의자들을 일컫는다.
싱커즈족(Thinkers)	젊은 남녀가 결혼 후 맞벌이를 하면서 아이를 낳지 않고 일찍 정년퇴직해 노후생활을 즐기는 신계층을 일컫는다.
통크족(Tonk)	자식은 있되 자식뒷바라지에 의존하지 않고 취미·운동·여행 등으로 부부만의 생활을 즐기는 계층을 일컫는다.
우피족(Woopie)	자식에게 의지하지 않고 경제적인 여유로 풍요롭게 사는 노년세대를 일컫는다.
예티족(Yettie)	젊고, 기업가적이며, 기술에 바탕을 둔, 인터넷 엘리트를 일컫는다. 20 ~ 30대인 예티족은 민첩하고 유연하며 오직 일에만 전념하여 자신의 상품성을 높이고자 끊임없이 자기 계발을 하는 것이 특징이다.
파이어족(Fire)	경제적 자립을 토대로 자발적 조기 은퇴를 추진하는 사람들을 말한다. 이들은 일반적인 은퇴연령인 50 ~ 60대가 아닌 30대 말이나 늦어도 40대 초반까지는 조기 은퇴의 목표를 가진다. 따라서 20대부터 소비를 줄이고 수입의 70 ~ 80% 이상을 저축하는 등의 극단적 절약을 선택하기도 한다. 파이어족들은 원하는 목표액을 달성해서 부자가 되는 것이 목표가 아니라, 조금 덜 쓰고 덜 먹더라도 자신이 하고 싶은 일을 하면서 사는 것을 목표로 한다.
나우족(Now)	40 ~ 50대에도 건강하고 경제력이 있는 여성들을 일컫는다.
어모털족(Amortal)	'영원히 늙지 않는' 뜻의 영어 단어로, 어모털족은 나이가 숫자에 불과하다고 생각하며 자신이 원하는 나이에 맞게 살아간다. 따라서 나이에 구애받지 않고 자신이 원하는 목표를 이루기 위해 끊임없이 도전하는 사람을 뜻한다. 실제로 시니어 모델이 늘어나며 젊은 사람만 모델을 할 수 있다는 편견이 사라지고 있다.
헬리콥터 엔젤족 (Helicopter Angel)	정년퇴임 후에 가족과의 '공생적 가치'를 중요하게 생각하는 중장년의 남성들 뜻하는 신조어이다. 젊었을 때 가정보다 일을 우선시하던 모습에서 퇴임 후 가족관계 개선을 위해 노력하는 모습을 보인다.
로하스족(LOHAS)	Lifestyles Of Health And Sustainability. 개인의 정신적·육체적 건강 뿐 아니라 환경까지 생각하는 친환경적인 소비를 하는 사람들을 말한다.
코쿠닝족 (Cocooning)	누에고치(cocoon)가 고치를 짓는 것처럼 자신의 활동반경을 축소시키는 현상을 코쿠닝(Cocooning)트렌트라고 하며, 자신만의 안식처에 숨어 여가시간과 휴식을 적극적으로 보내는 사람들을 말한다.
스마드족(smad)	각종 디지털 기기를 활용하여 정보를 신속하게 얻고, 분석하여 현명하게 구매하는 소비자를 말한다.
욜로족(Yolo)	현재 욕구와 행복에 충실하고 중요시 여기며 계획적으로 소비하기보다는 그 상황에 맞는 소비 생활을 하는 사람들을 말한다.
리터루족(Returoo)	독립은 했지만 높은 집세와 육아비용, 생활문제 등으로 다시 부모의 곁으로 돌아가는 사람들을 말한다.

✿ 세대별 분류 ✦✦

구분	내용
A세대	Aspirations(욕구)의 첫 글자에서 따온, 아시아 · 라틴아메리카 등의 신흥경제국가의 도시에 살고, 연간 2천만 파운드를 벌며 계속 소득이 늘어 소비욕구가 강해 세계경제의 메가트렌드를 주도하는 30 ~ 40대 중산층
C세대	컴퓨터 보급의 일반화로 탄생하여 반도체칩과 카드, 케이블 속에 사는 컴퓨터 세대. 또는 자신이 직접 콘텐츠를 생산 · 인터넷 상에서 타인과 자유롭게 공유하며 능동적으로 소비에 참여하는 콘텐츠 세대
E세대	Enterpriser(기업가)의 첫 글자에서 따온, 스스로가 사업체를 세워 경영인이 되고 싶어 하는 사람들
G세대	Green과 Global의 첫 글자에서 따온, 건강하고 적극적이며 세계화한 젊은 세대
L세대	Luxury(사치)의 첫 글자에서 따온, 세계적으로 유명한 고가의 고급 브랜드를 일상적으로 소비하는 명품족
M세대	휴대전화를 통화 이외의 다양한 용도로 사용하는 나홀로족인 모바일세대 또는 1980년대 초반 이후 출생한 덜 반항적, 더 실질적, 팀 · 의무 · 명예 · 행동을 중시하는 밀레니엄세대
N세대	1977 ~ 1997년 사이에 태어나 디지털 기술과 함께 성장, 기기를 능숙하게 다룰 줄 아는 자율성 · 능동성 · 자기혁신 · 개발을 추구하는 디지털 문명세대
P세대	열정과 힘을 바탕으로 사회 전반에 적극적으로 참여해 사회 패러다임의 변화를 일으키는 세대. 자유로운 정치체제 하에서 성장하여 긍정적인 가치관을 가지며, 386세대의 사회의식 · X세대의 소비문화 · N세대의 생활양식 · W세대의 공동체의식 등이 모두 포괄해서 나타남
Y세대	컴퓨터를 자유자재로 다루고 다른 나라 문화나 인종에 대한 거부감이 없는, 전후 베이비붐 세대가 낳은 2세들인 10대 전후의 어린이
X세대	50% 정도가 이혼 · 별거한 맞벌이 부모 사이에서 자라 가정에 대한 동경과 반발 심리를 가지며 개인적인 삶에 큰 의미를 두는 1961 ~ 1984년 사이에 출생한 세대
IDI세대 (I Deserve Its Generation)	내 몫 챙기기에 철저한 미국의 젊은 세대. 산업화 · 현대화 이후 개인주의적 태도와 함께 드러나기 시작한 이기적인 사고가 매우 심해진 형태로 개인적인 요구와 욕망, 자기 권리만 내세움
부메랑세대	사회에 진출했다가 곧 독립을 포기하고 부모의 보호 아래로 돌아가는 젊은이들
캥거루세대	경제적 · 정신적으로 부모에 의존해 생활을 즐기는 젊은 세대. (= 자라증후군)
미 제너레이션	자기주장이 강하고 자기중심적으로 생각하고 행동하는 요즘의 젊은층
MZ세대	1980년대 초 ~ 2000년대 초 출생한 밀레니얼 세대와 1990년대 중반 ~ 2000년대 초반 출생한 Z세대를 통칭하는 말로 밀레니얼 세대와 Z세대를 통칭한다. 오프라인보다 온라인이, 사람과 대면하는 것보다 스마트폰 화면이 익숙한 세대로 SNS기반 유통시장에서 강력한 영향력을 발휘하는 소비 주체로 부상하고 있다.
Opal세대	경제력을 갖춘 5060세대를 일컫는 말로 새로운 소비층으로 부각되고 있다. 베이비부머 세대인 58년생을 뜻하기도 한다. 이들은 은퇴를 한 후 새로운 일자리를 찾고, 여가 활동을 즐기면서 젊은이들처럼 소비하며 자신을 가꾸는 일에 많은 시간과 돈을 투자한다.
알파 세대	2010년 초반 ~ 2020년대 중반에 출생한 세대로, 어려서부터 기술적 진보를 경험하여 AI나 로봇 등에 익숙한 세대이다.
잘파 세대	Z세대와 2010년대 이후에 태어난 알파세대를 합한 세대를 의미한다. 스마트폰과 함께 자라났기 때문에 최신 기술 습득력이 빠르다.
퍼레니얼 세대	기존의 세대 구분과 달리 연령에 관계없이 다양한 세대의 특징을 가진 사람들

✿ 세계 자폐증 인식의 날 ✦✦✦

2007년 UN에서 만장일치로 매년 4월 2일 세계 자폐증 인식의 날로 선정되었다. 조기진단 및 적절한 치료 등을 돕고 사회적 인식을 높이기 위함으로 지정되었다. 이날을 기념하기 위해 자폐증에 대한 관심과 보호를 요구하며 파란 불을 켜는 캠페인 'Light It Up Blue'은 우리나라 인천대교를 비롯하여 전 세계 약 1만 8천여 곳에서 매년 진행되고 있다.

✿ 고슴도치 딜레마

인간관계에 있어 서로의 친밀함을 원하는 동시에 적당한 거리를 두고 싶어하는 욕구가 공존하는 모순적 심리상태를 말한다. 고슴도치들은 추운 날씨에 온기를 나누려 모이지만 서로의 가시 때문에 상처입지 않으려면 거리를 두어야 하는 딜레마를 통해 인간의 애착형성 어려움을 빗대어 표현하는 것이다.

✿ 발롱데세(Ballon D'essai) ✦✦

여론 동향을 살피기 위해 시험적으로 흘려보내는 의견이나 정보이다. 원래는 기상 상태를 관측하기 위해 띄우는 시험기구나 관측기구를 뜻하지만, 의미를 확장해 시험적으로 특정 정보를 언론에 흘려 여론의 동향을 탐색하는 수단으로 쓰이기도 한다.

✿ 오도이촌(五都二村)

일주일 중 5일은 도시에서, 2일은 농촌에서 생활하는 현대인의 생활스타일이다. 워라밸이 중요시되며 여가시간이 늘어남에 따라 유행하는 현대인의 주거 트렌드이다.

✿ 국제노동기구(ILO : International Labour Organization) ✦✦

사회정의의 실현과 노동조건의 개선을 목적으로 1919년 베르사유조약에 의해 국제연맹의 한 기관으로 제네바에서 창설되었으며 1946년 12월 유엔 최초의 전문기관으로 발족하였다. 각국의 노동입법, 적절한 노동시간, 임금노동자의 보건·위생에 관한 권고나 그 밖의 지도를 하고 있다. 우리나라는 1991년 12월 9일 151번째로 가입했다.

✿ 워케이션(Worcation) ✦

일(Work), 휴가(Vacation)의 합성어로 휴가지에서의 업무를 인정하는 근무형태를 의미한다. 이는 직원들의 장기휴가사용을 보다 쉽게 만드는 새로운 형태의 근무제도이다.

✿ 숍제도의 분류 ✦✦

노동조합이 사용자와 체결하는 노동협약에 조합원 자격과 종업원 자격의 관계를 규정한 조항(Shop Clause)을 넣어 조합의 유지와 발전을 도모하는 제도를 숍제도(Shop System)라 한다.

구분	내용
오픈숍 (Open Shop)	조합가입 여부에 관계없이 고용이나 해고에 차별대우를 하지 않은 제도로, 사용자는 노동자를 자유로 채용할 수 있고 노동자의 조합가입 여부도 자유의사에 따른다.
유니언숍 (Union Shop)	회사와 노동조합의 협정에 의해 일단 채용된 노동자는 일정한 기간 내에 의무적으로 조합에 가입해야 하는 제도로, 미가입자·조합탈퇴자 및 조합에서 제명된 자는 사용자가 해고하도록 한다.
클로즈드숍 (Closed Shop)	이해(利害)를 공통으로 하는 모든 노동자를 조합에 가입시키고 조합원임을 고용의 조건으로 삼는 노사 간의 협정제도로, 노동조합의 단결 및 사용자와의 교섭력을 강화하여 유리한 노동조건을 획득하려는 의도에서 나왔다.
프레퍼렌셜숍 (Preferential Shop)	조합원 우선숍 제도로, 조합원은 채용이나 해고 등 단체협약상의 혜택을 유리하게 대우하기로 하고, 비조합원에게는 단체협약상의 혜택을 주지 않는다.
메인터넌스숍 (Maintenance Of Membership Shop)	조합원 유지숍 제도로, 조합원이 되면 일정 기간 동안 조합원자격을 유지해야 하고, 종업원은 고용계속조건으로 조합원 자격을 유지해야 한다.
에이전시숍 (Agency Shop)	조합이 조합원과 비조합원에게도 조합비를 징수하여 단체교섭을 맡는다.

✿ 노동쟁의(勞動爭議) ✦

근로자 단체와 사용자 사이의 근로시간·임금·복지·해고 등의 근로조건에 관한 주장의 불일치로 일어나는 분쟁상태를 말하며, 사전의 단체교섭 실시를 전제로 한다. 노동쟁의는 파업, 태업, 불매운동, 직장폐쇄 등의 방법이 있다. 직장폐쇄만이 사용자가 행하는 유일한 쟁의행위이다.

구분	내용
총파업 (General Strike)	총동맹파업으로 동일 기업·산업·지역의 전체 또는 전 산업이 공동의 요구를 관철시키고자 통일적으로 단행하는 파업이다.
사보타지 (Sabotage, 태업)	파업과는 달리 출근을 하여 정상근무를 하는 것처럼 보이나 실제로는 완만한 작업태도로 사용자에게 손해를 주어 요구조건을 관철시키려는 쟁의의 한 수단으로 조직적·계획적으로 행해질 경우에만 쟁의 수단이 된다.
보이콧 (Boycott, 불매운동)	어떤 특정한 요구를 들어주지 않는 기업의 제품을 노동자들, 나아가 일반 대중까지 단결하여 구매하지 않음으로써 상대방으로 하여금 요구를 들어주도록 하는 쟁의이다.
피케팅 (Picketing)	총파업이나 보이콧 등의 쟁의행위를 보다 효과적으로 행하기 위하여 파업에 동참하지 않은 근로희망자들의 공장이나 사업장 출입을 저지하여 파업에의 참여를 요구하는 행위이다.
직장폐쇄	사용자가 노동자의 요구를 거부하고 공장을 폐쇄하여 그 운영을 일시적으로 중단함으로써 노동쟁의를 보다 유리하게 해결하려는 행위이다.

✖ 슬로 어답터(Slow Adopter) ✦

얼리 어답터와 대비되는 소비계층으로 사용하기 복잡한 제품, 전문성을 필요로 하는 기술을 꺼리며 편리하고 단순한 것을 선호하는 소비계층이다. 이들이 중점적으로 생각하는 것 '실용성'과 '편리성'으로 구매한 제품을 통하여 무엇을 할 수 있는지 생각한다.

✖ 노란봉투법 ✦

노동조합의 파업으로 생긴 손실에 대해 회사 측이 손해배상을 청구하는 행위를 제한하는 내용을 담은 노동조합법 개정안을 말한다. 이 법은 노조의 쟁의 행위에 대한 사측의 손해배상 소송과 가압류를 제한하는 데에 목적이 있다. 다만 직접적 폭력이나 시설물의 파괴 등은 제외한다. 노란봉투법은 지난 2014년 쌍용자동차 파업 당시 47억 원의 손해배상 판결을 받은 노조원을 돕기 위한 성금을 노란봉투에 담아 전달한 것에서 유래했으며, 지난 19대와 20대 국회에서 발의되었으나 환경노동위원회를 통과하지 못하고 현재까지 노동계의 주요 이슈로 남아있다.

✖ 블라인드 채용(Blind Hiring) ✦✦✦

채용과정인 입사지원서 또는 면접 등에서 편견이 개입되어 불합리한 차별을 유발할 수 있는 출신지, 가족관계, 학력, 신체적 조건(키, 체중, 사진), 외모 등 항목을 기재하지 않음으로써 지원자들의 개인적 배경이 심사위원들에게 영향을 미치지 않고, 편견에서 벗어나 실력인 직무능력을 평가하여 인재를채용할 수 있도록 시스템을 구축하여 지원하는 채용 제도이다.

✖ 워라블 ✦✦✦

밀레니얼 세대의 라이프스타일인 워라밸(Work Life Balance)의 의미는 자칫 스트레스가 될 수 있다. 지나치게 개인 생활을 중요하게 여기면서 퇴근시간만을 기다리거나, 업무 중 휴식 시간을 당연하게 요구하는 것 등이다. 이와 같은 현상 때문에 일과 삶의 적절한 블렌딩을 뜻하는 워라블이 생겨났다. 업무시간을 포함한 일상생활 속에서 일과 관련된 영감을 얻고 업무로 이어지는 것을 의미한다. 이런 라이프스타일에 맞춰 주거 형태도 달라지고 있다. '코워킹(Co Working)스페이스'와 '코리빙(Co Living) 산업'이다. 일터와 생활공간을 연결하고 통합하는 다양한 주거 형태가 등장하고 있다.

✖ 그림자 노동(Shadow Work) ✦✦

노동을 했음에도 보수를 받지 못하는 무급 노동을 말한다. 오스트리아 철학자 이반 일리치가 처음으로 언급한 개념으로, 직접 주유하는 셀프 주유소나 보다 저렴하게 상품을 구입하기 위해 정보를 찾는 행위 등이 그림자 노동에 해당한다. 비용을 아낄 수 있지만 자신의 시간을 소비해야 하는 단점이 있지만, 최근 기술 발달로 무인화 시스템이 보급화 되면서 점점 늘어가는 추세이다.

✾ 동맹파업(同盟罷業) ✦✦✦

노동조합 및 기타 노동단체의 통제 하에 조합원이 집단적으로 노무제공을 거부하면서 그들의 주장을 관철시키려는 가장 순수하고 널리 행하여지는 쟁의행위(爭議行爲)이다. 우리나라는 헌법에 근로자의 단체행동권을 보장하고 노동조합 및 노동관계조정법으로 쟁의행위의 합법성을 인정하는 데 헌법이 보장하는 쟁의권 행사의 범위를 일탈하지 않으면 쟁의행위에 대한 손해배상청구권은 면제된다. 동맹파업의 분류는 다음과 같다.

구분	명칭	내용
목적	경제파업	가장 일반적인 파업으로 근로자의 근로조건, 경제적 지위향상 도모하는 파업이다.
	정치파업	정부에 대해 근로자의 일정한 요구의 실현을 촉구하는 파업으로 헌법상 정당성을 인정받지 못한다.
	동정파업 (Sympathetic Strike)	노동자가 고용관계에 있는 사용자와는 직접적인 분쟁이 없음에도 불구하고 다른 사업장의 노동쟁의를 지원하기 위하여 벌이는 파업이다. 파업의 효과상승, 조합의식 강화를 목적으로 한다.
규모	총파업 (General Strike)	총동맹파업으로 동일 기업·산업·지역의 전체 또는 전 산업이 공동의 요구를 관철시키고자 통일적으로 단행하는 파업이다.
	지역파업	일부 지역만이 행하는 파업이다.
	부분파업	특정의 일부 기업이나 분야에서만 행하는 파업이다.
방법	워크아웃 (Walk Out)	노동자를 공장이나 사업장 밖으로 철수시켜 행하는 파업이다.
	농성파업 (Sit-Down Strike)	노동자가 사용자가 있는 곳이나 작업장, 교섭장소 등을 점거하여 주장을 관철시키기 위해 행하는 파업이다. 강한 단결과 결의, 상대를 위압하여 유리한 교섭 촉진을 목적으로 한다.
기타	살쾡이파업 (Wild Cats Strike)	노동조합이 주관하지 않고, 기층 근로자에 의해 자연발생적으로 일어나는 파업이다. 미국의 노동운동이 제2차 세계대전을 고비로 노골적인 노사유착의 경향을 띠며 일어났고, 기습적·산발적인 형태로 전개된다는 점에서 살쾡이의 이름이 붙여졌다.

✾ 레드 테이프(Red Tape) ✦✦

절차와 규칙을 지나치게 중시하여 번거롭고 불합리한 형식주의를 말한다. 이 용어는 17세기 영국 관청에서 공문서를 붉은 끈으로 묶었던 것에서 유래되었는데, 서류를 끈으로 묶어 보관하기 때문에 공간도 많이 차지할 뿐 아니라 다시 열람하기도 불편했다. 그럼에도 이러한 관행은 오랫동안 지속되어 업무의 효율성을 떨어트렸는데, 현재는 관료제적 일처리의 비효율성을 상징하는 말이 되었다.

✾ 사이버 렉카 ✦✦

고속도로에서 사고가 날 경우 바로 달려드는 사설 견인차처럼 각종 이슈가 된 사건들에 달려들어 영상을 올리는 유튜버를 뜻한다. 이들은 오로지 구독자들의 후원금과 조회 수를 목적으로 하여 무분별하게 콘텐츠를 재생산한다.

✿ 노동자의 분류 ✦✦✦

구분	내용
골드 칼라 (Gold Collar)	두뇌와 정보를 황금처럼 여기는 신세대를 상징하는 고도 전문직 종사자, 창의적인 일로 부가가치를 창출하는 인재 ※ 골드회사 : 직원의 창의성을 높이기 위해 근무시간과 복장에 자율성을 보장해 주는 회사
다이아몬드 칼라 (Diamond Collar)	지혜, 봉사심, 체력, 인간관계, 자기관리 능력의 다섯 가지 미덕을 고루 갖춘 인간형으로 성공할 가능성이 큰 경영인 또는 관리자
화이트 칼라 (White Collar)	육체적 노력이 요구되더라도 생산과 전혀 무관한 일을 하는 샐러리맨이나 사무직노동자
블루 칼라 (Blue Collar)	생산, 제조, 건설, 광업 등 생산현장에서 일하는 노동자. 노동자들의 복장이 주로 청색인 점에 착안하여 생겨나 화이트 칼라와 대비됨
그레이 칼라 (Gray Collar)	화이트 칼라와 블루 칼라의 중간층으로 컴퓨터 · 전자장비 · 오토메이션 장치의 감시나 정비에 종사하는 근로자
논 칼라 (Non Collar)	블루 칼라도 화이트 칼라도 아닌 무색세대로 컴퓨터 세대
핑크 칼라 (Pink Collar)	가정의 생계를 위해 사회로 진출하는 주부
퍼플 칼라 (Purple Collar)	빨강과 파랑이 섞인 보라색으로 가정과 일의 균형과 조화를 추구하는 근로자
레인보우 칼라 (Rainbow Collar)	참신한 아이디어와 개성으로 소비자의 욕구를 만족시켜주는 기획관련 업종을 지칭하는 광고디자인, 기획, 패션업계 종사자.
네오블루 칼라 (Neo-Blue Collar)	새로운 감성미학을 표현해내고 개성을 추구하는 등 특유의 신명으로 일하는 영화 · CF업계의 감성 세대
르네상스 칼라 (Renaissance Collar)	세계 정치 · 경제 · 문화의 다양한 콘텐츠들을 섭렵하여 자신의 꿈을 좇아 변신한 인터넷 사업가
일렉트로 칼라 (Electro Collar)	컴퓨터의 생활화에 따라 새롭게 등장하고 있는 직종으로 컴퓨터에 대한 이해도와 기술수준이 뛰어난 엘리트
실리콘 칼라 (Silicon Collar)	창의적인 아이디어와 뛰어난 컴퓨터 실력으로 언제라도 벤처 창업이 가능한 화이트 칼라의 뒤를 잇는 새로운 형태의 고급 노동자
스틸 칼라 (Steel Collar)	사람이 하기 힘든 일이나 단순 반복 작업을 하는 산업용 로봇
뉴 칼라 (New collar)	4차 산업혁명 시대에 새롭게 등장한 직업 계층. 2016년 IBM 최고경영자(CEO) 지니 로메티가 처음 언급한 육체 노동직을 뜻하는 블루 칼라나 전문 사무직을 뜻하는 화이트 칼라가 아닌 새로운 직업 계층

실업의 종류 ✦

노동할 능력과 의욕을 가진 자가 노동의 기회를 얻지 못하고 있는 상태를 실업(失業)이라고 한다. 대표적으로 실업의 원리를 설명하는 이론에는 J.M. 케인스의 유효수요의 이론과 K. 마르크스의 산업예비군 이론이 있다.

구분	내용
자발적 실업 (自發的 失業)	취업할 의사는 있으나, 임금수준이 생각보다 낮다고 판단하여 스스로 실업하고 있는 상태를 말한다. 케인스(J.M. Keynes)가 1930년 전후 대공황기에 발생한 대량실업에 대해 완전고용을 전제로 설명하려 했을 때 분류한 개념의 하나로 비자발적 실업과 대비된다.
비자발적 실업 (非自發的 失業)	자본주의에서 취업할 의사는 있으나 유효수요(有效需要)의 부족으로 취업하지 못하는 상태를 말한다. 수요부족실업 또는 케인스적 실업이라고도 한다. 케인스는 불황기의 대량실업 구제책으로 확장적 금융 · 재정정책에 의한 유효수요 증가정책을 써야한다고 주장했다.
마찰적 실업 (摩擦的 失業)	일시적인 결여나 산발적인 직업 간의 이동에서 발생하는 시간적 간격 등에 의해 발생하는 실업형태이다. 기업의 부도로 근로자들이 직장을 잃는 경우가 해당되며 케인스가 분류했다.
경기적 실업 (景氣的 失業)	경기변동의 과정에 따라 공황이 발생하면 실업이 급증하고 번영기가 되면 실업이 감소하는 실업형태로, 장기적 성격을 가진다.
계절적 실업 (季節的 失業)	산업의 노동력 투입이 자연적 요인이나 수요의 계절적 편재에 따라 해마다 규칙적으로 변동하는 경우에 생기는 실업형태이다.
구조적 실업 (構造的 失業)	일반적으로 선진국에서 자본주의의 구조가 변화하여 생기거나 자본축적이 부족한 후진국에서 생산설비의 부족과 노동인구의 과잉으로 생기는 실업형태이다. 경제구조의 특질에서 오는 만성적 · 고정적인 실업이며 경기가 회복되어도 빨리 흡수되지 않는 특징이 있다.
기술적 실업 (技術的 失業)	기술진보에 의한 자본의 유기적 구성의 고도화로 인해 발생하는 실업형태이다. 주로 자본주의적 선진국에서 나타나며 자본수요의 상대적 부족으로 인해 발생한다. 마르크스형 실업이라고도 하며 실물적 생산력의 향상으로 노동수요가 감소한데 기인한다.
잠재적 실업 (潛在的 失業)	원하는 직업에 종사하지 못하여 부득이 조건이 낮은 다른 직업에 종사하는 실업형태로 위장실업이라고도 한다. 노동자가 지닌 생산력을 충분히 발휘하지 못하여 수입이 낮고, 그 결과 완전한 생활을 영위하지 못하는 반(半) 실업상태로, 영세농가나 도시의 소규모 영업층의 과잉인구가 이에 해당한다.
산업예비군 (産業豫備軍)	실업자 및 반실업자를 포함하는 이른바 상대적 과잉인구를 말한다. 자본주의가 발달해 자본의 유기적 구성이 고도화함에 따라 노동을 절약하는 자본집약적인 생산방법이 널리 채용되어 노동력이 실업으로 나타나는 것을 말한다. 마르크스는 이것을 자본주의 발전에 따르는 필연적 산물이라 하였다.

공허노동 ✦

공허노동은 스웨덴의 사회학자 롤란드 폴센이 최초로 정의한 개념으로, 근무시간 중에 딴짓을 하는 것으로, 인터넷 쇼핑몰을 서핑하거나 SNS를 하는 등 업무와 무관한 일을 하는 행위를 뜻한다.

🏶 엘리트이론(Elite Theory) ✦✦

모든 사회조직에서의 정책은 집단 사이의 갈등 또는 요구를 통해 만들어지는 것이 아니라 파워엘리트나 지배엘리트 등의 특정한 소수로 국한되어 정책이 좌우된다는 이론이다. 엘리트이론은 세 가지로 나뉜다.

구분	내용
고전적 엘리트 이론	어떤 사회에서 집단이 생기면 책임 · 사명 · 능력의 세 가지 요소를 가진 소수 엘리트가 사회를 통치하고 다수의 대중들은 이들의 의견이나 결정을 따라 결국 소수 엘리트에 의한 지배가 이루어질 수밖에 없다는 입장이다.
신 엘리트이론	정치권력에는 이중성이 있어서 하나는 정책결정을 할 때 힘을 발휘하고, 다른 하나는 정책결정을 위한 정책문제의 선택에 있어서 그 영향력을 행사한다는 입장이다.
급진적 엘리트이론	1950년대 밀스가 주장한 미국 권력구조에 대한 이론으로 파워엘리트는 단일 지배계급이 아닌 기업체, 정부 내 행정관료기구, 군대 요직에 있는 간부를 지칭하며 이들의 밀접한 결합이 심화되고 있다고 보았다.

🏶 OTT ✦✦

Over – The – X는 기존 영역의 경계를 넘나드는 서비스나 상품을 의미한다. 증권거래소 밖에서 이루어지는 금융 장외시장은 OTC(Over The Counter) 마켓을 말하며, 처방전 없이 약국이나 슈퍼마켓에서 살 수 있는 일반 의약품은 OTC(Over The Counter) 드럭(Drug)이라고 표현한다. 방송, 통신 영역에서 사용하는 OTT(Over The Top) 서비스에서 'top'은 셋톱박스(Set Top Box)를 뜻한다. 직역하자면 '셋톱박스를 넘어서(통하여)' 제공되는 서비스를 뜻한다. 따라서 전파나 케이블이 아닌 범용 인터넷망(Public Internet)으로 영상 콘텐츠를 제공하는 것으로 셋톱박스가 있고 없음을 떠나 인터넷 기반의 동영상 서비스 모두를 포괄하는 의미로 쓰인다.

🏶 웨바홀리즘(Webaholism) ✦✦

웨바홀리즘(Webaholism)은 웹(Web)과 알코올 중독(Alcoholism)의 합성어로, 인터넷과 온라인 활동에 과도하게 의존하는 중독 현상을 의미한다. SNS, 온라인 게임, 유튜브, 웹 서핑, 전자상거래 등에 몰입하며, 현실 생활보다 온라인 활동을 더 우선시하는 특징을 보인다. 이는 현실과의 단절, 사회적 관계 위축, 업무 · 학업 생산성 저하 등을 초래할 수 있으며, 심할 경우 인터넷 중독 장애(Internet Addiction Disorder, IAD)로 이어질 수도 있다. 디지털 기술의 발전과 스마트폰 보급 확산으로 인해 웨바홀리즘이 점점 심화되고 있으며, 이를 예방하기 위해 디지털 디톡스(Digital Detox)가 하나의 대안으로 제시되고 있다.

> **PLUS** 디지털 디톡스(Digital Detox)
> 스마트폰, SNS, 인터넷 등 디지털 기기 사용을 의도적으로 줄이거나 중단하여 정신적 휴식을 취하는 활동을 의미한다. 이는 디지털 과몰입을 방지하고, 집중력 향상과 심리적 안정을 위한 방법으로 활용된다.

🏶 인구 데드크로스 현상 ✦✦

출생자 수보다 사망자 수가 많아지면서 인구가 자연 감소하는 현상을 의미한다. 이는 저출산과 고령화가 심화되면서 발생하며, 장기적으로 노동력 부족, 경제 성장 둔화, 사회복지 부담 증가 등의 문제를 초래할 수 있다.

✿ 저널리즘 종류 ✦✦

구분	내용
뉴 저널리즘	기존의 저널리즘에서 보다 구체적인 태도를 취하는 뉴스를 말한다.
하이프 저널리즘	제공하는 정보 없이 오락만 다루는 유형의 뉴스를 말한다.
비디오 저널리즘	한 명의 저널리스트가 취재부터 촬영, 편집 등 콘텐츠 제작을 도맡아 제작하는 것을 말한다.
PD 저널리즘	PD가 직접 취재하고 구성하는 보도 프로그램으로 PD수첩, 그것이 알고 싶다 등이 대표적이다.
퍼블릭 저널리즘	시민이 직접 참여하여 보도에 기여하는 것을 말한다.
체크북 저널리즘	뉴스나 인터뷰 등 특종을 독점방송하기 위해 대상자에게 돈을 지불하는 관행을 의미한다.
블랙 저널리즘	감추어진 사실을 드러내는 영역으로 특정 집단이나 개인이 가진 약점을 공개하겠다고 위협하거나 보도를 통해 이익을 얻는 것을 말한다.
센세이셔널리즘	호기심을 자극하여 대중의 인기를 끌고 이득을 얻는 보도를 말한다. 주로 유명인의 스캔들 등을 의미한다.
옐로 저널리즘	선정적이고 비도덕적인 기사들로 독자의 호기심을 자극하는 경향을 말한다.
경마 저널리즘	후보자의 정책, 공약 등 보다는 득표상황만 단순한 방식으로 보도하는 것을 말한다.

✿ 업사이클링(Up - Cycling) ✦✦✦

리사이클링은 의미 그대로 재활용이란 뜻으로 사용한 물품을 물품 본래 모습 그대로 다시 활용하는 것을 말한다. 업사이클링은 Upgrade와 Recycling의 합성어로, 디자인이나 활용도를 더하여 전혀 다른 제품으로 생산하는 것을 말한다. 버려지는 물건을 재활용하여 필요한 제품으로 재탄생시키며 최근에는 착한 소비, 가치 있는 소비로 새로운 소비트렌드가 되었다. 업사이클링 문화가 확산되면서 서울시는 국내 최대의 업사이클타운을 조성하기도 하였다. 국내 업사이클링타운 서울새활용플라자는 2017년에 개관하여 과학관, 공방, 카페 등을 운영하는 문화공간이다. 약 32개의 단체 및 개인이 입주해 있으며 다양한 체험 프로그램도 준비되어 있다. 이를 비롯하여 '아름다운 가게'에서 운영하는 '에코파티메아리' 등 업사이클링 제품 가게들도 늘어나고 있는 추세이다. 해외에서도 업사이클링 문화는 활발하게 확산되고 있다. 스위스의 브라이탁은 방수천과 자동차 안전벨트, 폐자전거의 고무를 이용하여 가방을 만들고 이 밖에도 리바1920 등 업사이클링을 통하여 가구를 생산하는 업체들이 늘고 있다.

PLUS 대표적인 업사이클링 사례

구분	내용
플라스틱	• 버려진 플라스틱으로 전기 · 수소에너지를 생산하는 기술을 개발 • 나일론, 폴리에스테르의 섬유로 개발
음식물쓰레기	바이오매스(광합성에 의해 만들어진 식물 뿌리, 껍질 등)를 통하여 액체나 고체, 가스연료로 사용
소다미술관	방치되어 있는 찜질방 건물을 리모델링하여 디자인 · 건축 미술관으로 재탄생
폐원단	의류, 가방, 마스크 등으로 재생산

✣ 제로웨이스트(Zero Waste) ✦✦

환경보호를 위해 플라스틱 용기, 비닐봉지, 나무젓가락 등 일회용품 사용을 자제하고 장바구니나 도시락통, 텀블러 등을 사용하는 것을 말한다. 쓰레기 배출을 제로(0)로 만들자는 취지로 시작되었으며 더 많은 참여자를 독려하기 위하여 최근에는 해시태그를 이용한 캠페인도 벌이고 있다. SNS에 자신의 제로웨이스트 사진을 올린 뒤 지인을 태그하여 릴레이 하는 형식이다. 제로 웨이스트의 구체적인 방법으로는 개인용 용기(도시락 통)에 음식 포장하기, 남은 재료를 활용하여 요리하기, 휴지보다 손수건을 이용하기, 장바구니 사용하기, 빨대 사용 자제하기 등이 있다. 코로나19로 인한 배달 및 포장 서비스, 마스크와 일회용 위생장갑의 사용과 폐기가 급증하는 등으로 쓰레기 감소의 중요성이 더욱 대두되고 있다.

✣ 유리천장 지수(Glass Ceiling Index) ✦✦

OECD 회원국을 대상으로 직장 내 여성차별 수준을 평가하여 발표하는 지수이다. 「이코노미스트」는 매년 3월 8일 여성의 날을 맞아 노동시장에서의 성평등 기준을 제공하기 위해 발표하고 있다. 10가지 지표를 가중 평균해 결과를 낸다. 지수가 낮을수록 직장 내 여성차별이 심하다는 의미이다.

✣ 새출발기금 ✦✦

코로나19로 피해를 입은 개인사업자 · 소상공인이 보유한 금융권 대출에 대하여 상환기관은 늘려주고 금리부담은 낮추되 채무상환이 어려운 차주에게는 원금조정을 도와주는 채무조정 프로그램이다. 코로나뿐 아니라 물가상승과 영업여건 악화로 인한 빚 부담이 커질 우려가 있는 데다, 금리 상승기가 겹치면서 부실이 확대될 가능성이 있다고 판단되어 마련된 제도이다.

✣ 직장 내 괴롭힘 금지법 ✦✦✦

「근로기준법」제76의2 법률로, 법안은 직장 내 괴롭힘을 '사용자 또는 근로자가 직장에서의 지위 또는 관계 등의 우위를 이용하여 업무상 적정 범위를 넘어 다른 근로자에게 신체적 · 정신적 고통을 주거나 근무 환경을 악화시키는 행위'로 정의하였다. 이 법은 직장 내 갑질과 폭언, 폭행 등이 잇따라 노동 환경이 침해되고 있다는 지적에 따라 제정되었다.

✣ 마스킹 효과 ✦✦✦

업무를 중요시하여 건강이 나빠지는 것을 못 느끼는 현상이다. 의학적으로 얼굴이 창백할 정도로 건강이 좋지 않지만 핑크빛 마스크를 쓰면 건강한 것처럼 착각하게 된다는 것으로 현대직장인들이 자아성취에 대한 욕구의 증가로 업무를 우선시하여 건강을 잃는 것을 느끼지 못함을 말한다.

❈ 캔슬 컬처 ✦✦✦

SNS상에서 자신의 생각과 다르거나 특히 공인이 논란을 불러일으키는 발언 및 행동을 했을 때 팔로우를 취소하고 외면하는 행동을 말한다. 최근 일론 머스크가 가상화폐와 관련하여 자극적인 발언을 하자 지지자들이 공격적으로 돌아선 경우가 그 예시이다. 캔슬 컬처는 당초 소수자 차별 문제와 함께 확산된 온라인 문화로, 소수자 차별 발언 혹은 행동을 저지른 이들에게 문제를 지적하고자 '당신은 삭제됐어(You're Canceled)'등의 메시지를 보내고 해시태그(#)를 다는 운동에서 시작됐다.

❈ 맨아워 ✦✦

한 사람이 한 시간에 생산하는 노동(생산성) 단위를 일컫는다. 5명이 하루 6시간씩 열흘 동안 일을 했다면 이는 300맨아워로 환산할 수 있다.

❈ RE100 ✦✦✦

'재생에너지(Reenewable Electricity) 100%'의 줄임말로, 2050년까지 기업이 사용하는 전력량 100%를 태양광, 풍력 등의 재생에너지로 충당하겠다는 환경 캠페인이다. RE100은 정부가 강제한 것이 아닌 기업들의 자발적인 참여로 진행된다. RE100을 달성하기 위해선 태양광 발전 시설 등의 설비를 직접 만들거나, 재생에너지 발전소에서 전기를 쓰는 방식 등이 있다. 한국은 2021년부터 한국형 RE100인 K-RE100을 도입하여 참여자에게 글로벌 RE100 캠페인 기준과 동일한 2050년 100% 재생에너지 사용을 권고하고 있다. 다만, 2050년까지 중간 목표는 참여자의 자율에 맡긴다.

❈ CF100 ✦✦✦

'탄소 배출 제로(Carbon Free) 100%'의 줄임말로, 전력의 100%를 무탄소 에너지원으로 공급받아 사용하는 것이다. RE100만으로는 탄소중립을 달성하기 어렵다는 지적이 나오자 그 대안으로 제시된 개념으로써, 전력 부문에서 탄소를 완전히 제거한다는 점에서 RE100과는 차이가 있다. RE100은 석탄·화력발전소를 통해 나온 전기를 사용해도 일정 기준을 충족할 경우 재생에너지 사용을 인정받을 수 있는 반면, CF100은 재생에너지뿐만 아니라 탄소를 배출하지 않는 원자력 발전, 연료전지 등을 통한 전력을 포함시켜 탄소 발생 전력원으로부터 공급받는 전기를 0으로 만들겠다는 것이다.

❈ 양떼효과 ✦

무리에서 동떨어지지 않기 위해 나의 의지와는 상관없이 행동을 따라하는 일종의 군집효과로, 인간의 추종심리를 양떼에 비유하여 표현한 용어이다.

✖ 휘슬블로어(Whistle Blower) ✦

기업 또는 정부기관 내의 부정과 비리를 신고한 내부 고발자를 말한다. 단순히 자신이 살아남기 위해서 남의 허물을 밀고하는 사람이 아니라 공익을 위하여 제보하는 사람을 말한다.

✖ 비상경제민생회의 ✦✦

윤석열 정부가 어려운 경제 상황 속 민생을 살피기 위해 지난 7월부터 개최한 회의이다. 지난 7월 초 국무회의에서 처음으로 언급되었으며, 첫 회의는 7월 8일 용산 대통령실에서 열려 경제상황과 분야별 리스크를 점검하고 고물가 부담 경감을 위한 방안을 모색하였다. 제2차 회의는 중앙 서민금융통합지원센터에서 열렸으며 고금리에 따른 채무부담 경감 방안을 주제로 논의하였고, 제3차 회의는 영구임대주택단지에서 주최해 주거비 경감, 주택공급 확대 등을 의제로 하였다. 헬스케어혁신파크에서 열린 제4차 회의에서는 코로나19 백신 및 치료제 개발, 바이오산업 혁신 방안을 의제로 하였으며, 제5차 회의는 양재동 하나로마트에서 진행하여 추석물가 안정과 취약계층 지원방안을 주제로 논의하였다. 대통령실은 향후 소상공인 경재력 강화, 수출, 해외건설, 반도체, 인공지능, 배터리, 미래차 등을 의제로 하여 회의가 열릴 예정이라고 밝혔다.

✖ 워크셰어링(Work Sharing) ✦✦

불황기의 고용문제 해결방법으로, 구성원 1인당 노동시간을 줄이는 대신 그만큼 고용을 늘리거나 고용상태를 유지하는 제도를 말하나. 구체적으로 노동시간 단축, 작업량 삭감, 휴일 · 휴가 증가, 퇴직연령 인하, 교육 · 직업훈련 기간 연장 등이 있다.

✖ 디깅 소비 ✦✦

'파다'라는 뜻인 영어 단어 '디깅(digging)'에 소비를 붙인 합성어로, 소비자가 선호하는 부문이나 영역을 깊게 파고는 행동이 관련 제품의 소비로 이어지는 것을 뜻한다. 최근 청년층의 변화된 라이프스타일에 맞춘 소비 패턴으로, 유명 브랜드들의 콜라보 제품이나 한정판 이색 용품 등을 사고자 시간과 재화를 쏟아붓는 것이 대표적인 예이다.

✖ 팍스로비드 ✦✦✦

주로 캡슐 형태(알약)의 모양을 한 먹는 코로나19 치료제이다. 미국 머크, 미국 화이자, 스위스 로슈 등에서 임상이 진행됐으며, 화이자의 '팍스로비드'와 머크의 '몰누피라비르'는 2021년 12월 미국 식품의약청(FDA)의 긴급사용 승인을 받았다.

�֍ 채식주의 ✦✦

채식주의란 개념이 처음으로 나타난 것은 고대 인도와 고대 그리스에서로, 불살생의 원리에 따라 종교나 철학자들에 의해 제기되었다. 유럽에서는 고대 로마가 기독교를 국교로 삼으면서 채식주의가 사라졌다가 르네상스 시기에 다시 등장하여 19세기와 20세기에 확산되었다. 1847년 영국에서 최초로 '채식주의자 협회'가 설립되었으며, 1908년에는 국제협회가 창립되었다. 최근에는 환경과 경제적 관심 때문에 채식주의자가 늘어나고 있다. 채식주의자는 육식을 피하고 식물로 만든 음식만을 먹는 사람을 뜻한다. 고기뿐만 아니라 우유, 버터, 치즈, 요구르트 등 유제품과 생선이나 달걀, 육수 등 먹지 않는 것을 말하지만 채식주의에는 여러 유형이 있어서 경우에 따라 육고기를 제외한 동물성 음식을 먹기도 한다.

PLUS **채식주의자 유형**

- **플렉시테리언** : 유연한(Flexible)과 베지테리언(Vegetarian)의 합성어로, 식물성 음식을 주로 섭취하지만 육류를 먹는 경우. 공장에서 생산되는 고기를 거부하고 자연에서 자란 고기만을 먹기도 한다.
- **폴로 베지테리언**(Pollo Vegetarian) : 폴로테리언이라고도 불리며 동물 가운데 닭이나 오리같은 가금류를 허용한 채식주의자이다. 어류와 해산물 일부를 먹기도 한다.
- **페스코 베지테리안**(Pesco Vegetarian) : 육류나 가금류는 먹지 않으며 우유, 달걀, 생선까지만 먹는 채식주의자이다.
- **락토 오보 베지테리언**(Lacto ovo Vegetarian) : 유제품과 달걀까지는 먹는 채식주의자로, 대부분의 채식주의자들은 락토 오보 베지테리언으로 분류된다.
- **오보 베지테리언**(ovo vegetarian) : 유제품은 먹지 않지만 계란까지는 먹는 채식주의자이다.
- **락토 베지테리언**(lacto vegetarian) : 육류와 계란은 먹지 않지만 유제품은 먹는 경우로, 인도와 지중해 연안의 나라에서 흔하다.
- **프루테리언**(Fruitarian) : 과일과 견과류의 열매와 씨앗 등, 식물에게 해를 끼치지 않는 부분만 먹는 극단적 채식주의자로, 일부 프루테리언은 나무에 매달려 있는 열매는 먹지 않고, 다 익어 땅에 떨어진 열매만 먹는 경우도 있다. 영양소 결핍의 가능성이 커 그 수가 많지는 않다.
- **로비건**(Raw vegan) : 생식주의자로, 식물성 재료가 조리과정에서 영양소가 파괴되거나 변형되는 것을 막기 위해 열을 이용해 조리하지 않고 먹는 채식주의자를 말한다.
- **비건**(vegan) : 유제품과 계란, 벌꿀 등을 포함한 모든 종류의 동물성 음식을 먹지 않고, 짐승의 가죽으로 만든 옷이나 동물 실험을 한 화장품과 같은 상품도 사용하지 않는 채식주의자이다. 동물에게 행해지는 착취와 학대를 배제하고자 하는 의미가 포함되어 있다.

03 출제예상문제

1 장비 · 먹거리 · 연료 등을 모두 챙기는 캠핑의 번거로움에 착안해 비용이 더 들더라도 간편하게 캠핑을 즐길 수 있도록 한 귀족적 야영을 뜻하는 말은?

① 비부악(Bivouac) 　　　　　② 오토캠프(Autocamp)

③ 글램핑(Glamping) 　　　　　④ 반더포겔(Wandervogel)

> **Advice** 글램핑(Glamping) … 화려하다(Glamorous)와 캠핑(Camping)을 조합해 만든 신조어로 필요한 도구들이 모두 갖춰진 곳에서 안락하게 즐기는 캠핑을 말하는 데 북미 · 유럽 등에선 이미 부유층의 여가 트렌드로 정착했다.
> ① 비부악(Bivouac) : 등산 시 악천후나 사고가 발생하여 계획하지 못했던 장소에서 불가피하게 이루어지는 야영
> ② 오토캠프(Autocamp) : 호텔 · 여관 등을 이용하지 않고 텐트나 간이 숙박시설을 이용해서 경관을 즐기면서 자동차로 여행하는 일 또는 숙박시설
> ④ 반더포겔(Wandervogel) : 독일어로 '철새'라는 뜻이며, 철새처럼 산과 들을 돌아다니며 심신을 다지는 일을 목적으로 한다.

2 UN이 분류한 초고령사회의 인구 비율로 옳은 것은?

① 20%

② 15%

③ 14%

④ 7%

> **Advice** 초고령사회 … UN이 분류한 초고령사회는 65세 이상 인구가 총인구를 차지하는 비율이 20% 이상인 경우에 해당하며 고령화사회는 7% 이상, 고령사회는 14% 이상인 경우이다. 우리나라의 경우 지난 2018년에 65세 이상 인구가 총인구의 14%를 넘어 고령사회로 진입했다.

3 2010년 초반 ~ 2020년대 중반에 출생한 세대로, 어려서부터 기술적 진보를 경험하여 AI나 로봇 등에 익숙한 세대를 무엇이라 하는가?

① 밀레니얼 세대
② Z세대
③ 알파 세대
④ MZ세대

🔎 **Advice** 알파 세대 … 2010년 초반 ~ 2020년대 중반에 출생한 세대로, 어려서부터 기술적 진보를 경험하여 AI나 로봇 등에 익숙한 세대를 말한다.

  ① 밀레니얼 세대 : 1980년대 초반 ~ 2000년대 초반 출생한 세대로, 정보기술에 능통하며 대학 진학률이 높은 특징을 가진다.
  ② Z세대 : 1995년 이후 ~ 2010년대 초반 또는 중반까지 출생한 세대로, 어려서부터 인터넷을 자연스럽게 접한 것이 특징이다.
  ④ MZ세대 … 밀레니얼 세대와 Z세대를 통칭하는 말로 개인의 행복을 추구하고, 소유보다는 공유를, 상품보다는 경험을 중시하는 소비특징을 보인다. SNS기반 유통시장에 강력한 영향력을 발휘하고 있다.

4 여성들의 고위직 진출을 가로 막는 회사 내 보이지 않는 장벽을 뜻하는 말로, 여성 직장인들의 승진의 최상한선, 승진을 막는 보이지 않는 장벽을 의미하는 것은?

① 우물천장
② 유리벽
③ 유리상자
④ 유리천장

🔎 **Advice** 유리천장 … 여성들의 고위직 진출을 가로 막는 회사 내 보이지 않는 장벽을 뜻하는 말로, 여성 직장인들의 승진의 최상한선, 승진을 막는 보이지 않는 장벽을 말한다. 미국의 유력 경제주간지인 「월스트리트저널」이 지난 1970년 만들어낸 신조어이다. 그리고 이때를 전후하여 미국 정부는 유리천장 위원회(Glass Ceiling Commission)를 결성하고 여성 차별 해소와 여성들의 사회 진출을 제도적으로 독려하였다.

⭐ ANSWER 1.③ 2.① 3.③ 4.④

5 디지털 자료들을 적극적으로 활용해 예술이나 기타 창조활동을 하는 사람들을 뜻하는 단어는 무엇인가?

① 디지털 루덴스   ② 디지털 유목민

③ 디지털 네이티브   ④ 코쿠닝족

> **Advice** 디지털 루덴스 … '디지털(Digital)'과 인간 유희를 뜻하는 '호모 루덴스(Homoludens)'의 합성어이다. 이들은 인터넷을 놀이 공간 삼아 새로운 글이나 영상을 만들기도 하고, 때론 가져온 자료를 재가공하여 색다른 정보를 제공하기도 한다. 디지털 루덴스는 정보의 일방적인 수용자에서 벗어나 사회문제를 적극적으로 제시하는 등 다양한 역할을 수행하고 있다.
>
> ② 디지털 유목민 : 원격 통신 기술을 적극 활용하며 단일한 고정 사무실 없이 근무하고 살아가는 인간형을 말한다. 인터넷과 업무에 필요한 각종 기기, 제한되지 않은 작업공간만 있으면 시간과 장소에 구애받지 않고 일을 할 수 있는 사람들을 한곳에 정착하기를 거부하는 자유로운 기질의 유목민에 비유한 말이다.
>
> ③ 디지털 네이티브 : 태어날 때부터 디지털 기기에 둘러싸여 성장한 세대를 말한다. 미국교육학자 마크 프렌스키가 2001년 처음 사용한 용어로 1980년에서 2000년 사이에 태어난 세대를 말한다. 프렌스키는 특정 지역 원주민들이 그곳 언어와 문화를 태어나면서 배우듯이 현재 아이들은 디지털 습성을 타고난다는 의미를 가진다.
>
> ④ 코쿠닝 : 누에고치(Cocoon)가 고치를 짓는 것처럼 자신의 활동반경을 축소시키는 현상을 코쿠닝(Cocooning)트렌트라고 하며, 자신만의 안식처에 숨어 여가시간과 휴식을 적극적으로 보내는 사람들을 말한다.

6 노동을 했음에도 보수를 받지 못하는 무급 노동을 뜻하는 단어로, 직접 주유하는 셀프 주유소나 저렴하게 상품을 구입하기 위해 정보를 찾는 행위 등을 일컫는 단어는?

① 온디맨드   ② 공허노동

③ 그림자 노동   ④ 샐러던트

> **Advice** ① 온디맨드 : 공급이 아닌 수요가 경제 시스템을 주도하는 것으로, 모바일 기술 및 IT인프라를 통해 소비자의 수요에 즉각적으로 서비스 및 제품을 제공하는 것을 뜻한다.
>
> ② 공허노동 : 스웨덴의 사회학자 롤란드 폴센이 최초로 정의한 개념으로서, 근무시간 중에 인터넷 서핑이나 SNS를 하는 등 업무와 무관한 일을 하는 행위를 뜻한다.
>
> ④ 샐러던트 : 샐러리맨(Salary man)과 학생(Student)의 합성어로, 직장을 다니면서 새로운 분야를 배우거나, 전문성을 높이기 위해 계속 공부하는 사람들을 뜻한다.

7 사용자가 행하는 유일한 쟁의행위인 직장폐쇄에 대하여 옳지 않은 것은?

① 직장폐쇄 기간 동안 임금을 지급하지 않아도 된다.
② 직장폐쇄를 금지하는 단체협약은 무효이다.
③ 직장폐쇄는 사용자의 적극적 권리를 의미한다.
④ 노동조합의 쟁의행위를 예방하기 위해 사전에 임의로 직장폐쇄를 할 수 있다.

Advice 직장폐쇄의 요건(「노동조합 및 노동관계조정법」제46조)
  ㉠ 사용자는 노동조합이 쟁의행위를 개시한 이후에만 직장폐쇄를 할 수 있다.
  ㉡ 사용자는 직장폐쇄를 할 경우에는 미리 행정관청 및 노동위원회에 각각 신고하여야 한다.

8 다음이 설명하는 것은 무엇인가?

> 과열 경쟁과 과도한 업무에 시달리는 직장인들에게 주로 나타나는 증상으로 반복되는 업무와 스트레스 속에서 몸과 마음이 힘들어지고 극도의 피로가 쌓이면 찾아오는 질병이다. 이는 우울증이나 자기 혐오, 심리적 회피와 같은 증상을 동반하며 심할 경우 수면 장애를 유발해 건강에 치명적인 영향을 줄 수 있다.

① 심열(心熱)
② 번아웃 증후군
③ 일반 적응 증후군
④ 대사증후군

Advice 번아웃 증후군 … 지나치게 업무에 집중하던 사람이 어느 순간 연료가 다 타버린 듯 무기력해지며 심신이 탈진하는 상태를 의미한다. 과도한 피로와 스트레스 누적으로 인해 발생하는 것으로 'Burn Out'의 어원 그대로 '타버리다, 소진되다'는 뜻을 내포한다.
  ① 심열(心熱) : 한의학에서 울화 때문에 생기는 열을 가리킨다. 지속적인 스트레스, 정서적 불안정과 장기 기능의 균형이 무너지게 되면 심열이 생기게 된다.
  ③ 일반 적응 증후군 : 신체가 스트레스를 받는 상황에서 자신을 방어하려는 일반적인 시도가 나타난다는 것을 뜻하는 용어이다.
  ④ 대사증후군 : 고혈당, 고혈압, 고지혈증, 비만, 죽상경화증 등의 여러 질환이 한 개인에게서 한꺼번에 나타나는 상태를 말한다.

9 다음 제시문을 읽고 빈칸에 들어갈 알맞은 용어를 고르면?

> A 씨는 온몸 통증을 호소하였으나, 특별한 병변이 발견되지 않았다. 그러나 팔꿈치 통증이 참을 수 없는 정도라며 퇴행조직을 잘라내는 수술을 받고자 했고, 수술 후 또다시 어깨와 무릎 통증을 호소하였다. 어쩔 수 없이 수술하긴 했지만, 이번에도 역시 뚜렷한 병변은 확인되지 않았다. 하지만 아프다고 눈물로 호소하여 입·퇴원을 반복하였으며, 결국 왼쪽과 오른쪽 다리 인공관절 수술, 팔꿈치 통증과 손가락 저림 증상을 토로해 팔다리 수술은 13번까지 이어졌다. 계속되는 수술에도 통증이 줄어들지 않자 의료진은 결국 정신건강의학과 협진을 요청했다. 그 결과 A 씨는 (   ) 증상이 2회 이상 관찰되어 정신질환 치료를 받게 되었다.

① 사이코패스 ② 뮌하우젠 증후군
③ 리플리 증후군 ④ 바넘 효과

Advice 뮌하우젠 증후군 … 평소 거짓말하기를 좋아했던 독일인 뮌하우젠의 이야기를 각색한 모험소설 「말썽꾸러기 뮌하우젠 남작의 모험」에서 미국의 정신과의사인 아서(Richard Asher)가 따와 이름 붙인 것이다. 실제적인 증상은 없어도 병이 있는 것처럼 가장하여 이른바 병원을 찾아가는 증상이다.

① 사이코패스 : 반사회적 인격장애증을 앓고 있는 사람을 가리킨다. 평소에는 정신병질이 내부에 잠재되어 있다가 범행을 통하여서만 밖으로 드러나기 때문에 주변 사람들이 알아차리지 못하는 것이 특징이다.
③ 리플리 증후군(Ripley Syndrome) : 허구의 세계를 진실이라 믿고 거짓된 말과 행동을 상습적으로 반복하는 반사회적 인격장애를 뜻하는 용어이다.
④ 바넘 효과 : 사람들이 보편적으로 가지고 있는 성격이나 심리적 특징을 자신만의 특성으로 여기는 심리적 경향을 말한다.

10 사회보장의 기능과 형평성에 대한 설명으로 옳지 않은 것은?

① 사회보장제도는 소득의 재분배를 통한 국민의 생존권의 실현과 최저생활 확보를 전제로 한다.
② 소득재분배의 형태는 수직적, 수평적, 세대 간 재분배의 세 가지로 구분할 수 있다.
③ 수직적 재분배는 소득이 높은 계층으로부터 낮은 계층으로 재분배되는 것으로 분배의 형평성을 지향한다.
④ 공적연금제도는 수평적 재분배의 대표적 예라고 할 수 있다.

Advice 공적연금제도 … 재정조달 방식이 부과방식일 경우 현재의 노령세대는 근로세대로부터, 현재의 근로세대는 미래세대로부터 소득이 재분배되기 때문에 세대 간 재분배라고 볼 수 있다.

11 공공부조의 기본원리에 대한 설명으로 옳은 것은?

① 생존보장의 원리 : 공공부조의 보호수준은 최저한의 생활이 유지되도록 하여야 한다는 원리

② 국가책임의 원리 : 국가는 모든 국민의 건강하고 문화적인 생활을 보호하여야 하며, 역으로 국민의 입장에서 생존권을 보호받을 수 있는 권리를 보장하는 원리

③ 무차별 평등의 원리 : 공공부조 수급의 법적 기준에 해당하는 사람이면 빈곤의 원인이나 신앙, 성별 등에 상관없이 누구든지 평등하게 보호받아야 한다는 원리

④ 보충성의 원리 : 보호대상자 스스로가 자신의 생활을 책임질 수 있도록 한다는 원리

🔍**Advice** ① 최저생활 보호의 원리에 대한 설명이다.
② 생존권 보장의 원리에 대한 설명이다.
④ 자립 조성의 원리에 대한 설명이다.

※ 공공부조의 원리 및 원칙
㉠ 공공부조의 6대 원리
• 생존권 보장의 원리 : 국민은 생활이 어렵게 되었을 때 자신의 생존을 보장 받을 수 있는 권리가 법적으로 인정된다.
• 국가책임의 원리 : 빈곤하고 생활 능력이 없는 국민에 대해서는 궁극적으로 국가가 책임지고 보호한다.
• 최저생활 보호의 원리 : 단순한 생계만이 아니라 건강하고 문화적인 수준을 유지할 수 있는 최저한도의 생활이 보장되어야 한다.
• 무차별 평등의 원리 : 사회적 신분에 차별 없이 평등하게 보호받을 수 있어야 한다.
• 자립 조성의 원리 : 자립적이고 독립적으로 사회생활에 적응해 나갈 수 있도록 돕는다.
• 보충성의 원리 : 수급자가 최저한도의 생활을 유지할 수 없는 경우에 최종적으로 그 부족분을 보충한다.
㉡ 공공부조의 6대 원칙
• 신청보호의 원칙 : 우선적으로 국가에게 보호신청을 한 후 직권보호를 받는다.
• 기준과 정도의 원칙 : 대상자의 연령, 세대구성, 소득관계 및 자산 조사를 통해 부족분만을 보충한다.
• 필요즉응의 원칙 : 무차별 원리에 대한 보완적 성격으로 보호 신청이 있을시 즉시 보호 여부를 결정해야 한다.
• 세대단위의 원칙 : 공공부조는 세대를 단위로 하여 그 서비스의 필요여부 및 정도를 결정한다.
• 현금부조의 원칙 : 수급권자의 낙인감과 불신을 최소화하기 위해 금전 급여를 원칙으로 한다.
• 거택보호의 원칙 : 수급권자가 거주하는 자택에서 공공부조가 제공된다.

⭐ANSWER 9.② 10.④ 11.③

12 업무 시간에 주식, 게임, 음란물 등 업무 이외의 용도로 인터넷을 이용하는 것을 무엇이라 하는가?

① 싱커즈족   ② 사이버슬래킹
③ 쿼터리즘   ④ 시피족

> **Advice** 사이버슬래킹(Cyber Slacking) … 인터넷을 업무에 활용하는 것이 보편화되면서 업무 이외의 용도로 사용하는 사례가 증가하고 있다. 사이버슬래킹은 업무 시간에 인터넷과 E-메일 등 업무를 위해 설치한 정보인프라를 개인적 용도로 이용하면서 업무를 등한시 하는 행위를 말한다.
> ① 싱커즈족(Thinkers) : 결혼 후 맞벌이를 하며 아이를 낳지 않고, 일찍 정년퇴직해 노후를 즐기는 신계층
> ③ 쿼터리즘(Quarterism) : 인내심을 잃어버린 요즘 청소년의 사고·행동양식을 지칭
> ④ 시피족(Character Intelligence Professionalism) : 지적 개성을 강조하고 심플 라이프를 추구하는 신세대 젊은이

13 다음 상황과 관련된 용어로 옳은 것은?

> A는 환경보호를 위해 채식을 선언하고 매주 일요일마다 산에 있는 쓰레기를 주우러 간다. SNS에는 #환경보호 #줍깅 #채식 등의 해시태그로 환경오염의 심각성을 다수에게 알리고 관심사를 공유한다.

① 소확행   ② 케렌시아
③ 업사이클링   ④ 미닝아웃

> **Advice** 미닝아웃 … 소비자 운동의 일환으로, 정치·사회적 신념을 소비행위를 통해 적극적으로 표현하는 것을 말한다.
> ① 소확행 : 일상에서 느낄 수 있는 소소하지만 확실한 행복을 의미한다. 일본 작가 무라카미 하루키가 레이먼드카버의 단편 소설에서 따와 만든 신조어이다.
> ② 케렌시아 : 스페인어로 피난처·안식처라는 뜻으로 일상에 지친 사람들이 몸과 마음을 쉴 수 있는 재충전 공간의 의미로 쓰인다.
> ③ 업사이클링 : Upgrade와 Recycling의 합성어로, 디자인이나 활용도를 더하여 전혀 다른 제품으로 생산하는 것을 말한다.

14 영화, TV방송, 드라마 등 플랫폼에 상관없이 인터넷으로 영상을 제공하는 서비스는?

① OTT   ② OJT
③ OTV   ④ OTC

> **Advice** OTT(Over The Top) … 플랫폼에 상관없이 인터넷으로 영상을 제공하는 모든 서비스를 말한다. 대표적 OTT 업체는 넷플릭스, 유튜브, 티빙, 왓챠 등이 있다.

15 대도시에 취직한 시골출신자가 고향으로 돌아가지 않고 지방 도시로 직장을 옮기는 형태의 노동력 이동은?

① J턴 현상
② U턴 현상
③ 도넛 현상
④ 스프롤 현상

Advice J턴 현상 … U턴 현상에 비해 출신지에서의 고용기회가 적을 경우 나타나는 현상이다.

② U턴 현상 : 대도시에 취직한 시골 출신자가 고향으로 되돌아가는 노동력 이동현상을 말한다.

③ 도넛 현상 : 대도시의 거주지역과 업무의 일부가 외곽지역으로 집중되고 도심에는 상업기관 · 공공기관만 남게 되어 도심이 도넛모양으로 텅 비어버리는 현상을 말한다.

④ 스프롤 현상 : 도시의 급격한 팽창에 따라 대도시의 교외가 무질서 · 무계획적으로 주택화 되는 현상이다.

16 근로자의 쟁의행위가 아닌 것은?

① 태업
② 사보타주
③ 직장폐쇄
④ 파업

Advice 직장폐쇄 … 노사쟁의가 일어났을 때 사용자가 자기의 주장을 관철시키기 위하여 공장 · 작업장을 폐쇄하는 일을 말한다.

① 태업 : 표면적으로는 작업을 하면서 집단적으로 작업능률을 저하시켜 사용자에게 손해를 주는 쟁의행위이다.

② 사보타주 : 단순한 태업에 그치지 않고 의식적이고 고의적으로 사유재산 파괴하고 생산설비 손상을 통한 노동자의 쟁의행위이다.

④ 파업 : 노동자들이 자신들의 요구를 실현시키기 위해 집단적으로 생산 활동이나 업무를 중단함으로써 자본가에 맞서는 투쟁방식이다.

17 다음 중 타임오프제에 대한 설명으로 옳은 것은?

① 노조전임자에 대한 사용자의 임금 지급을 원칙적으로 인정하는 제도이다.
② 노조전임자의 노무관리 업무에 한해서 근로한 것으로 인정하는 제도이다.
③ 조합원의 노무관리 업무에 한해서 사용자의 임금 지급을 원칙적으로 인정하는 제도이다.
④ 조합원의 노무관리 업무에 한해서 사용자의 임금 지급을 원칙적으로 금지하는 제도이다.

Advice 타임오프제(Time-Off) … 노조전임자에 대한 사용자의 임금 지급은 원칙적으로 금지하지만, 노동자의 고충 처리 · 노사 간의 단체교섭 준비 및 체결에 관한 활동 · 노동자의 산업안전에 관한 활동 등 노무관리 업무에 한해서 근무한 것으로 인정하여, 이 근로시간에 대한 임금을 지급하는 제도이다.

⭐ ANSWER 12.② 13.④ 14.① 15.① 16.③ 17.②

18 다음 밑줄에 들어갈 알맞은 용어를 차례대로 고른 것은?

> 로마시대에 왕과 귀족이 보여준 도덕의식, 솔선수범하는 공공정신에서 비롯된 말인 _____ 현대 사회에서도 사회 지도층이 불우이웃 돕기 행사와 같은 선행을 베푸는 것을 말한다. 이러한 선행은 개인이 아닌 기업에서도 이루어진다. ____(은)는 기업의 사회공헌의 책임을 말한다.

① 노블레스 오블리주 – CRM
② 앙시앵레짐 – CRM
③ 앙시앵레짐 – CSR
④ 노블레스 오블리주 – CSR

Advice CSR(Corporate Social Responsibility) … 기업의 사회적 책임. 현대사회에서는 기업이 사회에 미치는 영향력이 크다. 때문에 기업이 생산 및 영업활동을 하면서 이윤 창출만을 목표로 하는 것이 아니라 환경경영, 윤리경영, 사회공헌과 노동자를 비롯한 지역사회 등 사회 전체에 이익을 동시에 추구하는 사회공헌적 책임을 말한다.

19 다음 설명으로 옳은 것은?

> 사무실 근무를 벗어나 언제 어디서나 효율적으로 일할 수 있는 업무 개념을 말한다. 모바일 기기를 이용해 업무를 수행할 수 있는 모바일 오피스, 영상회의 시스템 등을 활용하는 원격근무, 재택근무 등이 포함된다. 코로나19로 인해 우리나라에도 보편화되었다.

① 워크셰어링   ② 스마트워크
③ 코피스족   ④ 퍼플잡

Advice ① 워크셰어링 : 노동자들의 임금을 삭감하지 않고 고용을 유지하는 대신 근무시간을 조정하는 제도이다.
③ 코피스족 : 커피전문점에서 업무를 보는 사람들을 일컫는 말이다.
④ 퍼플잡 : 근로시간과 근로 장소를 탄력적으로 선택하는 근로방식을 말한다.

20 일상적으로 일어나는 고유한 사실이나 문제임에도 평소에 잘 느끼지 못하다가 미디어에 의해 순식간에 부각되는 현상을 무엇이라 하는가?

① 베르테르 효과

② 사일로 효과

③ 피그말리온 효과

④ 나비 효과

Advice 베르테르 효과(Werther Effect) ··· 유명인이 자살할 경우 그 여파로 사회의 자살률이 증가하는 현상을 말한다. 베르테르 효과의 이면에 루핑 효과(Looping Effect)가 작용하고 있는 경우가 많다.

② 사일로 효과 : 굴뚝 모양의 곡식 저장창고인 사일로처럼 각 조직의 부서들이 다른 부서와 벽을 쌓고 같은 부서 내의 이익만을 추구하는 현상을 말한다.

③ 피그말리온 효과(Pygmalion Effect) : 타인의 관심이나 기대로 인해 능률이 오르거나 결과가 좋아지는 현상을 말한다.

④ 나비효과 : 어떤 일이 시작될 때 있었던 아주 미묘한 양의 차이가 결과에서는 매우 큰 차이를 만들 수 있다는 이론을 말한다.

21 다음 중 그레이 칼라에 대한 설명으로 맞는 것은?

① 정년을 눈앞에 둔 사원들로, 후배들에게 현장의 풍부한 경험과 지식 등을 전달할 수 있는 계층을 말한다.

② 정신적 · 지적 노동을 주로 하는 노동자의 속칭으로, 현대국가의 발전과 더불어 등장한 새로운 중간계급을 말한다.

③ 사무직과 육체노동직의 중간적 존재를 말한다.

④ 섬세하고 꼼꼼한 성격의 소유자로 전문피부관리소를 찾거나 가사분담과 가족부양을 동등하게 나눠 하는 신(新)남성들을 일컫는다.

Advice 그레이 칼라(Gray Collar) ··· 기술의 혁신 · 진보에 따라 사무가 기계화되는 것처럼 육체노동도 기계화하여 종래의 블루칼라와는 달리 화이트 칼라적 성격의 작업에 종사하는 사람들을 말한다.

⭐ANSWER 18.④ 19.② 20.① 21.③

※※※

22 길을 걷는 중에도 스마트폰 사용에 몰입하여 주변을 인지하지 못해 사고 위험도가 높은 사람들을 가리키는 용어는?

① 퍼빙 ② 스몸비
③ 디지털 유목민 ④ 가스라이팅

🔔**Advice** 스몸비 … 스마트폰을 들여다보며 길을 걷는 사람들로, 스마트폰과 좀비의 합성어이다.
　① 퍼빙 : 스마트폰을 사용하느라 같이 있는 사람을 소홀히 대하거나 무시하는 현상을 나타내는 용어로 예를 들어 스마트폰을 계속 보면서 대화를 이어가거나 메시지가 올 때마다 회신을 하는 등의 행위가 퍼빙에 해당한다.
　③ 디지털 유목민 : 인터넷과 업무에 필요한 각종 기기들과 제한되지 않은 작업공간만 있으면 시간과 장소에 구애받지 않고 일을 할 수 있는 사람들을 일컫는다.
　④ 가스라이팅 : 거부, 반박, 전환, 경시, 망각, 부인 등 타인의 심리나 상황을 교묘하게 조작해 그 사람이 현실감과 판단력을 잃게 만들고, 이로써 타인에 대한 통제능력을 행사하는 것을 말한다.

23 다음의 상황과 관련된 용어는?

> 甲은 자신의 전공분야인 IT 관련 업무능력이 매우 뛰어나다. 하지만 자신이 담당한 업무 외에는 문외한이라 기본적인 문제해결에서도 어려움을 겪는다.

① 스티그마 효과 ② 피그말리온 효과
③ 낭떠러지 효과 ④ 나비효과

🔔**Advice** 제시된 상황은 자신이 정통한 분야에 대해서는 임무 수행능력이 탁월하지만 조금이라도 그 분야를 벗어나면 낭떠러지에서 떨어지듯 일시에 모든 문제해결능력이 붕괴되는 낭떠러지 효과와 관련 있다.

24 베버의 사회계급결정인자가 바르게 짝지어진 것은?

① 돈, 힘, 기술

② 지식, 인맥, 능력

③ 신뢰, 사교성, 교육

④ 권력, 지위, 경제적 계급

🔖**Advice** 베버의 사회계급결정인자 … 재력, 권력, 지위

25 정부는 대기업 등의 소수 엘리트에 의해 지배된다는 유명한 말을 남긴 사회학자는?

① 밀스   ② 니체

③ 칸트   ④ 앤더슨

🔖**Advice** 엘리트이론(Elite Theory) … 정책은 그 사회의 지배 엘리트의 가치와 선호를 반영하며, 정책결정 과정에서 소수의 엘리트가 지배적인 위치를 차지한다고 보는 정책결정 이론을 말한다. 밀스(C.W. Mills)와 헌터(F. Hunter) 등으로 대표되는 1950년대의 엘리트론은 군·산복합체 개념에서 보듯이, 미국 사회를 지배하는 권력 엘리트는 정부·군·기업체와 같이 정치적으로 중요한 기관이나 조직의 지도자들이라는 점을 실증적 연구를 통해 입증하고자 했다. 한편 다알(R.A. Dahl) 등에 의해 대표되는 신엘리트론은 중요한 정책결정에 참여한 지도자의 영향력 및 그들 간의 갈등·타협을 밝혀내어 엘리트의 다원성과 대중의 간접적 영향을 주장하고 있다.

26 근로기준법상 근로자의 최저연령은?

① 13세   ② 14세

③ 15세   ④ 17세

🔖**Advice** 15세 미만인 사람(「초·중등교육법」에 따른 중학교에 재학 중인 18세 미만인 사람을 포함한다)은 근로자로 사용하지 못한다. 다만, 대통령령으로 정하는 기준에 따라 고용노동부장관이 발급한 취직인허증(就職認許證)을 지닌 사람은 근로자로 사용할 수 있다(근로기준법 제64조 제1항).

⭐ ANSWER   22.② 23.③ 24.④ 25.① 26.③

27 대출을 받아 무리하게 장만한 집 때문에 빚에 허덕이는 사람들을 이르는 말은?

① 렌트 푸어

② 하우스 푸어

③ 워킹 푸어

④ 실버 푸어

Advice 하우스 푸어(House Poor) … 서울과 수도권을 중심으로 무리하게 대출을 받아 집을 장만했기 때문에 내 집은 있으나 대출이자와 원금에 허덕이며 힘겹게 살고 있는 사람들을 말한다. 심지어 집값이 떨어지면서 매매가보다 낮은 가격으로 내놓아도 거래가 되지 않는 상황에 이르는 경우도 있다.

28 결혼 후 독립했다가 다시 부모님 세대와 재결합해서 사는 자녀 세대들을 가리키는 용어는?

① 니트족   ② 몰링족

③ 리터루족   ④ 캥거루족

Advice 리터루족 … '돌아가다(Return)'와 '캥거루(Kangaroo)족'의 합성어이다. 일부는 높은 전셋값 등의 주택 문제와 육아 문제 등이 리터루족 탄생의 주요 원인이라고 분석하기도 한다. 미국과 같이 성년이 되면 부모를 떠나 독립하는 것이 당연시되는 문화에서도 경기침체로 인해 최근 이러한 현상이 늘어나고 있다.

② 몰링족 : 복합쇼핑몰에서 쇼핑을 할 뿐 아니라 공연을 보고, 책을 읽고 영화를 보는 등 여가를 즐기는 새로운 소비계층을 뜻하며 이들은 쇼핑 자체를 단순히 물건을 사는 행위가 아닌, 구매와 문화활동이 어우러진 하나의 즐거운 경험으로 여긴다.

29 최저임금법상 최저임금의 결정기준이 아닌 것은?

① 근로자의 생계비

② 유사근로자의 임금

③ 노동생산성

④ 기업의 지급능력

Advice 최저임금은 근로자의 생계비, 유사근로자의 임금, 노동생산성 및 소득분배율 등을 고려하여 정한다(최저임금법 제4조 제1항).

30 싱글족 가운데 두 곳 이상에 거처를 두거나 잦은 여행과 출장 등으로 오랫동안 집을 비우는 사람들을 일컫는 용어는?

① 0.5인 가구　　　　　　　　② 1인 가구
③ 2인 가구　　　　　　　　　④ 다인가구

Advice 0.5인 가구는 1인 가구보다 집에 머무는 시간이 훨씬 더 짧으며 평소에는 직장 근처에 방을 얻어 혼자 살지만 주말에는 가족들의 거처로 찾아가 함께 시간을 보내는 경우도 여기에 속한다.

31 오늘날의 실업유형 중 K. Mark가 주장한 산업예비군과 유사한 것은?

① 기술적 실업
② 구조적 실업
③ 마찰적 실업
④ 계절적 실업

Advice 마르크스는 자본의 기술·가치적인 구조의 변화로 인하여 상대적으로 과잉되어 나타나는 노동인구를 산업예비군이라고 하였다. 즉, 산업예비군은 오늘날의 기술적 실업과 비슷한 개념이다.

32 '오도이촌'에 대한 설명으로 옳지 않은 것은?

① 일주일 중 2일은 시골에서 생활한다.
② 현대인들이 도시 생활에 지쳐 귀농하는 현상을 말한다.
③ 시골에 내려가기 위해서는 세컨드하우스가 필요하다.
④ 일과 일상의 균형을 유지를 위한 주거 트렌드이다.

Advice 오도이촌(五都二村) … 일주일 중 5일은 도시, 2일은 시골에서 생활하는 현대인의 주거 트렌드를 말한다.

⭐ ANSWER　27.② 28.③ 29.④ 30.① 31.① 32.②

33 현대사회의 이른바 군중(群衆)이란 개념에 대한 설명으로 가장 적절치 않은 것은?

① 성원들 서로가 서로를 모른다.
② 최소한의 공통된 태도를 가진 인간집합체이다.
③ 성원 상호 간의 정서적 감염성이 강하다.
④ 여론형성의 주체로서 사실과 이성을 존중한다.

🔍**Advice** 군중의 특성 … 익명성, 비개인성, 피암시성, 사회적 전염 등을 들 수 있으며 군중행동의 특성으로는 행동규범의 결핍, 무책임, 통제력의 결여, 무비판적 지향, 강한 정서적 감염성, 흥분감의 가중 등이다.

34 사회집단에 대한 다음 설명 중 옳지 않은 것은?

① 준거집단은 행위나 판단의 기준을 제공해 주는 집단이다.
② 집단과의 동일시 여부에 따라 내집단과 외집단으로 나눌 수 있다.
③ 외집단에서는 유대감, 협동심 등의 소속의식이 강조된다.
④ 원초집단은 개인과 사회를 연결해 주며, 사회통제의 기능을 담당한다.

🔍**Advice** 외집단에서는 이질감을 가지거나 적대감 또는 적대적 행동까지 가지게 되는 경우로, 타인집단과 같은 의미이다. 내집단과 외집단은 미국의 사회학자 섬너(W.G. Sumner)에 의한 분류이다.

35 화이트 칼라 범죄에 대한 설명으로 옳지 않은 것은?

① 주로 직업과 관련된 범죄이다.

② 대부분 발견되어 처벌받는다.

③ 중산층 또는 상류층이 많이 저지른다.

④ 공금횡령, 문서위조, 탈세 등을 예로 들 수 있다.

🔍 *Advice* 화이트 칼라 범죄 ··· 화이트 칼라 계층이 자신의 직업적 지위에 내재한 권력을 직무와 관련시켜 남용함으로써 저지르는 범죄로, 뇌물증여 · 정보누설 · 위조 및 법인범죄 등이 해당되나 발견되어 중벌을 받는 일이 드물다.

36 다음 설명이 의미하는 용어는?

제조업체가 제공한 조리법을 따르지 않고 창의적으로 제조법을 창조해 자신만의 스타일로 제품을 즐기는 소비자를 일컫는다. 대표적으로 짜파구리(짜파게티＋너구리)가 그 예인데, 이들에게 제조업체가 제공하는 조리법은 참고용에 지나지 않는다. 주로 SNS, TV 등을 통해 이색적인 레시피를 공유하며 최근 이를 활용한 마케팅이 뜨고 있다.

---

① 그린슈머

② 블루슈머

③ 리뷰슈머

④ 모디슈머

🔍 *Advice* ① 그린슈머 : 자연을 상징하는 말인 그린(Green)과 소비자(Consumer)의 합성어로, 친환경 제품을 구매하는 소비자를 말한다.
② 블루슈머 : 블루오션(Blue Ocean)과 소비자(Consumer)의 합성어로, 경쟁자가 없는 미개척 시장을 주도하는 소비자를 말한다.
③ 리뷰슈머 : 리뷰(Review)와 소비자(Consumer)의 합성어로, 제품을 남들보다 먼저 사용해보고 인터넷에 상품에 대한 평가 글을 전문적으로 올리는 소비자를 말한다.

37 다음이 설명하는 것으로 옳은 것은?

> 2006년부터 전 세계 기아 현황을 파악·발표하고 있으며 전 세계에서 2030년까지 제로 헝거 즉, 기아로 고통 받는 사람이 단 한 명도 없도록 하는 것을 목표로 하고 있다.

① GHI   ② IPC 척도
③ FAO   ④ IFPRI

Advice GHI(Global Hunger Index) ⋯ 세계 기아 지수이다. 독일 세계기아원조와 미국 세계식량연구소가 협력하여 2006년부터 전 세계 기아 현황을 파악하여 발표하고 있다. 낮음(Low), 보통(Moderate), 심각(Serious), 위험(Alarming), 극히 위험(Extremely Alarming) 총 다섯 단계로 나눌 수 있다.
② IPC 척도(Integrated Food Security Phase Classification) : 식량 부족 문제 정도를 진단하기 위한 기준이다.
③ FAO(Food and Agriculture Organization of the UN) : 1945년에 출범한 국제연합식량농업기구로 우리나라는 1949년 11월에 가입하였다.
④ IFPRI(International Food Policy Research Institute) : 미국의 세계식량정책연구소로 1975년에 설립되었다.

38 다음 설명 중 옳지 않은 것은?

① 파킨슨의 법칙(Parkinson's Law)은 조직의 인원수가 일의 양에 관계없이 증가한다는 것이다.
② 준거집단이란 자신이 소속해 있는 2차집단을 말한다.
③ 딩크족(DINK)이란 정상적인 부부생활을 영위하면서 의도적으로 자녀를 두지 않고 맞벌이하는 부부를 말한다.
④ 아노미(Anomie)란 급격한 사회변동과정에서의 규범의 혼란상태 또는 규범이 없는 상태를 말한다.

Advice 준거집단 ⋯ 개인이 생각하고 행동하는 데 있어서 기준으로 삼고 있는 집단을 말한다.

39 제도상 정리해고(고용조정)의 요건이 아닌 것은?

① 긴박한 경영상의 필요성

② 해고회피를 위한 노력

③ 합리적이고 공정한 해고기준에 의한 대상자 선정

④ 노조 또는 노동자 쪽과의 사전합의

🔷 **Advice** 정리해고제 … 기업이 근로자에게 취할 수 있는 가장 강력한 제재수단으로 긴박한 경영상의 이유 및 기업의 인수 · 합병으로 해고요건을 정하되 해고회피노력을 의무화하고 해고자 리콜제를 도입했다.

40 인구가 100만 명 이상일 때 도시 명칭으로 옳은 것은?

① 메트로폴리스   ② 메갈로폴리스
③ 메트로폴리탄   ④ 메가리전

🔷 **Advice** 메트로폴리스 … 국가적 · 지역적으로 중요한 기능을 하는 도시를 메트로폴리스라고 한다. 대체로 100만 명이 넘고, 전반적으로 정치나 경제, 정보 기능을 통합(統轄)하는 도시를 의미한다. 우리나라의 경수 수도 서울과 부산, 인천, 대구, 대전, 광주 등 광역시를 메트로폴리스라고 한다.
② 메갈로폴리스 : 메트로폴리스가 띠 모양으로 연결되어 세계적으로 거대한 도시지역을 형성하는 것을 말한다.
③ 메트로폴리탄 : 대도시가 그 밖의 지역에 영향을 끼쳐 통합의 중심을 이루었을 때 그 대도시와 주변 지역을 아우르는 말이다.
④ 메가리전 : 사회 기반 시설을 공유하고 경제적으로도 연계가 긴밀한 인구 1,000만 명 이상의 도시 연결 권역을 말한다.

41 '공익을 위하여'라는 라틴어 줄임말로 미국에서 소외 계층을 위해 무료 변론을 하는 변호사를 일컫는 말로 쓰이면서 대중화된 개념은?

① 프로보노(Probono)

② 페르소나 논 그라타(Persona Non Grata)

③ 애드호크(Ad Hoc)

④ 매니페스토(Manifesto)

Advice 프로보노(Probono) … 라틴어 'Pro Bono Publico'의 줄임말로 '정의를 위하여'라는 뜻이다. 지식이나 서비스 등을 대가없이 사회 공익을 위하여 제공하는 활동을 말한다.

② 페르소나 논 그라타(Persona Non Grata) : 외교상 기피 인물을 가리킨다.

③ 애드호크(Ad Hoc) : 특정 사건을 해결하기 위해 모였다가 해체하는 일시적인 팀을 가리킨다.

④ 매니페스토(Manifesto) : 구체적인 선거 공약을 말한다.

42 자신이 가치를 두는 제품은 다소 비싸더라도 과감히 투자하는 소비 행태를 보이는 소비자 무리를 '포미(FOR ME)족'이라고 하는데 'FOR ME'에 해당하지 않는 것은?

① 건강 – For Health

② 싱글족 – One

③ 편의 – More Convenient

④ 휴식 – Relaxation

Advice F : For Health(건강)

O : One(싱글족)

R : Recreation(여유)

M : More Convenient(편의)

E : Expensive(값비싼)

43 다음이 설명하는 공공부조의 기본원리로 옳은 것은?

> 빈곤하고 생활 능력이 없는 국민에 대해 궁극적으로 국가가 책임지고 보호한다.

① 생존보장의 원리
② 국가책임의 원리
③ 자립조성의 원리
④ 최저생활 보호의 원리

🔊**Advice** 공공부조의 6대 기본원리
  ㉠ 생존권 보장의 원리 : 국민은 생활이 어렵게 되었을 때 자신의 생존을 보장받을 수 있는 권리가 법적으로 인정된다.
  ㉡ 국가책임의 원리 : 빈곤하고 생활 능력이 없는 국민에 대해서는 궁극적으로 국가가 책임지고 보호한다.
  ㉢ 최저생활 보호의 원리 : 단순한 생계만이 아니라 건강하고 문화적인 수준을 유지할 수 있는 최저한도의 생활이 보장되어야 한다.
  ㉣ 무차별 평등의 원리 : 사회적 신분에 차별 없이 평등하게 보호받을 수 있어야 한다.
  ㉤ 자립 조성의 원리 : 자립적이고 독립적으로 사회생활에 적응해 나갈 수 있도록 돕는다.
  ㉥ 보충성의 원리 : 수급자가 최저한도의 생활을 유지할 수 없는 경우에 최종적으로 그 부족분을 보충한다.

44 고가의 명품소비를 통해 자아의 정체성을 찾는 세대를 가리키는 말로 알맞은 것은?

① 노노스족
② 럭셔리제너레이션
③ 보보스족
④ 딩크족

🔊**Advice** 럭셔리제너레이션 … 대학생들 사이에서 명품에 대한 소비 열풍이 불면서 새로운 대학문화의 주인공으로 떠오른 명품족을 지칭한다.
  ① 노노스족 : '노 로고, 노 디자인(No Logo No Design)'의 약칭으로 차별화한 디자인 제품을 즐기는 소비자층을 말한다.
  ③ 보보스족 : 1990년대의 젊은 상류계층을 상징하는 용어이다.
  ④ 딩크족 : 의도적으로 자녀를 두지 않는 맞벌이 부부를 일컫는다.

45 전화기와 냉대, 무시라는 뜻의 스너빙의 합성어로 상대방을 앞에 두고도 스마트폰에만 집중하는 무례한 행위를 뜻하는 것은?

① 퍼빙   ② 샤빙

③ 데빙   ④ 무빙

Ⓐ Advice 퍼빙 … 스마트폰을 사용하느라 같이 있는 사람을 소홀히 대하거나 무시하는 현상을 나타내는 용어이다. 스마트폰을 계속 보면서 대화를 이어가거나 메시지가 올 때마다 회신을 하는 등의 행위가 퍼빙에 해당한다.

46 노동조합 및 노동관계조정법상의 공익사업이 아닌 것은?

① 공중위생 및 의료사업   ② 은행 및 조폐사업

③ 정부투자기관 및 출연기관   ④ 방송 및 통신사업

Ⓐ Advice 공익사업 … 공중의 일상생활과 밀접한 관련이 있거나 국민경제에 미치는 영향이 큰 사업을 의미한다(노동조합 및 노동관계조정법 제71조 제1항).

      ※ 공익사업 종류
             ⊙ 정기노선여객운수사업 및 항공운수사업
             ⓛ 수도 · 전기 · 가스 · 석유정제 및 석유공급사업
             ⓒ 공중위생사업, 의료사업 및 혈액공급사업
             ⓔ 은행 및 조폐사업
             ⓜ 방송 및 통신사업

47 계속고용제도에 대한 설명으로 옳은 것은?

① 참여자 특성 진단을 토대로 최장 1년간 단계별 맞춤형으로 제공하는 제도

② 일정한 연령에 이르면 근로관계가 종료되는 제도

③ 60세 정년 이후에도 계속 일할 수 있는 의무를 기업에 부과하는 제도

④ 노사 공동의 이해관계에 속하는 노동조합의 활동에 대해 유급을 인정하는 제도

Ⓐ Advice 계속고용제도 … 기업에 일정 연령까지 고용 의무를 부과하되 재고용, 정년연장 등 다양하게 고용을 책임질 수 있도록 한 제도이다.
      ① 국민취업제도, ② 정년제도, ④ 근로시간 면제제도

48 유연근로시간제 중 하나로 특정 주의 근로시간이 늘어날 경우 일정 기간의 근로시간을 줄여 평균 근로시간을 법정근로시간에 맞추는 제도는?

① 탄력적 근로시간제
② 선택적 근로시간제
③ 재량근로시간제
④ 보상휴가제

Advice ② 선택적 근로시간제 : 일정 기간(1개월 이내) 단위로 정해진 노동시간 범위 안에서 하루 노동시간을 노동자가 자율적으로 결정하는 제도
③ 재량근로시간제 : 업무 수행 방법을 노동자 재량에 위임할 필요가 있을 경우 노사 간 서면 합의로 정한 노동시간을 인정하는 제도
④ 보상휴가제 : 유급휴가를 연장·야간·휴일노동 임금을 대신하여 부여하는 제도

49 정체된 조직에 위협 요인이 투입되면 정체현상을 극복할 수 있다는 이론은?

① 넛지 효과
② 루핑 효과
③ 메기 효과
④ 나비 효과

Advice ① 넛지 효과 : 팔을 잡아끄는 것처럼 강제적인 억압보다 팔꿈치로 툭 치는 정도의 부드러운 개입을 의미한다.
② 루핑 효과 : 사람들이 평소 관심을 보이지 않던 특정 사실이 매스컴을 통해 보도되면서 관심이 집중되고 새로운 사실로 받아들이며 그에 대해 영향을 받고 확대되는 현상을 나타내는 용어이다.
④ 나비 효과 : 작은 변화나 사건이 엄청난 결과를 불러온다는 이론이다.

50 입사지원서 작성 시 출신지와 가족관계 등을 기재하지 않는 채용방식은 무엇인가?

① 스펙채용
② 오픈채용
③ 공정채용
④ 블라인드채용

Advice 블라인드 채용 … 채용과정에서 편견이 개입될 수 있는 출신지, 가족관계, 학력 등을 기재하지 않음으로써 직무능력만을 평가하고 인재를 채용할 수 있도록 구축한 시스템을 말한다.

⭐ ANSWER 45.① 46.③ 47.③ 48.① 49.③ 50.④

04 과학·기술

❇ 운동법칙(Law Of Motion) ✦✦✦

뉴턴이 1687년 「프린키피아」에 발표한 물체의 운동에 관한 기본법칙으로 물체의 질량과 힘의 개념이 세워지면서 고전역학의 기초가 확립되었다.

- 제1법칙(관성의 법칙) : 물체가 원래의 상태를 계속 유지하려는 성질을 관성이라 한다. 즉, 외부로부터 힘을 받지 않는 한 정지상태의 물질은 계속 정지하려 하고, 운동중인 물체는 계속 등속직선운동을 한다는 것이다. 관성의 크기는 질량에 비례한다.
- 제2법칙(가속도의 법칙) : 어떤 물체에 힘을 가하였을 때 생기는 가속도(a)의 크기는 작용하는 힘(F)의 크기에 비례하고 질량(m)에 반비례한다. 즉, $F = ma$이다.
- 제3법칙(작용·반작용의 법칙) : 물체에 힘을 작용시키면 원래 상태를 유지하기 위해 물체는 반대방향으로 힘을 작용(반작용)한다. 이와 같은 물체에 힘을 가할 때 나타나는 작용과 반작용은 크기가 같고 방향은 반대이며, 동일직선상에서 작용한다.

> **PLUS** 운동법칙 예시
> ㉠ **관성의 법칙** : 정지하고 있던 버스가 갑자기 출발하면 서 있던 사람은 뒤로 넘어진다. 쌓아놓은 나무토막 중 하나를 망치로 치면 그 나무토막만 빠진다.
> ㉡ **가속도의 법칙** : 달리던 버스가 갑자기 정지하면 서 있던 승객은 앞으로 넘어진다. 뛰어가던 사람의 발이 돌부리에 걸리면 넘어진다.
> ㉢ **작용과 반작용의 예** : 포탄이 발사되면 포신이 뒤로 밀린다. 가스를 뒤로 분사하면서 로켓이 날아간다.

❇ 케플러의 법칙(Kepler's Laws) ✦✦

- 제1법칙(타원궤도의 법칙) : 모든 행성은 태양을 중심으로 타원궤도를 그리며 공전한다.
- 제2법칙(면적의 법칙) : 태양과 행성을 연결하는 선분(동경)이 같은 시간에 그리는 면적은 일정하며, 행성의 속도가 근지점에서는 빨라지고 원지점에서는 느려진다.
- 제3법칙(주기의 법칙) : 행성의 공전주기의 제곱은 타원궤도의 긴 반지름의 세제곱에 비례한다. 즉, 태양에 가까운 행성일수록 공전주기가 짧다.

❇ 표면장력(表面張力) ✦

액체의 표면에 가지고 있는 자연상태에 있어서의 표면에너지를 말하는 것으로, 그 표면을 수축하려는 힘을 말한다. 이는 액체의 분자간 인력의 균형이 표면에서 깨지고 액면 부근의 분자가 액체 속의 분자보다 위치에너지가 크기 때문에 이것을 될 수 있는 대로 작게 하려는 작용이 나타나는 것이다.

✿ 상대성이론(Theory Of Relativity) ✦✦✦

미국 물리학자 아인슈타인(A. Einstein)에 의하여 전개된 물리학의 이론체계이다. 그는 1905년 기존의 뉴턴역학에 의하여 알려졌던 상대성이론을 시간·공간의 개념을 근본적으로 변경하여 물리학의 여러 법칙에 적용한 특수상대성이론과, 1915년 뉴턴의 만유인력 대신 특수상대성이론을 일반화하여 중력현상을 설명한 일반상대성이론을 완성하였다.

✿ 열의 이동 ✦✦

열은 물체의 고온부에서 저온부로 흐른다. 열의 이동에는 세 가지가 있다.

• 대류(對流) : 열이 유체를 통하여 이동하는 현상으로, 이는 유체의 열팽창으로 인한 밀도변화에 의해 일어나는 물질의 순환운동이다.

• 전도(傳導) : 저온부와 고온부의 온도차에 의해 일어나는 열의 이동현상이다.

• 복사(輻射) : 열이 중간에 다른 물질을 통하지 않고 직접 이동하는 현상을 말한다.

✿ 청색기술 ✦✦

자연에서 영감을 받거나 자연을 모방해서 만든 기술을 의미한다. 다시 말해 생물의 구조와 기능을 연구해 경제적 효율성이 뛰어나면서도 자연 친화적인 물질을 만드는 기술로 예를 들어 일본의 고속열차 신칸센은 물총새를 본뜬 디자인으로 소음 문제를 해결한 사례가 있다. 동시에 청색기술은 온실가스 등 환경오염 물질의 발생을 사전에 막는 기술이라는 의미도 지니고 있다.

✿ 빛의 성질 ✦✦

종류	내용
직진(直進)	빛이 입자이기 때문에 일어나는 현상(일식, 월식, 그림자 등)
반사(反射)	빛이 입자이기 때문에 어떤 매질의 경계면에서 다시 처음 매질 속으로 되돌아가는 현상
굴절(屈折)	한 매질에서 다른 매질로 통과할 때 그 경계면에서 방향이 바뀌는 현상(무지개, 아지랑이, 신기루 등)
간섭(干涉)	빛이 파동성을 갖기 때문에 일어나는 현상(물이나 비누방울 위에 뜬 기름의 얇은 막이 여러 색으로 보이는 것)
회절(回折)	빛이 파동성을 갖기 때문에 일어나는 현상으로, 틈이 좁거나 장애물의 크기가 작을수록 잘 발생
분산(分散)	빛이 복색광이기 때문에 굴절체를 통과하면서 굴절률에 따라(파장의 길이에 따라) 여러 개의 단색광으로 되는 현상(프리즘에 의한 분산 등)
산란(散亂)	빛이 공기 속을 통과할 때 공기 중의 미립자에 부딪쳐서 흩어지는 현상(저녁노을, 하늘이 파랗게 보이는 현상 등)
편광(偏光)	자연광은 여러 방향의 진동면을 갖지만, 전기석과 같은 결정축을 가진 편광판을 통과시키면 결정축에 나란한 방향으로 진동하는 빛만 통과(입체영화, 광통신 등)

✿ 전자파(電磁波) ✦

전자장의 변화가 주위의 공간에 전파되는 파동이다. 진동회로에 전기진동이 일어나면 주위에 전장과 자장이 생기며, 진동전류의 주기적인 변화로 전자장도 주기적인 변화를 한다. 이 진동변화가 파동으로 주위의 공간에 전파되며, 그 성질은 빛과 같아서 진행속도도 같고 반사·굴절·간섭·회절 등의 현상을 일으킨다.

> **PLUS** 독일 물리학자 헤르츠(H.R. Herz)에 의해 1888년 전기진동회로로부터 전자기파를 발생시키는데 성공. 전자기파의 존재가 실험적으로 증명되었다.

✿ 블랙홀(Black Hole) ✦✦

물질이 극단적인 수축을 일으켜 그 안의 중력이 무한대가 되어 그 주변의 모든 물체를 끌어 당길 뿐만 아니라 빛까지도 흡수하여 빠져나갈 수 없는 천체를 의미한다. 강한 중력으로 인해 내부는 전파가 한 쪽으로만 향하는 특수한 시공구조(時空構造)가 형성되며, 외부와는 전혀 연결되지 않는 하나의 독립된 세계를 이루게 된다.

✿ LPG(Liquefied Petroleum Gas, 액화석유가스) ✦

일반적으로 프로판가스로 통칭되며, 프로판이나 부탄 등 탄화수소물질을 주성분으로 액화한 것이다. 가정용·업무용 연료, 도시가스의 성분으로 사용되고 있다.

✿ LNG(Liquefied Natural Gas, 액화천연가스) ✦

천연가스를 대량수송 및 저장하기 위해 그 주성분인 메탄의 끓는점(−162℃) 이하로 냉각하여 액화한 것이다. 운반비와 시설비가 많이 들지만 사용이 간편하고 열량이 높아, 청정에너지(클린에너지)로 주목받고 있다.

✿ 탄소나노튜브(Carbon Nanotube) ✦✦

1991년 일본전기회사(NEC)의 이지마 스미오박사가 전기방법을 사용하여 흑연의 음극 상에 형성시킨 탄소덩어리를 분석하는 과정에서 발견되었다. 탄소 6개로 이루어진 육각형 모양들이 서로 연결되어 관 형태를 이루고 있는 신소재를 말하며, 관의 지름이 수십 나노미터에 불과하여 지어진 이름이다. 구리와 비슷한 전기 전도·다이아몬드와 같은 열전도율·철강의 100배인 강도를 지녀 15%가 변형되어도 끊어지지 않는다. 이 물질을 이용한 반도체와 평판 디스플레이, 배터리, 텔레비전브라운관 등의 장치가 계속 개발되고 있으며, 나노크기의 물질을 옮길 수 있는 나노집게로 활용되고 있다.

✿ 전자기 법칙 ✦

구분	내용
쿨롱(Coulomb)의 법칙	두 전하 사이에 작용하는 전기력(척력·인력)은 두 전하 사이의 거리의 제곱에 반비례하며, 두 전하량의 곱에 비례한다.
옴(Ohm)의 법칙	도체에 흐르는 전류의 세기는 도체 양 끝의 전압에 비례하며, 전기저항에 반비례한다.
줄(Joule)의 법칙	저항이 큰 물체에 전류를 통과하면 열과 빛을 발생하는데, 일정한 시간 내에 발생하는 열량은 전류의 세기의 제곱과 도선의 저항에 비례한다.
앙페르(Ampére)의 법칙	도선에 전류가 흐르면 주위에 자기장이 형성되는데, 자기장의 방향은 전류의 방향을 오른나사의 진행방향과 일치시킬 때 나사의 회전방향이 된다.
플레밍(Fleming)의 법칙	• 왼손법칙 : 전류가 흐르는 도선이 자기장 속을 통과하면 그 도선은 자기장으로부터 힘을 받게 된다. 왼손 세손가락을 직각이 되게 폈을 때 검지를 자기장의 방향으로, 중지를 전류의 방향으로 가리키면 엄지는 힘, 즉 전자기력의 방향이 된다. • 오른손법칙 : 유도전류의 방향을 결정 시 오른손 세손가락을 직각이 되게 폈을 때 엄지는 도선의 방향을, 검지는 자기장의 방향을 가리키면 중지는 유도전류의 방향이 된다.
패러데이(Faraday)의 법칙	• 전자기 유도법칙 : 전자기유도로 회로 내에 발생되는 기전력의 크기는 회로를 관통하는 자기력선 속의 시간적 변화율에 비례한다. • 전기분해법칙 : 전해질용액을 전기분해 시 전극에서 추출되는 물질의 질량은 전극을 통과한 전자의 몰수에 비례하고, 같은 전기량에 의해 추출되는 물질의 질량은 물질의 종류에 상관없이 각 물질의 화학 당량에 비례한다.
렌츠(Lenz)의 법칙	자석을 코일 속에 넣었다 뺐다 하면 코일에 유도전류가 생기는데, 이때 생긴 유도전류의 방향은 코일을 통과하는 자력선의 변화를 방해하는 방향으로 발생한다.

✿ 게놈(Genome) ✦✦✦

한 생물이 지닌 모든 유전정보의 집합체로 유전체라고 해석된다. 1920년 독일의 식물학자 윙클러(H. Winkler)가 Gene(유전자)와 Chromosome(염색체)를 합쳐 게놈이라는 단어를 만들었다. 일부 바이러스의 RNA를 제외한 모든 생물은 DNA로 유전정보를 구성하고 있어 DNA로 구성된 유전정보를 지칭하기도 한다. 인간 게놈은 23개의 반수체 염색체를 말하며, 부모로부터 자식에게 전해지는 유전물질의 단위체이다.

✿ DNA(Deoxyribo Nucleic Acid) ✦✦

염색체 안에 유전정보를 가지고 있는 유전자의 본체로 데옥시리보핵산이라 한다. 염기와 당류 및 인산으로 된 고분자화합물이며 1953년 왓슨(J.D. Watson)과 크릭(F.C. Crick)에 의해 이중나선형의 분자구조를 이루고 있는 것이 밝혀졌다.

✿ 줄기세포(Stem Cell) ✦✦✦

인간의 몸을 구성하는 서로 다른 세포나 장기로 성장하는 일종의 모세포로 간세포라 불리기도 한다. 이 줄기세포에는 사람의 배아를 이용해 만들 수 있는 배아줄기세포와 혈구세포를 끊임없이 만드는 골수세포와 같은 성체줄기세포가 있다.

종류	내용
배아줄기세포 (Embryonic Stem Cell)	수정한지 14일이 안된 배아기의 세포로, 장차 인체를 이루는 모든 세포와 조직으로 분화할 수 있기 때문에 전능세포로 불린다. 1998년 이전까지 과학자들은 줄기세포가 배아가 성장하는 짧은 단계에만 존재하고 이를 몸에서 격리하여 배양하는 것이 불가능하다고 믿었다. 그러나 1998년 존 기어하트(J. Gearhart) 박사와 제임스 토마스(J. Thomas) 박사의 연구팀은 인간의 줄기세포를 분리하고 배양하는 데 성공했다. 따라서 과학자들은 배아줄기세포를 이용하여 뇌질환에서 당뇨병, 심장병에 이르기까지 많은 질병을 치료하는 데 줄기세포를 이용할 수 있을 것으로 기대하고 있다.
성체줄기세포 (Adult Stem Cell)	탯줄이나 태반 외 탄생 후에도 중추신경계 등 각종 장기에 남아 성장기까지 장기의 발달과 손상시 재생에 참여하는 세포이다. 성체줄기세포는 배아줄기세포와 달리 혈액을 구성하는 백혈구나 적혈구세포처럼 정해진 방향으로만 분화하는 특성이 있다고 알려져 왔다. 최근에는 뇌에서 채취한 신경줄기세포를 근육세포, 간세포, 심장세포로 전환시킬 수 있다는 사실이 알려지면서 성체줄기세포를 이용한 다양한 질병 치료의 가능성이 밝혀지고 있다.

✿ 퓨전메모리(Fusion Memory) ✦✦

D램의 고용량·S램의 고속도·플래시메모리의 비휘발성·논리형 반도체의 일부 특성과 장점을 통합적으로 갖춘 차세대 신개념의 반도체를 말한다. 다양한 형태의 메모리와 비메모리를 하나의 칩에 결합시킨 것으로 디지털tv나 휴대폰 등 디지털가전의 발달에 따른 고성능·다기능화에 대응하기 위하여 개발됐다.

✿ 나노기술(Nano‑Technology) ✦✦

100만분의 1을 뜻하는 마이크로를 넘어 10억 분의 1 수준의 극 미세가공 과학기술로, 1981년 스위스 IBM연구소에서 원자와 원자의 결합상태를 볼 수 있는 주사형 터널링 현미경을 개발하면서 등장하였다. 1나노미터는 사람 머리카락 굵기의 10만분의 1로 대략 원자 3 ~ 4개의 크기에 해당한다. 이 나노기술은 지금까지 알려지지 않았던 극 미세세계에 대한 탐구를 가능케 하고, DNA구조를 이용한 복제나 강철섬유 등의 신물질을 개발, 전자공학에서 정밀도가 실현되면 대규모 집적회로(LSI) 등의 제조기술을 크게 향상시킬 수 있다.

✿ 웨어러블 로봇(Wearable Robot) ✦✦

옷처럼 입을 수 있는 로봇 기술을 말하며 현재 의료공학 분야에서 가장 각광받고 있다. 신체 기능을 강화하도록 보조하여 노약자와 장애인의 활동, 산업현장에서는 중량물 처리, 군수 분야에서는 중량물 운반 및 정찰과 같은 등에 활용되고 있다.

❀ 반도체(半導體) ✦✦✦

물질은 크게 도체, 반도체, 부도체로 나뉜다. 반도체는 불순물의 첨가 유무에 따라 전기전도성이 늘기도 하고, 빛 또는 열에너지에 의한 일시적인 전기전도성을 갖기도 한다. 실리콘, 갈륨비소, 인듐인 등이 있으며 1948년 미국에서 트랜지스터가 개발됐고, 1958년에는 집적회로인 IC가 개발됐다. 전류를 한쪽 방향으로만 흐르게 하고, 그 반대 방향으로는 흐르는 못하게 하는 정류작용의 특성을 갖는 반도체 부품을 다이오드(Diode)라고 하며, 이것이 반도체 소자의 기본이 된다. 반도체는 트랜지스터와 다이오드 등으로 이루어진 집적회로소자 외에도 열전자방출소자, 발광소자 등의 첨단 전자산업에 응용되고 있다.

• 메모리반도체의 종류

구분	내용
D램	전기를 넣은 상태에서도 일정 주기마다 동작을 가하지 않으면 기억된 정보가 지워지는 휘발성메모리. 빠른 속도로 모바일기기나 PC의 시스템 메모리로 사용
S램	충전없이도 일정 기간 기억내용이 지워지지 않으므로 같은 집적도의 D램보다 고도화된 기술을 필요로 하는 반도체
플래시메모리	D램·S램과 달리 전원 꺼져도 저장정보가 지워지지 않는 비휘발성메모리. 디지털카메라, PDA, MP3플레이어 등에 사용
F램	D램(고집적도), S램(고속동작), 플래시메모리(비휘발성)의 장점만을 모아 제작된 통합메모리. PDA, 스마트폰, 스마트카드 등에 사용

• 집적회로(IC : Integrated Circuit) : 많은 전자회로 소자가 하나의 기판 위에 분리할 수 없는 상태로 결합되어 있는 초소형의 전자소자로 두께 1mm, 한 변이 5mm의 칩 위에 전자회로를 형성시켜 만들며 보통 마이크로칩이라 불린다.

❀ 외골격 로봇 ✦✦

로봇 팔 또는 다리 등을 사람에게 장착해서 근력을 높여주는 장치를 의미한다. 다시 말해 인간의 몸을 지탱하는 기계 골격이 밖에 있다고 해서 붙여진 이름이다. 로봇을 입는다는 의미로 '웨어러블 로봇(Wearable Robot)'이라고도 한다. 외골격 로봇의 근본적인 목적은 팔에 로봇을 장착하여 무거운 포탄을 용이하게 옮기기 위함으로 1960년대 미 해군이 처음 개발하였다. 그 후 미 국방부 지원을 받은 버클리대가 2004년에 '버클리 다리 골격'을 만들면서 본격적인 제작이 시작되었다. 이후 일본 사이버다인의 할, 이스라엘의 리웍 등 환자를 위한 외골격 로봇이 나오기 시작하였다. 외골격 로봇은 뇌졸중 환자의 재활 운동에 사용가능한데, 뇌졸중을 앓으면 뇌의 운동 영역 일부에 손상을 입어 팔다리가 마비되게 된다. 이런 사람들에게 뇌-컴퓨터 기술을 접목하여 신체를 예전과 같이 사용하게 할 수 있는 외골격 로봇이 개발되고 있다.

✖ 사이버네틱스(Cybernetics) ✦

키잡이(舵手)를 뜻하는 그리스어 Kybernetes에서 유래된 말로, 생물 및 기계를 포함하는 계(系)에서 제어와 커뮤니케이션에 관한 문제를 종합적으로 연구하는 학문을 말한다. 1947년 미국의 수학자 위너(N. Wiener)에 따르면, 사이버네틱스란 어떤 체계에 두 종류의 변량이 있는데 하나는 우리가 직접 제어 불가능한 것이고 다른 하나는 우리가 제어할 수 있는 것으로 한다. 제어할 수 없는 변량의 과거로부터 현재까지의 값을 바탕으로 제어할 수 있는 변량의 값을 정하여 인간에게 가장 편리한 상황을 가져오게 하기 위한 방법을 부여하는 것이라고 한다. 직접적으로 자동제어이론·정보통신이론 등이 있고, 생리학·심리학·사회학·경제학·우주탐험 등 광범위한 영역에까지 학제적 연구가 이루어지고 있으며, 특히 피드백과 제어로 특징되는 사이보그 등의 컴퓨터 연구에서 활발하다.

✖ 튜링테스트 ✦

기계의 지능이 인간처럼 독자적인 사고를 하거나, 의식을 가졌는지 인간과의 대화를 통해 확인하는 시험법으로 이 테스트는 현재 로봇 등 인공지능 연구에서 기계의 독자적 사고 여부를 판별하는 주요 기준으로 널리 인정받고 있다. 튜링테스트는 1950년 영국의 수학자이자 암호 해독가인 알랜 튜링(Alan Turing)이 발표한 'Computing Machinery And Intelligence'란 논문에서 처음 소개됐다. 기계의 지능이 인간에 필적하는지 판별하는 '튜링테스트'를 제대로 통과한 인공지능이 아직 드물다는 사실도 인공지능의 발전 현황을 잘 보여준다고 할 수 있다.

✖ LCD(Liquid Crystal Display) ✦✦

2개의 유리판 사이에 액정을 주입해 인가전압에 따른 액정의 광학적 굴절변화를 이용하여 각종 장치에서 발생되는 여러 가지 전기적 정보를 시각정보로 변화시켜 전달하는 전기소자로 액정표시장치를 말한다. 기술수준에 따라 STN(Super Twisted Nematic)과 TFT(Thin Film Transistor) 두 종류가 주로 사용되며, STN제품은 가격이 싼 반면 화질이 떨어져 보급형에 주로 쓰이고 TFT제품은 응답속도가 빠르고 화질이 정밀해 노트북 컴퓨터 등 전문가 제품에 쓰이나 상대적으로 비싸다. LCD는 CRT와는 달리 자기발광성이 없어 후광이 필요하나 소비전력이 낮고 편리한 휴대성으로 손목시계, 계산기, 컴퓨터 등에 널리 사용되고 있으나 영하 20도의 저온과 영상 70도 이상의 고온에서는 작동하지 않는 단점이 있다.

 TFT-LCD(Thin Film Transistor Liquid Crystal Display) ··· 아주 얇은 액정을 통해 정보를 표시하는 초박막액정표시장치(超薄膜液晶標示裝置)이다. 소비전력이 적고, 가볍고 얇으면서 해상도가 높아 노트북컴퓨터, 휴대폰, 텔레비전, 디지털 카메라 등의 디스플레이로 사용된다.

AM OLED(Active Matrix Organic Light−Emitting Diode) ✦✦

능동형 유기발광다이오드라고 하며, 백라이트에 의해 빛을 발하는 LCD와는 달리 자체에서 빛을 발하는 디스플레이다. OLED는 형광이나 인광 유기물 박막에 전류를 흘리면 전자와 정공이 유기물 층에서 결합하며 빛이 발생하는 원리를 이용한 디스플레이다. 이는 수동형 PM(Passive Matrix) OLED(하나의 라인이 한꺼번에 발광하는 구동방식)와 능동형 AM OLED(발광소자가 각각 구동하는 개별 구동방식)로 나뉜다. AM OLED는 TFT LCD에 비해 무게·두께가 3분의 1 수준이며, 동영상 응답속도가 1,000배 이상 빨라 동영상 잔상을 해결해주며, 화면이 선명하게 보이나 제조 단가가 비싼 것이 흠이다.

퍼지컴퓨터(Puzzy Computer) ✦✦

현재의 디지털 컴퓨터는 모든 정보를 2개의 값으로만 처리하기 때문에 모호성이 전혀 없는 것이 특징이다. 그러나 사람은 직감과 경험에 의해 융통성(퍼지)있는 행동을 한다. 이와 같이 사람의 행동과 동작을 컴퓨터에 적용하고자 하는 것이 퍼지 컴퓨터이다. 이전에는 인간의 뇌 중 계산능력이 뛰어난 왼쪽 뇌를 모방하여 개발되었다면, 퍼지 컴퓨터는 이미지 묘사, 상상, 판단기능을 수행하는 오른쪽 뇌를 모방하여 인간적인 사고나 판단 기능을 특화시킨 것이다.

나로우주센터(Naro Space Center) ✦✦✦

우리나라 최초의 우주발사체 발사기지로 전남 고흥군 봉래면 예내리에 위치해있다. 1999년부터 정밀조사를 거쳐 2001년 1월 예내리 하반마을인 외나로도가 최종건설기지로 선정되었고, 2002년부터 공사에 들어가 2009년 6월 11일 준공식을 마쳤다. 이로써 세계 13번째 우주센터보유국이 된 우리나라는 우주개발 선진국의 대열에 들어서게 되었다. 이곳에서는 우주발사체와 위성의 최종 조립·점검, 발사준비·발사, 비행 안전관리·통제, 비행 데이터 원격측정 등의 임무를 수행한다.

미국항공우주국(NASA : National Aeronautic And Space Administration) ✦✦✦

1958년 창설된 미국의 우주항공연구개발기구로, 본부는 워싱턴에 있고 부속기관으로 케네디 우주센터, 마샬 우주센터 등이 있다. 우주과학의 응용, 우주항공기술 및 비행의 지도·기획·실시, 유인 우주정거장 설치 등의 임무를 수행한다.

무궁화1호 ✦✦✦

1995년 8월 발사한 우리나라 최초의 방송·통신 복합위성으로 KT에서 주관, 발사 당시 실수로 위성의 수명이 10년에서 4.5년 정도로 단축된 상태에서 시작하였다. 방송통신위성의 수요급증과 함께 통신방송위성의 사업화 여론이 형성되어 1991년부터 본격적인 무궁화 위성사업을 시작하여 세계에서 22번째 상용위성을 보유한 나라가 되었다.

✖ 국제우주정거장(ISS : International Space Station) ✦✦✦

1986년 쏘아 올렸던 러시아의 우주정거장 미르(Mir)의 수명이 다하면서 건설하기 시작한 ISS는 1998년 11월 20일 러시아가 우주정거장 구조물의 한 부분인 자랴 모듈을 쏘아 올리면서 시작되었다. 러시아, 미국, 유럽연합, 프랑스, 독일, 이탈리아, 영국, 덴마크, 스웨덴, 벨기에, 스페인, 노르웨이, 네덜란드, 스위스, 캐나다, 일본 등 세계 16개국에서 참여했다. 현재 세계에서 유일한 우주정거장으로 시속 27,740㎞의 속도로 15.78회 지구를 공전하고 있으며, 6 ~ 7명의 우주인이 머무를 수 있도록 건설 중이다. 우리나라 최초의 우주인 이소연 씨가 2008년 4월에 이곳에 머물며 과학실험을 수행하였다.

> **PLUS** 우주정거장(Space Station) … 일반적으로 초대형의 유인우주선, 특히 우주공간의 중간기지 역할을 하는 것을 가리키나 때때로 달이나 행성의 무인탐사기를 가리키기도 한다. 우주정거장에는 주거시설과 왕복우주선 도킹시설 등이 갖춰져 있다.

✖ 천리안위성 ✦✦✦

우리나라 기술로 개발한 최초의 정지궤도위성으로 2010년 6월 27일 남미 프랑스령 기아나에서 발사됐다. 적도 36,000㎞ 상공에서 한반도 주변의 바다 기상관측과 해양감시 임무를 수행하는 데 해양관측 정지궤도위성으로는 세계 최초이다. 우리나라는 미국·중국·일본·유럽연합·인도·러시아에 이어 세계 7번째의 기상관측위성 보유국이 되었다.

✖ 인공위성(Artificial Satellites) ✦✦

지구에서 하늘로 쏘아 올려져 지구를 초점으로 타원 또는 원 궤도를 비행하는 인공의 천체로서, 매초 7.9 ~ 11.2㎞의 속도를 주어 지구의 주위를 돌도록 만든다. 인공위성은 다단식 로켓이나 스페이스셔틀로 쏘아 올려지며, 태양전지 등을 에너지원으로 하여 지상국과의 사이에서 전파에 의한 통신이나 데이터 전송을 행한다.

> **PLUS** 인공위성을 쏘아올리는 데 작용하는 힘 … 구심력, 원심력, 만유인력

✖ 애그테크(Ag-Tech) ✦

농업과 기술의 융합을 의미한다. 사물인터넷과 빅데이터 등 첨단기술을 이용해 1차 산업인 농업을 혁신한 기업을 '애그테크' 회사라고 하며 가장 큰 범위를 차지하고 있는 분야는 스마트팜이다. 구글 등 IT 대기업이 '애그테크'에 주목하고 있다.

�֎ FIDO(Fast Identity Online) ✦✦

신속한 온라인 인증이라는 뜻으로, 온라인 환경에서 ID, 비밀번호 없이 생체인식 기술을 활용하여 보다 편리하고 안전하게 개인 인증을 수행하는 기술이다.

✵ 소셜 커머스(Social Commerce) ✦✦✦

소셜 네트워크 서비스(SNS)를 이용한 전자상거래로, 일정 수 이상의 상품 구매자가 모이면 정해진 할인가로 상품을 제공·판매하는 방식이다. 2005년 야후의 장바구니 공유서비스인 쇼퍼스피어 사이트를 통해 소개되어, 2008년 미국 시카고에서 설립된 온라인 할인쿠폰 업체인 그루폰(Groupon)이 소셜 커머스의 비즈니스 모델을 처음 만들어 성공을 거둔 바 있다. 일반적인 상품 판매는 광고의 의존도가 높지만 소셜 커머스의 경우 소비자들의 자발적인 참여로 홍보와 동시에 구매자를 모아 마케팅에 들어가는 비용이 최소화되므로, 판매자는 소셜 커머스 자체를 마케팅의 수단으로 보고 있다. 국내에 티켓 몬스터, 쿠팡 등의 업체가 있으며 최근 스마트폰 이용과 소셜 네트워크 서비스 이용이 대중화되면서 새로운 소비 형태로 주목받고 있다.

PLUS 소셜 네트워크 서비스(SNS : Social Network Service) … 웹에서 이용자들이 개인의 정보공유나 의사소통의 장을 만들어 폭넓은 인간관계를 형성할 수 있게 해주는 서비스로 싸이월드, 트위터, 페이스북 등이 있다.

✵ GPS(Global Positioning System) ✦✦✦

자동차·비행기·선박뿐만 아니라 세계 어느 곳에 있더라도 인공위성을 이용하여 자신의 위치를 정확히 파악할 수 있는 시스템으로 위성항법장치라고 한다. GPS수신기로 3개 이상의 위성으로부터 정확한 거리와 시간을 측정, 삼각 방법에 따라 3개의 각각 다른 거리를 계산해 현재의 위치를 나타낸다. 현재 3개의 위성으로부터 거리와 시간 정보를 얻어 1개 위성으로 오차를 수정하는 방법이 널리 쓰이고 있다. GPS는 처음 미국 국방성의 주도로 개발이 시작되었으며, 위성그룹과 위성을 감시·제어하는 지상관제 그룹, 사용자그룹의 세 부분으로 구성돼 있다. 이는 단순한 위치정보 뿐만 아니라 항공기·선박의 자동 항법 및 교통관제, 유조선의 충돌방지, 대형 토목공사의 정밀 측량 등 다양한 분야에 응용되고 있다.

PLUS 위치기반서비스(Location Based Service) … 위성항법장치나 이동통신망 등을 통해 얻은 위치정보를 기반으로 이용자에게 여러 가지 서비스를 제공하는 서비스 시스템을 말한다.

✵ 누리호 ✦✦

국내 우주수송능력을 확보하기 위해 독자 개발한 한국형 발사체이다. 높이 47.2m, 직경 3.5m, 총중량 200톤이다. 2021년 10월 21일에 1차 발사가 이루어졌으며, 2022년 6월 21일 2차 발사에 성공했다. 누리호 발사 성공은 우리나라가 독자적인 우주운송 능력을 확보하고, 자주적인 국가 우주 개발 역량을 온전히 갖추게 되었다는 점에서 큰 의의를 가진다.

�֍ **다크 웹** ✦

네이버, 구글 같은 일반적인 검색엔진을 서피스 웹(Surface Web)이라 하고 검색이나 접근이 어렵거나 넷플릭스처럼 유료화에 막힌 곳은 딥 웹(Deep Web)이라 한다. 다크 웹(Dark Web)의 경우 딥 웹에 포함되지만 토르(TOR)같은 특수 웹브라우저로 접속이 가능하며 익명성 보장과 IP추적도 불가능하다. 따라서 다크 웹에서는 해킹으로 얻은 정보나 신용카드 정보, 위조지폐, 마약 등의 범죄가 성행하고 있다.

�֍ **아이핀(i−PIN)** ✦

Internet Personal Identification Number, 즉 인터넷상 주민번호를 대체하는 개인 식별 번호로 2006년 정보통신부가 개인의 주민등록번호 유출과 오남용 방지를 목적으로 마련한 사이버 신원 확인번호이다.

✖ **패스트 폰(Fast Phone)** ✦✦

스마트폰 시장에서 통신업체들이 기획·판매하는 가성비(가격 대비 성능)가 좋은 스마트폰을 말한다. 패션 업종에서 유행한 SPA브랜드는 유행에 따라 빠르게 제작되어 즉시 유통된다는 의미로 '패스트 패션(Fast Fashion)'이라고 불렸는데, 이것이 통신업계에 접목되면서 '패스트 폰'이라는 용어가 탄생했으며 하나의 흐름으로 자리 잡았다.

✖ **쿠키(Cookie)** ✦✦✦

인터넷 사용자가 특정 홈페이지를 접속할 때 생성되는 정보를 저장한 4KB 이하의 임시파일로 인터넷 웹사이트의 방문기록을 저장해 사용자와 웹사이트를 연결해 주는 정보이다. 인터넷 사용자들의 홈페이지 접속을 돕기 위해 만들어져 온라인 광고업체는 쿠키를 이용해 마케팅전략수립에 유용하게 사용하지만, 사용하는 웹브라우저가 이용자가 본 내용이나 구입 상품 심지어 회원번호나 비밀번호 등의 자동생성·갱신·기록전달 등을 하기도 해 개인의 사생활 침해의 소지가 있다.

✖ **클라우드 컴퓨팅(Cloud Computing)** ✦✦✦

인터넷상의 서버에 정보를 영구적으로 저장하고, 이 정보를 데스크톱·노트북·스마트폰 등을 이용해 언제 어디서나 정보를 사용할 수 있는 컴퓨팅 환경을 말한다. 인터넷을 이용한 IT 자원의 주문형 아웃소싱 서비스로 기업이나 개인이 컴퓨터 시스템의 유지·관리·보수에 들어가는 비용과 시간을 줄일 수 있고, 외부 서버에 자료가 저장되어 자료를 안전하게 보관할 수 있으며 저장공간의 제약도 해결될 수 있다. 그러나 서버가 해킹당할 경우 정보유출의 문제점이 발생하고, 서버 장애가 발생하면 자료 이용이 불가능하다는 단점이 있다. 2000년 대 후반에 들어 새로운 IT 통합관리모델로 등장하여 네이버·다음 등의 포털에서 구축한 클라우드 컴퓨팅 환경을 통해 태블릿PC나 스마트폰 등의 휴대 IT기기로 각종 서비스를 사용할 수 있게 되었다.

디지털 디바이드(Digital Divide) ✦✦

디지털 경제시대에 지식정보를 공유하지 못한 다수의 노동자 계층이 중산층에서 떨어져 나가 사회적·경제적으로 빈부 격차가 심화되는 현상을 말한다. 디지털을 제대로 활용하는 계층은 지식도 늘고 소득도 증가하지만, 디지털을 제대로 이용하지 못하는 사람들은 발전할 수가 없어 격차가 심화된다. 정보화 초기단계에서 지구촌이 가까워질 것으로 예상했던 것과는 반대로 최근 정보화에 따른 격차가 커져 앞으로 사회 안정에 악영향을 미칠 것으로 전문가들은 보고 있다.

유비쿼터스(Ubiquitous) ✦✦

라틴어로 '언제 어디서나 존재한다'는 뜻의 유비쿼터스는 사용자가 네트워크나 컴퓨터를 의식하지 않고 장소에 구애없이 자유로이 네트워크에 접속할 수 있는 정보통신환경을 말한다. 1988년 제록스 팰러앨토연구소의 마크 와이저(M. Weiser)가 처음 제시한 '유비쿼터스 컴퓨팅'이 효시다. 컴퓨터에 어떤 기능을 추가하는 것이 아니라 냉장고·시계·자동차 등과 같이 어떤 기기나 사물에 컴퓨터를 집어넣어 커뮤니케이션이 가능하도록 해주는 정보기술환경을 의미한다.

인포데믹(Infodemic) ✦✦

21세기의 신흑사병이라 불리는 인포데믹은 정보(Information)와 전염병(Epidemic)의 합성어로, 잘못된 정보가 미디어·인터넷 등의 매체를 통해 급속하게 퍼져나가는 것이 전염병과 유사하다는 데서 생겨난 용어이다. 인포데믹은 단순히 소문이 퍼지는 것이 아니라 전문적이고 공식적인 매체는 물론 전화나 메시지 등 비공식 매체 등을 통해 확산된다. 전파되는 속도가 매우 빠르기 때문에 잘못을 바로잡기가 어렵고, 이에 경제 위기나 금융시장의 혼란을 키워 문제가 되고 있다. 속칭 '찌라시'라고 불리는 금융시장에 도는 출처불명의 소문 등이 인포데믹에 속한다.

랜섬웨어(Ransomware) ✦✦

악성코드(Malware)의 일종으로, 몸값을 뜻하는 'Ransome'과 제품을 뜻하는 'Ware'의 합성어이다. 인터넷 사용자의 컴퓨터에 잠입해 내부 문서나 사진 파일 등을 암호화하여 열지 못하도록 한 뒤, 돈을 보내면 해독용 열쇠 프로그램을 전송해준다며 비트코인이나 금품을 요구한다.

블루리본(Blue Ribbon) ✦✦

인터넷 웹사이트에 파란리본을 붙여 공권력의 구속에서 탈피하는 표현의 자유를 주장하는 운동을 말한다. 정보와 표현의 자유를 주창하는 운동으로서 캠페인에 참가한 사람들이 이름을 붙였다. 1995년 미국의회에서 통신망에 저속한 내용을 올렸을 때 형사처벌을 할 수 있다는 내용의 법안이 상정되면서부터 시작되었다. 인터넷의 특성상 정보교환이 쉽게 이루어지는 가상공간에서 표현의 자유에 대한 네티즌의 자유로운 수위조절이 필요하다.

✖ 디지털 워터마크 ✦✦

파일에 대한 저작권 정보(저자 및 권리 등)를 식별할 수 있도록 디지털 이미지나 오디오 및 비디오 파일에 삽입한 비트패턴이다. 워터마크는 편지지의 제작 회사를 나타내기 위하여 희미하게 프린트한 투명무늬를 말한다. 따라서 디지털 워터마크는 디지털 형식으로 되어 있는 지적 재산에 대한 저작권 보호를 제공하기 위한 목적으로 삽입한다. 의도적으로 어느 정도까지는 볼 수 있도록 만든 프린트 워터마크와는 달리, 디지털 워터마크는 완전히 안 보이게(저작물이 오디오인 경우에는 안 들리게) 설계된다. 게다가 워터마크를 나타내는 실제 비트들은 확인할 수 있거나 조작되지 않도록 파일 전체에 걸쳐 퍼져 있어야 한다.

✖ 전자상거래(EC : Electronic Commerce) ✦✦✦

인터넷상에서 금융, 컴퓨터 소프트웨어, 영상자료 등 서비스상품과 통관절차를 거쳐야 하는 실물제품을 거래하는 새로운 무역형태이다. 인터넷상에 비디오와 그래픽으로 구성된 가상시장에서 세계 각국의 생산자와 소비자가 직접 만나 중간상 없는 교역을 할 수 있으며, 신용카드나 전자화폐를 통한 대금결제가 가능하다. 인터넷으로 무역을 할 경우 신용장발행, 수출입신청과 승인, 보험증권 발행 등 복잡한 절차가 모두 사라진다. 선진국에서는 인터넷상거래가 크게 활성화하고 있다.

✖ 크루드래곤 ✦✦✦

스페이스X(미국 민간 우주탐사기업)가 개발한 유인 캡슐로 민간 기업이 발사한 최초의 유인 캡슐이자 미국의 첫 상업 유인 우주선으로 기록되었다. 62일간의 임무수행을 마친 크루드래곤은 2020년 8월 2일 멕시코만 해상에 성공적으로 착수하면서 무사히 귀환하였다. 우주선은 육지가 아닌 바다를 통한 스플래시다운 방식으로 귀환하였다. 이는 1975년 이후 45년 만에 처음이다.

✖ 갈릴레이 위성 ✦✦✦

목성의 위성 중 크기가 커서 가장 먼저 발견된 4개의 위성(이오, 유로파, 가니메데, 칼리스토)를 '갈릴레이 위성'이라고 한다. 1610년 갈릴레이가 손수 만든 망원경으로 처음 발견하여 지어진 이름이다. 목성의 제1위성 이오(Io), 제2위성 유로파(Europa), 제3위성 가니메데(Ganymede), 제4위성 칼리스토(Callisto)이다. 각각의 고유명은 네덜란드 천문학자 마리우스가 명명하였다. 이들 가운데 가니메데는 태양계의 위성 중 가장 커서 그 질량이 지구의 위성인 달의 2배나 된다.

✖ 베이퍼웨어(Vaporware) ✦✦

증기제품이라는 뜻으로 글자 그대로 증기처럼 발매 일자를 정확히 알 수 없거나 아직 개발되지 않은 가상의 제품을 말한다. 판매 계획이나 배포 계획은 발표되었으나 실제로 고객에게는 판매, 배포되지 않는 기존의 하드웨어, 소프트웨어가 아닌 미래의 제품을 따로 지칭하기 위해 만든 신조어이다. 베이퍼웨어는 사용자들이 경쟁사의 제품을 손쉽게 구입하지 못하도록 하기위해서 공식적으로 발표하기도 한다.

✖ 낸드플래시 ✦

플래시 메모리의 형태로써, 전원이 없는 상태에서도 데이터를 저장하고 삭제할 수 있으며, 휴대용 저장 장치나 컴퓨터 등에서 폭 넓게 사용되고 있다.

✖ CPO ✦

개인정보 보호최고책임자 · 최고프라이버시책임자라고도 하며 사이버보안관이라는 별칭도 있다. 기업의 법률 · 인사 · 정보기술 · 영업 · 마케팅 부서 등에 개인정보를 관리하는 직책이 있지만, 인터넷의 발달로 개인정보 전담자가 필요해져 생겨난 신종 전문가이다. 정부의 사생활 보호규정과 법률에 위반되는 정책을 찾아내 수정하며, 해킹 등 사이버범죄로부터 회원정보를 지켜내기 위한 안전장치를 마련하는 등의 업무를 한다. 개인정보 보호를 위한 교육 자료를 제공하기도 하고 표준개발 작업에도 참여한다.

✖ 에지 컴퓨팅 ✦

중앙 집중 서버가 모든 데이터를 처리하는 클라우드 컴퓨팅과 다르게 분산된 소형 서버를 통하여 실시간으로 처리하는 기술을 일컫는다. 사물인터넷 기기의 확산으로 데이터의 양이 폭증되면서 이를 처리하기 위해 개발되었다.

✖ 버그바운티(Bugbounty) ✦✦

기업의 서비스나 제품 등을 해킹해 취약점을 발견한 화이트 해커에게 포상금을 지급하는 제도이다. '화이트 해커'란 다른 사람의 시스템에 불법으로 침입하여 피해를 주는 '블랙 해커'와 다르게 공공의 이익과 보안 시스템 개발을 위하여 해킹하는 해커이다. 블랙 해커의 악의적인 의도로 해킹당할 시 입는 손해를 방지하기 위하여 공개적으로 포상금을 걸고 버그바운티를 진행한다. 기업들의 자발적인 보안 개선책으로, 화이트 해커가 새로운 보안 취약점을 발견하면 기업은 이를 개선시켜 보안에 보다 적극적으로 노력하게 된다. 현재 구글, 애플, 페이스북, 마이크로소프트(MS) 등 글로벌 기업에서 보안성을 고도화하기 위해 시행 중이며 국내에서는 삼성, 네이버, 카카오 등이 시행 중이다.

✖ 프로젝트 룬 ✦✦✦

구글이 2013년 발표한 성층권 풍선을 이용한 무료 인터넷 보급 프로젝트였다. 뉴질랜드에서 첫 실험을 진행했으며, 케냐 등에서 인터넷을 제공했지만 운영 비용 문제로 2021년 1월 종료되었다. 이에 따라 구글은 레이저 기반 인터넷망 '프로젝트 타라'를 대안으로 추진 중이다.

✳✳✳

✿ 싱크탱크 ✦✦

각 분야의 전문가가 책임지고 중립적 입장에서 장기적인 관점에서 정책입안의 기초가 되는 각종 시스템을 개발, 연구하는 독립기관이다. 정부에 의해 자금이 지원되고 운영되는 정부산하의 싱크탱크, 개인이나 기업체에 의한 싱크탱크, 그리고 일반시민이나 독지가들에 의해 자금이 지원되고 공인을 위해 활동하는 비영리 싱크탱크 등이 있다. 시스템 분석 및 경영과학, OR등의 근대적 수법 사용, 컴퓨터의 활용 및 소프트웨어 개발을 하는 등의 특징을 지닌다.

✿ 저전력 메쉬네트워크 ✦✦

관리가 쉽지 않은 열악한 환경에서 온도, 습도 등의 환경을 감지하는 수많은 센서의 정보를 비교적 가까운 거리에 전달하기 위한 통신기술을 말한다. 거리의 제약을 없애기 위해 디바이스가 다른 디바이스의 정보를 전달해 주는 기능을 가지고 있다.

✿ 월성원자력발전소 1호기 ✦

경북 경주시 양남면 나아리에 건설된 국내 최초의 가압중수로형 원자력발전소이다. 가압중수로형 원자로(CANDU—PHWR)는 캐나다 원자력공사가 개발한 것으로, 감속재와 냉각재로 중수를 사용한다. 중수는 경수(일반 물)와 다르게 중성자를 잘 흡수하지 않아 천연 연료인 우라늄을 핵연료로 사용하며 이는 가압경수로형과 다르게 운전 중 연료를 교체할 수 있다. 1983년 4월 22일 준공돼 상업운전을 개시하였으며 설비용량은 67만 8000kW이며, 1985년 4월부터 1986년 3월까지 1년 동안의 설비이용률 실적은 98%를 유지하였다. 월성 1호기는 처음 지어질 당시 수명을 30년으로 2012년 설계 수명을 다 하는 것이었다. 하지만 한국수력원자료발전소(한수원)는 월성 1호기가 수명을 다 하기 전, 안전성 강화와 시설관리 유지를 목적으로 7,000억 원을 투자하였다. 원자력안전위원회(원안위)의 승인을 받아 10년 더, 2022년까지 가동될 예정이었으나 한수원 이사회는 고장과 설비 결함 등의 문제로 월성1호기의 가동률이 떨어지면서 경제성이 낮다고 판단하여 2018년 6월 월성 1호기를 조기폐쇄하기로 결정하였다.

✿ 하기아 소피아 ✦

비잔틴 제국의 유스티니아누스 황제가 537년 콘스탄티노플(이스탄불)에 건립한 대성당이다. 거대한 중앙부 돔은 지름이 약 32.6미터에 이르며, 돔의 높이는 약 54미터에 달한다. 돔 하단부에 40개의 창이 나 있어 햇빛이 들어오면 아래에서 볼 때에 마치 돔이 공중에 떠 있는 것처럼 보인다. 그리스어로 "신성한 지혜의 교회"라는 의미의 하기아 소피아는 본래는 교회였으나 1453년 모스크로, 1935년에는 박물관으로 개방되어 이스탄불의 주요 관광지 중 하나가 되었다. 그러나 2020년 7월 튀르키예 대통령 레제프 타이이프 에르도안이 하기아 소피아를 모스크로 전환하였고, 대통령 대변인은 하기아 소피아 내에 그려진 정교회 모자이크화는 예배 시간에는 가림막으로 일부 가려질 것이며, 예배 시간 외에는 온전히 공개될 것이라고 하였다. 1934년 이후 86년 만에 처음으로 이슬람교 금요 예배가 거행되었다.

❈ 아나시스 2호 ✦✦✦

아나시스 2호는 한국군의 첫 전용 통신위성이다. 한국시간으로 2020년 7월 21일 오전 6시 30분 스페이스X의 팰컨9(Falcon-9) 공군기지에 발사했다. 이번 발사로 세계에서 10번째로 전용 군사위성을 확보한 국가가 되었으며, 2014년부터 사업에 착수한지 약 7년만에 이뤄낸 쾌거이다. 한국군은 그동안 민군 겸용 위성인 무궁화 5호로 군 통신체계를 운용해왔다. 그러나 무궁화 5호가 군 전용이 아닌 탓에 전파 교란(재밍) 등의 취약점을 가지고 있었다. 반면 발사에 성공한 아나시스 2호는 한국군이 단독으로 운영하며 무궁화 5호보다 데이터 전송 용량이 2배 이상 증가했고 통신 가능 거리나 정보처리 속도, 재밍 대응을 비롯한 단독 작전 수행 능력 등이 향상되었다. 한편, 아나시스 2호는 발사 32분 후 고도 630km에서 팰컨9로부터 정상적으로 분리되었고 오전 7시 8분 프랑스 툴루즈에 있는 위성관제센터에 첫 신호를 보냈다. 8시 19분에는 위성관제센터와 교신에 성공했다. 앞으로 아나시스 2호는 약 한 달정도 성능을 확인하는 과정을 거치고 본격적인 임무를 수행하게 될 전망이다.

❈ 메타버스(Metaverse) ✦✦✦

3차원 가상세계를 뜻한다. 기존의 가상현실보다 업그레이드된 개념으로 가상현실이 현실세계에 흡수된 형태이다. 즉, 가상세계의 현실화인 셈이며, 게임으로 가상현실을 즐기는 것보다 앞서서 가상의 세계에서 현실처럼 사회, 문화, 경제활동 등을 할 수 있는 것이다. 네이버제트가 운영하는 증간현실 아바트 서비스인 제페토는 국내의 대표 메타버스 플랫폼이다. 제페토는 얼굴인식과 AR, 3D 기술 등을 접목하여 나만의 3D 아바타를 만들 수 있다. 증강현실, 라이프로깅, 거울세계, 가상세계로 더욱 세분화할 수 있다. 메타버스는 1992년 미국 SF 소설 「스토 크래시」에서 처음 사용되었으며 이와 비슷한 사례로 영화 「아바타」가 있다. 코로나19 유행으로 언택트 문화가 활발해지면서 관련 사업이 더욱 각광받기 시작했다.

❈ NFT(Non-Fungible Token) ✦✦

'대체 불가능한 토큰'이라는 뜻이다. 희소성이 있는 디지털 자산을 대표하는 블록체인 기술의 토큰 중 하나이다. NFT를 통해 희소성과 유일성의 가치를 부여한다. 디지털 예술품, 게임 아이템 거래 등 영향력이 높아지고 있다.

❈ 샤딩(Sharding) ✦✦

사금파리(Shard)라는 어원에서 비롯된 말로 데이터를 여러 조각으로 나누어 저장하는 기술을 의미한다. 한 곳에 저장되어 있던 데이터를 여러 샤드(수평 분할한 데이터베이스 테이블)에 중복 저장하거나 하나에만 저장할 수 있다. 블록체인과 연결되어 있는 기술로, 샤딩 기술을 통해 블록체인의 서버(노드)가 많아질수록 처리 가능한 거래량이 증가하게 된다. 노드 수가 증가하면 확장성, 탈중앙화, 보안성을 확보할 수 있어 샤딩의 장점으로 꼽힌다.

✖ 데이터 댐 ✦✦

데이터 수집 · 가공 · 거래 · 활용기반을 강화하여 데이터 경제를 가속화하고 5세대 이동통신(5G) 전국망을 통해서 5세대 이동통신(5G) · 인공지능 융합 확산하는 것을 말한다. 데이터 경제 가속화와 5G와 인공지능의 융합을 확대시키는 계획이다.

 데이터 댐 주요 제도

• 분야별 빅데이터 플랫폼 확대, 공공데이터 14.2만 개 신속 개방, 인공지능 학습용 데이터 1,300종 구축 등 데이터 확충
• 5세대 이동통신(5G)망 조기구축을 위한 등록면허세 감면 · 투자 세액 공제 등 세제지원 추진
• 실감기술(VR, AR 등)을 적용한 교육 · 관광 · 문화 등 디지털콘텐츠 및 자율차 주행 기술 등 5세대 이동통신(5G) 융합서비스 개발
• 스마트공장 1.2만 개, 미세먼지 실내정화 등 인공지능 홈서비스 17종 보급, 생활밀접 분야 「AI+X 7대 프로젝트」추진
• 분산되어 있는 도서관 데이터베이스, 교육 콘텐츠, 박물관 · 미술관 실감콘텐츠 등을 연계하여 통합검색 · 활용 서비스 제공하는 디지털 집현전이 있다.

✖ 6G ✦✦✦

5세대 이동통신 이후의 표준 무선통신 기술로, 현재 5G보다 최대 50배 빠른 차세대 통신기술이다. 6G 통신기술을 두고 미국을 포함한 세계 주요국들이 각축전을 벌이고 있는 가운데, 한국은 2020년 '6G 시대 선도를 위한 미래 이동통신 연구개발 추진전략'을 발표했다. 5년간 2,147억 원의 예산을 들여 지원하기로 했으며, 이에 SKT, KT, LG 등 이동통신사 3사를 비롯하여 삼성전자, KAIST 등 37개 공동연구기관이 '6G 핵심기술개발사업'에 참여한다.

 이동통신 세대별 비교

구분	1G(1세대)	2G(2세대)	3G(3세대)	4G(4세대)	5G(5세대)
주요 콘텐츠	음성통화	문자메시지	화상통화, 멀티미디어 문자	데이터 전송 및 실시간 동영상 스트리밍	VR, AR, 홀로그램, 자율주행
전송 속도	14.4kbps	144kbps	14Mbps	75Mbps ~ 1Gbps	20Gbps 이상
상용화	1984년	2000년	2006년	2011년	2019년
무선기술	AMPS	CDMA	WCDMA	WiMax/LTE	NR

�֎ 필터버블 ✦✦✦

엘리 프레이저의 「생각 조종자들」에서 처음 등장한 단어이다. 이용자의 관심사에 맞춰져서 맞춤형 정보만이 제공되어 편향적인 정보에 갇히는 현상이다. 아마존에서는 이용자의 취향과 기호에 따라서 책을 추천하는 방식으로 호평을 받았다. 광고업체에서도 유용하게 사용하는 정보로 사용자가 관심을 가질 것 같은 광고를 선정하여 추천한다. 스마트폰에 담겨진 개인의 정보들로 데이터 분석이 가능해지면서 추천이 개인화가 가능하다. 개인화된 정보를 통해 맞춤뉴스와 정보들을 서비스하면서 구입율과 접근성을 높여준다. 최근에는 원하는 정보에만 접근하면서 다양한 의견을 확인하지 못하여 고정관념과 편견을 강화시키는 위험성도 존재한다.

✖ 캄테크 ✦✦✦

'조용하다(Calm)'과 '기술(Technology)'의 합성어로, 필요한 정보를 알려주지만 주의를 기울이거나 집중할 필요가 없는 기술을 뜻한다. 센서와 컴퓨터, 네트워크 장비 등을 보이지 않게 탑재하여 평소에는 존재를 드러내지 않고 있다가 사용자가 필요한 순간에 각종 편리한 서비스를 제공하는 기술이다. 예를 들어 현관 아래에 서면 불이 들어오는 자동 센서, 자율 주행 차, 스마트 홈 등이 있다. 또한 애플의 시리와 같은 인공지능 캄테크도 등장하였다.

✿ 챗봇 ✦✦✦

문자 또는 음성으로 대화하는 기능이 있는 컴퓨터 프로그램 또는 인공지능이다. 사람처럼 자연스러운 대화를 진행하기 위해 단어나 구(句)의 매칭만을 이용하는 단순한 챗봇부터 복잡하고 정교한 자연어 처리 기술을 적용한 챗봇까지 수준이 다양하다.

PLUS 국내 인공지능 윤리기준(2020년 12월)

• 목표 및 지향점

구분	내용
모든 사회 구성원이	인공지능 개발에서 활용에 이르는 전 단계에서 정부 및 공공기관, 기업, 이용자 등 모든 사회 구성원이 참조하는 기준
모든 분야에서	특정 분야에 제한되지 않는 범용성을 가진 일반원칙으로, 이후 각 영역별 세부규범이 유연하게 발전해 나갈 수 있는 기반 조성
자율적으로 준수하며	구속력 있는 '법'이나 '지침'이 아닌 도덕적 규범이자 자율규범으로, 기업의 자율성을 존중하고 인공지능 기술발전을 장려하며 기술과 사회변화에 유연하게 대처할 수 있는 윤리 담론을 형성
지속 발전하는 윤리기준을 지향한다	사회경제, 기술 변화에 따라 새롭게 제기되는 인공지능 윤리 이슈를 논의하고 구체적으로 발전시킬 수 있는 플랫폼으로 기능

• **최고 가치** : 윤리기준이 지향하는 최고 가치를 '인간성'으로 설정하고, '인간성을 위한 인공지능'을 위한 3대 원칙·10대 요건 제시
• **3대 기본원칙** : 인간성을 구현하기 위해 인공지능의 개발 및 활용과정에서 '인간의 존엄성 원칙', '사회의 공공선 원칙', '기술의 합목적성 원칙'을 지켜야 한다.
• **10대 핵심요건** : 3대 기본원칙을 실천하고 이행할 수 있도록 인공지능 개발 ~ 활용 전 과정에서 '인권보장', '프라이버시 보호', '다양성 존중', '침해 금지', '공공성', '연대성', '데이터 관리', '책임성', '안전성', '투명성'의 요건이 충족되어야 한다.

✿ 챗GPT ✦✦✦

오픈 AI에서 개발하여 공개한 대화형 인공지능 챗봇이다. 사용자가 질문에 답변은 물론이고 요청하는 경우 논문작성, 소설 글쓰기 등 다양한 분야의 업무가 가능하다. 방대한 데이터베이스에서 훈련하였고 사람들의 피드백을 통해서 강화학습을 하면서 자연스러운 대화가 가능하다. 의사면허시험, 로스쿨 시험도 통과하여 일자리에 영향을 주는 것이 아닌가 우려가 나오고 있다.

✿ 로맨스 스캠 ◆◆◆

위장한 신분이나 외모, 재력 등으로 이성에게 호감을 표시하고 신뢰감을 형성한 뒤에 각종 이유로 금전을 요구하는 이 로맨스 스캠은 2018년부터 본격적으로 성행하기 시작했다. 보통 상대방이 교제하는 사람이 없는 것을 확인한 후 칭찬이나 관심으로 신뢰관계를 형성한 후 거절하기 어려운 부탁을 하여 금전을 요구한다. 전 세계적인 문제가 되어 미국 FBI도 직접 피해를 경고하고 나설 정도이며, 로맨스 스캠 피해자를 지원하는 단체도 생겨났다.

 대전지방경찰청이 당부하는 로맨스 스캠 피해 예방법은 다음과 같다.
- SNS에서 무분별한 친구 추가 자제
- 해외 교포, 낯선 외국인과의 인터넷상에서 교제는 신중히
- 인터넷상만으로 교제(연락)하는 경우, 부탁을 가장한 요구에 입금 금지
- 상대방이 선물 발송 빙자로 인한 배송업체 사이트 URL 접속 지양

04 출제예상문제

1 구글에서 개발한 무인자동차가 주변 행인에게 음성이나 전광판으로 위험을 알리는 기술은 무엇인가?

① 텔레매틱스
② 차량 자동항법 장치
③ 웨어러블 기기
④ 보행자 알림

♦Advice 보행자 알림 … 차량 내 인공지능(AI)을 이용하여 차량 주변 사람 및 사물을 파악하고 어떻게 대처할지를 결정하고, 이를 보행자에게 알리는 시스템이다.
① 텔레매틱스 : 자동차와 무선통신을 결합한 신개념 차량 무선인터넷 서비스를 말한다.
② 차량 자동항법 장치 : 자동차에서 사용하도록 개발된 지구위성 항법시스템으로 내비게이션이라고 부른다.
③ 웨어러블 기기 : 신체에 착용이 가능한 기기로 안경, 시계, 의복 등 일상생활에서 사람 몸에 착용이 가능한 형태의 기기로 손에 휴대하지 않아도 이용할 수 있는 기기를 말한다.

2 4차 산업혁명의 핵심기술을 적극적으로 도입하여 제조업의 미래를 혁신적으로 이끌고 있는 공장은?

① 스마트 팩토리
② 스마트 러닝
③ 등대 공장
④ 온톨로지

♦Advice 등대 공장 … 사물인터넷(IoT)과 인공지능(AI), 빅데이터 등 4차 산업혁명의 핵심기술을 적극적으로 도입하여 제조업의 미래를 혁신적으로 이끌고 있는 공장을 의미한다. 세계경제포럼(WEF)이 2018년부터 선정하고 있는데, 한국에서는 처음으로 2019년 7월 포스코가 등대공장에 등재되었다.
① 스마트 팩토리 : 설계 · 제조 · 유통 등 생산과정에 정보통신기술(ICT)을 접목한 지능형 공장으로, 모든 생산 과정이 무선통신으로 연결되어 자동으로 움직인다.
② 스마트 러닝 : 개별 학습자 중심의 학습 방법을 스마트 전자기기와 이러닝 신기술을 융합한 개념이다. 인터넷 접속, 위치 서비스, 증강현실 등 다양한 기술이 있는 스마트 기기에 이러닝 서비스를 접목한 개념이다.
④ 온톨로지 : 사물 간의 관계와 개념을 컴퓨터에서 활용 가능한 형태로 표현하는 것을 말한다.

3 디지털 영상의 계조도 신호 표현 범위가 보다 넓은 명암 영역에 대응되도록 하여 밝은 부분은 더 밝게, 어두운 부분은 더 어둡게 표현할 수 있는 기술을 무엇이라 하는가?

① HRD
② HDR
③ HED
④ HOD

Advice HDR … 가장 보편적인 HDR 10, 구글의 독자 방식인 VP9 – Profile2, 돌비 비전 등 다양한 HDR 규격이 존재한다.
① HRD(Human Resources Development) : 인적자원개발

4 언론이 통제된 미얀마에서 사용량이 폭증한 '이것'은 특정 프로그램을 통해 웹페이지에 접속이 가능하다. 접속자나 IP추적이 불가한 웹을 의미하는 용어는?

① 서피스 웹
② 다크 웹
③ 딥 웹
④ 웹캐싱

Advice 다크 웹(Dark Web) … 인터넷을 사용하지만, 접속을 위해서는 특정 프로그램을 사용해야 하는 웹을 가리키며 인터넷 지하세계라고 부른다. 일반적인 방법으로 접속자나 서버를 확인할 수 없기 때문에 사이버상에서 범죄에 활용된다.
① 서피스 웹(Surface Web) : 네이버, 구글 같은 일반적인 검색엔진을 말한다.
③ 딥 웹(Deep Web) : 검색이나 접근이 어렵거나 넷플릭스처럼 유료화에 막힌 곳을 말한다.
④ 웹캐싱(Web Caching) : 서버 과부하로 인한 트래픽을 감소시켜주고 대기시간을 줄이는 기술을 말한다.

5 다음 중 화력발전의 원료가 아닌 것은?

① 석탄
② 석유
③ 천연가스
④ 우라늄

Advice 우라늄 … 원자력발전의 원료이다.

⭐ ANSWER 1.④ 2.③ 3.② 4.② 5.④

6 컴퓨터 관련 용어에 대한 설명으로 옳은 것은?

① 프로토콜 : 사용자에게 내용의 비순차적인 검색이 가능하도록 제공되는 텍스트로 문서 내에 있는 특정 단어가 다른 단어나 데이터베이스와 링크 돼 있어 사용자가 관련문서를 넘나들며 원하는 정보를 얻을 수 있도록 한다.

② 캐싱 : 명령어와 데이터를 캐시 기억 장치 또는 디스크 캐시에 일시적으로 저장하는 것으로 중앙처리 장치(CPU)가 주기억 장치 또는 디스크로부터 명령어와 데이터를 읽어 오거나 기록하는 것보다 몇 배 빠른 속도로 단축시킴으로써 컴퓨터의 성능을 향상시킨다.

③ 하이퍼텍스트 : 통신회선을 이용하는 컴퓨터와 컴퓨터 또는 컴퓨터와 단말기계가 데이터를 주고받을 때의 상호약속이다.

④ TCP/IP : 인터넷상 주민번호를 대체하는 개인 식별 번호로 2006년 정보통신부가 개인의 주민등록번호 유출과 오남용 방지를 목적으로 마련한 사이버 신원 확인번호이다.

🔍 **Advice** ① 하이퍼텍스트에 대한 설명이다.
③ 프로토콜에 대한 설명이다.
④ 아이핀에 대한 설명이다. TCP/IP는 서로 기종이 다른 컴퓨터들 간의 통신을 위한 전송규약이다.

7 다음이 설명하는 것은?

> 조종사 없이 무선전파의 유도에 의해서 비행 및 조종이 가능한 비행기나 헬리콥터 모양의 군사용 무인항공기의 총칭하는 것이다. 카메라, 센서, 통신시스템 등이 탑재돼 있으며 25g부터 1200kg까지 무게와 크기도 다양하다. 군사용도로 처음 생겨났지만 최근엔 고공 촬영과 배달 등으로 확대됐다. 또한 농작물에 농약을 살포하거나, 공기질을 측정하는 등 다방면에 활용되고 있다.

① 비조   ② 드론
③ THAAD   ④ 틸트로터 항공기

🔍 **Advice** 드론 … 조종사 없이 비행 및 조종이 가능한 군사용 무인항공기를 총칭하는 것으로 용도는 산업부터 군사용까지 다양하다.
① 비조 : 우리나라의 무인기로 2000년에 성공적으로 개발된 군사용 무인기
③ THAAD : 군사기지를 적의 미사일 공격으로부터 보호할 목적으로 제작된 공중방어시스템
④ 틸트로터 항공기 : 헬리콥터처럼 떠서 비행기처럼 날아가는 축소형 스마트 무인 항공기

8 2014년에 완공된 우리나라 제2의 해양과학기지는?

① 이율곡기지   ② 장보고기지
③ 장영실기지   ④ 이순신기지

⊙**Advice** 장보고 과학기지 ⋯ 우리나라의 해양연구원 부설기관인 극지연구소에서 운영하는 극지과학연구시설이다. 세종
과학기지에 이어 대한민국에서 건설된 두 번째 과학기지로 2014년 2월에 완공되었다.

9 다음 설명에 해당하는 것은?

• 기질 특이성이 있다.
• 온도와 pH의 영향을 받는다.
• 생물체 내 화학반응이 잘 일어나도록 촉매 역할을 한다.

---

① 핵산   ② 효소
③ 뉴런   ④ ATP

⊙**Advice** 효소의 특징
  ㉠ 효소가 작용하는 물질을 기질이라 하며, 한 종류의 효소는 특정한 기질에만 반응하는 기질 특이성이 있다.
  ㉡ 효소는 적절한 pH 범위에서 활성이 크게 나타나며, 효소마다 최적 pH가 다르다.
  ㉢ 효소는 적절한 온도 범위에서만 활성을 나타낸다(최적 온도 : 35 ~ 40℃).

10 다음 (   ) 안에 들어갈 알맞은 말은?

QR코드는 흔히 보는 바코드 비슷한 것인데, 활용성이나 정보성 면에서 기존의 바코드보다는
한층 진일보한 코드 체계이다. 기존의 바코드는 기본적으로 가로 배열에 최대 (   )만 넣을 수
있는 1차원적 구성이지만, QR코드는 가로, 세로를 활용하여 숫자는 최대 7,089자, 문자는 최대
4,296자, 한자도 최대 1,817자 정도를 기록할 수 있는 2차원적 구성이다.

---

① 20자 정보   ② 50자 정보
③ 100자 정보   ④ 1,000자 정보

⊙**Advice** 바코드는 최대 20자 내외의 숫자 정보만 저장할 수 있다.

⭐ ANSWER   6.② 7.② 8.② 9.② 10.①

11 다음 중 화성탐사 로버로 옳은 것은?

① 퍼서비어런스
② 메타버스
③ 보이저 2호
④ 파이오니어 10호

⚲Advice 퍼서비어런스 ··· NASA가 2020년 7월 30일에 발사한 화성 탐사 로버로 2021년 2월 18일 화성 궤도에 집입, 대기권을 거쳐 예제로 크레이터에 착륙했다고 전했다. 향후 2년 동안 화성에서 생명체와 물의 흔적을 탐사하는 임무를 수행하게 된다.

② 메타버스 : 가상현실보다 진보된 개념으로 3차원 가상공간에서 사회적 교류를 하며 사용하는 세계로 SNS, 트위터 등의 서비스가 이에 해당한다. 인프라, 하드웨어, 플랫폼이 메타버스에 포함된다. 대표적으로 네이버에서 운영하는 제페토가 메타버스 플랫폼이다.

③ 보이저 2호 : 천왕성 관측 우주선이다.

④ 파이오니어 10호 : 목성 탐사 우주선이다.

12 AM OLED에 대한 설명으로 옳지 않은 것은?

① 형광 유기물 박막에 전류를 흘려 빛을 발생시킨다.
② 자체 발광형 디스플레이이다.
③ 수동형 유기발광 다이오드를 말한다.
④ 색 재현율과 명암비도 월등하다.

⚲Advice AM OLED ··· 능동형 유기발광 다이오드를 말한다. OLED는 형광 또는 인광 유기물 박막에 전류를 흘리면 전자와 정공이 유기물 층에서 결합하면서 빛이 발생하는 원리를 이용한 자체 발광형 디스플레이를 말한다. OLED는 다시 수동형인 PM(Passive Matrix) OLED와 능동형인 AM OLED로 나뉜다. PM OLED가 하나의 라인 전체가 한꺼번에 발광해 구동하는 라인 구동방식인 데 비해 AM OLED는 발광소자가 각각 구동하는 개별 구동방식이다.

13 다음 중 페트병의 뚜껑을 열고 뜨거운 물에 담갔을 때 생기는 변화에 대하여 바르게 예측한 것은?

① 페트병 내부의 공기 분자의 부피가 커진다.

② 페트병이 가라앉는다.

③ 페트병 내 공기 분자의 운동이 위축된다.

④ 페트병 내 공기의 부피가 커진다.

🔍*Advice* ① 공기 분자의 부피는 일정하다.
② 페트병이 위로 뜬다.
③ 공기 분자의 운동은 활발해진다.

14 사진이나 동영상 등의 디지털 콘텐츠에 저작권자나 판매자 정보를 삽입하여 원본의 출처 정보를 제공하는 기술은?

① 디지털 사이니지

② 디지털 워터마킹

③ 디지털 핑거프린팅

④ 콘텐츠 필터링

🔍*Advice* ① 디지털 사이니지(Digital Signage) : 움직이고 소리가 나는 옥외 광고
③ 디지털 핑거프린팅(Digital Fingerprinting) : 인간의 감지 능력으로는 검출할 수 없도록 사용자의 정보를 멀티미디어 콘텐츠 내에 삽입하는 기술
④ 콘텐츠 필터링(Contents Filtering) : 콘텐츠 이용 과정에서 저작권 침해 여부 등을 판단하기 위해 데이터를 제어하는 기술

⭐ANSWER 11.① 12.③ 13.④ 14.②

15 기름 저장 시설, 탱커, 유조선 등에서 흘러나온 기름이 퍼지는 것을 막고 제거할 목적으로 일정 수역에 설치한 저지선을 무엇이라 하는가?

① 오일스키퍼
② 오일스테이닝
③ 오일펜스
④ 오일달러

💧Advice 오일펜스 … 바다에 유출된 기름이 퍼지는 것을 막기 위해 울타리 모양으로 설치하는 것을 말한다. 이를 설치한 다음 흡착포를 사용하여 기름을 제거한다.
① 오일스키퍼 : 기름을 퍼올리는 기구를 말한다.
② 오일스테이닝 : 기름에 절어 생긴 변색을 말한다.
④ 오일달러 : 산유국이 석유 수출입에 따라 벌어들인 잉여 외화를 말한다.

16 다음의 사례와 관련이 있는 온라인 사기 수법은?

> 가상화폐에 투자한 A 씨는 SNS를 통해 외국인 이성친구 B를 사귀었다. B는 자신을 영국의 사업가라고 소개하며 자신도 가상 화폐에 투자하고 있다고 친밀감을 형성했다. 약 한 달 뒤 B는 가상화폐 선물 옵션 투자를 제안하며 송금을 유도했고, A 씨는 이에 약 1억 원을 송금했다.

① 로맨스 스캠
② 스피어 피싱
③ 랜섬웨어
④ 큐싱

💧Advice 로맨스 스캠 … 전문직이나 사업자, 국제기구 종사자 등 위장한 신분이나 외모, 재력 등으로 이성에게 호감을 표시하고 신뢰감을 형성한 뒤에 각종 이유로 금전을 요구하는 사기 수법을 말한다.
② 스피어 피싱 : 특정 기업 직무자를 대상으로 이메일을 보내 정보를 취득하는 사기 수법이다.
③ 랜섬웨어 : 사용자 PC를 해킹하여 컴퓨터 내부 문서를 암호화 하고 금품을 요구하는 악성코드이다.
④ 큐싱 : QR코드를 이용하여 정보를 탈취하는 것을 말한다.

17 휴대폰용 운영체제 · 미들웨어 · 응용프로그램을 묶은 소프트웨어 플랫폼은?

① 윈도(Window)   ② 태블릿(Tablet)
③ 안드로이드(Android)   ④ DNS(Domain Name System)

Advice 안드로이드(Android) … 휴대폰용 운영체제 · 미들웨어 · 응용프로그램을 묶은 소프트웨어 플랫폼으로 구글 (Google)사가 안드로이드사를 인수하여 개발했다. 리눅스 2.6 커널을 기반으로 강력한 운영체제와 포괄적 라이브러리 세트, 폰 애플리케이션 등을 제공하는데, 특히 '소스 코드'를 모두 공개한 완전 개방형 플랫폼으로, 누구나 이를 이용하여 소프트웨어와 기기를 제작 · 판매 가능하다.

① 윈도(Window) : 컴퓨터에서 소프트웨어와 하드웨어를 제어하는 운영체제이다.
② 태블릿(Tablet) : 평면판 위에 펜으로 그림을 그리면 컴퓨터 화면에 커서가 그에 상응하는 이미지를 그려내게 할 수 있도록 한 장치이다.
④ DNS(Domain Name System) : 네트워크에서 도메인이나 호스트 이름을 숫자로 된 Ip주소로 해석해주는 TCP/IP 네트워크 서비스이다.

18 다음 중 방사성폐기물 처리방법에 대한 설명으로 옳은 것은?

① 고준위방사성폐기물은 폐기물로 간주된다.
② 고준위방사성폐기물은 원자력발전소에서 사용한 장갑, 작업법, 각종 교체부품, 관련 산업체, 병원, 연구기관에서 나오는 폐기물이다.
③ 방사능 준위에 따라 고준위, 중준위, 저준위 방사성폐기물로 구분할 수 있다.
④ 저준위 방사성폐기물 중에서 원자력발전소에서 발생하는 폐기물을 원전수거물이라고 하며 기체, 액체, 고체로 구분하는데, 저장방법에는 차이가 없다.

Advice ① 고준위방사성폐기물은 핵연료로 사용하고 난 후의 핵연료와 이것의 재처리과정에서 나오는 폐기물로 95% 이상을 재활용할 수 있기 때문에 폐기물로 간주하지 않는다.
② 저준위방사성폐기물에 대한 설명이다.
④ 기체, 액체, 고체 등 그 형태에 따라 저장방법에 차이가 있다.

19 빅데이터의 특징은 3V로 요약하는 것이 일반적이다. 다음 보기 중 3V에 해당하지 않는 것은?

① Volume

② Velocity

③ Variety

④ Verify

🔎**Advice** 빅데이터 … 디지털 환경에서 생성되는 데이터로 그 규모가 방대하고, 생성 주기도 짧고, 형태도 수치 데이터뿐 아니라 문자와 영상 데이터를 포함하는 대규모 데이터를 말한다. 빅데이터를 설명하는 3V는 데이터의 양(Volume), 데이터 생성 속도(Velocity), 형태의 다양성(Variety)을 의미하는데 최근에는 가치(Value)를 덧붙이기도 한다.

20 다음이 설명하는 것으로 옳은 것은?

> 국내 우주수송능력을 확보하기 위해 독자 개발한 한국형 발사체이다. 높이 47.2m, 직경 3.5m, 총중량 200톤이다. 2021년 10월 21일에 1차 발사가 이루어졌으며, 2022년 6월 21일 2차 발사에 성공했다.

① 누리호

② 다누리

③ 천리안

④ 나로호

🔎**Advice** 누리호 … 한국항공우주연구원이 KSLV 계획에 따라 개발한 발사체이다. 누리호 발사 성공은 우리나라가 독자적인 우주운송 능력을 확보하고, 자주적인 국가 우주 개발 역량을 온전히 갖추게 되었다는 점에서 큰 의의를 가진다.

21 다음 중 나로 우주센터가 건설된 지역은?

① 외나로도　　　　　　　② 한산도
③ 내나로도　　　　　　　④ 우이도

🌀**Advice** 나로 우주센터 … 한국이 자체 기술로 인공위성을 우주 공간으로 쏘아 올리기 위해 건설된 한국 최초의 우주 발사체 발사기지이다. 1999년부터 안전성과 발사각, 부지 확보의 용이성 등에 대한 정밀 조사를 거쳐, 2001년 1월 전라남도 고흥군 봉래면(蓬萊面) 외나로도(예내리 하반마을)가 최종 건설기지로 선정되었다.

22 옴의 법칙(Ohm's Law)이란?

① 전류의 세기는 전기저항에 반비례한다.
② 전류의 세기는 전기저항에 비례한다.
③ 전기저항은 도선의 길이에 비례한다.
④ 전기저항은 도선의 길이에 반비례한다.

🌀**Advice** 옴의 법칙(Ohm's Law) … 도체에 흐르는 전류의 세기는 전압에 비례하며, 전기저항에 반비례한다.

23 저온부와 고온부의 온도차에 의해 일어나는 열의 이동현상은?

① 전도　　　　　　　　　② 복사
③ 대류　　　　　　　　　④ 노킹

🌀**Advice** ② 복사 : 열이 중간에 다른 물질을 통하지 않고 직접 이동하는 현상을 말한다.
③ 대류 : 열이 유체를 통하여 이동하는 현상을 말한다.
④ 노킹 : 내연기관의 기통 안에서 연료가 빨리 발화하거나 이상폭발하는 현상을 말한다.

24 인터넷 사용자의 컴퓨터에 잠입해 내부 문서나 스프레드시트, 그림파일 등을 암호화해 열지 못하도록 만든 후 돈을 보내주면 해독용 열쇠 프로그램을 전송해 준다며 금품을 요구하는 악성 프로그램은 무엇인가?

① RISC
② 네그웨어
③ 랜섬웨어
④ 길트웨어

Advice 랜섬웨어 ⋯ Ransom(몸값)과 Ware(제품)의 합성어로 컴퓨터 사용자의 문서를 '인질'로 잡고 돈을 요구한다고 해서 붙여진 명칭이다.
① RISC(Reduced Instruction Set Computer) : 컴퓨터의 실행속도를 높이기 위해 복잡한 처리는 소프트웨어에게 맡기는 방법을 채택하여, 명령세트를 축소 설계한 컴퓨터
② 네그웨어(Negware) : 무료로 사용할 수 있는 소프트웨어이지만 사용자 등록을 하지 않고 계속 사용할 경우, 반복적으로 경고 메시지를 띄워 사용자 등록 할 것을 요구하는 소프트웨어
④ 길트웨어(Guiltware) : 사용자의 죄의식을 부추겨서 소프트웨어 제품을 등록하거나 요금을 내도록 만드는 각종 공유 웨어

25 甲은 오랜만에 들어간 웹사이트의 비밀번호가 생각나지 않는다. 회원가입은 되어있는 상태라고 하는데 기억이 나지 않는다. 결국 비밀번호 찾기를 눌러 새로운 비밀번호를 입력한다. 시간이 지나 또 웹사이트에 로그인을 하지 못한 甲은 다시 비밀번호 찾기를 누른다. 이러한 현상을 방지하기 위하여 신속한 온라인 인증이라는 뜻의 인증수단은 무엇인가?

① CPO
② FIDO
③ RPA
④ 5G

Advice FIDO ⋯ 온라인 환경에서 ID, 비밀번호 없이 생체인식 기술을 활용하여 보다 편리하고 안전하게 개인 인증을 수행하는 기술이다.
① CPO : 개인정보보호책임자로 정부의 사생활 보호규정과 법률에 위반되는 정책을 찾아내 수정하며, 해킹 등 사이버범죄로부터 회원정보를 지켜내기 위한 안전장치를 마련하는 등의 업무를 한다.
③ RPA : 기업의 재무, 회계, 제조, 구매, 고객 관리 분야 데이터를 수집해 입력하고 비교하는 단순반복 업무를 자동화해서 빠르고 정밀하게 수행하는 자동화 소프트웨어 프로그램을 말한다.
④ 5G : 5G의 정식 명칭은 'IMT-2020'으로 이는 국제전기통신연합(ITU)에서 정의한 5세대 통신규약이다. 5G는 최대 다운로드 속도가 20Gbps, 최저 다운로드 속도가 100Mbps인 이동통신 기술이다.

26 다음 예시가 나타내는 빛의 성질은?

- 저녁노을
- 하늘이 파랗게 보이는 현상

---

① 직진(直進)
② 산란(散亂)
③ 편광(偏光)
④ 간섭(干涉)

Advice 산란(散亂) … 빛이 공기 속을 통과할 때 공기 중의 미립자에 부딪쳐서 흩어지는 현상이다.
　　① 직진(直進) : 빛이 입자이기 때문에 일어나는 현상으로 일식, 월식, 그림자 등을 예시로 들 수 있다.
　　③ 편광(偏光) : 자연광은 여러 방향의 진동면을 갖지만 전기석과 같은 결정축을 가진 편광판을 통과시키면 결정축에 나란한 방향으로 진동하는 빛만 통과하는 현상이다. 입체영화, 광통신 등을 예시로 들 수 있다.
　　④ 간섭(干涉) : 빛이 파동성을 갖기 때문에 일어나는 현상으로 물이나 비누방울 위에 뜬 기름의 얇은 막이 여러 색으로 보이는 것을 예시로 들 수 있다.

27 개기월식 때 달이 붉게 보이는 현상을 일컬어 무엇이라고 하는가?

① 슈퍼문
② 블루문
③ 블러드문
④ 슈퍼블러드문

Advice ① 슈퍼문 : 지구와 달 사이의 거리가 가장 가까워지는 때에 보름달이 뜨는 시기와 겹쳐 평소보다 크게 관측되는 보름달을 말한다.
　　② 블루문 : 한 달 안에 두 번째로 뜨는 보름달을 말한다.
　　④ 슈퍼블러드문 : 슈퍼문과 개기월식이 동시에 일어나는 것을 말한다.

28 다음 중 열역학에서 취급하는 것 가운데 H로 표기되며, 열 함량을 나타내는 것은?

① 점성도
② 엔탈피
③ 칼로리
④ 산성도

Advice 엔탈피(Enthalpy) … 어떤 물질이 일정한 압력에서 생성될 때 그 물질 속에 축적된 열에너지이다.

⭐ ANSWER   24.③   25.②   26.②   27.③   28.②

29 다음 (   ) 안에 들어갈 것을 순서대로 적으면?

> 천연가스를 그 주성분인 메탄의 끓는점 이하로 냉각하여 액화시킨 것을 (   )라 하고, 프로판이
> 나 부탄 등 탄화수소를 주성분으로 하는 가스를 액화한 것을 (   )라 한다.

① LNG, SNG   ② LPG, LNG

③ LNG, LPG   ④ SNG, LPG

Advice LNG와 LPG

    ㉠ LNG : 천연가스를 대량수송 및 저장하기 위해 그 주성분인 메탄의 끓는점 이하로 냉각하여 액화시킨 것이다.

    ㉡ LPG : 일반적으로 프로판가스로 통칭되며, 프로판이나 부탄 등 탄화수소물질을 주성분으로 액화시킨 것이다.

30 다음 중 미항공우주국을 나타내는 말은?

① ESA   ② NASA

③ 가가린   ④ 뉴 호라이존스

Advice NASA(National Aeronautics And Space Administration) … 지구 대기 안팎의 우주탐사 활동과 우주선에 관한 연구 및 개발을 담당하는 미국의 대통령 직속기구

    ① ESA(European Space Agency) : 유럽의 우주관련 기술과 우주응용 등의 분야에서 평화적 목적의 협력을 촉진하기 위하여 설립된 기구

    ③ 가가린(Gagarin) : 텔레비전 · 유제품 · 통조림 · 전기기구 등의 제조업이 이루어지며, 수의학기술소 · 전승박물관 · 가가린 기념박물관 등이 있다. 1968년 세계 최초의 우주비행사 Y.A. 가가린을 기념하기 위해 도시 이름을 가가린으로 개칭하였다.

    ④ 뉴 호라이존스(New Horizons) : 2006년 1월에 발사된 인류 최초 무인 왜소행성 134340(명왕성) 탐사선

31 고체, 액체, 기체에 이은 제4의 물질상태로서 고온에서 음전하를 가진 전자와 양전하를 띤 이온으로 분리된 기체 상태를 말하는 것은?

① 에테르(Ether)

② 카오스(Chaos)

③ 엔트로피(Entropy)

④ 플라즈마(Plasma)

Advice ① 에테르(Ether) : 빛·열·전자기 복사현상의 가상적 매체
② 카오스(Chaos) : 혼돈이란 의미로 질서가 없는 뒤죽박죽 상태. 장래의 예측이 불가능한 현상
③ 엔트로피(Entropy) : 물질계에서 열의 가학적 상태를 나타내는 물리량의 하나

32 다음 중 단위가 큰 것부터 순서대로 바르게 나열한 것은?

㉠ am(attometer)	㉡ ㎛(micrometer)
㉢ pm(picometer)	㉣ nm(nanometer)

① ㉠ - ㉡ - ㉢ - ㉣
② ㉡ - ㉠ - ㉣ - ㉢
③ ㉡ - ㉣ - ㉢ - ㉠
④ ㉢ - ㉠ - ㉣ - ㉡

Advice ㉡ $\mu m(10^{-6}m)$ 〉 ㉣ $nm(10^{-9}m)$ 〉 ㉢ $pm(10^{-12}m)$ 〉 ㉠ $am(10^{-18}m)$이다.

※ 국제단위계(SI) 접두어

명칭	기호	곱할인자	명칭	기호	곱할인자
요타(Yotta)	Y	10^{24}	데시(Deci)	D	10^{-1}
제타(Zetta)	Z	10^{21}	센티(C)	C	10^{-2}
엑사(Exa)	E	10^{18}	밀리(Milli)	M	10^{-3}
페타(Peta)	P	10^{15}	마이크로(Micro)	μ	10^{-6}
테라(Tera)	T	10^{12}	나노(Nano)	N	10^{-9}
기가(Giga)	G	10^{9}	피코(Pico)	P	10^{-12}
메가(Mega)	M	10^{6}	펨토(Femto)	F	10^{-15}
킬로(Kilo)	K	10^{3}	아토(Atto)	A	10^{-18}
헥토(Heoto)	H	10^{2}	젭토(Zepto)	Z	10^{-21}
데카(Deka)	Da	10^{1}	욕토(Yocto)	Y	10^{-24}

ANSWER 29.③ 30.② 31.④ 32.③

33 수돗물을 공급할 때 물질을 정제하는 과정에서 염소처리를 하는 주된 목적은?

① 물에 녹아 있는 이산화탄소나 황화수소를 제거하기 위해

② 센물을 단물로 만들기 위해

③ 물속에 떠 있는 작은 물질을 뭉쳐지게 하기 위해

④ 물속에 있는 미생물을 제거하기 위해

🔎*Advice* 수돗물을 정수(淨水)하는 주된 목적은 대장균이나 일반세균을 제거하기 위해서이며, 염소소독을 하는 이유는 경제적이고 조작이 용이하며 소독력이 강하다는 장점이 있기 때문이다.

34 생물의 유전현상에서 중심역할을 하는 DNA에 대한 다음 설명 중 사실과 다른 것은?

① 주로 세포질에 존재한다.

② 2중 나선형의 분자구조를 하고 있다.

③ 1953년 영국의 왓슨과 크릭에 의해 밝혀졌고, 이들은 그 이후 노벨상을 수상했다.

④ 염기와 당류, 인산으로 구성된 고분자화합물이다.

🔎*Advice* 진핵세포에서의 DNA는 핵 속에 주로 많이 들어 있고, 극미량이 미토콘드리아와 엽록체 속에 들어 있다. 뚜렷한 핵이 없는 세포(주로 미생물세포)를 원핵세포라고 하는데, 이런 세포에서의 DNA는 세포질 속에 흩어져 있다.

35 유전정보의 전달에 관여하는 핵산인 DNA와 RNA분자에 관한 설명 중 옳지 않은 것은?

① DNA분자는 이중나선구조이다.

② RNA분자는 단일구조이다.

③ 공통된 염기성분은 아데닌, 구아닌, 시토신이다.

④ 미국의 S. 오초와가 처음 발견하였다.

🔎*Advice* DNA는 왓슨과 크릭에 의해 발견되었다.

36 이동통신 세대별 비교 내용으로 옳지 않은 것은?

① 6G(6세대)는 5G 대비 속도가 최대 50배로 추정된다.

② 5G(5세대)의 주요 콘텐츠는 VR, AR, 홀로그램, 자율주행 등이 있다.

③ 4G(4세대)의 주요 콘텐츠는 화상통화, 멀티미디어 문자 등이 있다.

④ 2G(2세대)는 2000년에 상용화되었으며, 주요 콘텐츠는 문자메세지다.

Advice 이동통신 세대별 특징은 다음과 같다.

구분	1G(1세대)	2G(2세대)	3G(3세대)	4G(4세대)	5G(5세대)
주요 콘텐츠	음성통화	문자메시지	화상통화, 멀티미디어 문자	데이터 전송 및 실시간 동영상 스트리밍	VR, AR, 홀로그램, 자율주행
전송 속도	14.4kbps	144kbps	14Mbps	75Mbps ~ 1Gbps	20Gbps 이상
상용화	1984년	2000년	2006년	2011년	2019년
무선기술	AMPS	CDMA	WCDMA	WiMax/LTE	NR

37 전자파의 존재를 실험적으로 확인한 사람은?

① 헤르츠

② 패러데이

③ 맥스웰

④ 로렌츠

Advice 전자파의 존재는 1888년 독일의 물리학자 H.R. 헤르츠에 의해 불꽃 간극이 있는 전기 진동회로로부터 전자기파를 발생시킴으로써 실험적으로 확인됐다.

★ ANSWER 33.④ 34.① 35.④ 36.③ 37.①

38 민간 우주탐사기업 스페이스X가 이것을 회수하는 데 성공하였고, 한국의 첫 군사통신 위성인 아나시스 2호를 보호하는 역할을 하였다. 우주발사체가 위성을 초음속으로 지구 대기권을 뚫고 올려 보낼 때, 압력과 열로부터 위성을 보호하기 위해 덮어둔 발사체 맨 앞의 뾰족한 부분은 무엇인가?

① 탄수화물칩

② 큐브샛

③ 페어링

④ 크루드래곤

🔎 **Advice** ① 탄수화물칩 : 탄수화물을 고밀도로 고체 표면에 일정한 간격으로 고정화 시킨 마이크로칩
② 큐브샛 : 교육용으로 시작된 초소형 인공위성으로, 가로ㆍ세로 각각 10㎝ 크기인 정육면체부터 가로 10㎝, 세로 30㎝ 직육면체까지 크기가 다양하다.
④ 크루드래곤 : 스페이스X(미국 민간 우주탐사기업)가 개발한 유인 캡슐로 민간 기업이 발사한 최초의 유인 캡슐이자 미국의 첫 상업 유인 우주선이다.

39 자율신경계에 대한 설명 중 옳지 않은 것은?

① 대뇌의 의지와 관계없이 독자적으로 작용한다.

② 교감신경계와 부교감신경계가 있다.

③ 교감신경계에 자극받은 말단은 아드레날린을 분비한다.

④ 부교감신경은 시냅스가 많아 흥분을 전달한다.

🔎 **Advice** 부교감신경은 시냅스가 많지 않아 흥분을 잘 전달하지 못하므로 한 기관에만 영향을 미친다.

40 에디슨이 대나무 섬유를 탄화하여 전구의 필라멘트로 사용했을 때 처음 알려진 것으로, 우리나라의 경우 1990년 태광산업이 처음으로 생산에 성공했다. 낚싯대, 테니스 라켓, 공기정화기 및 정수기 등에 쓰이는 이 소재는?

① 금속섬유
② 탄소섬유
③ 내열성섬유
④ 탄화규소섬유

⚡Advice 탄소섬유 … 셀룰로스, 아크릴 섬유, 비닐론, 피치(Pitch) 등의 유기섬유를 비활성 기체 속에서 가열, 탄화하여 만든 섬유이다. 일반적으로는 탄소의 육각 고리가 연이어 층상격자를 형성한 구조로, 내열성, 내충격성이 뛰어나며 화학약품에 강하고 해충에 대한 저항성이 크다. 스포츠용품(낚싯대, 테니스 라켓), 항공기 동체, 자동차, 건축(경량재, 내장재), 통신(안테나), 환경산업(공기정화기, 정수기) 등 각 분야의 소재로 널리 쓰인다.

41 리튬폴리머전지의 특징으로 틀린 것은?

① 전해질이 상온에서 고체 형태로 폭발위험
② 전지의 경량화 및 대면적화에 유리
③ 에너지의 고효율성과 높은 안정성
④ 리튬이온전지에 이은 차세대 2차 전지로 급부상

⚡Advice 전해질이 상온에서 고체 또는 겔 형태로, 파손되면 전해질이 새지 않아 발화나 폭발의 위험이 거의 없다.

✳✳✳

42 기압의 단위인 헥토파스칼에 대한 설명 중 옳지 않은 것은?

① 밀리바(mb)와 같은 값이다.
② 수치가 낮을수록 바람의 위력은 더 세다.
③ 국제기압단위인 파스칼(Pa)의 1백배를 뜻한다.
④ 세계기상기구의 권고로 우리나라는 1994년부터 이 단위를 채용했다.

⚲Advice 헥토파스칼(hPa) … 종전의 밀리바(mb)를 대신하는 새로운 기압단위로, 1㎡ 면적당 1뉴턴(N)의 힘이 작용해 받는 압력을 1파스칼(Pa)로 정의할 때 100배에 해당되는 값이다. 우리나라에서는 1993년 1월 1일부터 채택했다. 태풍은 기압이 낮은 상태에서 형성되므로 헥토파스칼의 수치가 낮을수록 바람은 더 세다.

43 지구 자전을 증명할 수 있는 것은?

① 광행차
② 별의 연주시차
③ 춘분점의 이동
④ 푸코진자의 진동면 이동

⚲Advice 지구 자전의 증거 … 푸코진자의 진동면 회전, 전향력, 인공위성궤도의 서편현상, 자유낙하 물체의 동편현상

44 무궁화위성 3호에 대한 설명 중 옳지 않은 것은?

① 통신용 중계기 24대와 방송용 중계기 6대를 탑재하고 있다.
② 1, 2호와 마찬가지로 동남아지역까지 서비스가 가능하다.
③ 최대 168개까지의 위성방송채널을 공급할 수 있다.
④ 남미 프랑스령 기아나 쿠루위성 발사기지에서 발사됐다.

⚲Advice 무궁화위성 1·2호는 서비스가 한반도지역에 국한되었고, 3호는 가변빔 안테나를 이용하여 동남아는 물론 호주지역까지 서비스가 가능하다.

45 가벼운 원자핵이 서로 충돌·융합하여 보다 무거운 원자핵을 만드는 과정에서 에너지를 만드는 핵융합 현상을 일으키는 원소는?

① 토륨

② 라듐

③ 우라늄 235

④ 중수소

✧**Advice** 중수소(D 또는 2H)와 삼중수소(T 또는 3H)의 가벼운 원소가 일으킨다.

46 극한기술(極限技術)에 대한 설명으로 바르지 못한 것은?

① 핵융합·초전도체·우주에서의 신소재개발 등에 폭넓게 이용된다.

② 현재는 항공·우주분야에만 쓰이고 있다.

③ 물리적 환경을 극한상태로 변화시켜 새로운 현상과 신물질을 창출해 내는 기술이다.

④ 초정밀·초고온·초고압 등의 기술을 의미한다.

✧**Advice** 극한적인 환경을 발생시켜 응용하는 기술혁신으로 이것은 핵융합(초고온), 반도체(초정점), 신물질 창출(초고온, 초고압, 고진공) 등에 응용되고 있다.

47 바이오에너지(Bioenergy)에 대한 설명으로 옳지 않은 것은?

① 바이오가스와 알콜연료로 나눌 수 있다.

② 기존의 에너지를 합성하여 얻어낸 에너지이다.

③ 생체에너지 또는 녹색에너지라고도 불린다.

④ 바이오매스(Biomass), 즉 양(量)의 생물체라고도 한다.

✧**Advice** 바이오에너지(Bioenergy) … 석유나 석탄 등의 유한한 화학연료가 아닌 농작물·목재·축분 등 생물·생체자원을 이용하여 연료로 사용하는 대체에너지이다.

⭐ ANSWER　42.④　43.④　44.②　45.④　46.②　47.②

48 예측불가능한 현상, 즉 언뜻 보아 무질서하게 보이는 복잡한 현상의 배후에 있는 정연한 질서를 밝혀내는 이론은?

① 퍼지이론(Fuzzy Set Theory)
② 카오스이론(Chaos Theory)
③ 빅뱅이론(Big Bang Theory)
④ 엔트로피이론(Entropy Theory)

Advice 퍼지(Fuzzy)가 주관적인 결정을 하는 데 비해 카오스(Chaos)는 객관적인 이론체계를 만든다.

49 기체의 용해도와 관련된 현상에 대한 설명 중 옳지 않은 것은?

① 깊은 바다에서 잠수 도중 너무 급하게 물 위로 올라오면 잠수병에 걸린다.
② 수돗물을 끓여 먹으면 물속에 녹아 있던 염소 기체가 빠져나온다.
③ 겨울철에 사이다의 뚜껑을 열면 여름철보다 거품이 많이 발생한다.
④ 여름날 오후 연못의 물고기들은 수면 위로 올라와 뻐끔거린다.

Advice 기체의 용해도는 온도가 낮을수록, 압력이 높을수록 증가하게 된다. 일정한 온도에서 압력이 높아지면 기체의 용해도는 증가하고 일정한 압력에서 온도가 낮을수록 기체의 용해도는 증가한다. 따라서 겨울철이 여름보다 거품이 적게 발생한다.

50 다음 중 구심력에 대한 설명이 옳지 않은 것은?

① 원심력은 가상의 힘이지만, 구심력은 실제로 존재하는 힘이다.
② 자동차가 커브 길을 돌 때 구심력은 만유인력이다.
③ 롤러코스터에서 물체의 구심력은 물체에 작용하는 중력과 수직항력의 합이다.
④ 인공위성의 구심력은 지구가 당기는 만유인력이다.

Advice 자동차가 커브 길을 돌 때 구심력은 정지마찰력이다.

51 우주선이 지구의 인력권을 벗어난 후 어떤 힘으로 달까지 도달하는가?

① 원심력

② 지구의 인력

③ 관성

④ 달의 인력

🖤*Advice* 지구 인력권과 달 인력권 사이는 무중력상태(진공상태)이므로, 로켓의 엔진가동을 중지시키더라도 관성이 작용하여 계속 운동하므로 달까지 도달하게 되는 것이다.

52 다음 중 물의 특성에 대한 설명이 옳지 않은 것은?

① 체온의 항상성을 유지한다.

② 신체의 노폐물을 대, 소변, 땀, 호흡 등을 통해 배설시킨다.

③ 세포의 형태를 유지시키고, 신진대사 활동을 촉매한다.

④ 신체의 새로운 조직을 만드는 데 필요한 성분으로 체중의 약 16%를 차지하고 있다.

🖤*Advice* ④ 단백질에 대한 설명이다.

※ 기타 물의 역할

㉠ 완충제, 윤활제로서 음식을 삼킬 때 타액이 분비되며, 관절 활액을 형성하여 인체 각 관절의 완충제로 작용한다.

㉡ 눈, 코, 귀, 입 등 피부와 점막을 건조하지 않게 적셔 준다.

㉢ 영양소(아미노산, 포도당, 비타민, 미네랄)를 용해시켜 소화 흡수하게 한다.

㉣ 산소와 영양분을 혈관을 통해 혈액을 매개로 60조개의 세포로 빠짐없이 운반한다.

53 인류 최초의 인공위성은?

① 스푸트니크 1호

② 루나 11호

③ 보스토크 1호

④ 서베이어 1호

🖤*Advice* 스푸트니크 1호 … 구소련에서 1957년 10월 발사된 세계 최초의 무인인공위성이다.

② 루나 1호 : 러시아의 달 탐사 로켓이다. 1호는 1959년 1월 2일 월면에 명중시킬 것을 목표로 하였으나, 빗나가 태양 주위를 공전하는 인공위성이 되었다.

③ 보스토크 1호 : 1961년 4월에 구소련이 발사한 세계최초의 유인우주선이다.

④ 서베이어 1호 : 서베이어 계획은 미국의 무인 달 표면 탐사계획으로 서베이어 1호부터 7호까지 7대의 탐사선을 보냈다. 1호는 1966년 5월에 발사되었다.

⭐ANSWER 48.② 49.③ 50.② 51.③ 52.④ 53.①

✳✳✳ _____

54 일론 머스크는 뇌에 칩을 이식한 거트루드(Gertrude)를 공개하였다. 거투르드의 뇌에서 보낸 신호를 컴퓨터로 전송하여 모니터에서 볼 수 있는 것을 가능하게 만들 때 사용된 기술은?

① ANN(Artificial Neural Network)
② VR(Virtual Reality)
③ GAN(Generative Adversarial Network)
④ BCI(Brain Computer Interface)

🔍 **Advice** BCI(Brain Computer Interface) ··· 뇌 − 컴퓨터 인터페이스로 뇌파를 이용하여 컴퓨터에서 해석할 수 있는 인터페이스를 말한다.
  ① ANN(Artificial Neural Network) : 인공 신경망으로 인간의 신경처리 과정을 모방하여 만든 알고리즘을 말한다.
  ② VR(Virtual Reality) : 컴퓨터에서 만들어진 가상현실을 말한다.
  ③ GAN(Generative Adversarial Network) : 생성적 대립 신경망으로, 딥러닝 알고리즘으로 진짜와 똑같은 가짜를 생성하여 이를 판별하여 학습하고 진짜와 같은 가짜를 만드는 기술이다.

55 인터넷(Internet)의 WWW는 다음 중 어느 것을 줄인 말인가?

① World Webster Word   ② World Western Web
③ World Wide Web   ④ World Wide Windows

🔍 **Advice** World Wide Web ··· 인터넷 중 문자 · 그림 · 소리 등을 주고받을 수 있는 멀티미디어 서비스로 W3 혹은 간단히 웹(Web)이라고도 한다.

56 첨단 기기에 익숙해진 현대인의 뇌에서 회백질 크기가 감소하여 현실에 무감각해지는 현상을 무엇이라고 하는가?

① 팝콘 브레인   ② 디지털 치매
③ 필터 버블   ④ 뉴럴링크

🔍 **Advice** ② 디지털 치매(Digital Dementia) : 디지털 기기에 의존하여 기억력이 감소하는 상태를 말한다.
  ③ 필터 버블(Filter Bubble) : 사용자에게 맞춤형 정보만을 제공하는 현상을 말한다.
  ④ 뉴럴링크(Neuralink) : 일론 머스크가 설립한 스타트업으로 뇌 삽입형 전극 등을 개발을 목표로 하고 있다.

57 다음은 무엇에 대한 설명인가?

> 미국항공우주국(NASA)과 유럽우주기구(ESA)가 공동으로 추진하고 있는 무인태양탐사계획은 태양의 극궤도에 위성을 띄워 극궤도를 돌면서 태양의 여러 현상을 관측하려는 것이다. 이 계획에 따르면, 위성은 미국의 우주왕복선에서 발사되어 처음에는 목성을 향해 가다가 목성의 인력에 의해서 태양쪽으로 궤도가 바뀌게 된다.

① 유레카계획   ② 머큐리계획
③ 제미니계획   ④ 율리시스계획

🜨 Advice ① 유레카계획(European Research Coordination Action) : 유럽첨단기술연구 공동체계획으로 미국이 제창한 전략방위구상(SDI)에 대한 유럽 제국의 독자적인 기술개발을 목표로 프랑스가 제창하였다.
② 머큐리계획(Project Mercury) : 1인승 유인우주선을 발사하여 지구궤도를 선회한 뒤 무사히 귀환시키는 계획이다.
③ 제미니계획(Project Gemini) : 2인의 우주비행사를 태운 우주선을 발사하여 체공시켜 놓고, 별도로 발사한 우주선과 우주랑데부 및 우주도킹 등을 실험하려는 계획이다.

58 컴퓨터의 기억용량단위를 크기순으로 옳게 나열한 것은?

① 바이트(byte) < 비트(bit) < 워드(word)   ② 비트(bit) < 바이트(byte) < 워드(word)
③ 비트(bit) < 워드(word) < 바이트(byte)   ④ 워드(word) < 비트(bit) < 바이트(byte)

🜨 Advice ㉠ bit : binary digit(2진 숫자)
㉡ byte : 8bit
㉢ word : 4byte

59 한 건물에서와 같이 비교적 지역적으로 가까운 곳의 컴퓨터들을 연결한 네트워크는 무엇인가?

① Frame Relay   ② Internet
③ ISDN   ④ LAN

🜨 Advice LAN … Local Area Network의 약자로 근거리통신망을 말한다.

60 디지털 이동통신기술로 기존의 아날로그방식보다 10배 이상 가입자를 수용할 수 있는 방식은?

① TDMA
② CDMA
③ GSM
④ VOD

◆Advice CDMA(Code Division Multiple Access) … 코드분할다중접속. 하나의 채널로 한 번에 한 통화밖에 하지 못해 가입자 수용에 한계가 있는 아날로그방식(AMPS)의 문제를 해결하기 위해 개발된 디지털방식 휴대폰의 한 방식으로, 아날로그방식보다 채널수가 10 ~ 20배 더 많아 가입자 수용능력이 크다.

① TDMA(Time Division Multiple Access): 시분할다중접속. 분할된 채널을 통해 디지털신호를 보내되 이를 다시 시간적으로 분할하는 기술로, 아날로그방식보다 약 3배쯤 채널수를 늘린 것과 같은 효과를 낸다.
③ GSM(Global System For Mobile): 유럽이 범유럽공동규격으로 개발하여 1992년부터 실용화해 오고 있는 TDMA방식의 시스템이다.
④ VOD(Video On Demand): 주문형 비디오시스템을 말한다.

61 다음 중 컬러 텔레비전의 주사방식으로 옳지 않은 것은?

① SECAM방식
② NTSC방식
③ QPSK방식
④ PAL방식

◆Advice QPSK방식 … 위상변조방식의 일종인 직교 위상 편이 변조이다. 즉 위상이 다른 네 개의 반송파에 대응시켜 전송하는 위상 편이방식이다.

※ 컬러 TV방식
㉠ NTSC방식: 미국에서 개발되어 미국, 캐나다 등 남북미 지역과 우리나라, 일본 등 아시아 지역의 일부 국가에서 채용되고 있다.
㉡ SECAM방식: 프랑스에서 개발되어 프랑스나 동유럽 여러 나라, 아프리카의 프랑스어권 지역 등에서 채용되고 있다.
㉢ PAL방식: 독일에서 개발되어 서유럽 여러 나라와 중국 등 최근에 컬러 방송을 시작한 나라들이 대부분 채용하고 있다.

62 다음 중 컴퓨터가 무제한의 RAM의 용량을 가지고 있는 것처럼 처리하는 것을 가능하게 만들어 주는 운영체제의 한 요소는?

① 시분할(Time Sharing)
② 가상기억장치(Virtual Memory)
③ 다중작업(Multitasking)
④ 다중프로세싱(Multiprocessing)

◆Advice 가상기억장치(Virtual Memory) … 주기억장치의 기억용량의 제한성을 극복하기 위한 장치로, 보조기억장치를 주기억장치가 확장된 것처럼 취급할 수 있도록 해준다.

63 OA를 목적으로 PC에서 사용하는 개인용 소프트웨어 패키지가 아닌 것은?

① 데이터베이스 프로그램
② 워드 프로세서(Word Processor)
③ 스프레드 시트(Spread Sheet)
④ GUI(Graphic User Interface)

Advice GUI(Graphic User Interface) … 컴퓨터를 작동시키는 방법을 유저(사용자) 인터페이스라고 한다. 도스(DOS) 운영체제는 기본적으로 문자명령어를 쳐 넣어야 컴퓨터가 작동하는데, 이것을 캐릭터 유저 인터페이스(CUI : Charactor User Interface)라 한다. 윈도우 운영체제는 컴퓨터를 작동시키기 위한 각종 명령들이 그림상태로 화면에 나타나며, 사용자는 마우스를 써서 필요한 그림을 선택하기만 하면 된다. 이처럼 그림을 이용해 컴퓨터를 작동시키는 방법을 그래픽 유저 인터페이스(GUI)라고 한다.

64 게임을 할 때 다운 받거나 플랫폼에 접속하지 않고 실시간으로 사용자에게 정보를 전송하여 고성능 디바이스가 필요하지 않은 게임방식은?

① 게임 스트리밍
② 블렌디드 러닝
③ 클라우드 스트리밍
④ 멀티 플랫폼

Advice 게임 스트리밍(Game Streamimg) … 게임을 할 때 Cd를 구입하거나 다운 받아서 플랫폼에 접속하여 하던 방식을 스트리밍 서비스에 접속해 원하는 게임을 하는 방식으로 게임 데이터를 클라우드 서버에 저장한다.
② 블렌디드 러닝 : 학습 효과를 극대화하기 위해 온라인과 오프라인 교육 등 다양한 학습 방법을 결합하는 것을 말한다.
③ 클라우드 스트리밍 : 높은 연산 능력을 필요로 하는 소프트웨어를 클라우딩 컴퓨터 서버에서 구동하고 결과만 비디오 스트리밍 형태로 사용자 기기에 전송하는 기술을 말한다.
④ 멀티 플랫폼 : 여러 종류의 플랫폼에서 게임이 동작하는 것을 말한다.

65 우리나라의 연구용 원자로인 '하나로(HANARO)'에 대한 설명으로 옳지 않은 것은?

① 우라늄의 핵분열 연쇄반응에서 생성된 중성자를 이용해 다양한 연구개발을 수행한다.
② 해외의 기술을 가져와 설계·건설하여 2000년부터 운영하고 있다.
③ 원자력 발전소의 약 100분의 1에 해당하는 소형 원자로이다.
④ 설치된 원자로 건물은 건물 내부압력이 외부압력보다 낮게 유지되는 준격납 건물로 건설되어 있다.

Advice 하나로는 한국원자력연구원이 우리 기술로 설계 및 건설하여 1995년부터 운영하고 있다.

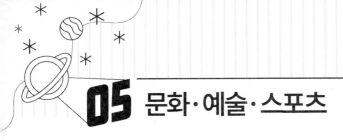

05 문화·예술·스포츠

✿ 세계문화유산목록(世界文化遺産目錄) ✦✦✦

국제연합 교육과학문화기구(유네스코)가 보존활동을 벌이는 문화유산과 자연유산의 목록이다. 세계유산 목록이 만들어지게 된 것은 1960년 이집트의 아스완댐 건설로 누비아유적이 수몰위기에 빠지자 세계 적으로 인류유산보호에 대한 여론이 제기되면서부터이다. 유네스코는 1972년 세계유산협약을 채택, 세 계의 문화유산과 자연유산을 보호하기 시작했다. 이 협약에 근거해 설립된 정부간 기구인 세계유산위 원회는 세계유산목록을 만들어 이들 유산보존활동을 활발히 벌이고 있다.

 PLUS • **세계기록유산** : 유네스코가 세계적인 가치가 있다고 지정한 귀중한 기록유산으로, 1995년 선정기준 등을 마련하여 1997년부터 2년마다 국제자문위원회(IAC : International Advisory Committee)의 심의·추천을 받아 유네스코 사무총장이 선정한다. 기록유산은 단독 기록 또는 기록 모음일 수도 있으며, 기록을 담고 있는 정보나 그 기록을 전하는 매개물일 수도 있다. 세계유산 및 세계무형유산과는 구별되어 별도로 관리한다.

• **세계무형유산** : 2001년 인류 문화의 다양성과 창의성을 존중하기 위해 유네스코에서 제정한 제도로, 전 세계의 전통 춤, 연극, 음악, 놀이, 의식 등 구전(口傳)되는 문화재나 무형문화재 가운데 보존 가치가 있는 것을 선정한다. 정식명칭은 인류무형유산이다.

• **우리나라 유산 등록 현황**

구분	내용
세계유산	해인사 장경판전(1995년), 종묘(1995년), 석굴암·불국사(1995년), 창덕궁(1997년), 수원 화성(1997년), 고창·화순·강화 고인돌 유적(2000년), 경주역사유적지구(2000년), 제주 화산섬과 용암동굴(2007년), 조선왕릉(2009년), 한국의 역사마을 : 하회와 양동(2010년), 남한산성(2014년), 백제역사유적지구(2015년), 산사, 한국의 산지승원(2018년), 한국의 서원(2019년), 한국의 갯벌(2021년), 가야고분군(2023년)
무형문화유산	종묘제례 및 종묘제례악(2001년/2008년), 판소리(2003년/2008년), 강릉단오제(2005년/2008년), 강강술래(2009년), 남사당(2009년), 영산재(2009년), 제주 칠머리당영등굿(2009년), 처용무(2009년), 가곡(2010년), 대목장(2010년), 매사냥(2010년, 공동등재), 줄타기(2011년), 택견(2011년), 한산모시짜기(2011년), 아리랑(2012년), 김장문화(2013년), 농악(2014년), 줄다리기(2015년 공동등재), 제주해녀문화(2016년), 한국의 전통 레슬링(씨름)(2018년), 연등회(2020년), 한국의 탈춤(2022년), 한국의 장 담그기 문화(2024년)
세계기록유산	훈민정음(1997년), 조선왕조실록(1997년), 직지심체요절(2001년), 승정원일기(2001년), 고려대장경판 및 제경판(2007년), 조선왕조의궤(2007년), 동의보감(2009년), 일성록(2011년), 5.18 민주화운동 기록물(2011년), 난중일기(2013년), 새마을운동 기록물(2013년), 한국의 유교책판(2015년), KBS 특별생방송 '이산가족을 찾습니다'기록물(2015년), 조선왕실 어보와 어책(2017년), 국채보상운동기록물(2017년), 조선통신사기록물(2017년), 4·19혁명기록물(2023년), 동학농민혁명기록물(2023년)

✤ 우리나라 3대 악성 ✦✦✦

조선 세종 때 궁중음악인 아악의 기초를 확립한 박연, 고구려 때 칠현금에 능했던 왕산악, 12월을 상징하여 가야금을 만든 우륵을 지칭한다.

✤ 연등회(燃燈會) ✦✦

1,300년 전통을 이어온 한국의 대표적인 불교 행사 연등회가 유네스코 인류무형문화유산으로 등재되었다. 연등회는 신라시대에 시작되어 고려시대에 국가적 행사로 자리잡은 불교행사로, 삼국유사, 동국세시기, 고려사, 조선왕조실록 등에 연등회에 대해 여러차례 기록이 되어있다. 매년 음력 4월 8일(초파일)이 되면 전국적으로 등불을 밝히고 부처의 탄생을 축하하는 의식과 함께 행렬이 이어진다. 본래 연등회는 등에 불을 켜 번뇌와 무지로 찬 세상을 밝게 비추는 부처의 공덕을 기리는 공양의 방법이었으나, 지금은 남녀노소 누구나 참여하는 대표적인 축제로 자리를 잡았다. 2012년 4월 6일에 국가무형문화재 제122호로 지정되어 불교 최대 행사로 매년 성대하게 열리고 있으며 2020년 12월 16일 프랑스 파리 유네스코 본부에서 열린 무형유산보호 정부간위원회에서 유네스코 인류무형문화유산 등재가 최종 확정되었다.

✤ 국보(國寶)·보물(寶物) ✦

국가가 지정하는 문화재는 국보, 보물, 중요민속자료, 사적 및 명승, 천연기념물, 중요무형문화재로 분류할 수 있다. 보물은 건조물, 전적, 서적, 고문서, 회화, 조각, 공예품, 고고자료, 무구 등의 유형문화재 중 중요도가 높은 것을 선정하는 것으로 문화재청장과 문화재위원회의 심의를 거친다. 보물에 해당하는 문화재 중 인류문화의 관점에서 볼 때 역사적, 학술적, 예술적 가치가 크고 그 시대를 대표하거나 제작기술이 특히 우수하여 그 유래가 드문 것을 국보로 정한다. 2021년부터는 「문화재보호법 시행령」과 「문화재보호법 시행규칙」의 개정으로 인하여 국가지정·국가등록문화재를 표기할 때 표기했던 지정번호를 표기하지 않는다.

구분	내용
국보	숭례문, 원각사지 십층석탑, 신라 진흥왕 순수비, 고달사지 승탑, 법주사 쌍사자 석등 등
보물	흥인지문, 보신각 동종, 대원각사비, 중초사지 당간지주, 고달사지 원종대사탑비 등
사적	포석정지, 봉황동 유적, 수원 화성, 부여 가림성, 부여 부소산성, 경주 황룡사지 등
천연기념물	측백나무 숲, 재동 백송, 조계사 백송, 크낙새 서식지, 노원리 왜가리 번식지 등

✤ 문화다양성협약(Protection Of The Diversity Of Cultural Contents) ✦

정식 명칭은 '문화콘텐츠와 예술적 표현의 다양성을 위한 협약'으로 세계 각국의 문화적 다양성을 인정하는 국제협약이다. 1999년 유네스코 총회에서 제안된 것으로 프랑스 등 유럽 국가들이 미국 문화의 범람에 맞서 자국의 문화를 지키자는 취지였다. 이후 2001년 11월 프랑스 파리에서 '세계 문화다양성 선언'이 채택되었고 2002년에는 5월 21일을 '세계 문화다양성의 날'로 선포했으며, 2007년 3월부터 발효되었다.

✳ ✳ ✳ ———————————————————————————————

�֎ 지적소유권(知的所有權) ✦✦

음반 및 방송, 연출, 예술가의 공연, 발명·발견, 공업디자인, 등록상표, 상호 등에 대한 보호 권리와 공업·과학·문학 또는 예술 분야의 지적활동에서 발생하는 모든 권리(지적재산권)를 말한다. 산업발전을 목적으로 하는 산업재산권과 문화 창달을 목적으로 하는 저작권으로 분류할 수 있는데 인간의 지적 창작물을 보호하는 무형재산권이라는 점과 그 보호 기간이 한정되어 있다는 점에서 동일하지만, 저작권은 출판과 동시에 보호되는 것에 비해 산업재산권은 특허청의 심사를 거쳐 등록해야만 보호된다. 보호 기간도 저작권은 저작자 사후 70년으로 상당히 긴 데 반해 산업재산권은 10 ~ 20년으로 짧은 편이다.

> **PLUS** **저작권법**(copyright law) … 문학, 학술, 미술, 사진, 음악, 각본, 지도, 도형저작물, 컴퓨터프로그램저작물 등의 창작물을 보호하기 위한 법률로 보호 기간은 저작자 생존 동안과 사후 70년까지이다. 공동저작물의 저작재산권은 맨 마지막으로 사망한 저작자의 사망 후 70년간 존속한다.

�֎ 모더니즘(Modernism) ✦✦

제1차 세계대전 후의 근대주의·현대주의를 의미한다. 넓은 의미로는 교회의 권위 또는 봉건성에의 반항, 과학이나 합리성을 중시하고 널리 근대화를 지향하는 것을 말하지만 좁은 의미로는 기계문명과 도회적 감각을 중시하여 반전통·반예술을 주장하며, 이른바 현대풍을 추구하는 것을 뜻한다. 미래파·표현파·다다이즘·주지파 등을 포괄한다.

�֎ 포스트모더니즘 ✦✦

포스트 모더니즘은 20세기 중후반에 일어난 문화운동으로, 정치·경제·사회와 관련되는 한 시대의 이념을 말한다. 현대 또는 근대주의를 가리키는 모더니즘에서 벗어난다는 탈(脫)과 지속한다는 뜻인 접두어 'Post'가 붙어 생긴 말로 모더니즘으로부터의 단절과 지속적인 성격을 동시에 지니고 있다. 제1차 세계대전 후 모더니즘은 독창성과 고상함을 중요시여기고 합리주의·기능주의와 연결되어 비교적 단순하고 증명력 있는 것을 추구하였던 반면에, 제2차 세계대전 이후 생명 등에 대한 가치관이 흔들리던 후기 자본주의 시대의 포스트모더니즘은 모더니즘의 단절만을 의미하는 것이 아니라 이질적인 요소를 서로 중첩하거나 과거의 작품에서 인용하는 등 절충주의적 경향을 보인다. 19세기에 모더니즘이 시간이 흐르면서 추상적이고 대중들이 쉽게 이해할 수 없는 어려운 미술이 되었고, 이는 수준이 높은 미술과 수준이 낮은 미술로 나누게 되었다. 포스트 모더니즘은 이렇게 미술의 급을 나누는 것에 크게 반발하여 시작되었다. 포스트 모더니즘은 예술가의 자유와 개성, 다양성을 존중하였고, 이로인해 작품의 종류와 주제가 다양해졌다. 개인적인 문제부터 인종차별이나 정치적인 문제까지 작품의 주제가 될 수 있었으며 소수 집단의 미술도 부각되었다. 또한 대중성을 중요시 여겨 대중들도 쉽게 접할 수 있는 미술이 되었다. 전시 형태도 따로 정해져 있지 않아 조각이나 설치, 그림 등 그 형태가 무척 다양했다.

✿ 서브컬처(Subculture) ✦

하위문화(下位文化) 또는 부차적 문화라고도 하며 어떤 사회의 주가 되는 중심 문화에 대비되는 개념이다. 즉, 한 사회에서 일반적으로 볼 수 있는 행동양식과 가치관을 전체로서의 문화라고 할 때, 그 전체적인 문화 내부에 존재하면서도 독자적인 특징을 보이는 부분적인 문화가 곧 서브컬처라고 할 수 있다. 상류계층문화, 화이트칼라문화, 농민문화, 도시문화, 청소년문화 등이 그 예이다.

✿ 매너리즘(Mannerism) ✦

예술의 창작이나 그 발상면에서 독창성을 잃고 평범한 경향으로 흘러, 표현수단의 고정과 상식성으로 인하여 예술의 신선미와 생기를 잃는 일을 일컫는 말이다. 현상유지의 경향이나 자세를 가리키기도 한다.

✿ 세계 3대 영화제 ✦✦✦

베니스, 칸, 베를린 영화제를 말하는 것으로 세계 4대 영화제라고 할 경우 모스크바영화제를 포함한다. 베니스영화제가 가장 오랜 역사를 지녔지만, 일반적으로 칸영화제를 가장 권위 있는 영화제로 생각한다.

✿ 베니스영화제 ✦✦

이탈리아 베니스(Venice)에서 매년 개최되는 최고(最古)의 국제 경쟁영화제로 1932년 5월 창설되었다. 매년 8월 말에서 9월 초에 열리며 수상 부문으로 작품상, 남녀배우상 등이 있으며 그랑프리는 '산마르코 금사자상(황금사자상)'이라고 부른다. 타 영화제 출품작을 제외한 일반 극영화만 출품이 가능하다는 특징이 있다. 우리나라의 수상 내역으로는 강수연[여우주연상, '씨받이(1987)'], 이창동 · 문소리[감독상 · 신인여배우상, '오아시스(2002)'], 김기덕[감독상, '빈집(2004)'], 김기덕[황금사자상, '피에타(2012)'], 채수응[베스트 VR경험상, '버디VR(2018)'] 등이 있다.

✿ 칸영화제 ✦✦

1946년 프랑스 국립영화센터에서 관광휴양지인 칸(Cannes)에 설립한 국제 경쟁영화제이다. 최고의 권위를 인정받고 있은 국제영화제로 황금종려상, 심사위원 대상, 남녀배우주연상, 감독상, 각본상 등의 경쟁 부문과 주목할 만한 시선, 황금카메라상, 시네파운데이션 등 비경쟁부문으로 나누어 시상한다. 우리나라의 수상 내역으로는 이두용[특별부문상, '물레야 물레야(1984)'], 임권택[한국영화사상 최초 경쟁부문 진출, '춘향뎐(1999)'], 임권택[감독상, '취화선(2002)'], 박찬욱[심사위원 대상, '올드보이(2004)'], 전도연[여우주연상, '밀양(2007)'], 박찬욱[심사위원상, '박쥐(2009)'], 이창동[각본상, '시(2010)'], 홍상수[주목할 만한 시선 부문 대상, '하하하(2010)'], 김기덕[주목할 만한 시선 부문 대상, '아리랑(2011)'], 문병곤[황금종려상(단편 경쟁 부문), '세이프(2013)'], 봉준호[황금종려상, '기생충(2019)'], 윤대원[시네파운데이션상, '매미(2021)'], 박찬욱[감독상, '헤어질 결심(2022)'], 송강호[남우주연상, '브로커(2022)'], 황혜인[라 시네프 2등상, '홀(2023)']등이 있다.

✿ 베를린영화제 ✦✦

1951년 서베를린(berlin)시 시장이었던 빌리 브란트가 세계의 평화와 우애를 지향하고자 창설한 국제영화제로 금곰상(최우수작품상), 은곰상(심사위원 대상, 감독상, 남녀배우상 등), 알프레드바우어상, 블루엔젤상, 평생공로상 등이 있다. 우리나라의 수상 내역으로는 강대진[은곰상, '마부(1961)'], 장선우[알프레드바우어상, '화엄경(1994)'], 김기덕[감독상, '사마리아(2004)'], 임권택[명예황금곰상, 아시아최초(2005)], 박찬욱[알프레드바우어상, '사이보그지만 괜찮아(2007)'], 양효주[은곰상(단편 부문), '부서진 밤(2011)'], 나영길[황금곰상(단편 부문), '호산나(2015)'], 이동하[파라노마 관객상, '위켄즈(2016)'], 김민희[은곰상(여자연기자상)], '밤의 해변에서 혼자(2017)'], 김보라[대상(제네레이션 14플러스), '벌새(2019)'] 홍상수[은곰상(감독상, '도망친 여자(2020)'], 홍상수[은곰상(각본상), '인트로덕션(2021)'], 홍상수[은곰상(심사위원대상), '소설가의 영화(2022)'], 홍상수[은곰상(심사위원대상), '여행자의 필요(2024)']등이 있다.

✿ 모스크바 영화제 ✦✦

1989년에 창설된 공산권 최대 규모의 영화제이다. 베니스, 칸, 베를린 영화제와 더불에 세계 4대 국제영화제로 홀수 년도 6월경에 열린다. 시상은 대상(금게오르기상), 심사위원 특별상(은게오르기상), 남녀주연상(동게오르기상)으로 나누어 하며 우리나라 수상 내역으로 강수연[여우주연상, '아제아제바라아제(1989)'], 이덕화[(남우주연상, '살어리랏다(1993)'], 장준환[감독상, '지구를 지켜라(2003)'], 손현주[남우주연상, '보통사람(2017)'], 정관조[베스트 다큐상, '녹턴(2020)']등이 있다.

> ### 🪐 PLUS 국제영화제
> - **몬트리올 영화제** : 1977년 캐나다 몬트리올에서 창설된 국제영화제로 매년 8월 말~9월 초에 일반 극영화 및 TV용 영화 등이 출품하여 경쟁을 벌인다.
> - **낭트3대륙 영화제** : 1979년 프랑스 낭트에서 창설된 국제영화제로 아시아, 아프리카, 남미의 3대륙 영화제라 할 만큼 제3세계 영화 소개에 치중하며 매년 11월 말 ~ 12월 초 개최한다.
> - **로카르노 국제 영화제** : 스위스 로카르노시에서 1949년 창설된 신인영화제로 2편 이내의 영화를 만든 신인 감독을 대상으로 매년 8월경에 열린다. 스위스영화협회가 주관하는 이 영화제의 시상 부문은 금표범상, 은표범상, 동표범상, Ernest Artaria 기념상, 심사위원 특별상 등 5개 부문이다.
> - **선댄스 영화제** : 세계에서 가장 권위 있는 독립영화제로 1984년 미국의 감독 겸 명배우 로버트 레드포드가 할리우드의 상업주의에 반발, 독립영화 제작에 활기를 불어넣기 위해 설립했다.

✿ 토니상(Tony Awards) ✦✦

1947년에 브로드웨이의 유명한 여배우 앙트와네트 페리를 기리기 위해 만들어졌으며, 연극의 아카데미상이라고 불린다. 매년 브로드웨이에서 새롭게 개막 상연된 연극과 뮤지컬에 대해 부문별로 나눠 시상하며 수상 작품은 미국연극협회 평의원을 비롯한 유명한 배우와 연출가, 매스컴의 연예담당 기자 등으로 이루어진 선발 위원에 의하여 선발된다. 브로드웨이 최대의 연중행사로 수상식은 미국 전역에 TV 중계된다.

�֎ 대종상(大鐘賞) ✦

우리나라 영화산업의 육성과 영화인들의 의욕을 고취시키고자 당시 문화공보부가 1962년에 설립한 상으로, 작품상 · 남녀주연상 · 촬영상 · 음악상 · 미술상 등 여러 부문에 걸쳐 해마다 시상되고 있다.

✧ 백상예술대상 ✦✦✦

1964년 무대예술과 영상예술의 중흥을 위해 1964년 제정된 종합예술상(연극, 영화, TV 등)으로서 지난 1965년에 시작되었다. 2002년부터는 영화와 TV만을 대상으로 시상하였으나 2019년 연극 부문이 부활하였다. 1983년까지는 '한국 연극 영화 예술상', 1985년까지는 '한국 연극 영화 TV 예술상', 1986년 때는 '한국 백상 예술 대상'으로 명칭이 바뀌었다가, 1987년부터 '백상 예술 대상'으로 변경되었다.

✧ 청룡영화상 ✦✦✦

한국영화의 질적 향상과 국내 영화산업의 진흥발전을 돕기 위해 1963년 제정되었다. 시상 부문은 최우수작품상, 감독상, 남녀주연상, 남녀조연상, 촬영상, 조명상, 각본상, 기술상, 미술상, 음악상, 신인감독상, 신인남녀연기상, 인기스타상, 한국영화 최다관객상과 최근 신설된 청정원 단편영화상의 총 18개 부문이다.

✧ 맥거핀 효과(macGuffin effect) ✦

영화에서 중요한 것처럼 등장하지만 실제로는 줄거리에 영향을 미치지 않는 극적 장치를 뜻하는 말로, 영화의 전개와는 무관하지만 관객들의 시선을 집중시켜 의문이나 혼란을 유발하는 장치 또는 구성상의 속임수를 의미하며 연극이나 극에서의 복선과 반대되는 의미이다.

✧ 골든 글로브 시상식(Golden Globes Awards) ✦✦✦

세계 84개국의 신문 및 잡지기자 114명으로 구성된 할리우드외신기자협회가 주관하며 영화상. 뮤지컬, 코미디 부문과 드라마 부문으로 나뉘어 작품상, 감독상, 남녀 주연상 등을 시상한다. 주제가상, 각본상은 1947년에, 1950년부터 외국어 영화상이 도입되기 시작했다. 골든 글로브 시상식을 근거로 아카데미의 결과를 예측하며 실제로 맞아떨어지는 경우가 많아 매년 비상한 관심을 끌고 있다. 한편 2021년 제78회 골든 글로브 시상식에서 영화 '미나리'가 외국어 영화상을 수상하였으며, 2022년 제79회 시상식에서 오영수가 '오징어게임'으로 TV부문 남우조연상을 수상하였다.

✧ 팬덤(fandom) ✦

특정한 인물이나 분야를 열성적으로 좋아하는 문화현상 또는 그런 사람들을 지칭하는 말로 광신자를 뜻하는 'fanatic'의 'fan'과 영지 · 나라 등을 뜻하는 접미사 '-dom'이 합성된 용어다. 텔레비전과 인터넷의 보급으로 대중문화가 확산되면서 나타난 현상으로 팬덤이 문화적 영향력을 행사하면서 '팬덤문화'라는 신조어도 등장했다.

✿ 오페라(Opera) ✦✦✦

가극(歌劇)으로 음악적인 요소는 물론 대사를 통한 문학적 요소, 연극적 요소, 무대·의상 등의 미술적 요소들이 종합된 대규모의 종합무대예술이다. 레시터티브·아리아·중창 등으로 구성되어 있다. 관현악은 반주뿐만 아니라 서곡·간주곡·종곡 등을 연주한다. 대표적 작품으로는 모차르트의 피가로의 결혼·돈 지오반니, 베르디의 아이다·리골레토·춘희, 푸치니의 토스카·라보엠, 비제의 카르멘 등을 들 수 있다.

> **PLUS**
> • **오페라 부파**(opera buffa) : 경쾌한 음악을 주로 하고 중창이 많으며, 익살과 풍자적인 줄거리를 가진 오페라이다.
> • **오페라 코미크**(opera comique) : 대사를 넣은 가극으로, 비제의 카르멘과 같이 비극적인 계통도 포함된다.

✿ 오페레타(Operetta) ✦

형식은 오페라와 비슷하면서 군데군데 대사의 삽입방법과 목적에 다소 차이가 있는 곡으로, 경쾌하고 알기 쉬우면서도 유머가 곁들인 줄거리를 통속적이고 대중적인 음악으로 연출하는 음악극이다. 천국과 지옥, 보카치오, 박쥐 등이 유명하다.

✿ 프리마돈나(Prima Donna) ✦

오페라의 여주인공역을 맡은 소프라노 가수를 칭하는 말로서 '제1의 여인'이라는 뜻이다. 이에 해당하는 남자가수를 프리모우모(Primo Uomo)라 한다.

✿ 아리아(Aria) ✦✦

성악곡이나 기악곡의 소멜로디를 뜻하기도 하고 화성부·반주부에 대한 멜로디부를 뜻하기도 하지만, 주로 오페라에서 레시터티브에 대하여 음악적 매력에 주안을 둔 독창곡을 말하며 영창이라고 번역된다. 바흐의 G선상의 아리아가 유명하다.

✿ 카스트라토(Castrato) ✦✦

여성이 무대에 오르지 못했던 18세기 바로크시대의 오페라에서 여성의 음역을 노래한 남성가수를 말한다. 카운터테너(가성을 사용하여 소프라노의 음역을 구사하는 남성 성악가)에서 소프라노까지 오르내리는 3옥타브 반의 목소리를 내기 위해 변성기 전인 소년시절에 거세당했고, '신의 목소리'라고 불렸다.

✿ 그래미상(Grammy Award) ✦✦

전미 레코드 예술과학아카데미(NARAS)가 주최하는 1년간의 우수한 레코드와 앨범에 주어지는 상이다. 미국 제일의 규모와 권위로 영화계의 아카데미상에 비견된다. 그래미는 그래머폰(축음기)에서 온 애칭으로 수상자에게는 나팔이 부착된 축음기 모양의 기념패가 주어진다. 5,000명 이상의 심사위원이 수차에 걸친 투표를 해서 선정하며 대상은 레코드·앨범·가곡·신인의 종합 4상이 있다. 이외에 녹음기술, 재킷디자인, 비디오 부문까지 세세한 항목으로 나뉘어 있다.

✼ 마리아치(Mariachi) ✦

멕시코의 전통음악, 이를 연주하는 악단, 분위기, 춤 등을 가리키는 것으로 멕시코 문화의 근간을 이룬다. 전통적인 마리아치 그룹은 2인 이상으로 구성되며 지역의 전통의상, 차로(Charro)의상을 입고 연주한다. 현대적 마리아치 그룹은 보통 트럼펫과 바이올린, 기타, 비올라, 기타론으로 4명 이상의 연주자로 구성된다. 유래 지역의 정체성을 이루는 것으로 인정받고 있으며 마리아치의 레퍼토리도 매우 광범위하다. 코리도(전쟁 이야기, 업적, 사랑 등을 노래하는 멕시코 민요)와 전원생활을 묘사한 노래 외에도 하라베(Jarabe), 미뉴에트, 폴카, 발로나(Valona), 왈츠, 세레나데 등 다양한 음악이 연주된다. 현대적 마리아치 음악은 란체라, 볼레로 란체로 등 다른 장르의 요소도 해석하여 연주하는데, 마리아치의 가사는 대지에 대한 사랑, 고향, 고국, 종교, 자연, 동포, 국력 등을 묘사한다. 직접 노래를 듣고 배우는 것이 전통적인 마라아치의 가장 중요한 전승 방법이다. 대개는 아버지로부터 그 아들에게로, 축제나 종교·민간 행사의 공연을 통해서 전승되고 있다. 해외에 거주하는 이주민 혹은 후손들은 물리적 거리와는 상관없이 자신들의 정체성을 대표하는 상징으로 삼고 있다. 마리아치 음악은 스페인어와 멕시코 서부의 다양한 원주민 언어로 전승하고 있으며, 2011년에 세계문화유산에 등재되었다.

✼ 빠르기 말 ✦✦

곡 전체 또는 한 부분을 얼마나 빠르게 연주해야 하는가를 나타내기 위하여 사용하는 문자이다. 이와 구분하여 빠르기를 숫자로 표현한 것을 빠르기 표 또는 메트로놈 기호라고 한다.

매우 느리게	느리게	조금 느리게	보통 빠르게	조금 빠르게	빠르게	매우 빠르게
largo (라르고)						vivo (비보)
lento (렌토)	andante (안단테)	andantino (안단티노)	moderato (모데라토)	allegretto (알레그레토)	allegro (알레그로)	vivace (비바체)
adagio (아다지오)						presto (프레스토)

🪐 **PLUS** **나타냄말과 셈여림표**

- **나타냄말**: 곡의 전체 또는 일부의 성격이나 표정을 표시하기 위하여 여러 가지 말을 이른다. affettuoso(애정을 담아), conanima(활기있게), appassionato(열정적으로), cantabile(노래하듯이), dolce(부드럽게), elegante(우아하게), energico(정력적으로) 등이 있다.
- **셈여림표**: 강약기호라고도 하며 악곡의 부분 또는 전반에 걸친 음의 셈과 여림의 정도를 나타낸다. 피아니시모(pp, 매우 여리게), 피아노(p, 여리게), 메조피아노(mp, 조금 여리게), 메조포르테(mf, 조금 세게), 포르테(f, 세게), 포르티시모(ff, 매우 세게), 크레셴도(Cresc, 점점 세게), 디크레셴도(Decresc, 점점 여리게), 스포르찬도(sf, 특히 세게), 포르테피아노(fp, 세게 곧 여리게) 등이 있다.

✖ 국악의 음계 ✦✦✦

우리가 국악의 5음계로 알고 있는 궁, 상, 각, 치, 우는 중국에서 사용하는 음계이며, 「세종실록」에 기록된 고대 악보에 따르면 우리 국악의 기본 음계는 12음률인 것을 알 수 있다. 12율명(十二律名)은 황종, 대려, 태주, 협종, 고선, 중려, 유빈, 임종, 이칙, 남려, 무역, 응종이로 악보에 표기할 때는 앞 글자만 따서 사용한다. 가장 많이 쓰이는 선법은 서양의 장조에 해당하는 평조와 단조에 해당하는 계면조로, 평조의 경우 황, 태, 중, 임, 남을 계면조의 경우 황, 협, 중, 임, 무를 기본 음계로 한다.

✖ 판소리 ✦✦✦

중요 무형문화재 제5호로 지정된, 광대의 소리와 대사를 통틀어 일컫는 말이다. 남도의 향토적인 선율을 토대로 진양조, 중모리, 중중모리, 자진모리, 휘모리, 엇모리, 엇중모리 등의 장단에 따라 변화시켰다. 조선 후기에 널리 불리던 판소리는 모두 12마당이었지만 조선 고종 때 신재효가 6마당으로 정리했다. 여기서 마당이란 사람들이 모이는 넓은 공간을 뜻하는 말로, 판소리나 탈춤의 단락을 셀 때 사용하는 단위를 가리킨다. 신재효가 정리한 판소리는 춘향가, 심청가, 박타령(흥부가), 가루지기 타령, 토끼타령(수궁가), 적벽가 등이며 오늘날에는 가루지기타령을 제외한 5마당만 전해지고 있다. 한편 판소리의 3요소에는 소리(노래), 아니리(이야기 하듯 엮어나가는 것), 발림(몸짓, 표정 등의 동작)이 있다.

PLUS 소릿제 및 용어

• **판소리의 소릿제** : 판소리가 전승되면서 전승 계보에 따라 음악적 특성에 차이가 생기게 되었는데, 이를 '소릿제'라 한다. 크게 섬진강을 중심으로 동쪽지역인 전라도 동북 지역의 소리인 동편제(東便制)와 서쪽지역인 전라도 서남 지역의 소리인 서편제(西便制) 그리고 경기도와 충청도 지역의 중고제(中高制)로 구분한다.

구분	특징
동편제 (東便制)	장단을 길게 빼지 않고 짧고 분명하게 끊으며, 리듬 또한 단조롭고 담백하다.
서편제 (西便制)	수식과 기교가 많아 애절하고 섬세한 특성을 갖는다.
중고제 (中高制)	동편제와 서편제의 중간적 특성을 보이지만, 동편제 쪽에 가깝다고 볼 수 있다.

• **판소리 용어**

구분	용어
고수	북을 치며 반주하는 사람
더늠	독창성 있는 대목이나 스타일
바디	판소리의 전체적인 법제, 혹은 어느 전승 계보의 텍스트
발림	창자가 소리의 극적인 전개를 돕기 위해서 하는 몸짓
아니리	가락을 붙이지 않고 말하듯이 엮어가는 사설
시김새	화려함이나 멋을 더하기 위해 어느 음에 붙는 표현기능, 발성기교
추임새	창자의 흥을 돋우기 위해 고수나 청중이 중간에 곁들이는 감탄사

✿ 아악(雅樂) ✦

우리나라의 궁중음악으로 조선 세종이 박연에게 명하여 송나라에서 들여온 대성악을 조선 고유의 아악으로 새로 완성시켰다. 제례악(문묘제례악 · 종묘제례악), 연례악(여민락 · 보허자 · 낙양춘), 군례악(대취타), 정가(가사 · 시조) 등이 있다.

✿ 이날치(李捺致) ✦

이날치(李捺致, 1820 ~ 1892)는 19세기에 활동한 조선 후기 판소리 8명창 중 한 명이다. 본래 줄타기 명인이었으나 판소리를 배우고자 박유전의 수제자가 되었다. 김채만, 정정렬 등의 제자를 두었으며 서편제 전승계보에서 중요한 위치를 차지하고 있다. 이날치가 새타령을 부르면 새들이 그의 소리를 듣고 날아들 정도로 재주가 탁월했다고 한다. 또한 소리로 사람을 웃기고 울리는 능력도 뛰어나, 심청가의 슬픈 대목을 들은 재상은 그에게 금 천 냥을 상으로 내렸다는 일화도 있다. 한편 최근에는 전통 판소리에 현대 음악스타일을 접목한 음악으로 인기를 끌고 있는 일명 조선의 힙스터라고도 하는 밴드는 이날치의 이름을 따 이날치 밴드로 활동하고 있다.

✿ 근대미술사조 ✦✦✦

구분	특징
신고전주의 (Neo-Classicism)	• 18세기 중엽 ~ 19세기 중엽에 걸쳐 유럽에서 형성된 미술양식 • 형식의 통일과 조화, 표현의 명확성, 형식과 내용의 균형 • 다비드 '나폴레옹 대관식', 앵그르 '목욕하는 여인' 등
낭만주의 (Romanticism)	• 19세기 전반 유럽에서 회화를 비롯하여 조각 등에 나타난 미술양식 • 합리주의에 반대해서 객관보다는 주관을, 지성보다는 감성을 중요시 • 들라크루와 '키오스섬의 학살' 등
사실주의 (Realism)	• 19세기 중엽 사물, 자연의 상태를 그대로 표현하고자 한 미술형식 • 프랑스에서 활동한 풍경화가들의 모임인 '바르비종파' • 밀레 '이삭줍기', '만종', 쿠르베 '돌 깨는 사람들' 등
인상주의 (Impressionism)	• 19세기 말에 일어난 프랑스 청년화가들의 경향 • 빛의 효과를 강조하고 밝은 색깔로 그림을 그리려는 운동 • 마네 '풀밭 위의 점심', '발코니', 모네 '인상 - 해돋이', 드가 '압생트', 르누아르 '뱃놀이 점심' 등
신인상주의 (Neo-Impressionism)	• 19세기 말에 대두한 미술사조로 인상주의에 과학성을 부여하고자 함 • 무수한 색점을 사용하여 색을 분할하는 기법 • 쇠라 '아니에르에서의 물놀이', 시냐크 '마르세유항의 풍경' 등
후기인상주의 (Post-Impressionism)	• 19세기 말 ~ 20세기 초 인상파의 색채기법을 계승 • 견고한 형태, 장식적인 구성, 작가의 주관적 표현을 시도한 화풍 • 고흐 '해바라기', '감자 먹는 사람들', 고갱 '타히티의 여인', 로댕 '생각하는 사람' 등

비엔날레(Biennale) ✦✦✦

2년마다 열리는 국제적인 미술전람회로, 베니스비엔날레 · 파리비엔날레 · 상파울루비엔날레 등이 있다. 특히 베니스비엔날레전은 1895년에 창립된 세계 최고(最古) · 최대의 국제미술전으로 이탈리아의 베니스에서 열리며, 회화 및 조각 · 판화 · 데생 등 각 부문에 시상한다.

대한민국 미술대전 ✦✦

문화관광부 주체로 해마다 열리는 미술발전을 위한 전국미술전람회(국전)로, 1982년 대한민국 미술대전으로 개칭되었다. 한국문화예술진흥원의 후원으로 비구상과 구상으로 나누어 봄, 가을에 실시한다.

현대미술사조 ✦✦✦

구분	특징
야수파 (Fauvism)	• 20세기 초의 젊은 화가들과 그들의 미술경향 • 원색을 쓴 대담한 그림으로 야수의 그림 같다는 비평을 받음 • 마티스 '후식', 루오 '미제레레', 드랭, 블라맹크 등
입체파 (Cubism)	• 1910년경 프랑스를 중심으로 야수파의 뒤를 이어 일어난 유파 • 물체의 모양을 분석하고 그 구조를 점과 선으로 구성 · 연결 • 피카소 '아비뇽의 처녀들', '게르니카', 브라크 '카드가 있는 정물' 등
표현주의 (Expressionism)	• 20세기 전반에 독일을 중심으로 하여 전개된 예술운동 • 자연묘사에 대응하여 감정표현을 중심으로 주관의 표현을 강조 • 뭉크 '절규', 샤갈 '바이올린 연주자', 클레 '월출과 일몰' 등
미래파 (Futurism)	• 20세기 초 이탈리아에서 일어난 전위예술운동 • 현대생활의 역동하는 감각을 표현하고자 함 • 보초니 '탄생', 세베리니 '물랭루주의 곰춤', 라의 '롯의 딸들' 등
초현실주의 (Surrealisme)	• 다다이즘 이후 1920 ~ 1930년에 걸쳐 유럽에서 일어난 미술운동 • 무의식이나 꿈, 공상 등을 중요시 • 달리 '해변에 나타난 얼굴과 과일의 환영', 마그리트 '가짜거울' 등

캐리커처(caricature) ✦✦

사람이나 사물을 과장하되 그 성격을 풍자적이고 희극적으로 표현한 만화 · 풍자화 · 회화 등을 말한다. 고야, 도미에 등이 유명한 화가이다.

PLUS **크로키**(croquis) … 화가가 움직이고 있는 대상의 한 순간의 모습을 짧은 시간에 재빨리 그리는 것을 말한다.

FIAC(Foire Internationale d'Art Contemporain) ✦✦✦

프랑스에서 열리는 국제적인 현대 예술품 박람회로 스위스의 '바젤 아트페어', 미국의 '시카고 아트페어'와 함께 세계 3대 아트페어로 꼽힌다. 1974년 침체기를 걷던 세계 현대미술을 활성화시키고자 프랑스 내 80여 화랑과 출판업자들이 모여 출범했다.

아라베스크(arabesque) ✦

아라비아 사람들이 만든 장식무늬의 하나이다. 이슬람교에서는 우상과 비슷한 것은 회화나 조각에 쓰지 않았으므로 기하학적인 모양이나 당초(唐草)모양이 연구되었는데, 그중에도 아라비아 문자의 끝부분을 잎모양으로 도안한 것을 아라베스크라 하였다.

팝아트(Pop Art) ✦✦

1960년을 전후하여 추상미술에 대한 반동으로 일어난 미술의 한 유형으로, 특히 미국에서 거대 도시문명을 배경으로 확산되었다. 일명 뉴리얼리즘(신사실주의)라고 불리는 이 파의 화가들은 추상을 거부하고 현대문명의 산물인 공업제품을 작품 속에 그대로 끌어들여 대중적인 이미지를 화면에 재현시켰다.

노벨상(Nobel prize) ✦✦✦

스웨덴의 알프레드 노벨의 유언에 따라 인류 복지에 공헌한 사람이나 단체에게 수여되는 상이다. 1901년부터 매년 총 6개 부문(문학, 화학, 물리학, 생리학 또는 의학, 평화, 경제학)에 대한 수상이 이뤄진다. 수상자 선정은 평화상을 노르웨이 노벨위원회가, 나머지 부문은 스웨덴의 3개 기관이 맡고 있다.

PLUS 2021 ~ 2024년 노벨상 수상자

구분	2021년	2022년	2023년	2024년
경제학상	데이비드 카드, 조슈아 앵그리스트, 휘도 임번스	필립 디비그, 더글러스 다이아몬드, 벤 버냉키	클라우디아 골린	다론 아제모을루, 사이먼 존슨, 제임스 A.로빈슨
평화상	마리아 레사, 드미트리무라로프	시민자유센터(CCL), 메모리알(Memorial), 알레스 비알랴스키	나르게스 모하마디	니혼 히단쿄
문학상	압둘라자크 구르나	아니 에르노	욘 포세	한강
화학상	베냐민 리스트, 데이비드 맥밀런	배리 샤플리스, 모르텔 멜달, 캐럴린 R. 베르토치	문지 바웬디, 루이스 브루스, 알렉세이 예키모프	데이비드 베이커, 데미스 하사비스, 존 점퍼
물리학상	마나베 슈쿠로, 클라우스하셀만, 조르조 파리시	안톤 차일링거, 존 F. 클라우저, 알랭 아스펙트	피에르 아고스티니, 페렌츠 크라우스, 안 튈리에	존 홉필드, 제프리 힌턴
생리의학상	데이비드 줄리어스, 아뎀 파타푸티언	스반테 파보	커털린 커리코, 드루 와이스먼	빅터 앰브로스, 게리 러브컨

✿ 관현악(orchestra) ✦✦✦

현악기 · 관악기 · 타악기로 연주하는 규모가 가장 큰 연주형태로, 목관악기의 수에 따라 규모의 크기를 결정한다. 2관 편성 시 60 ~ 70명, 4관 편성 시에는 100명 정도가 필요하다.

• 악기의 분류

구분	정의	종류
금관악기	금속으로 만든 관악기	호른, 트럼펫, 트롬본, 튜바 등
목관악기	목질의 관으로 된 악기	플루트, 오보에, 클라리넷, 바순, 색소폰, 대금 · 중금 · 소금 · 피리 · 퉁소 · 단소 등
현악기	현을 활용하여 음을 내는 악기	바이올린, 비올라, 첼로, 콘트라베이스, 하프, 거문고, 가야금, 우쿨렐레, 만돌린 등
타악기	손이나 채 등으로 두드려서 소리를 내는 악기	음정이 있는 것 : 비브라폰, 실로폰, 마림바, 벨, 팀파니
		음정이 없는 것 : 큰북, 작은북, 심벌즈, 트라이앵글, 탬버린, 캐스터네츠 등
건반악기	건반을 지닌 악기의 총칭	피아노, 첼레스타, 오르간, 아코디언 등

• 기악의 연주 형태 : 독주는 혼자서 악기를 연주하는 것이고, 중주는 두 사람 이상이 각기 다른 종류의 악기를 연주하는 것이다.

구분	종류		구분		종류
2중주	바이올린-피아노, 첼로-피아노, 플루트-피아노, 클라리넷-피아노 등		4중주	피아노 4중주	피아노, 바이올린, 비올라, 첼로
				현악 4중주	제1, 2바이올린, 비올라, 첼로
				목관 4중주	플루트, 오보에, 클라리넷, 바순
3중주	피아노 3중주	피아노, 바이올린, 첼로	5중주	피아노 5중주	피아노, 제1, 2바이올린, 비올라, 첼로
	현악 3중주	바이올린, 비올라, 첼로		현악 5중주	제1, 2바이올린, 비올라, 첼로, 더블베이스
	클라리넷 3중주	클라리넷, 바이올린, 피아노		목관 5중주	플루트, 오보에, 클라리넷, 바순, 호른

✿ 골든디스크(golden disk) ✦✦✦

100만장 이상 팔린 레코드를 가리킨다. 미국 레코드협회에서 100만장 이상 팔린 레코드에 대해 금빛 레코드를 시상한 데서 비롯된 말이다. 밀리언 셀러 레코드(million seller record)라고도 부른다.

✵ 올림픽경기대회(Olympic Games) ✦✦✦

국제올림픽위원회(IOC)가 4년마다 개최하는 국제스포츠대회이다. 본래 올림픽 경기는 고대 그리스인들이 제우스신에게 바치는 제전(祭典) 성격의 경기로 종교, 예술, 군사훈련 등이 일체를 이룬 헬레니즘 문화의 결정체다. 고대올림픽은 정확히 언제부터 시작되었는지 알 수 없지만, 문헌상의 기록을 근거로 통상 B.C. 776년을 원년으로 본다. 이후 1,200여 년 동안 계속되다가 그리스가 로마인의 지배를 받으면서 약 1,500년 동안 중단되었던 고대올림픽 경기는 프랑스의 피에르 쿠베르탱의 노력으로 1894년 6월 23일 파리의 소르본 대학에서 열린 국제스포츠대회에서 근대올림픽으로 시작되었다. 1896년 '인류평화의 제전'이라는 거창한 구호를 걸고 그리스의 아테네에서 개최된 제1회 대회는 참가자가 13개국, 311명으로 매우 작은 규모였으며, 올림픽이 국제대회로서 면모를 갖춘 것은 1908년 제4회 런던대회 때부터라고 볼 수 있다. 런던 올림픽에서 각국이 처음으로 국기를 앞세우고 참가하였으며 경기규칙 제정, 본격적인 여자경기 종목 채택, 마라톤 코스의 확정 등의 체계가 갖추어졌다. 오늘날 세계 각국의 스포츠인들은 근대올림픽이 창설된 6월 23일을 '올림픽의 날'로 정하여 기념하고 있다. 우리나라는 1988년 제24회 서울올림픽과 2018년 평창 동계올림픽이 개최된 바 있다.

🪐 PLUS 올림픽

- **올림픽 표어**: '보다 빠르게(Citius), 보다 높게(Altius), 보다 힘차게(Fortius)'로 프랑스의 디동 신부가 제창하고 1926년 IOC가 정식으로 채택하였다.
- **오륜기**: 흰 바탕에 왼쪽부터 파랑, 노랑, 검정, 초록, 빨강의 5색 고리를 위 3개, 아래 2개로 엮은 모양이다. 쿠베르탱이 창안하여 1914년의 IOC 창립 20주년 기념식전에 처음으로 선보였으며, 동그란 5개의 고리는 5개의 대륙을 상징한다.
- **동계올림픽**: 4년마다 개최되는 국제겨울스포츠대회로 1924년 프랑스 샤모니에서 최초로 열렸다. 겨울 스포츠가 눈 또는 얼음 위에서 열린다는 것이 특징이며, 그 종목으로 알파인 스키, 바이애슬론, 봅슬레이, 크로스컨트리, 컬링, 피겨 스케이팅, 프리스타일 스키, 아이스하키 등이 있다. 우리나라에서는 2018년 평창 동계올림픽이 개최되었다.
- **차기 올림픽 개최 예정지**

구분	연도	개최 예정지
하계	2024	프랑스 파리
	2028	미국 LA
동계	2022	중국 베이징
	2026	이탈리아 밀라노, 코트리나담페초

✵ 프레올림픽(Pre Olympic) ✦✦

올림픽대회가 열리기 1년 전에 그 경기시설이나 운영 등을 시험하는 의미로 개최되는 비공식경기대회이다. 국제올림픽위원회(IOC)에서는 올림픽이 4년마다 열리는 대회라는 이유로 프레올림픽이라는 명칭의 사용을 금하고 있으나, 국제 스포츠계에 잘 알려진 관용명칭이 되어 있다.

✱ 월드컵(World Cup) ✦✦✦

FIFA(국제축구연맹)에서 주최하는 세계 축구선수권대회이다. 1930년 우루과이의 몬테비데오에서 제1회 대회가 개최된 이래 4년마다 열리는데, 프로와 아마추어의 구별없이 참가할 수 있다. 2년에 걸쳐 6대륙에서 예선을 실시하여 본선대회에는 개최국과 전(前)대회 우승국을 포함한 24개국이 출전한다. 제1회 대회 때 줄리메가 기증한 줄리메컵은 제9회 멕시코대회에서 사상 최초로 3승팀이 된 브라질이 영구보존하게 되어, 1974년 뮌헨에서 열린 제10회 대회부터는 새로 마련된 FIFA컵을 놓고 경기를 벌인다.

 PLUS • 역대 월드컵 개최지와 우승국

개최연도	개최지	우승국	개최연도	개최지	우승국
제1회(1930)	우루과이	우루과이	제12회(1982)	스페인	이탈리아
제2회(1934)	이탈리아	이탈리아	제13회(1986)	멕시코	아르헨티나
제3회(1938)	프랑스	이탈리아	제14회(1990)	이탈리아	서독
제4회(1950)	브라질	우루과이	제15회(1994)	미국	브라질
제5회(1954)	스위스	서독	제16회(1998)	프랑스	프랑스
제6회(1958)	스웨덴	브라질	제17회(2002)	한국 · 일본	브라질
제7회(1962)	칠레	브라질	제18회(2006)	독일	이탈리아
제8회(1966)	잉글랜드	잉글랜드	제19회(2010)	남아프리카공화국	스페인
제9회(1970)	멕시코	브라질	제20회(2014)	브라질	독일
제10회(1974)	서독	서독	제21회(2018)	러시아	프랑스
제11회(1978)	아르헨티나	아르헨티나	제22회(2022)	카타르	아르헨티나

• **우리나라의 월드컵 참가 역사** : 우리나라는 1954년 제5회 스위스 월드컵에 처음으로 참가했고 이후 제13회 멕시코 월드컵부터 제19회 남아프리카공화국 월드컵까지 7회 연속 진출로 아시아 처음 통산 8회 월드컵 진출이라는 기록을 세웠다. 2002년 제17회 한국 · 일본 월드컵에서 4위의 성적을 거두었고, 2010년 제19회 남아프리카공화국 월드컵에서 원정 첫 16강에 진출하였다.

✱ FIFA(Federation Internationale De Football Association) ✦✦

국제축구연맹으로 세계 축구경기를 통할하는 국제단체이다. 국제올림픽위원회(IOC), 국제육상경기연맹(IAAF)과 더불어 세계 3대 체육기구로 불리며 각종 국제 축구대회를 주관한다. 즉, 각 대륙별 연맹이 원활하게 국제 경기 등을 운영할 수 있도록 지원 · 관리하는 세계축구의 중심체인 것이다. 1904년 프랑스의 단체 설립 제창으로 프랑스, 네덜란드, 덴마크, 벨기에, 스위스, 스웨덴, 스페인의 7개국이 프랑스 파리에서 모여 국제 관리기구로서 국제축구연맹(FIFA)을 탄생시켰다.

✱ 리베로(libero) ✦✦✦

축구에서 수비선수이면서 공격에도 적극 가담하는 선수로 배구에서는 후위로 빠지는 공격수 대신 교체되어 들어가 수비만 전담하는 선수로 후위지역에서만 경기할 수 있고 서브, 블로킹을 할 수 없다.

⁂ 퍼펙트게임(Perfect Game) ✦✦

야구에서 상대편에게 안타를 주지 않을 뿐 아니라 포볼이나 데드볼도 허용하지 않아, 타자가 1루도 밟아보지 못하게 하는 완전한 공격의 봉쇄를 말한다.

PLUS **노히트노런게임**(no-hit no-run game) … 야구에서 투수가 상대방 선수들에게 단 하나의 안타와 득점도 허용하지 않고 이기는 무안타 무득점 경기를 말한다.

⁂ 스테로이드(Steroid) ✦✦✦

스포츠와 관계가 깊은 의약품으로, 자연에서 얻을 수 있는 중요한 화합물로서 가장 풍부한 동물 스테로이드는 콜레스테롤이다. 콜레스테롤은 몸속에서 합성되기도 하지만 음식물을 먹은 후에 생성되기도 한다. 이 콜레스테롤이 분해되면 중요한 스테로이드가 생성되는데, 특히 황소로부터 얻은 아나볼릭 스테로이드나 화학적으로 합성한 스테로이드 약품은 육체적 기능을 증진시키거나 근육의 발달을 돕는 작용이 있기 때문에 운동선수들이 복용하는 사례가 있다.

⁂ 4대 메이저대회 ✦✦✦

골프나 테니스 분야에서 세계적으로 권위를 인정받고 있으며 상금액수도 큰 4개의 국제대회를 일컫는 용어이다. 골프의 4대 메이저 대회는 마스터골프대회, US오픈골프선수권대회, 브리티시오픈, 미국PGA선수권대회를 말하며 여자골프 4대 메이저 대회는 크래프트나비스코챔피언십, 맥도날드LPGA챔피언십, US여자오픈, 브리티시여자오픈이 해당한다. 4대 메이저 테니스 대회는 호주오픈, 프랑스오픈, 윔블던, US오픈을 포함한다.

⁂ 프리미어12 ✦

세계야구소프트볼연맹(WBSC)이 주최하는 국제 야구 대항전으로 세계 랭킹 상위 12개국이 참가한다. 프로 선수들의 참가 저조로 2011년 국제야구연맹(IBAF)이 주최하는 야구월드컵이 폐지되자, 이를 대체해 개설된 대회이다. 대회는 4년에 한 번 개최되며 11월에 열리는데, 이는 각국의 국내 리그 시즌을 끝낸 프로 야구 선수들의 경기 참여 기회를 제공하기 위해서다.

⁂ 메이저리그(MLB : Major League Baseball) ✦✦✦

미국 프로야구의 아메리칸리그(American League)와 내셔널리그(National League)를 합쳐서 부르는 말로, '빅 리그'라고도 한다. 아메리칸리그 소속 15개 팀과 내셔널리그 소속 15개 팀이 각각 동부 · 중부 · 서부지구로 나뉘어 정규 시즌을 치른다.

✖ 보스톤 마라톤대회 ✦

미국 독립전쟁 당시 보스톤 교외의 콘크드에서 미국민병이 영국군에게 승리한 것을 기념하기 위하여 1897년 이래 보스톤시에서 매년 4월 19일에 거행하는 대회로, 아메리칸 마라톤이라고도 한다.

✖ 세계피겨스케이팅 선수권대회(World Figure Skating Championships) ✦✦

국제빙상경기연맹(ISU : International Skating Union)이 주관하는 피겨스케이팅의 국제대회이다. 이 대회는 피겨스케이팅에서 올림픽과 더불어 ISU가 주최하는 국제대회 중 가장 비중이 높은 대회이며 종목은 남녀 싱글, 페어, 아이스댄싱의 네 가지로 구성되어 있다. 매년 시즌이 마무리되는 3 ~ 4월경에 열리며 2025년 대회는 미국 보스턴에서 개최된다.

✖ 윔블던 테니스대회 ✦

테니스계에서 가장 오랜 역사를 가지고 있는 대회로, 1877년 영국 국내선수권대회로 개최되었으며 1883년부터 국제대회가 되었다. 정식명칭은 전영오픈 테니스선수권대회로 매년 영국 런던 교외의 윔블던에서 열린다. 1968년부터 프로선수의 참가가 허용되었다.

> **PLUS** 데이비스컵(Davis Cup)·페더레이션컵 테니스대회 … 데이비스컵 테니스대회는 1900년 미국의 테니스선수였던 데이비스가 기증한 순은제컵을 놓고 영·미대항으로 개최되던 테니스시합이 1904년부터 국제대회로 발전한 것이다. 페더레이션컵 테니스대회는 여자들만 참가하는 대회로, 남자들만이 펼치는 데이비스컵 대회에 자극받아 오스트레일리아의 호프만 부인이 1963년 세계 테니스연맹에 컵을 기증하여 창설되었다.

✖ 골프타수의 명칭 ✦✦✦

명칭	내용
보기(Bogey)	그 홀의 파보다 1타 많은 타수로 홀아웃 한 경우
더블 보기(Double Bogey)	파보다 2타 많은 타수로 홀아웃 한 경우
트리플 보기(Triple Bogey)	파보다 3타 많은 타수로 홀아웃 한 경우
파(Par)	한 홀의 표준타수(우리나라의 정규 18홀은 모두 파 72)
버디(Buddy)	파보다 1타 적은 타수로 홀아웃 한 경우
이글(Eagle)	파보다 2타 적은 타수로 홀아웃 한 경우
더블 이글(Double Eagle)	파보다 3타 적은 타수로 홀아웃 한 경우
홀인원(Hole – In – One)	1타로 홀컵에 볼을 넣은 경우

❁ 패럴림픽(Paralympic) ✦✦

신체장애자들의 국제경기대회로서 장애자 올림픽이라고도 한다. 'paraplegia'와 'olympic'의 합성어로, 정식으로는 1948년 휠체어 스포츠를 창시한 영국의 신체장애자의료센터 소재지의 이름을 따 국제 스토크 맨데빌 경기대회(International Stoke Mandeville Games for the Paralysed)라 한다. 1952년부터 국제경기대회로 발전하여 4년마다 올림픽 개최국에서 개최된다. 전 세계에 코로나 바이러스 전염으로 인한 팬데믹 사태로 2020 도쿄 올림픽이 1년 연기되면서 2020 도쿄 패럴림픽도 함께 1년 연기되며 2021년 8월 24일 개최되었다.

PLUS 차기 패럴림픽 개최 예정지

구분	연도	개최 예정지
하계	2024	17회 프랑스 파리
	2028	18회 미국 LA
동계	2022	13회 중국 베이징
	2026	14회 이탈리아 밀라노, 코트리나담페초

❁ 드래프트시스템(draft system) ✦✦

신인선수를 선발하는 제도로, 일정한 기준아래 입단할 선수들을 모은 뒤 각 팀의 대표가 선발회를 구성하여 일괄적으로 교섭하는 방법이다. 우수선수를 균형 있게 선발해 각 팀의 실력평준화와 팀 운영의 합리화를 꾀하는 데 목적이 있다.

❁ 테니스 포인트(tennis point) ✦✦✦

테니스 경기득점으로 기본적으로 한 게임을 이기기 위해서는 4포인트를 따야 한다. 3대3은 듀스라 부른다. 테니스 포인트는 최소 0포인트를 시작으로 하며 0포인트를 러브(Love), 1포인트를 피프틴(Fifteen, 15), 2포인트를 서티(Thirth, 30), 3포인트를 포티(Forty, 40)라 콜(call : 경기 진행을 위해 심판이 내리는 선고)한다.

❁ 사이클히트(cycle hit) ✦✦

야구용어로 올마이티히트라고도 한다. 야구경기에서 타자가 한 게임에서 1루타, 2루타, 3루타, 홈런을 모두 친 것을 말하며 순서는 무관하다.

PLUS 드래그히트(drag hit) … 야구에서 배트를 밀어내 가볍게 공을 맞춤으로써 기습히트를 노리는 공격타법을 말한다.

❁ 핫코너(hot corner) ✦

야구에서 3루를 말하는데, 강하고 불규칙한 타구가 많이 날아와 수비하기가 까다롭고 어렵기 때문에 생긴 이름이다.

05 출제예상문제

1 회화·소묘에서 색을 매우 미묘하게 연속 변화시켜서 형태의 윤곽을 엷은 안개에 싸인 것처럼 차차 없어지게 하는 기법은?

① 스푸마토   ② 카프리치오
③ 구스토   ④ 그라타주

Advice 스푸마토 … '연기처럼 사라지다'라는 뜻의 이탈리아어의 형용사 'sfumare'에서 유래했으며 물체의 윤곽선을 자연스럽게 번지듯 하는 기법이다. 안개와 같이 색을 미묘하게 변화시켜 색깔 사이의 윤곽을 명확히 구분지을 수 없도록 명암을 주는 것이며 레오나르도 다 빈치가 명명했다.

2 다음 중 국제올림픽위원회의 약칭으로 바른 것은?

① FIFA   ② IOC
③ OCC   ④ NOC

Advice 국제올림픽위원회는 1894년 파리에서 쿠베르탱에 의해 창설된 올림픽 주최 위원회로 International Olympic Committee의 약칭인 IOC로 부른다.

3 스포츠 용어로 출전자격을 취득하지 못했으나 특별히 출전이 허용되는 선수나 팀을 지칭하는 것은?

① 멤버십카드   ② 와일드카드
③ 히든카드   ④ 체크카드

Advice 와일드카드 … 스포츠 용어로는 축구, 테니스, 사격, 체조, 야구 등 일부 종목에서 출전자격을 따지 못했지만 특별히 출전이 허용된 선수나 팀을 의미한다. 이러한 와일드카드는 1994년 232일간의 긴 파업 끝에 개막된 1995년의 포스트시즌부터 시작되었다. 파업 후유증으로 페넌트 레이스 경기 수가 줄어든 대신 1994년 불발에 그친 와일드카드가 관중들의 흥미를 돋우기 위해 처음 도입된 것이다.

4 포스트모더니즘(Post Modernism)에 대한 설명으로 옳은 것은?

① 1960년대에 일어난 문화운동으로 모더니즘으로부터의 단절과 지속적인 성격을 동시에 지니고 있다.

② 제1차 세계대전 후의 근대주의로 독창성과 고상함을 중요시여기고 합리주의 · 기능주의와 연결되어 비교적 단순하고 증명력 있는 것을 추구했다.

③ 1920년대에 걸쳐 유럽의 여러 도시에서 일어난 반 예술운동으로 인간생활에 대한 항의 아래 전통적인 것을 부정하고 혼란과 무질서함을 그대로 표현하려는 과도기의 사상이다.

④ 제1차 세계대전 때부터 유럽에서 일어난 예술운동으로 기성관념을 부정하고 새로운 것을 이룩하려 했던 입체파, 표현주의 등을 통틀어 일컫는 말이다.

🖋 *Advice* 포스트모더니즘 … 1960년대에 일어난 문화운동이다. 미국과 프랑스를 중심으로 사회운동, 전위예술, 해체, 후기 구조주의 사상으로 시작되어 오늘날에 이른다. 이질적인 요소를 서로 중첩하거나 과거의 작품에서 인용하는 등 절충주의적 경향을 보인다.
② 모더니즘(Modernism)
③ 다다이즘(Dadaism)
④ 아방가르드(Avant－Garde)

5 다음 중 2012년 유네스코 인류무형문화유산으로 등재된 한국의 대표적인 전통 민요는?

① 수심가
② 강강술래
③ 아리랑
④ 판소리

🖋 *Advice* 아리랑은 2012년 유네스코 인류무형문화유산으로 등재된 한국의 대표적인 전통 민요이다.

⭐ *ANSWER*　1.① 2.② 3.② 4.① 5.③

6 판소리 5마당이 아닌 것은?

① 홍보가
② 적벽가
③ 수궁가
④ 배비장전

ⓘ *Advice* 판소리의 발생기는 조선 숙종(1674 ~ 1720) 무렵으로 「춘향가」, 「심청가」, 「홍부가(박타령)」, 「수궁가(토끼타령)」, 「적벽가」, 「장끼타령」, 「변강쇠타령(가루지기타령)」, 「무숙이타령」, 「배비장타령」, 「강릉매화타령」, 「숙영낭자전」, 「옹고집타령」등 12마당으로 이루어졌다. 이 중 「춘향가」, 「심청가」, 「홍부가(박타령)」, 「수궁가(토끼타령)」, 「적벽가」를 판소리 5마당이라고 한다. 「배비장전」은 조선 후기에 지어진 작자 미상의 고전소설로 판소리로 불리어진 「배비장타령」이 소설화된 작품이다. 판소리 열두마당에 속하지만, 고종 때 신재효(申在孝)가 판소리 사설을 여섯 마당으로 정착시킬 때 빠지게 되었다.

※ 우리나라의 판소리 5마당
  ㉠ 춘향가 : 기생의 딸 춘향과 양반집의 아들 이몽룡 사이에 일어나는 사랑 이야기를 다룬 작품이다.
  ㉡ 심청가 : 맹인으로 태어난 심학규가 무남독녀인 심청의 지극한 효성으로 눈을 뜨게 된다는 이야기로 효도, 선과 악, 인과율이 주제이다.
  ㉢ 홍부가(박타령) : 심술궂은 형 놀부와 착한 아우 흥부 간의 갈등과 화해를 그린 이야기로 형제간의 우애, 권선징악, 보은, 의리 등이 주제이다.
  ㉣ 수궁가(토별가, 토끼타령) : 토끼와 자라의 행동을 통하여 인간의 속성을 풍자한 이야기로 충성심과 충효심 등이 주제이다.
  ㉤ 적벽가 : 중국의 소설 삼국지의 내용을 판소리로 음악화 시킨 것으로 유비가 제갈공명을 찾아가는 삼고초려부터 적벽대전 끝에 관운장이 조조를 놓아주는 내용까지로 되어있으나, 부르는 사람에 따라 다소의 차이는 있으며 「화용도」라고도 한다.

7 공연장에서 다른 관객의 관람을 방해하는 행위를 뜻하는 용어는?

① 오픈런
② 커튼콜
③ 리미티드런
④ 관크

ⓘ *Advice* 관크 … 한자 '觀(볼 관)'과 '비판적인'뜻을 가진 영단어 'critical'을 합쳐 만든 용어로 '관객 크리티컬'의 줄임말이다. 많은 사람들이 함께 관람하는 공연장이나 극장 등에서 다른 관객의 관람을 방해하는 행위를 일컫는다.
  ① 오픈런 : 공연이 종료되는 시점을 정하지 않고 계속적으로 공연하는 것을 뜻한다.
  ② 커튼콜 : 공연이 끝난 후에 관객들이 무대 뒤로 퇴장하였던 출연진들을 무대로 나오도록 환호성과 박수를 보내는 것을 말한다.
  ③ 리미티드런 : 공연 기간을 정해 놓고 공연하는 것을 뜻한다.

8 다음 중 세계기록유산이 아닌 것은?

① 직지심체요절　　　　　　　② 강릉단오제
③ 동의보감　　　　　　　　　④ 조선왕조실록

🔆 *Advice* 강릉단오제 … 단옷날을 전후하여 서낭신에게 지내는 강릉 지방의 향토 제례 의식이다. 세계무형유산에 속한다.

9 형식에 구애받지 않고 악상이 떠오르는 대로 작곡된 악곡을 가리키는 것은?

① 아리아　　　　　　　　　　② 칸타타
③ 판타지아　　　　　　　　　④ 세레나데

🔆 *Advice* 판타지아 … '환상곡'이라고도 하며, 형식의 제약을 받지 아니하고 악상의 자유로운 전개에 의하여 작곡한 낭만적인 악곡을 말한다.
① 아리아 : 오페라, 오라토리오 따위에서 기악 반주가 있는 서정적인 가락의 독창곡이다.
② 칸타타 : 17세기에서 18세기까지 바로크 시대에 발전한 성악곡의 한 형식이다. 독창·중창·합창과 기악 반주로 이루어지며, 이야기를 구성하는 가사의 내용에 따라 세속 칸타타와 교회 칸타타로 나눈다.
④ 세레나데 : 저녁 음악이라는 뜻으로, 밤에 연인의 집 창가에서 부르거나 연주하던 사랑의 노래를 말한다. 18세기 말에 이르러 짧은 길이로 된 기악 모음곡 형태로 발달하였다.

10 기존 영화산업을 지탱하는 유명 감독이나 배우, 막대한 자본을 투입하여 매우 큰 규모로 제작하는 영화를 의미하는 용어는?

① 크리핑업　　　　　　　　　② 텐트폴
③ 샤워효과　　　　　　　　　④ 슬리퍼히트

🔆 *Advice* ① 크리핑업 : 비장애인 배우가 장애인 연기를 하는 것을 의미한다.
③ 샤워효과 : 위층에 고객을 유인해 소비자들이 몰리면 아래층 매장에도 영향을 미쳐 매출이 상승하는 효과를 의미한다.
④ 슬리퍼히트 : 흥행이 전혀 기대되지 않던 영화가 모두의 예상을 깨고 흥행에 성공하는 경우를 의미한다.

⭐ *ANSWER* 6.④ 7.④ 8.② 9.③ 10.②

11 1946년에 창설된 국제 경쟁 영화제로 최고의 권위를 인정받고 있는 국제 영화제로, 봉준호 감독의 영화 「기생충」이 한국영화 최초로 황금종려상을 수상하였으며, 박찬욱 감독의 영화 「헤어질 결심」이 감독상을 수상하며 큰 화제가 된 영화제는?

① 베니스 영화제   ② 베를린 영화제
③ 모스크바 영화제   ④ 칸 영화제

  Advice 칸 영화제 … 1946년 프랑스 국립영화센터에서 관광휴양지인 칸(Cannes)에 설립한 국제 경쟁 영화제이다. 최고의 권위를 인정받고 있는 국제 영화제로 황금종려상, 심사위원 대상, 남녀배우주연상, 감독상, 각본상 등의 경쟁부문과 주목할 만한 시선, 황금카메라상, 시네파운데이션 등 비경쟁부문으로 나누어 시상한다.
  ① 베니스 영화제 : 1932년 이탈리아의 베니스에서 창설된 세계에서 가장 오랜 역사를 가진 국제 영화제이다. 작품상, 남녀배우상 등이 있다.
  ② 베를린 영화제 : 1951년 세계의 평화와 우애를 지향하고자 창설한 국제 영화제이다. 금곰상 은곰상 등을 시상한다.
  ③ 모스크바 영화제 : 1989년에 창설된 공산권 최대 규모의 영화제이다. 대상(금게오르기상), 심사위원 특별상(은게오르기상), 남녀주연상(동게오르기상) 등을 시상한다.

12 미국의 레코드 산업 관계자들이 매년 가장 우수하다고 인정한 레코드, 작곡·작사가, 가수, 연주자 등을 선출하여 시상하는 상은?

① 그래미상   ② 토니상
③ 골든글러브상   ④ 황금사자상

  Advice 그래미상(Grammy Awards) … 전미국레코드 예술과학아카데미(NARAS)가 주최하는 1년간의 우수한 레코드와 앨범에 주어지는 상이다. 미국 제일의 규모와 권위로 영화계의 아카데미상에 비견된다. 그래미는 그래머폰(Gramophone, 축음기)에서 온 애칭으로 수상자에게는 나팔이 부착된 축음기 모양의 기념패가 주어진다.

13 다음 중 우리나라의 세계기록유산으로 알맞은 것은?

① 훈민정음

② 용비어천가

③ 고려사

④ 삼국유사

Advice 세계기록유산 … 유네스코가 세계적인 가치가 있다고 지정한 귀중한 기록유산으로, 우리나라는 훈민정음, 조선왕조실록, 직지심체요절, 승정원일기, 조선왕조 의궤, 고려대장경판 및 제경판, 동의보감, 일성록, 5·18 민주화운동 기록물, 난중일기, 새마을운동기록물, 한국의 유교책판, KBS특별생방송 '이산가족을 찾습니다'기록물, 조선왕실 어보와 어책, 국채보상운동 기록물, 조선통신사 기록물, 4·19혁명기록물, 동학농민혁명기록물이 등재되었다.

14 다음 중 화가와 작품의 연결이 옳지 않은 것은?

① 피카소 – 「아비뇽의 처녀들」

② 르네 마그리트 – 「빛의 제국」

③ 알폰스 무하 – 「사계」

④ 호안 미로 – 「백합을 든 여인」

Advice 호안 미로의 작품으로는 「야곡」, 「어릿광대의 사육제」등이 있다. 「백합을 든 여인」은 알폰스 무하의 작품이다.

15 다음 중 유네스코에서 지정한 한국의 세계유산이 아닌 것은?

① 해인사 장경판전

② 숭례문

③ 창덕궁

④ 남한산성

Advice 한국의 세계유산 … 석굴암·불국사, 해인사 장경판전, 종묘, 창덕궁, 화성, 경주역사유적지구, 고창·화순·강화 고인돌 유적, 제주화산섬과 용암동굴, 조선왕릉, 하회와 양동, 남한산성, 백제역사유적지구, 산사 및 한국의 산지승원, 한국의 서원, 한국의 갯벌, 가야고분군이 있다.

ANSWER 11.④ 12.① 13.① 14.④ 15.②

16 다음 중 세계 3대 영화제가 아닌 것은?

① 베니스영화제 ② 칸영화제
③ 베를린영화제 ④ 몬트리올영화제

🔔*Advice* 세계 3대 영화제 … 베니스국제영화제, 베를린국제영화제, 칸 영화제

17 다음 중 근대 5종이 아닌 것은?

① 펜싱 ② 수영
③ 양궁 ④ 승마

🔔*Advice* 근대 5종 … 펜싱, 수영, 승마, 크로스컨트리, 사격 등 5가지 종목을 동일한 경기자가 출장하여 각 종목별로 경기기록을 근대 5종 점수로 환산하여 그 총득점이 가장 높은 선수를 승자로 하는 경기이다.

18 다음 중 베르디의 오페라 작품이 아닌 것은?

① 나부코 ② 멕베스
③ 운명의 힘 ④ 피가로의 결혼

🔔*Advice* 베르디(Giuseppe Verdi) … 1834년 밀라노에서 최초의 오페라 「오베르토」를 작곡, 1839년 스칼라극장에서 초연하여 성공을 거두었다. 대표작으로는 「리골렛토」, 「오텔로」, 「나부코」, 「아이다」, 「라 트라비아타」, 「일 트로바토레」, 「운명의 힘」, 「맥베스」 등이 있다.
④ 「피가로의 결혼」은 모차르트의 작품으로 이 외에 「마술피리」, 「돈 조반니」가 있다.

19 다음 중 인상파의 아버지로 불리는 사람의 작품인 것은 무엇인가?

① 몽마르트의 거리

② 절규

③ 별이 빛나는 밤에

④ 이삭줍기

🔖 **Advice** 카미유 피사로(Camille Pissarro) … 프랑스의 화가로 인상파의 아버지라고 불린다. 코로, 모네의 영향을 받아 주로 소박한 농촌 풍경을 포근한 색채를 활용하여 그렸으며 대표작으로는 「붉은 지붕」, 「사과를 줍는 여인들」, 「몽마르트의 거리」, 「테아트르 프랑세즈광장」, 「브뤼헤이 다리」, 「자화상」 등이 있다.

20 다음 중 철인 3종 경기에 해당하지 않는 경기는?

① 수영

② 마라톤

③ 사이클

④ 역도

🔖 **Advice** 철인 3종 경기 … 한 선수가 수영, 사이클, 마라톤의 세 가지 종목을 실시하는 경기로 인간 체력의 한계에 도전한다. 철인 3종 경기의 원어는 트라이애슬론(Triathlon)으로 세 가지 경기를 뜻하는 말이다.

21 다음 중 유네스코 인류무형문화유산으로 등재되지 않은 것은?

① 강강술래

② 한국의 장 담그기 문화

③ 줄타기

④ 윷놀이

🔖 **Advice** 강강술래(2009), 줄타기(2011), 한국의 장 담그기 문화(2024)는 유네스코 인류무형문화유산에 등재되어 있다.

⭐ ANSWER 16.④ 17.③ 18.④ 19.① 20.④ 21.④

※※※ ─────────────────────────

22 다음 중 우리나라의 연극이 아닌 것은?

① 가면극   ② 경극
③ 마당극   ④ 인형극

> 🔶 *Advice* 경극은 청나라 때 시작된 중국의 대표적인 전통연극으로 창, 몸짓, 대사, 동작 등 네 가지 연기요소로 이루어져 무용에 가깝고 주로 영웅담·연애담이 내용의 주를 이룬다.

23 다음 중 '고풀이'에 대한 설명으로 옳지 않은 것은?

① 이때 사용되는 신 혹은 매듭은 생명을 상징한다.
② 사령(死靈)을 저승으로 보내는 과정을 묘사한다.
③ 집안의 재앙이나 전염병을 예방하기 위한 제의이다.
④ 남부지방 무속인 씻김굿이나 오구굿의 상징적인 제의 중의 하나이다.

> 🔶 *Advice* 고풀이 … 전남지방에 있었던 민간신앙의 하나로 죽은 사람을 저승으로 보내는 씻김굿의 한 절차이다. 경기지방에서 사람이 죽어서 하는 굿인 자리걷이·지노귀, 서울지방의 길가름과 유사한 성격이며 이를 통틀어 사령제(死靈祭)라고 한다.

24 다음 내용이 가리키는 영화용어는?

> 이것은 연극에서 빌려온 용어로 화면의 배경, 인물, 인물의 분장, 의상, 배치 등을 연출하는 작업을 말한다.

① 세트업(Set Up)
② 미장센(Mise En Scène)
③ 시주라(Caesura)
④ 콘티뉴이티(Continuity)

> 🔶 *Advice* ① 세트업(Set Up) : 영화의 각 쇼트를 준비하는 과정
> ③ 시주라(Caesura) : 리드미컬한 단절
> ④ 콘티뉴이티(Continuity) : 작품의 의도를 분명히 하기 위해 영화의 부분들과 아이디어를 발전시키고 구조화하는 것

25 인생과 노력은 본질적으로 비논리적인 것이며, 언어는 전달의 수단으로서는 부적합한 것이므로 인간의 유일한 피난처는 웃음 속에 있다는 가정에 근거한 연극사조는?

① 부조리극
② 반(反)연극
③ 초현실주의
④ 다다이즘

🔍**Advice** 부조리극(不條理劇) … 1950 ~ 1960년대에 크게 유행해 연극의 큰 흐름으로 자리 잡은 희곡형태로 사무엘 베케트, 이오네스코, 아다모프 등이 대표 작가이다. 주제의 부조리함뿐만 아니라 극의 구성 자체가 부조리한 것이다. 전통적 극의 '조리'라고 할 수 있는 연속적 플롯, 희곡의 특색을 이루는 성격의 발현, 합리적 언어가 무시된다. 등장인물 자체가 불합리하고도 비논리적으로 자신의 성격을 변모시키며, 행동양식은 애매모호한 상태로 남겨진다. 산울림극단에서 공연했던 「고도를 기다리며」가 대표적 작품이다.
② 반(反)연극 : 1950년 이후 프랑스에서 나타난 전위적인 연극 운동으로, 연극적 환상의 원리를 부정하는 극작술 및 연기스타일을 가리킨다. 플롯과 등장인물의 성격에 일관성을 지켜야 한다는 기존 연극의 원칙을 무시하고 황당무계한 이야기와 인간 내면에 깃든 허무와 불안을 추구한다.
③ 초현실주의 : 프로이트의 정신분석의 영향을 받아 무의식의 세계 내지는 꿈의 세계의 표현을 지향하는 20세기의 문학 · 예술사조이다.
④ 다다이즘(Dadaism) : 제1차 세계대전 중 1920년대에 걸쳐 유럽 전역에서 일어난 반(反)예술운동으로 인간생활에 대한 항의 아래 기존의 의미나 법칙, 사회조직 등 일체의 전통적인 것을 부정하고 허무, 혼란, 무질서한 것을 그대로 표현하려는 과도기적 사상이다.

26 테니스 0 포인트를 부르는 용어는?

① 콜
② 포티
③ 서티
④ 러브

🔍**Advice** ① 콜 : 경기 진행을 위해 심판이 내리는 선고를 말한다.
② 포티 : 2포인트를 의미한다.
③ 서티 : 1포인트를 의미한다.

⭐ANSWER 22.② 23.③ 24.② 25.① 26.④

27 다음에서 설명하고 있는 명절에 대한 설명으로 옳지 않은 것은?

> 세종 13년(1431)에 이 날은 사흘 동안 불의 사용을 금지한다는 명령이 내려진 적이 있었으며, 매년 임금은 내병조(內兵曹)에서 바친 버드나무를 마찰하여 일으킨 불을 궁중에 있는 관청과 대신 집에 나누어주는 풍습이 있었다. 또 민간에서는 설날, 단오, 추석과 함께 4대 절사(節祀)라 하여 산소로 올라가 성묘를 했는데, 그 중에서도 이날과 추석이 가장 성하여 교외로 향하는 길에 인적이 끊어지지 않았다고 한다. 한편 농가에서는 이날을 기하여 밭에 파종을 했다.

① 불을 피우지 않고 찬 음식을 먹는다는 옛 습관에서 유래한 이름으로, 그 기원은 중국 진(晉)나라의 충신 개자추(介子推)의 혼령을 위로하기 위해서이다.

② 이 날 나라에서는 종묘와 각 능원에 제향하고, 민간에서는 여러 가지 주과(酒果)를 마련하여 차례를 지내고 성묘를 한다.

③ 고대문헌에 따르면 중국에서는 약초를 캐고, 재액을 예방하기 위하여 쑥으로 만든 인형·호랑이를 문에 걸었으며, 창포주·웅황주(雄黃酒)라는 약주를 마셨다.

④ 동지로부터 105일째 되는 날이다. 양력으로는 4월 5일 무렵이다. 제시문에서 설명하고 있는 명절은 한식이다.

🔍 **Advice** 위 글은 한식에 대한 설명이다.
　　③ 단오에 대한 설명이다. 단오는 음력 5월 5일로 모내기를 끝내고 풍년을 기원하는 날이다.

28 1인 혹은 중소 콘텐츠 창작자들과 제휴해 마케팅, 저작권 관리, 콘텐츠 유통 등을 지원하고 관리하는 사업은?

① PSI
② NAS
③ MCN
④ OTT

🔍 **Advice** MCN(Multi Channel Network) … 다중채널 네트워크는 유튜브에서 탄생했다. 유튜브에서 인기가 높아지고 수익을 내는 채널이 많이 생기자 이들을 묶어서 관리해주는 곳이 생긴 것이다. 여러 유튜브 채널이 제휴해 구성한 MCN은 일반적으로 제품, 프로그램 기획, 결제, 교차 프로모션, 파트너 관리, 디지털 저작권 관리, 수익 창출 및 판매, 잠재고객 개발 등의 영역을 콘텐츠 제작자에게 지원하는 역할을 맡고 있다.

29 우리 농촌의 민속놀이인 사물놀이에 쓰이는 악기가 아닌 것은?

① 꽹과리   ② 징
③ 북   ④ 피리

🖊 **Advice** 사물놀이 … 꽹과리, 장구, 북, 징을 치며 노는 농촌의 민속놀이로 꽹과리는 별, 장구는 인간, 북은 달, 징은 해에 해당한다.

30 17세기 근대국가와 근대과학이 생성될 시기에 '인간은 스스로 사회를 형성하고, 자신의 운명을 개척할 수 있다'는 자각과 더불어 나타났던 예술양식으로서 건축물로는 베르사유궁전, 음악가로는 바흐와 헨델을 가리키는 조류는 무엇인가?

① 바로크
② 로코코
③ 고딕
④ 질풍노도운동

🖊 **Advice** 바로크(Baroque) … 16세기 말부터 18세기 중엽에 걸쳐 유럽에서 유행한 예술 양식으로 르네상스 양식에 비하여 파격적이고, 감각적 효과를 노린 동적인 표현이 특징적이다. 좁게는 극적인 공간 표현, 축선(軸線)의 강조, 풍부한 장식 따위를 특색으로 하는 건축을 이르지만, 격심한 정서 표현을 가진 동시대의 미술, 문학, 음악의 경향을 총칭하는 용어로 사용한다. 대표적 건축물로는 베르사유궁전, 음악가로는 헨델과 바흐, 미술가로는 렘브란트와 루벤스 등을 들 수 있다.

31 다음 설명 중 옳지 않은 것은?

① 헨델의 구세주, 하이든의 천지창조는 오라토리오이다.
② 세계 3대 바이올린 협주곡의 작곡가는 베토벤, 차이코프스키, 멘델스존이다.
③ 피아노 4중주는 피아노, 바이올린, 비올라, 첼로로 구성된다.
④ 악곡의 빠르기는 비바체, 모데라토, 아다지오, 라르고 순이다.

🖊 **Advice** 세계 3대 바이올린 협주곡의 작곡가는 베토벤, 멘델스존, 브람스이다.

⭐ ANSWER   27.③   28.③   29.④   30.①   31.②

32 판소리는 극적 구성을 갖춘 성악곡으로 서양음악의 오페라에 비길 수 있는 음악이다. 다음 설명 중 사실과 다른 것은?

① 조선 중엽에 시작되었으며 후에 지역에 따라 동편제, 서편제, 중편제로 구별되어 오늘날에 이르고 있다.

② 발림을 섞어 가며, 북 장단에 맞추어 소리와 아니리로 표현한다.

③ 고수나 청중이 '얼씨구 좋다', '그렇지' 등의 소리를 내어 흥을 돋우는 것을 추임새라고 한다.

④ 판소리를 부르기 전에 목을 풀고 소리판의 분위기를 돋우기 위해 부르는 짧은 노래를 선소리라고 한다.

🔔*Advice* 판소리는 지역, 창법, 조(調)의 구성에 따라 동편제, 서편제, 중고제의 세 유파로 분류한다.

33 산세나 수목, 산석(山石)을 그릴 때 그 주류를 이루는 골격과 결, 주름 등을 표현하는 데 중점을 둔 동양화의 화법은?

① 발묵법   ② 백묘법
③ 준법   ④ 몰골법

🔔*Advice* 준법(皴法) … 동양화에서 산애(山崖), 암석의 굴곡 등의 주름을 그리는 화법으로 일종의 동양적 음영법(陰影法)이라고 할 수 있다.

① 발묵법(潑墨法) : 엷은 먹으로 대략 그린 다음 그 위에 짙은 먹으로 그림을 분해해 가면서 화면을 채워가며 대담한 필치로 그리는 수법

② 백묘법(白描法) : 윤곽선으로 형태를 그리지 않고 대상의 형·명암·색채 등을 직접 폭이 있는 수묵 또는 채색의 면으로 그리는 수법

④ 몰골법(沒骨法) : 채색화의 밑그림 또는 묵선만으로 그리는 수법

34 우아하고 아름답게 연주하라는 뜻의 음악용어는?

① dolce   ② cantabile

③ brillante   ④ grazioso

Advice 나타냄말 … 곡의 전체 또는 일부의 성격이나 표정을 표시하기 위하여 사용하는 여러 가지 말
- ① 부드럽게
- ② 노래하듯이
- ③ 화려하게

35 사물이나 사람의 성격을 과장하여 풍자적으로 그린 희극적 만화, 풍자화를 무엇이라 하는가?

① 크로키   ② 콜라주

③ 테라코타   ④ 캐리커처

Advice 캐리커처(Caricature) … 사람 또는 사물을 과장하되 풍자적이고 희극적으로 표현한 만화, 풍자화, 회화 등을 말한다. 프란시스코 고야, 오노레 도미에 등이 유명하다.
- ① 크로키(Croquis) : 움직이고 있는 대상의 한 순간을 짧은 시간에 재빨리 그리는 것
- ② 콜라주(Collage) : 종이조각, 헝겊, 실, 성냥개비, 나뭇잎, 철사 등을 화면에 붙여 특수한 효과를 노리는 기법
- ③ 테라코타(Terra Cotta) : 점토를 구워서 만든 도기

36 16 ~ 18세기 바로크시대에 변성기를 거치지 않고 소프라노 목소리로 노래했던 거세된 성인남자 성악가를 무엇이라 불렀는가?

① 파리넬리   ② 카운터테너

③ 카스트라토   ④ 테너 리릭코

Advice ① 파리넬리 : 18세기 이탈리아의 유명한 카스트라토
② 카운터테너 : 테너를 넘어선 남성의 성악 음역 또는 가성으로 소프라노의 음역을 구사하는 남성 성악가

⭐ ANSWER 32.① 33.③ 34.④ 35.④ 36.③

✳✳✳

37 파리 출생으로 미켈란젤로의 영향을 받아 청동시대, 칼레의 시민, 지옥문 등의 조각품을 남긴 근대조각의 아버지는?

① 로댕　　　　　　　　　　　② 부르델
③ 에펠　　　　　　　　　　　④ 마욜

> **Advice** 오귀스트 로댕(Auguste Rodin) : 1840년 프랑스 파리에서 태어났으며 근대조각의 시조로 불린다. 주요 작품으로는 「지옥문」, 「청동시대」, 「생각하는 사람」 등이 있다.
> ② 앙투안 부르델(Emile Antoine Bourdelle) : 프랑스의 조각가로 고전의 재생을 추구하여 고대조각에서 조각미를 탐구였다. 「활을 쏘는 헤라클레스」, 「알자스의 성모자」 등의 작품을 남겼다.
> ③ 구스타프 에펠(Alexandre Gustave Eiffel) : 프랑스의 에펠탑을 건립한 건축가이다.
> ④ 아리스티드 마욜(Aristide Maillol) : 프랑스의 조각가로 「나부상(裸婦像)」이 유명하다.

38 다음 설명 중 입체파(Cubism)와 관계없는 것은?

① 대표 작가는 피카소, 브라크, 레제 등이다.
② 다양한 시점에서 바라본 형태가 공존하기도 한다.
③ '자연을 원축, 원통, 구(球)로 파악한다'는 세잔느의 말이 입체파의 계시가 되었다.
④ 입체파 화가들의 폭발적인 색채감각이 현대추상운동을 이끌었다.

> **Advice** 큐비즘(Cubism)의 색채경시의 경향을 문제 삼아 다채로운 색을 동시적 존재로 바꾼 것이 들로네의 오르피즘(Orphism)이며, 그의 이론이 마케, 마르케, 클레를 중심으로 한 청기사 운동에 영향을 미쳤다.

39 판소리에서 창자(唱者)가 극적인 전개를 보충설명하기 위하여, 대목과 대목 사이에 가락을 붙이지 않고 말하듯 사설을 엮어가는 것은?

① 아니리　　　　　　　　　　② 시나위
③ 추임새　　　　　　　　　　④ 발림

> **Advice** ② 시나위 : 전라도 무악계의 기악곡으로, 일명 신방곡(新房曲)이라고도 한다.
> ③ 추임새 : 판소리에서 창(唱)의 사이사이에 고수가 흥을 돋우기 위하여 삽입하는 소리이다.
> ④ 발림 : 판소리에서 창자(唱者)가 소리의 극적인 전개를 돕기 위하여 몸짓·손짓으로 하는 동작을 말한다.

40 '러브게임'이란 어떤 경기에서 사용하는 용어인가?

① 승마 ② 테니스
③ 농구 ④ 수영

🔹 **Advice** 러브게임(Love Game) … 테니스에서 어느 한쪽이 1점도 얻지 못한 게임을 말한다. 즉, 4포인트를 연속으로 내준 게임을 일컫는 말이다.

41 다음 내용 중 옳지 않은 것은?

① 농구에서 '트리플 더블'은 한 경기를 통해 득점, 리바운드, 어시스트, 가로채기, 슛, 블로킹 가운데 3부분에서 두 자리 수 이상의 숫자를 동시에 기록한 것이다.
② 1998년 방콕 아시안게임과 2000년 시드니 올림픽에서 태권도는 정식종목으로 채택되었다.
③ 배구와 축구에서 '리베로(Libero)'는 수비만 전담하는 선수로 공격에는 가담할 수 없다.
④ 1998년 방콕 아시안게임에서 '한 국가가 동일 종목의 금·은·동메달을 모두 차지할 수 없다'는 아시아올림픽평의회(OCA)의 규정으로 피해를 본 종목은 양궁, 볼링이다.

🔹 **Advice** 리베로(Libero) … 수비수이면서 공격에도 적극 가담하는 선수로 이탈리아어로 '자유인'이라는 뜻이다. 중앙 수비수이지만 공격을 전개할 때 전진하여 중거리 슈팅이나 패스로 공격력에 도움을 주는 선수를 말한다.

42 피겨스케이팅에서 전진하면서 점프를 뛰어 다른 점프보다 0.5회전을 더해 총 세 바퀴 반을 회전하는 점프를 일컫는 용어는?

① 트리플 액셀
② 더블 액셀
③ 트리플 러츠
④ 트리플 토룹

🔹 **Advice** 피겨스케이팅에서 점프는 토룹, 살코, 룹, 플립, 럿츠, 액셀로 구분된다. 이 중 액셀은 나머지 점프와 다르게 앞으로 나아가며 점프를 뛰어 반 바퀴를 더 돈다.

⭐ ANSWER 37.① 38.④ 39.① 40.② 41.③ 42.①

43 테니스의 4대 메이저 대회가 아닌 것은?

① 윔블던　　　　　　　　　　② 프랑스오픈
③ 캐나다오픈　　　　　　　　　④ 호주오픈

ⓘ **Advice** 테니스의 4대 메이저 대회 ⋯ 영국의 윔블던, 프랑스의 프랑스오픈, 미국의 US오픈, 호주의 호주오픈으로 그 해
에 열리는 이 대회에서 모두 우승했을 경우 그랜드슬램을 달성했다고 말한다.

44 합창, 중창, 독창 등으로 구성된 대규모의 성악곡은?

① 세레나데　　　　　　　　　　② 칸타타
③ 랩소디　　　　　　　　　　　④ 콘체르토

ⓘ **Advice** 칸타타(Cantata) ⋯ 종교적인 요구에 의해 작곡되는 대규모의 서정적 성악곡이다.
　① 세레나데(Serenade) : '저녁의 음악'이란 뜻으로 애정이나 존경을 품은 사람에게 바치는 노래를 통칭하여
　　일컫는다.
　③ 랩소디(Rhapsody) : 광상곡으로 대개 일정한 형식이 없이 환상적이고 자유로운 기악곡이다.
　④ 콘체르토(Concerto) : 화려한 연주기교를 구사하는 독주악기와 관현악을 위해 작곡된 기악곡을 가리킨다.

45 혼성 4부 합창의 구성은?

① 소프라노, 알토, 테너, 바리톤
② 소프라노, 알토, 테너, 베이스
③ 알토, 테너, 베이스, 바리톤
④ 소프라노, 알토, 바리톤, 베이스

ⓘ **Advice** 합창의 구성

구분	종류	구분	종류
여성 2부 합창	소프라노, 알토	여성 3부 합창	소프라노, 메조소프라노, 알토
남성 2부 합창	테너, 베이스	남성 3부 합창	테너, 바리톤, 베이스
혼성 3부 합창	소프라노, 알토(테너), 베이스	혼성 4부 합창	소프라노, 알토, 테너, 베이스

46 오륜기에 대한 설명으로 옳은 것은?

① 근대 5종 경기와 관련된 역사적 기원

② 인류 평화와 인종 차별 금지

③ 5대륙의 결속과 전 세계 선수들의 만남

④ 페어플레이를 다짐하는 선수들의 약속

Advice 흰 바탕에 왼쪽부터 파랑, 노랑, 검정, 초록, 빨강의 5색 고리를 위 3개, 아래 2개로 엮은 모양이다. 동그란 5개의 고리는 5개의 대륙을 상징하며 전 세계 선수의 만남과 어울림을 의미한다.

47 다음 중 골프에서 사용하는 용어가 아닌 것은?

① 발리

② 더블 보기

③ 이븐파

④ 홀인원

Advice 발리(Volley) … 상대방이 친 볼이 땅에 떨어지기 전에 쳐서 보내는 노바운드 리턴을 말하는 테니스 용어

② 더블 보기(Double Bogey) : 파보다 2타 많은 타수로 홀아웃 한 경우

③ 이븐파(Even Par) : 코스의 규정타수(표준타수)와 같은 타수로 경기를 마치는 것

④ 홀인원(Hole-In-One) : 1타로 홀컵에 볼을 넣은 경우

48 테니스, 골프 등에서 프로뿐만 아니라 아마추어에게도 문호를 개방하여 프로와 아마추어가 함께 기량을 겨룰 수 있도록 한 게임방식은?

① 콜드게임

② 스킨스게임

③ 매치플레이

④ 오픈게임

Advice 오픈게임 … 테니스나 골프 등에서 아마추어와 프로가 함께 출전하는 선수권 대회이다. 골프는 1860년 제1회 전영선수권대회 때부터 오픈으로 실시했으며 테니스는 1968년부터 오픈화되었다.

① 콜드게임 : 심판에 의해 경기가 종료되는 게임을 말한다. 특히 야구에서 양팀 모두 5회 이상 공격을 동일하게 진행한 뒤 해가 지거나 폭우, 분쟁 등의 이유로 경기를 진행할 수 없게 되거나 양팀 간의 점수차가 너무 많이 나 경기를 지속할 필요가 없을 때에 심판이 경기를 중단시키는 경우에 쓰인다. 승패는 그때까지의 득점에 따라 결정된다.

② 스킨스게임 : 골프의 변형 경기방식 중 하나로, 총타수로 순위를 가리는 스트로크 방식과 달리 각 홀에서 1위를 한 선수가 각 홀에 걸린 상금을 획득하는 경기이다.

③ 매치플레이 : 골프 경기에서 1홀마다 승패를 겨루는 방법을 말한다.

49 다음 스포츠 용어 중 설명이 잘못된 것은?

① 역도 용상 종목에서 클린동작이란 바벨을 어깨높이에서 머리 위로 두 팔을 뻗어 들어 올리는 것을 말한다.
② 사이클경기에서 데드히트(Dead Heat)란 동시 도착을 말한다.
③ 배드민턴에서 하이클리어란 상대방을 향해 높고 길게 쳐 보내는 기술을 말한다.
④ 아이스하키에서 아이싱이란 센터라인을 넘기 전에 패스되거나 쳐내진 퍽이 그 어느 선수에게도 닿지 않고 골라인을 통과했을 경우를 말한다.

💡**Advice** 용상은 바벨을 어깨높이까지 들어 올린 뒤 재빨리 손을 뒤집어 가슴 위에 멈추는 1차 클린동작과 이를 무릎과 허리의 힘을 이용해 머리 위로 들어 올리는 저크 두 동작으로 나뉜다.

50 제1차 세계대전 때부터 유럽에서 일어난 예술운동을 무엇이라고 하는가?

① 리리시즘   ② 다다이즘
③ 포스트모더니즘   ④ 모더니즘

💡**Advice** 다다이즘 … 제1차 세계대전 중 유럽의 여러 도시에서 일어난 예술운동이다. 조형예술(造形藝術)뿐만 아니라 문학·음악의 영역까지 포함한다. 모든 사회적·예술적 전통을 부정하고 반이성(反理性), 반도덕, 반예술을 표방한 예술 운동으로 후에 초현실주의에 흡수되었다.
　① 리리시즘(Lyricism) : 예술적 표현의 서정적·주관적·개성적인 정서를 표현하고 추구하는 정신 또는 문체이다.
　③ 포스트모더니즘(Post Modernism) : 모더니즘으로부터의 단절과 지속적인 성격을 동시에 지니고 있다. 제2차 세계대전 이후 생명 등에 대한 가치관이 흔들리던 후기 자본주의 시대의 포스트모더니즘은 모더니즘의 단절만을 의미하는 것이 아니라 이질적인 요소를 서로 중첩하거나 과거의 작품에서 인용하는 등 절충주의적 경향을 보인다.
　④ 모더니즘(Modernism) : 제1차 세계대전 후의 근대주의, 현대주의를 의미이다.

51 야구에서 사용하는 '핫코너'라는 용어는 어디를 지칭하는가?

① 1루   ② 2루
③ 3루   ④ 불펜(Bull Pen)

💡**Advice** 핫코너(Hot Corner) … 강하고 불규칙한 타구가 많이 날아와 수비하기가 까다로운 3루에 붙은 이름이다.
　④ 불펜(Bull Pen) : 시합 중 구원투수가 경기에 나가기 전에 준비운동을 하는 곳을 말한다.

52 다음 중 우리나라 전통경기인 씨름에서 공식적으로 채택하고 있는 샅바방식은?

① 오른쪽 다리에 샅바 고리를 매는 오른샅바 방식이다.

② 왼쪽 다리에 샅바 고리를 매는 왼샅바 방식을 채택하고 있다.

③ 영남에선 왼샅바를, 호남에선 오른샅바를 사용하고 있다.

④ 대회 때마다 주최 측이 지방의 특성을 고려하여 결정한다.

Advice 우리나라는 1962년에 씨름의 경기방식을 왼씨름으로 통일했다. 왼씨름이란 샅바를 오른쪽 다리에 걸며 오른손으로 상대의 허리샅바, 왼손으로 오른쪽 다리의 샅바를 잡는 것을 말한다.

53 다음 중 브로드웨이에 올려 진 연극을 대상으로 시상하는 '연극의 아카데미상'이라 불리는 상은?

① 에미상   ② 골든 글로브상

③ 토니상   ④ 템플턴상

Advice 토니상(Tony Awards) … 정식명칭은 앙트와네트 페리상(Antoinette Perry Awards)으로 브로드웨이 연극을 대상으로 시상된다. 1947년에 창설된 브로드웨이 최대의 연중행사로서 매년 봄 브로드웨이 극장관계자들을 중심으로 드라마, 뮤지컬 두 부문을 합쳐 18개 분야에 주어진다.

① 에미상(Emmy Award) : 방송계 최대의 행사로 1949년부터 시작하여 매년 5월에 할리우드에서 개최된다. 텔레비전 작품 관계자의 우수한 업적을 평가하여 미국텔레비전 예술과학 아카데미가 주는 상이다.

② 골든 글로브상 : 세계 84개국의 신문 및 잡지기자 114명으로 구성된 헐리우드 외국인기자협회가 그해 최우수영화의 각 부문과 남녀배우에게 수여하는 상이다.

④ 템플턴상(The Templeton Prize) : 종교계의 노벨상으로 불리며 매년 종교 분야에서 인류를 위해 크게 이바지한 인물들에게 시상하는 상으로, 미국의 사업가 존 템플턴이 노벨상에 종교 부문이 없는 것을 안타깝게 여겨 1972년 템플턴 재단을 설립하고 3만 4000파운드의 기금을 상금으로 내 놓으면서 제정하였다.

54 다음의 보기 중에서 장애가 있는 환자를 치유하기 위해 행하는 심리극은?

① 모노드라마   ② 전위극

③ 팬터마임   ④ 사이코드라마

Advice 사이코드라마(Psychodrama) … 루마니아 정신과의사 J.L. 모레노가 창시한 심리요법으로, 비슷한 유형의 환자를 연극에 출연시켜 그 속에서 환자의 심리가 자연스럽게 표현되도록 유도함으로써 환자를 분석·치료한다. 사이코드라마는 극의 주제가 개인적인 문제일 때만을 이르며 공적인 문제를 주제로 할 때는 소시오드라마라고 한다.

※ 소시오드라마(Sociodrama) : 미국의 정신병리학자 모레노가 개인의 사회적 부적응을 치료하기 위해 고안해 낸 즉흥극이다. 사회·문화적 문제를 주제로 하여 감독이 정해준 극의 테두리 내에서 연기자가 자발적·즉흥적으로 극에 참여한다.

55 우리나라의 족구와 비슷한 스포츠 경기는?

① 우슈

② 크리켓

③ 세팍타크로

④ 바이애슬론

> **Advice** ① 우슈 : 중국의 전통 무예를 바탕으로 한 운동이다.
> ② 크리켓 : 공과 배트를 이용하여 각 11명으로 구성된 2개 팀이 넓은 운동장에서 벌이는 경기이다.
> ④ 바이애슬론 : '둘'을 뜻하는 '바이(Bi)'와 '운동경기'를 뜻하는 '애슬론(Athlon)'의 합성어로서 서로 다른 종목인 크로스컨트리 스키와 사격이 결합된 경기이다.

56 그리스 고전 비극 「안티고네」의 원작자는 누구인가?

① 소포클레스

② 아리스토파네스

③ 아이스킬로스

④ 에우리피데스

> **Advice** 소포클레스(Sophocles) … 에우리피데스, 아이스킬로스와 더불어 고대그리스 3대 비극작가로 비극작품을 하나의 독립된 예술품으로 만들었는데 그 비극적 동기도 신적 차원에서가 아닌 등장인물들 본질에서 우러나오게끔 한다. 등장인물들의 묘사가 힘차고 매우 정교하게 되어 있으며, 다른 비극작가보다도 여성에 커다란 고귀성을 준 작가이다. 안티고네(Antigone)는 융통성 없는 왕 크레온(Creon)의 고집으로 인해 안티고네를 비롯한 무고한 사람들이 죽음을 맞게 되는 내용이다.

57 다음 중 슈베르트의 작품이 아닌 것은?

① 겨울 나그네

② 백조의 노래

③ 군대 행진곡

④ 한여름 밤의 꿈

> **Advice** 슈베르트(Franz Peter Schubert) … 오스트리아의 초기 독일 낭만파의 대표적 작곡가로 '가곡의 왕'이라고 불린다. 주로 빈에서 활동하며 다양한 장르의 작품을 남겼고 가곡을 독립된 주요한 음악의 한 부문으로 끌어올려 독일 가곡에 큰 영향을 주었다. 주요작품으로는 '아름다운 물방앗간의 처녀', '겨울 나그네', '죽음과 소녀'등이 있다.
> ④ 멘델스존의 작품이다.

58 다음 중 경기도 민요는?

① 밀양아리랑

② 도라지타령

③ 한오백년

④ 몽금포타령

Advice 경기도 민요는 가락이 맑고 부드러우며 경쾌하고 서정적이다. 대표적으로 '닐리리야', '도라지 타령', '아리랑', '풍년가'등이 있다.
　　　① 경상남도
　　　③ 강원도
　　　④ 황해도

59 국악의 빠르기 중 가장 빠른 것은?

① 중중모리

② 자진모리

③ 휘모리

④ 진양조

Advice 국악의 빠르기는 느린 것부터 빠른 것으로 진양조 – 중모리 – 중중모리 – 자진모리 – 휘모리 순이다.

60 일반적으로 스포츠에서 해당 팀에서 권리 포기를 한다는 의미로 FA(Free Agent)나 임의 탈퇴로 처리하기 전에 선수를 다른 팀으로 보내기 위한 하나의 방법을 무엇이라 하는가?

① 웨이버(waiver) 공시

② 메이어(meyer) 공시

③ 올리버(oliver) 공시

④ 레드리버(redriver) 공시

Advice 웨이버 공시(waiver 公示) … '권리포기'라는 뜻으로, 구단이 소속선수와 계약을 해제하려 할 때 다른 구단에 대해 해당 선수의 계약 양도에 관한 여부를 공시하는 것을 지칭한다.

ANSWER　55.③　56.①　57.④　58.②　59.③　60.①

06 한국사

❀ 선사시대의 비교 ✦✦✦

시대	구석기	신석기	청동기	철기
연대	약 70만 년 전	약 8000년 전	BC 15 ~ 13세기경	BC 4세기경
경제	수렵·채집·어로	• 농경 시작 • 조·피·수수 등	• 벼농사 시작 • 사유재산 발생	철제 농기구로 생산력 증대
사회	무리생활	• 씨족 단위의 부족사회 • 계급 없는 평등사회	• 군장사회의 출현 • 계급의 발생	연맹국가
유물	동물뼈, 석기류, 인골	간석기, 토기(이른민무늬토기, 덧무늬토기, 빗살무늬토기)	민무늬토기, 반달돌칼, 비파형동검 등	검은간토기, 덧띠토기, 거푸집, 세형동검, 잔무늬거울
유적	• 웅기 굴포리 • 상원 검은모루 • 공주 석장리 • 연천 전곡리 등	• 웅기 굴포리 • 부산 동삼동 • 서울 암사동 • 봉산 지탑리 등	고인돌, 돌무지무덤, 돌널무덤 등	돌무지무덤, 돌널무덤, 독무덤, 널무덤 등

❀ 중석기 ✦

구석기에서 신석기로 넘어가는 약 2,000년간(1만 년 전 ~ 8,000년 전)의 과도기 단계 구분하여 부르는 시기로, 작고 빠른 동물을 잡기 위한 활, 창, 작살 등과 잔석기 등을 사용하였다.

❀ 단군신화(檀君神話) ✦✦

우리민족의 시조 신화로 이를 통해 청동기시대를 배경으로 고조선의 성립이라는 역사적 사실과 함께 당시 사회모습을 유추할 수 있다.

구분	내용
천신사상, 선민사상, 농경사회, 계급사회, 사유재산제 사회	천제의 아들 환웅이 천부인 3개와 풍백·운사·우사 등의 무리를 거느리고 태백산 신시에 세력을 이루었다.
토테미즘, 샤머니즘, 제정일치	곰과 호랑이가 와서 인간이 되게 해달라고 하였으며, 곰만이 인간여자가 되어 후에 환웅과 결합하여 아들 단군왕검을 낳았다.
민본주의, 지배층의 권위(통치이념)	널리 인간을 이롭게 한다(홍익인간)

�֍ 8조법(八條法) ✦

고조선 사회의 기본법으로, 「한서지리지」에 기록되어 있다. 살인·상해·절도죄를 기본으로 하는 이 관습법은 족장들의 사회질서유지 수단이었으며, 동시에 가부장 중심의 계급사회로서 사유재산을 중히 여긴 당시의 사회상을 반영하고 있다. 그 내용 중 전하는 것은 '사람을 죽인 자는 사형에 처한다, 남에게 상해를 입힌 자는 곡물로 배상한다, 남의 물건을 훔친 자는 노비로 삼고 배상하려는 자는 50만 전을 내야 한다' 등 3조이다.

✖ 여러 부족의 성장 ✦

구분	부여	고구려	옥저·동예	삼한
정치	5부족 연맹체(왕·4출도), 1책 12법	5부족 연맹체(왕·대가), 제가회의(군장회의)	읍군·삼로(군장)	제정분리 : 군장(신지·견지·읍차·부례), 제사장(천군)
풍속	우제점법, 형사취수, 순장의 풍습	데릴사위제	• 옥저 : 민며느리제, 가족공동장 • 동예 : 책화, 족외혼	벼농사 발달(저수지 축조), 낙랑·일본 등에 철 수출
경제	반농반목, 말·주옥·모피 등의 특산물	약탈경제 → 부경(창고)	• 농경발달, 해산물 풍부 • 단궁, 과하마, 반어피 (동예)	두레조직을 통해 공동작업
제천행사	영고(12월)	동맹(10월)	무천(동예, 10월)	수릿날(5월), 절제(10월)

✖ 발해(渤海) ✦

698년 고구려의 장군이었던 대조영이 지린성 돈화현 동모산 일대(현재의 만주 및 연해주, 한반도 동북부)에 고구려인과 말갈족을 합하여 세운 나라이다. 정치 조직은 당나라의 영향을 받아 3성(정당성·선조성·중대성) 6부(충·인·의·지·예·신)를 두었고 귀족회의에서 국가 중대사를 결정했다. 발해는 고구려 유민이 지배층을 이루며 고구려 문화를 계승하여 발달시켰으며, 통일신라에 대한 견제로 일본과의 교역을 추진하였다. 926년 거란족에 의해 멸망했다.

✖ 진대법(賑貸法) ✦

고구려 고국천왕 16년(194) 을파소의 건의로 실시한 빈민구제법이다. 춘궁기에 가난한 백성에게 관곡을 빌려주었다가 추수기인 10월에 관에 환납하게 하는 제도이다. 귀족의 고리대금업으로 인한 폐단을 막고 양민들의 노비화를 막으려는 목적으로 실시한 제도였으며, 고려의 의창제도, 조선의 환곡제도의 선구가 되었다.

✿ 광개토대왕비(廣開土大王碑) ✦✦

만주 집안현 통구(通溝)에 있는 고구려 19대 광개토대왕의 비석으로, 왕이 죽은 후인 장수왕 2년(414)에 세워졌다. 비문은 고구려·신라·가야의 3국이 연합하여 왜군과 싸운 일과 왕의 일생사업을 기록한 것으로, 우리나라 최대의 비석이다. 일본은 '왜이신묘년래도해파백잔ㅁㅁ신라이위신민(倭以辛卯年來渡海破百殘ㅁㅁ新羅以爲臣民)'라는 비문을 확대·왜곡 해석하여 임나일본부설의 근거로 삼고 있다.

> **PLUS** 임나일본부설(任那日本府說) … 일본의 '니혼쇼기(日本書紀)'의 임나일본부, 임나관가라는 기록을 근거로 고대 낙동강유역의 변한지방을 일본의 야마토[大和]정권이 지배하던 관부(官府)라고 주장하는 설이다.

✿ 임나일본부설(任那日本附設) ✦

일본의 '니혼쇼기(日本書紀)'의 임나일본부, 임나관가라는 기록을 근거로 고대 낙동강유역의 변한지방을 일본의 야마토[大和]정권이 지배하던 관부(官府)라고 주장하는 설이다.

✿ 태학(太學) ✦

고구려의 국립교육기관으로, 우리나라 최초의 교육기관이다. 소수림왕 2년(372)에 설립되어 중앙귀족의 자제에게 유학을 가르쳤다.

> **PLUS** 경당(慶堂) …지방의 사립교육기관으로 한학과 무술을 가르쳤다.

✿ 다라니경(陀羅尼經) ✦

국보로 지정되었다. 불국사 3층 석탑(석가탑)의 보수공사 때(1966) 발견된 것으로, 현존하는 세계 최고(最古)의 목판인쇄물이다. 다라니경의 출간연대는 통일신라 때인 700년대 초에서 751년 사이로 추정되며 정식 명칭은 무구정광 대다라니경이다.

✿ 마립간(麻立干) ✦

신라시대의 왕호이다. 신라 건국초기에는 박·석·김의 3성(姓) 부족이 연맹하여 연맹장을 세 부족이 교대로 선출했으며, 이들이 주체가 되어 신라 6촌이라는 연맹체를 조직하기에 이르렀다. 이것이 내물왕 때부터는 김씨의 왕위세습권이 확립되었고 대수장(大首長)이란 뜻을 가진 마립간을 사용하게 되었다.

✿ 골품제도(骨品制度) ✦✦

신라의 신분제로, 성골·진골·6두품 등이 있었다. 성골은 양친 모두 왕족인 자로서 28대 진덕여왕까지 왕위를 독점 세습하였으며, 진골은 양친 중 한편이 왕족인 자로서 태종무열왕 때부터 왕위를 세습하였다. 골품은 가계의 존비를 나타내고 골품 등급에 따라 복장·가옥·수레 등에 여러 가지 제한을 두었다.

✿ 향(鄕) · 소(巢) · 부곡(部曲) ✦

통일신라 때 생겨난 특수행정구역으로 양인이지만 천역을 진 신량역천인 거주지를 말한다. 통일과정에서 저항한 지역을 강등시킴으로 생겨났으며 향 · 부곡은 농업, 소는 수공업을 담당하였다. 고려 때까지 있었으나 조선 때 소멸했다.

✿ 독서삼품과(讀書三品科) ✦✦

신라 때의 관리등용방법으로, 원성왕 4년(788) 시험본위로 인재를 뽑기 위하여 태학감에 설치한 제도이다. 좌전 · 예기 · 문선을 읽어 그 뜻에 능통하고 아울러 논어 · 효경에 밝은 자를 상품(上品), 곡례 · 논어 · 효경을 읽을 줄 아는 자를 중품(中品), 곡례와 논어를 읽을 줄 아는 자를 하품(下品)이라 구별하였으며, 독서출신과(讀書出身科)라고도 하였다. 그러나 골품제도 때문에 제 기능을 발휘하지는 못하였다.

✿ 신라장적(新羅帳籍) ✦

1933년 일본 도오다이사(東大寺) 쇼소인(正倉院)에서 발견된 것으로, 서원경(淸州)지방 4개 촌의 민정문서이다. 남녀별 · 연령별의 정확한 인구와 소 · 말 · 뽕나무 · 호도나무 · 잣나무 등을 집계하여 3년마다 촌주가 작성하였다. 호(戶)는 인정(人丁)수에 의해 9등급, 인구는 연령에 따라 6등급으로 나뉘었고, 여자도 노동력수취의 대상이 되었다. 촌주는 3 ~ 4개의 자연촌락을 다스리고 정부는 촌주에게 촌주위답을, 촌민에게는 연수유답을 지급하였다. 이 문서는 조세수취와 노동력징발의 기준을 정하기 위해 작성되었다.

✿ 진흥왕순수비(眞興王巡狩碑) ✦

신라 제24대 진흥왕이 국토를 확장하고 국위를 선양하기 위하여 여러 신하를 이끌고 변경을 순수하면서 기념으로 세운 비로, 현재까지 알려진 것은 창녕비 · 북한산비 · 황초령비 · 마운령비 등이다.

✿ 화백제도(和白制度) ✦

신라 때 진골 출신의 고관인 대등(大等)들이 모여 국가의 중대사를 결정하는 회의이다. 만장일치로 의결하고, 한 사람이라도 반대하면 결렬되는 회의제도였다.

✿ 훈요 10조(訓要十條) ✦

고려 태조 26년(943)에 대광 박술희를 통해 후손에게 훈계한 정치지침서로, 신서와 훈계 10조로 이루어져 있다. 불교 · 풍수지리설 숭상, 적자적손에 의한 왕위계승, 당풍의 흡수와 거란에 대한 강경책 등의 내용으로 고려정치의 기본방향을 제시하였다.

❋ 기인제도(其人制度) ✦✦

고려초기 지방향리의 자제를 서울에 인질로 두고 지방사정에 대한 자문을 구했던 제도로, 호족세력의 억제수단이었다. 이 제도는 신라시대 상수리제도에서 유래되어 조선시대의 경저리제도로 발전하였다.

❋ 상수리제도(上守吏制度) ✦

통일신라시대 지방 세력의 자제를 중앙에 머물게 하는 제도를 말하며, 왕권의 강화를 위해 실시하였다. 삼국을 통일한 신라는 왕권을 강화하기 위해 많은 정책을 실시하였는데, 그 중 상수리 제도는 각 주의 지방 세력의 자제들 중 한 명을 뽑아 중앙의 볼모로 와 있게 함으로써 지방의 세력을 견제하고 왕권을 강화하고자 한 것이다. 이는 고려의 기인, 조선의 경저리 제도와 유사한 제도이다.

❋ 사심관제도(事審官制度) ✦✦✦

고려 태조의 민족융합정책의 하나로, 귀순한 왕족에게 그 지방정치의 자문관으로서 정치에 참여시킨 제도이다. 신라 경순왕을 경주의 사심관으로 임명한 것이 최초이다. 사심관은 부호장 이하의 향리를 임명할 수 있으며, 그 지방의 치안에 대해 연대책임을 져야 했다. 결국 지방세력가들을 견제하기 위한 제도라고 볼 수 있다.

❋ 서경제도 ✦

고려·조선시대에 관리의 임명이나 법령의 개정·폐지 시 대간(고려 : 어사대·중서문하성 낭사, 조선 : 사헌부·사간원 관리)의 동의를 받도록 하는 제도를 말한다.

❋ 장생고(長生庫) ✦

고려 때 사원에 설치한 서민금융기관이다. 사원전에서 수확된 대부분을 자본으로 하여 민간경제의 융통을 기하는 동시에 사원 자체의 유지·발전을 꾀하였으나, 점차 고리대금의 성격으로 변하였다. 이로 인하여 불교 자체의 질적 저하를 가져왔으며, 귀족들의 부를 증대시켰다.

❋ 음서제도(蔭書制度) ✦✦

고려·조선시대에 공신이나 고위관리의 자제들이 과거에 응하지 않고도 관직에 등용되던 제도를 말한다. 조선시대는 고려시대보다 음서의 범위가 축소되었다.

✖ 무신정변(武臣政變) ✦✦

고려시대 무신들에 의해 일어난 정변으로 이는 좁은 뜻으로 볼 때 의종 24년(1170)의 정중부의 난을 말한다. 고려의 지배층을 구성한 것은 문신과 무신이 모두 해당되나, 과거제도와 함께 유교주의가 채택됨으로써 문치를 지향하는 사회가 되어 문신의 지위가 무신에 비해 높아지게 되었다. 그리하여 성종 이후 거란·여진 등 북방민족이 침입했을 때도 그 최고지휘관은 문신이 되었고, 무신은 그 아래에서 지휘를 받으며 많은 희생을 감수하였다. 또한 경제적 배경이 되는 전시과체제에 있어서 목종 1년(998)의 문무양반의 전시과체제의 개정 때에는 무관이 문관에 비해 낮은 품계를 받음으로써 무신의 불평은 높아지고 갈등이 깊어지게 되었다. 그 불평과 갈등은 마침내 실력행사로 나타나게 되었고, 그것은 세력의 기반을 다지지 않고서는 성공하기 힘든 것이었다. 현종 5년(1014년) 급증한 백관의 녹봉을 지급하기 위해 당시 경군(京軍)의 영업전을 몰수하자, 이에 격분한 무신 최질·김훈 등은 병사들을 충동하여 반란을 일으키고 정치상의 실권을 장악하였다. 그러나 1년도 못되어 정권이 실패하는 바람에 더욱더 문신이 득세하는 결과를 낳았다. 계속된 숭문억무정책은 의종 때까지 이어져 명승지에 이궁과 정자를 지으면서 군졸들을 동원하였고, 급기야 문신 김돈중이 견룡대정(牽龍隊正) 정중부의 수염을 촛불로 태워 희롱하는 사태로까지 발전하였다. 결국 이러한 고려 귀족사회가 지닌 모순들은 마침내 무신정변을 일으키게 하였다. 1170년 의종이 문신들을 거느리고 장단 보현원에 행차할 때 왕을 호종하던 정중부와 이의방·이고 등은 반란을 일으켜 왕을 수행하던 문신들을 학살하고, 다시 개성으로 돌아와서 요직에 있던 문신들을 대량 학살하였다. 그들은 곧이어 의종을 폐위시키고 그의 아우 익양공을 왕(명종)으로 옹립하여 실권을 장악, 문신귀족정치를 무너뜨리고 무신정권이 성립되었다.

> 🌐 **PLUS** 정방(正房) … 고려 최씨집권 때 최우가 자기집에 설치하여 문무백관의 인사행정을 담당하던 기관으로, 최씨정권이 몰락한 후에도 오래 존속되었다. 창왕 때 상서사로 개편되었다.

✖ 중방정치(重房政治) ✦

중방은 2군 6위의 상장군·대장군 16명이 모여 군사에 관한 일을 논의하던 무신의 최고회의기관으로, 정중부가 무신의 난 이후 중방에서 국정전반을 통치하던 때의 정치를 의미한다.

✖ 도방정치(都房政治) ✦

도방은 경대승이 정중부를 제거한 후 정권을 잡고 신변보호를 위해 처음 설치하여 정치를 하던 기구로, 그 뒤 최충헌이 더욱 강화하여 신변보호 및 집권체제 강화를 위한 군사기기로 사용하였다.

도병마사(都兵馬使) ✦✦

고려시대 중서문하성의 고관인 재신과 중추원의 고관인 추밀이 합좌하여 국가 중대사를 논의하던 최고 기관(도당)이다. 충렬왕 때 도평의사사로 바뀌었다.

교정도감(敎定都監) ✦

고려시대 최충헌이 무신집권기에 설치한 최고행정집행기관(인사권 · 징세권 · 감찰권)으로, 국왕보다 세도가 강했으며 우두머리인 교정별감은 최씨에 의해 대대로 계승되었다.

별무반(別武班) ✦

고려 숙종 9년(1104) 윤관의 건의에 따라 여진정벌을 위해 편성된 특수부대이다. 귀족 중심의 신기군(기병부대), 농민을 주축으로 한 신보군(보병부대), 승려들로 조직된 항마군으로 편성되었다.

삼별초(三別抄) ✦✦

고려 최씨집권시대의 사병집단이다. 처음에 도둑을 막기 위하여 조직한 야별초가 확장되어 좌별초 · 우별초로 나뉘고, 몽고군의 포로가 되었다가 도망쳐 온 자들로 조직된 신의군을 합하여 삼별초라 한다. 원종의 친몽정책에 반대하여 항쟁을 계속하였으나, 관군과 몽고군에 의해 평정되었다.

묘청의 난 ✦✦✦

고려 인종 13년(1135)에 묘청이 풍수지리의 이상을 표방하고, 서경으로 천도할 것을 주장하였으나 유학자 김부식 등의 반대로 실패하자 일으킨 난이다. 관군에 토벌되어 1년 만에 평정되었다. 신채호는 '조선역사상 1천 년 내의 제1의 사건'이라 하여 자주성을 높이 평가하였다.

건원중보(乾元重寶) ✦

고려 성종 15년(996)때 주조된 우리나라 최초의 철전(鐵錢)이다. 그 후 삼한중보 · 삼한통보 · 해동중보 · 해동통보 · 동국중보 · 동국통보 등을 주조하였으나 널리 통용되지는 않았다.

전시과(田柴科) ✦✦✦

고려의 토지제도로 관직이나 직역을 담당한 사람들에게 직위에 따라 전지(田地)와 시지(柴地)를 차등있게 분급하는 제도이다. 태조 23년(940)의 역분전(役分田)에 기초를 둔 것이었는데, 역분전은 통일 뒤의 논공행상적인 것이었다. 전시과라는 명칭은 문무관리에게 전지와 연료 채취지인 시지를 준 데에서 비롯된다. 신라의 녹읍제가 토지 자체보다도 인간을 지배하려는 데 그 목적이 컸음에 비하여 전시과는 토지를 통한 농민지배의 성격이 강했다.

🎗 공음전 ✦

공음전시(功蔭田柴)라고도 하며 고려시대 관리에게 토지를 지급하는 전시과에 속한 토지 항목 중의 하나이다. 5품 이상의 귀족관료에게 지급되어 세습이 허용되었다.

🎗 과전법(科田法) ✦✦

고려 말 이성계일파에 의하여 단행된 전제개혁으로 공양왕 3년(1391)에 전국의 토지를 몰수한 후 경기 토지에 한하여 전직·현직 문무관에게 사전(私田)을 지급하였다. 이것은 세습할 수 없었고, 나머지는 모두 공전(公田)으로 하였다.

🎗 국자감(國子監) ✦✦

고려 성종 11년(992)에 세워진 국립대학으로, 국자학·태학·사문학의 3학과 율학·서학·산학 등의 전문학과가 있었다. 평민이 입학하여 기술학을 학습하는 유일한 국립대학이었다. 국학이라고도 불리었는데, 후에 성균관으로 개칭되어 조선에 계승되었다.

🎗 상평창(常平倉)·의창(義倉) ✦

상평창은 고려 성종 12년(993)에 설치한 물가조절기관으로, 곡식과 포목 등 생활필수품을 값쌀 때 사두었다가 흉년이 들면 파는 기관이다. 이는 개경과 서경을 비롯한 전국 주요 12목에 큰 창고를 두었으며, 사회구제책과 권농책으로 오래 활용되었다. 의창은 고려 성종 5년(986)에 태조가 만든 흑창을 개칭한 빈민구제기관으로, 전국 각 주에 설치하였다. 춘궁기에 관곡에 빌려주고 추수 후에 받아들이는 제도로, 고구려 진대법과 조선의 사창·환곡과 성격이 같다.

🎗 노비안검법(奴婢按檢法) ✦✦

고려 광종 7년(956) 원래 양인이었다가 노비가 된 자들을 조사하여 해방시켜 주고자 했던 법으로, 귀족세력을 꺾고 왕권을 강화하기 위한 정책적 목적으로 실시되었다. 그러나 후에 귀족들의 불평이 많아지고 혼란이 가중되어 노비환천법이 실시되었다.

> **PLUS** **노비환천법**(奴婢還賤法) … 노비안검법의 실시로 해방된 노비 중 본주인에게 불손한 자를 다시 노비로 환원시키기 위해 고려 성종 때 취해진 정책이다.

🎗 상정고금예문(詳定古今禮文) ✦

고려 인종 때 최윤의가 지은 것으로, 고금의 예문을 모아 편찬한 책이나 현존하지 않는다. 이규보의 동국이상국집에 이 책을 고종 21년(1234)에 활자로 찍었다고 한 것으로 보아 우리나라 최초의 금속활자본으로 추정된다.

✖ 직지심경(直指心經) ✦✦

고려 우왕 3년(1377)에 백운이라는 승려가 만든 불서로 직지심체요절(直指心體要節)이라고도 한다. 1972 년 파리의 국립도서관에서 유네스코 주최로 개최된 '책의 역사' 전시회에서 발견되어 현존하는 세계 최고(最古)의 금속활자본으로 판명되었다.

✖ 조선경국전(朝鮮經國典) ✦

조선왕조의 건국이념과 정치·경제·사회·문화에 대한 기본방향을 설정한 헌장법전으로, 정도전·하 윤 등에 의해 편찬되었다. 경국대전을 비롯한 조선왕조 법전편찬의 기초가 되었다.

✖ 도첩제(度牒制) ✦

조선 태조 때 실시된 억불책의 하나로, 승려에게 신분증명서에 해당하는 도첩을 지니게 한 제도이다. 승려가 되려는 자에게 국가에 대해 일정한 의무를 지게 한 다음 도첩을 주어 함부로 승려가 되는 것을 억제한 제도인데, 이로 말미암아 승려들의 세력이 크게 약화되고 불교도 쇠퇴하였다.

✖ 대동법(大同法) ✦✦

17세기 초 이원익, 한백겸의 주장으로 현물로 바치던 공물을 토지의 결수에 따라 쌀로 바치게 한 세법이다. 1결당 12두로 선조 때부터 경기지방에 실시되다가 숙종 때 함경·평안도를 제외하고 전국적으로 실시되었다. 이로써 방납의 폐해 근절, 국가재정의 증대, 농민부담의 감소, 지주부담의 증가, 공인의 등장, 상공업·화폐·교통의 발달 등의 결과를 가져왔다.

> **PLUS** 선혜청 ··· 선조 때 이원익의 주창으로 설치되어 대동미와 베·돈의 출납 등을 맡아보던 관청이다.

✖ 균역법(均役法) ✦✦✦

영조 26년(1750) 백성의 부담을 덜기 위하여 실시한 납세제도로, 종래 1년에 2필씩 내던 포를 1필로 반감하여 주고 그 재정상의 부족액을 어업세·염세·선박세와 결작의 징수로 보충하였다. 역을 균등히 하기 위해 제정하고 균역청을 설치하여 이를 관할하였으나, 관리의 부패로 농촌생활이 피폐해졌으며 19세기에는 삼정문란의 하나가 되었다.

✖ 삼정(三政) ✦✦

조선시대 국가재정의 근원인 전정(田政)·군정(軍政)·환곡(還穀)을 말한다. 전정이란 토지에 따라 세를 받는 것이고, 군정은 균역 대신 베 한필씩을 받는 것이며, 환곡은 빈민의 구제책으로 봄에 곡식을 빌려 주었다가 가을에 10분의 1의 이자를 합쳐 받는 것이다.

❈ 삼포왜란(三浦倭亂) ✦

왜인들이 중종 5년(1510)에 3포(부산포, 제포, 염포)에서 일으킨 난을 말한다. 이로 인해 임신약조를 맺게 되어 세견선과 세사미두를 반감하였고, 제포를 개항하는 동시에 중종 39년(1544)에는 왜관을 부산포로 옮겼다. 삼포왜란을 계기로 군국의 사무를 맡는 새로운 기관이 필요해짐에 따라 비변사가 설치되었다.

❈ 4군 6진(四郡六鎭) ✦

세종 때 영토수복정책의 일환으로 최윤덕이 압록강 일대의 여진족을 정벌하고 여연·자성·무창·우예의 4군을, 김종서가 두만강 일대의 여진족을 몰아내고 종성·온성·회령·부령·경원·경흥의 6진을 설치하였다. 4군 6진의 개척결과 오늘날 우리나라의 국토경계선이 두만강에까지 이르게 되었다.

❈ 병자호란(丙子胡亂) ✦

조선 인조 14년(1636) 청이 명을 정벌하기 위해서 군량과 병선의 징발을 요구하고 형제관계를 군신관계로 바꾸도록 강요하자, 이에 격분한 조선정부가 임전태세를 강화함으로써 일어난 전쟁이다. 청 태종이 용골대와 마부대를 선봉으로 10만대군을 이끌고 침입, 결국은 주화파 최명길을 통하여 삼전도에서 굴욕적인 항복을 하였다. 이 결과 청과 조선은 군신관계를 맺고 명과의 관계를 끊으며, 소현세자와 봉림대군의 두 왕자와 척화파인 홍익한, 윤집, 오달제 등 3학사를 인질로 보냈다.

❈ 비변사(備邊司) ✦✦

조선시대 정일품아문(正一品衙門)으로 중앙과 지방의 군국기무(軍國機務)를 총괄하던 관청이다. 중종 5년인 1510년에 처음으로 설치했을 때는 왜인 및 야인과의 충돌을 대비한 임시기구였지만, 명종 10년인 1555년부터 상설 기관화 하였다. 임진왜란 이후 정치의 중추기관 역할을 하며 의정부를 대신하여 최고아문(最高衙門)이 되었다가, 고종 대에 와서는 외교·국방·치안 관계만을 맡아보다가 1865년 폐지되었다.

❈ 소수서원(紹修書院) ✦

우리나라 최초의 사액서원이다. 중종 38년(1543) 풍기 군수인 주세붕이 최초의 서원인 백운동서원을 설립하였고, 명종 때 이황이 군수로 부임한 후 국왕으로부터 사액을 하사받아 소수서원이라고 개칭했다.

❈ 규장각(奎章閣) ✦

정조 원년(1776)에 궁중에 설치된 왕립도서관 및 학문연구소로, 역대 국왕의 시문·친필·서화·유교 등을 관리하던 곳이다. 이는 학문을 연구하고 정사를 토론케 하여 정치의 득실을 살피는 한편, 외척·환관의 세력을 눌러 왕권을 신장시키고 문예·풍속을 진흥시키기 위한 것이었다.

집현전(集賢殿) ✦

세종 2년(1420) 설치된 왕립학문연구소이다. 그 구성은 재주있는 연소학자로 되어 있어 각각 경연(왕의 학문지도)과 서연(세자의 학문지도), 각종 학술의 연구, 유교 · 지리 · 의학 등 국왕에 대한 학문상 고문과 정치적 자문, 각종 서적의 편찬과 저술 등을 수행하였다. 세조 때 폐지되었다가 성종 때 홍문관으로, 다시 정조 때 규장각으로 변천되었다.

탕평책(蕩平策) ✦✦✦

영조가 당쟁의 뿌리를 뽑아 일당전제의 폐단을 없애고, 양반의 세력균형을 취하여 왕권의 신장과 탕탕평평을 꾀한 정책이다. 이 정책은 정조 때까지 계승되어 당쟁의 피해를 막는 데 큰 성과를 거두었으나, 당쟁을 근절시키지는 못하였다.

4색당파(四色黨派) ✦

조선시대 약 340년간 정권쟁탈과 사리사욕을 일삼던 북인 · 남인 · 노론 · 소론의 당파를 말한다. 당쟁은 선조 8년(1575) 김효원 중심의 동인과 심의겸 중심의 서인과의 대립에서 시작되었다. 4색은 선조 24년에 동인이 북인과 남인으로, 숙종 9년에 서인이 노론과 소론으로 분당되어 이루어졌다.

4대 사화(四大士禍) ✦✦✦

조선시대 중앙관료들 간의 알력과 권력쟁탈로 인하여 많은 선비들이 화를 입었던 사건을 말한다. 4대 사화는 연산군 4년(1498)의 무오사화, 연산군 10년(1504)의 갑자사화, 중종 14년(1519)의 기묘사화, 명종 원년(1545)의 을사사화를 말한다.

4대 사화	내용
무오사화	사초(史草)가 발단이 되어 일어나 사화(史禍)라고도 하며, 김일손 등 신진사류가 유자광 중심의 훈구파에게 화를 입은 사건이다.
갑자사화	연산군의 어머니 윤씨(尹氏)의 복위문제에 얽혀서 일어난 사화로 윤씨 복위에 반대한 선비들을 처형한 사건이다.
기묘사화	남곤, 홍경주 등의 훈구파에 의해 조광조 등의 신진사류들이 숙청된 사건이다.
을사사화	왕실의 외척인 대윤(大尹)과 소윤(小尹)의 반목을 계기로 일어난 사화이다.

PLUS **조의제문(弔義帝文)** … 조선 김종직이 초나라의 항우가 의제(義帝)를 죽여 폐위시킨 것을 조위하여 쓴 글이다. 이는 세조가 어린 단종을 죽이고 즉위한 것을 풍자한 글로서, 후에 무오사화(戊午士禍)의 원인이 되었다.

�֍ 만인소(萬人疏) ✦

정치의 잘못을 시정할 것을 내용으로 하는 유생들의 집단적인 상소를 말한다. 그 대표적인 것으로는 순조 23년(1823)에 서자손 차별반대 상소, 철종 6년(1845)에 사도세자 추존의 상소, 그리고 고종 18년(1881)에 김홍집이 소개한 황쭌셴의 조선책략에 의한 정치개혁반대 상소를 들 수 있다.

�֍ 사육신(死六臣) · 생육신(生六臣) ✦✦

조선시대 수양대군의 왕위찬탈에 의분을 느낀 집현전 학자들은 정인지 · 신숙주 등을 제외하고 단종복위운동을 꾀하였다. 이때 실패하여 처형당한 성삼문 · 박팽년 · 하위지 · 유응부 · 유성원 · 이개 등을 사육신이라 부른다. 생육신은 불사이군(不事二君)이란 명분을 내세워 벼슬을 거부하고 절개를 지킨 김시습 · 원호 · 이맹전 · 조여 · 성담수 · 권절(또는 남효온) 등을 말한다.

�֍ 실학(實學) ✦✦✦

조선 후기 17 ~ 19세기에 걸쳐 나타난 근대 지향적이고 실증적인 학문이다. 전근대적인 성향의 전통 유학인 성리학의 한계에서 벗어나 부국강병과 민생안정을 도모할 수 있는 실천적인 학문을 모색한 개신적(改新的)사상이다.

✖ 중농학파(重農學派) · 중상학파(重商學派) ✦

구분	특징
중농학파	경세치용(經世致用)학파라고도 하며, 실리적이고 체계적인 개혁을 지향하여 농촌 문제에 관심을 쏟아 토지 · 조세 · 교육 · 관리 선발 등의 폐단을 시정하고자 하였다. 유형원, 이익, 정약용 등이 이 학파에 속하며, 중농학파는 구한말의 애국계몽 사상가들과 일제 강점기 국학자들에게 큰 영향을 주었다.
중상학파	북학파(北學派), 이용후생학파(利用厚生學派)라고도 하며, 청나라 문화의 영향을 받아 등장하였다. 농업뿐 아니라 상공업 진흥과 기술 혁신 등 물질문화 발달에 관심을 보였으며, 중심 학자로 유수원, 홍대용, 박지원, 박제가 등이 있다. 중상학파의 개혁사상은 농업에만 치우친 유교적 이상국가론에서 탈피하여 부국강병을 위한 적극적인 방안을 강구하였다는 점에서 의의가 있으며, 박규수, 김옥균 등 개화사상가에게 영향을 주었다.

✖ 동의보감(東醫寶鑑) ✦✦

광해군 때 허준이 중국과 한국의 의서를 더욱 발전시켜 펴낸 의서로, 뒤에 일본과 중국에서도 간행되는 등 동양의학 발달에 크게 기여하였다. 이 책은 내과 · 외과 · 소아과 · 침구 등 각 방면의 처방을 우리 실정에 맞게 풀이하고 있다.

동사강목(東史綱目) ✦

조선 1778년(정조 2년) 순암(順菴) 안정복(安鼎福)이 저술한 역사서로 고조선부터 고려 말 공양왕까지의 역사를 기록하였다. 중국 송나라 주자(朱子)의 「통감강목(通鑑綱目)」의 체제에 따라 편찬한 강목체 · 편년체 사서로 본편 17권에 부록 3권이 덧붙여져 있다.

경국대전(經國大典) ✦

조선 세조의 명에 의해 최항, 노사신 등이 편찬을 시작하여 성종 2년에 완성한 조선 왕조의 기본법전이다. 조선 초기 「경제육전(經濟六典)」과 그 후에 반포된 법령, 교지, 조례 등을 종합해 호전(戶典), 형전(刑典) 등의 6조(曺)로 완성된 전 6권은 책이다.

향약(鄕約) ✦✦✦

조선 중종 때 조광조(여씨향약)에 의하여 처음 실시되었으며, 이황(예안향약)과 이이(해주향약)에 의해 전국적으로 보급되었다. 지방 사족이 향촌사회를 운영하는 지배수단이 되었다. 향약의 4대 덕목은 좋은 일은 서로 권한다는 의미의 '덕업상권(德業相勸)', 잘못한 일은 서로 규제한다는 의미의 '과실상규(過失相規)', 올바른 예속으로 교류한다는 의미의 '예속상교(禮俗相交)', 재난과 어려움을 서로 돕는다는 의미의 '환난상휼(患難相恤)'이다.

양안(量案) ✦

농민층의 토지대장을 말한다. 논밭의 소재 · 위치 · 등급 · 형상 · 면적 · 자호를 적어둔 책으로, 조선시대에는 20년마다 양전(토지조사)을 하여 양안(토지대장)을 작성하였다. 경지면적과 등급을 재조사함으로써 국가재정수입을 늘리고 조세부담을 고르게 하는 데 목적이 있었다.

육의전(六矣廛) ✦

조선 때 운종가(종로)에 설치되어 왕실 · 국가의식의 수요를 도맡아 공급하던 어용상점을 말한다. 비단 · 무명 · 명주 · 모시 · 종이 · 어물 등 여섯 종류였고, 이들은 고율의 세금과 국역을 물고 납품을 독점하였으며, 금난전권을 행사하며 자유로운 거래를 제한하였다.

PLUS **금난전권** … 난전을 금압하는 시전상인들의 독점판매권이다. 18세기 말 정조 때 신해통공정책으로 육의전을 제외한 모든 시전상인들의 금난전권이 철폐되었다.

❈ 상평통보(常平通寶) ✦

인조 11년(1663) 이덕형의 건의로 만들어진 화폐이다. 만들어진 후 곧 폐지되었으나, 효종 2년 김육에 의하여 새로 만들어져 서울과 서북지방에서 잠시 사용되다가 다시 폐지되었다. 그후 숙종 4년(1678)에 허적에 의하여 새로이 주조되어 전국적으로 통용되었다.

❈ 도고(都賈) ✦

조선 후기 대규모의 자본으로 상품을 매점매석하여 이윤의 극대화를 노리던 상행위 또는 그러한 상행위를 하던 상인이나 상인조직을 일컫는다. 도고의 성장은 상인의 계층 분화를 촉진시키는 요인으로 작용하였다.

❈ 병인양요(丙寅洋擾) ✦

고종 3년(1866) 대원군이 천주교도를 탄압하자 리델(Ridel)신부가 탈출하여 천진에 와 있던 프랑스함대에 보고함으로써 일어난 사건이다. 그해에 프랑스 로즈(Rose)제독은 함선을 이끌고 강화도를 공격·점령했는데, 대원군이 이경하 등으로 하여금 싸우게 하여 40여일 만에 프랑스군을 격퇴시켰다.

❈ 강화도조약 ✦✦✦

운요호사건을 빌미로 고종 13년(1876) 일본과 맺은 최초의 근대적 조약으로, 일명 병자수호조약이라고도 한다. 부산·인천·원산 등 3항의 개항과 치외법권의 인정 등을 내용으로 하는 불평등한 조약이나, 이를 계기로 개국과 개화가 비롯되었다는 데 큰 의의가 있다.

❈ 조사시찰단(紳士遊覽團) ✦

고종 18년(1881) 일본에 파견하여 새로운 문물제도를 시찰케 한 사절단을 말한다. 강화도조약이 체결된 뒤 수신사 김기수와 김홍집은 일본에 다녀와서 서양의 근대문명과 일본의 문물제도를 배워야 한다고 주장하였다. 이에 조선정부는 박정양·조준영·어윤중·홍영식 등과 이들을 보조하는 수원·통사·종인으로 조사시찰단을 편성하여 일본에 체류하면서 문교·내무·농상·의무·군부 등 각 성(省)의 시설과 세관·조례 등의 주요 부분 및 제사(製絲)·잠업 등에 이르기까지 고루 시찰하고 돌아왔다.

✘ 별기군(別技軍) ✦

고종 18년(1881)에 설치한 신식군대로, 강화도 조약 체결 이후 노골화 되는 제국주의세력에 대한 부국 강병책의 일환으로 설립되었다. 일본의 육군공병 소위 호리모도를 초빙하여 교관으로 삼고 100명으로 편성된 별기군을 훈련시켰다. 별기군은 임오군란 때 폐지되었다.

✘ 임오군란(壬午軍亂) ✦✦

고종 19년(1882) 개화파와 보수파의 대립으로 일어난 사건으로, 신·구식 군대차별이 발단이 되었다. 이 결과 대원군이 재집권하게 되었으나, 민씨일파의 책동으로 청의 내정간섭이 시작되고 이로 인해 제 물포조약이 체결되어 일본의 조선침략의 발판이 되었다.

✘ 갑신정변(甲申政變) ✦✦✦

고종 21년(1884) 개화당의 김옥균, 박영효 등이 중심이 되어 우정국 낙성식에서 민씨일파를 제거하고 개 화정부를 세우려 했던 정변이다. 갑신정변은 청의 지나친 내정간섭과 민씨세력의 사대적 경향을 저지하 고 자주독립국가를 세우려는 의도에서 일어났으나, 청의 개입과 일본의 배신으로 3일천하로 끝났다. 근 대적 정치개혁에 대한 최초의 시도였다는 점에 큰 의의가 있다.

✘ 거문도사건 ✦

고종 22년(1885) 영국이 전라남도에 있는 거문도를 불법 점거한 사건이다. 당시 영국은 러시아의 남하 를 막는다는 이유로 러시아함대의 길목인 대한해협을 차단하고자 거문도를 점령하였다. 그리하여 조선 정부는 청국정부를 통해서 영국에 항의를 하게 되고 청국정부도 중간 알선에 나서게 되었다. 그 후 러 시아도 조선의 영토를 점거할 의사가 없다고 약속함으로써 영국함대는 고종 24년(1887) 거문도에서 철 수했다.

✘ 동학농민운동 ✦✦

고종 31년(1894) 전라도 고부에서 동학교도 전봉준 등이 일으킨 민란에서 비롯된 농민운동을 말한다. 교조신원운동의 묵살, 전라도 고부군수 조병갑의 착취와 동학교도 탄압에 대한 불만이 도화선이 된 이 운동은 조선 봉건사회의 억압적인 구조에 대한 농민운동으로 확대되어 전라도·충청도 일대의 농민이 참가하였으나, 청·일 양군의 간섭으로 실패했다. 이 운동의 결과 대외적으로는 청일전쟁이 일어났고, 대내적으로는 갑오개혁이 추진되었다. 또한 유교적 전통사회가 붕괴되고 근대사회로 전진하는 중요한 계기가 되었다.

갑오개혁(甲午改革) ✦✦✦

고종 31년(1894) 일본의 강압에 의해 김홍집을 총재관으로 하는 군국기무처를 설치하여 실시한 근대적 개혁이다. 내용은 청의 종주권 부인, 개국연호 사용, 관제개혁, 사법권 독립, 재정의 일원화, 은본위제 채택, 사민평등, 과부개가 허용, 과거제 폐지, 조혼금지 등이다. 이 개혁은 근대화의 출발점이 되었으나, 보수적인 봉건잔재가 사회 하층부에 남아 있어 근대화의 기형적인 발달을 보게 되었다.

단발령(斷髮令) ✦

고종 32년(1895) 친일 김홍집내각이 백성들에게 머리를 깎게 한 명령이다. 그러나 을미사변으로 인하여 일본에 대한 감정이 좋지 않았던 차에 단발령이 내리자, 이에 반대한 전국의 유생들이 각지에서 의병을 일으키게 되었다.

을미사변(乙未事變) ✦

조선 고종 32년(1895) 일본공사 미우라가 친러세력을 제거하기 위하여 명성황후를 시해한 사건이다. 을미사변은 민족감정을 크게 자극하여 의병을 일으키는 계기가 되었다.

독립협회(獨立協會) ✦✦

조선 고종 33년(1896)에 서재필 · 안창호 · 이승만 · 윤치호 등이 정부의 외세의존, 외국의 침략, 이권의 박탈 등을 계기로 독립정신을 고취시키기 위하여 만든 정치적 색채를 띤 사회단체이다. 종래의 인습타파 및 독립정신 고취 등 국민계몽에 힘썼으며, 독립문을 건립하고 독립신문을 발간하였으나 황국협회의 방해 등으로 1898년에 해산되었다.

PLUS **황국협회** … 광무 2년(1898)에 홍종우 · 길영수 · 이기동 · 박유진 등이 조직한 정치 · 사회단체로, 보부상과 연결되어 독립협회의 활동을 견제하였다.

방곡령(防穀令) ✦

고종 26년(1889) 함경감사 조병식이 식량난을 막기 위해 곡물의 일본수출을 금지한 것이다. 함경도와 황해도지방에 방곡령을 선포하였으나 조일통상장정에 위배된다는 일본의 항의로 배상금만 물고 실효를 거두지 못하였다.

✖ 관민공동회(官民共同會) ✦

열강의 이권침탈에 대항하여 자주독립의 수호와 자유민권의 신장을 위하여 독립협회 주최로 열린 민중대회이다. 1898년 3월 서울 종로 네거리에서 러시아인 탁지부 고문과 군부 교련사관의 해고를 요구하고 이승만·홍정하 등 청년 연사가 열렬한 연설을 하여 대중의 여론을 일으켰다. 이 대회는 계속 개최되어 그 해 10월에는 윤치호를 회장으로 선출, 정부의 매국적 행위를 공격하고 시국에 대한 개혁안인 헌의 6조를 결의하였다. 이 개혁안은 국왕에게 제출되어 왕도 처음에는 그 정당성을 인정하고 그 실시를 확약하였으나 보수적 관료들의 반대로 이에 관계한 대신들만 파면되고 실현을 보지 못하였다. 독립협회의 해산 후 얼마 동안은 만민공동회라는 이름으로 활약하였다.

✖ 아관파천(俄館播遷) ✦✦

명성황후가 살해된 을미사변(乙未事變) 이후 신변에 위협을 느낀 고종과 왕세자가 1896년 2월부터 약 1년간 왕궁을 버리고 러시아 공관으로 옮겨 거처한 사건을 말한다. 조선의 보호국을 자처하게 된 러시아는 아관파천을 계기로 조선정부에 압력을 가하여 압록강 연안과 울릉도의 산림채벌권을 비롯하여 광산채굴권, 경원전신선(京元電信線)을 시베리아 전선에 연결하는 권리 등의 이권을 차지했다.

✖ 을사조약(乙巳條約) ✦✦✦

광무 9년(1905) 일본이 한국을 보호한다는 명목 아래 강제로 체결한 조약으로 제2차 한일협약이라고도 한다. 러일전쟁의 승리와 영일동맹조약 개정 등으로 한국에 대한 우월한 권익과 지위를 국제적으로 인정받은 일본은 이토 히로부미를 파견하여 강압적으로 조약을 체결하였다. 이 결과 우리나라는 주권을 상실하고 외교권을 박탈당했으며, 일본은 서울에 통감부를 두고 보호정치를 실시하였다.

> **PLUS** 을사 5적(乙巳五賊) … 을사조약을 체결할 때 찬성 또는 묵인한 5인의 매국노로, 박제순·이완용·이근택·이지용·권중현을 말한다.

✖ 국권수호운동(國權守護運動) ✦✦

1905년 체결된 한일협약에 반대하여 일어난 국민적 운동이다. 고종은 만국평화회의에 밀사를 파견하여 을사조약이 무효임을 호소하였으나 결국 일제에 의해 고종이 강제 퇴위당하고 정미7조약이 맺어지면서 일본이 내정을 장악하게 되었다. 이에 일본의 식민지화를 반대하고 주권회복과 자주독립을 위해 근대문물을 받아들여 실력을 양성하자는 애국계몽운동과 무력으로 일제를 물리치자는 항일의병운동이 일어났다. 이와 같은 국권회복운동은 관원·양반·상인·농민·천민에 이르기까지 전 계층의 호응을 얻어 전국적으로 전개되었다. 이러한 운동들은 일제강점기 동안 점차 실력양성론과 무장투쟁론으로 자리잡아갔다.

✖ 정미7조약(丁未七條約) ✦

정식명칭은 한일신협약이다. 1907년 일본이 대한제국을 병합하기 위한 예비조처로 헤이그밀사사건을 구실삼아 고종을 퇴위시키고 강제적으로 맺은 조약이다. 이로 인해 통감의 권한이 확대되고 일본인 차관이 행정실무를 담당하는 차관정치가 실시되었다.

> **PLUS** **정미칠적** … 1907년 7월 한일신협약 체결에 찬성한 매국노 7인으로 이완용, 송병준, 이병무, 고영희, 조중응, 이재곤, 임선준을 말한다.

✖ 국채보상운동(國債報償運動) ✦

1907년 일본에 대한 외채가 너무 많아 일본에의 예속을 면치 못하자, 서상돈·김광제 등이 국채보상기성회를 조직하여 금연·금주운동을 전개했던 운동이다. 국민들로 하여금 많은 호응을 받았으나 통감부의 탄압으로 얼마 못가 중지되고 말았다.

✖ 헤이그 밀사사건 ✦

을사조약에 의하여 일본에게 모든 실권을 빼앗기고 백성들이 극심한 착취와 탄압에 시달리게 되자, 고종은 1907년 6월에 네덜란드 헤이그에서 열리는 만국평화회의에 밀사를 파견하였다. 이준·이상설·이위종 세 사람의 밀사는 국제정의 앞에 당시 우리나라의 상황을 호소하고자 하였으나, 일본의 방해로 뜻을 이루지 못하였다.

✖ 신민회(新民會) ✦

1907년 안창호·양기탁·이동녕·이동휘·신채호 등이 조직한 비밀결사단체로, 정치·교육·문화 등 계몽운동과 항일운동을 고취시켰다. 민족산업의 육성을 위해 평양에 자기회사를 설립·운영하는 한편, 대구에 태극서관 창설·해외에 독립운동기지 건설 등 구국운동의 인재를 양성하였으나, 1910년 105인 사건으로 해체되었다.

✖ 대한민국 임시정부(大韓民國臨時政府) ✦✦

3·1운동이 일어난 후 일본통치에 조직적으로 항거하는 기관의 필요성을 느낀 애국지사들이 1919년 4월 13일 조국의 광복을 위해 임시로 중국 상하이에서 조직하여 선포한 정부이다. 임시정부는 외교위원부를 두어 다각적인 외교활동을 전개하였고 독립신문을 발행하고 한일관계자료집을 간행하는 등의 많은 업적을 남겼다. 1940년대에는 '한국광복군'도 창설하여 연합국과 연합작전을 벌이고 국내진공작전도 시행하려 하였다. 임시정부는 1948년 정부수립까지 독립운동의 대표기관이었다.

�֎ 물산장려운동(物産奬勵運動) ✦

1922년 평양에 설립된 조선물산장려회가 계기가 되어 조만식을 중심으로 일어난 민족운동이다. 서울의 조선청년연합회가 주동이 되어 전국적 규모의 조선물산장려회를 조직, 국산품 애용·민족기업의 육성 등의 구호를 내걸고 강연회와 시위선전을 벌였으나, 일제의 탄압으로 유명무실해지고 1940년에는 총독부 명령으로 조선물산장려회가 강제 해산되었다.

✖ 신간회(新幹會) ✦

1927년 민족주의자와 사회주의자가 통합하여 조직한 최대 항일민족운동단체이다. 주요 활동으로는 아동의 수업료 면제·조선어교육 요구·착취기관 철폐·이민정책 반대 등을 제창하였고, 광주학생운동을 지원하기도 했다. 자매단체로는 여성단체인 근우회가 있었다.

✖ 우리나라의 해방과 국제회담 ✦✦

연대	회합	대표국	내용
1943	카이로선언	미·영·중	한국 해방·독립을 결의한 최초의 회담
	테헤란회담	미·영·소	연합국 상륙작전
1945	얄타회담	미·영·소	소련의 대일참전 및 38선 설정
	포츠담선언	미·영·소	카이로선언의 재확인
1945	모스크바 3국외상회의	미·영·소	5년간의 신탁통치 결정
1946	미·소 공동위원회	미·소	통일문제 토의

✖ 건국준비위원회 ✦

1945년 8·15해방 이후 여운형을 중심으로 국내인사들이 조직한 최초의 정치단체를 말한다. 민족 총역량을 일원화하여 일시적 과도기에서의 국내질서를 자주적으로 유지할 것을 목표로 삼았다. 전국에 지부를 설치하고 치안대를 동원하여 국내 유일의 정치세력을 형성, 국호를 조선인민공화국이라 정하고 형식상 민족자주정권의 수립을 기도했으나, 상해임시정부의 귀국과 미군정의 실시 등으로 해체되었다.

✿ 3·15의거(마산의거) ✦

이승만 자유당 정부는 1960년 3·15 정·부통령선거에서 장기집권을 위해 선거준비과정에서부터 노골적인 부정행위를 했는데, 이에 대구에서 학생들의 첫 시위인 2·28시위가 터지게 된다. 그러다가 3월 15일 선거날 공공연한 부정행위가 목격되었다. 이에 마산시민들은 '협잡선거 물리치라'는 구호를 외치며 항의하기 시작했고 항의하는 시민에게 경찰들이 최루탄 및 총기를 무차별 난사하여 많은 인명이 살상되었다. 또한 28일 동안 실종되었던 김주열의 시체가 4월 11일 마산 중앙부두에서 떠오르자 이에 분노한 마산시민의 2차 시위와 함께 전국민의 분노가 확산되어 4·19혁명의 기폭제가 되었다. 현재 3·15의거를 기념하기 위해 3월 15일 전후하여 기념마라톤대회, 전국웅변대회, 백일장 등 문화체육행사를 지속적으로 실시하고 있으며 2003년 3월에는 3·15 국립묘지가 준공되었다.

✿ 인혁당사건 ✦

사건구분	내용
1차 인혁당사건 (1964.08.)	중앙정보부장이 기자회견을 통해 '북괴의 지령을 받은 대규모 지하조직인 인민혁명당이 국가변란을 획책하여 이를 적발. 일당 57명중 41명을 구속하고 16명을 수배 중에 있다.'고 발표한 사건
2차 인혁당사건 (1974.04.)	인민혁명당 재건위원회 사건이라고도 하며 유신반대 투쟁을 벌였던 민청학련(전국민주청년학생연맹)의 배후를 '인혁당재건위'로 지목, 이를 북한의 지령을 받은 남한 내 지하조직이라고 규정한 사건

PLUS **인혁당사건의 재심 판결** … 1975년 대법원은 인혁당 관련자 재판에서 8명에게 사형, 17명에게 무기징역 등을 선고했다. 유족들은 27년 만인 2002년 재심 개시를 청구했고 법원은 2005년 재심 개시를 결정했다. 이어 2007년 서울중앙지법에서 무죄가 선고됐으며 검찰이 항소하지 않아 무죄가 확정됐다.

06 출제예상문제

1 다음은 고려의 대외 관계를 대표하는 주요 사건을 나열한 것이다. 일어난 순서는 어떻게 되는가?

> ㉠ 귀주대첩   ㉡ 별무반 편성
> ㉢ 동북 9성 축조   ㉣ 강화도 천도
> ㉤ 삼별초 항쟁

① ㉠ – ㉡ – ㉢ – ㉣ – ㉤   ② ㉠ – ㉡ – ㉣ – ㉢ – ㉤
③ ㉡ – ㉠ – ㉢ – ㉣ – ㉤   ④ ㉡ – ㉠ – ㉢ – ㉤ – ㉣

🔎**Advice** 고려의 대외관계 주요 사건 순서
서희의 외교담판 → 귀주대첩 → 천리장성 축조 → 별무반 편성 → 동북 9성 축조 → 몽골 침입 → 강화도 천도
→ 삼별초 항쟁 → 쌍성총관부 수복

2 다음 그림과 글을 보고 이 성을 축조하라고 지시한 왕은 누구인가?

> • 유네스코 세계문화유산으로 지정된 수원 화성
> • 정약용의 거중기를 사용하여 건축
> • 개혁의 의지를 담아 축조

① 숙종   ② 영조
③ 정조   ④ 철종

🔎**Advice** 수원 화성 … 조선 후기 정조 때에 축조되었다. 정조는 수원 화성을 정치 · 군사 · 경제적 기능을 갖춘 새로운 도시로 육성하고자 하였다. 또한 수원 화성의 축조에는 중국을 통해 들어온 서양 과학 기술이 활용되었는데, 특히 정약용이 만든 거중기가 사용되어 건축 기간이 단축되었다. 수원 화성은 1997년 유네스코 세계문화유산으로 지정되었다.

3 다음에서 설명하는 개혁을 한 왕은 누구인가?

• 전제 왕권 강화   • 김흠돌의 난 이후 개혁 실시 • 국학 설립   • 관료전 지급 • 녹읍 폐지

① 문무왕   ② 무열왕

③ 신문왕   ④ 경덕왕

🔍*Advice* 신문왕의 개혁 내용이다. 신문왕은 전제 왕권 강화를 위해 국학 설립, 관료전 지급, 9주 5소경 체제 등을 추진하였다. 그리고 귀족이 조세를 수취하고 노동력을 징발할 수 있는 녹읍을 폐지함으로써 귀족 세력의 경제적 기반을 약화시켰다.

4 다음에서 설명하는 이 나라는 어디인가?

이 나라 사람들은 12월이 되면 하늘에 제사를 드리는데, 온 나라 백성이 크게 모여서 며칠을 두고 음식을 먹고 노래하며 춤추니, 그것을 곧 영고라 한다. 이 때에는 형옥(刑獄)을 중단하고 죄수를 풀어 준다. 전쟁을 하게 되면 그 때에도 하늘에 제사를 지내고, 소를 잡아서 그 발굽을 가지고 길흉을 점친다.

① 부여   ② 고구려

③ 동예   ④ 옥저

🔍*Advice* 부여의 사회 모습을 보여주는 사료이다. 부여는 왕 아래에 가축의 이름을 딴 마가, 우가, 저가, 구가라는 부족장이 존재하였으며 이들은 사출도를 다스렸다. 이들은 왕을 선출하기도 하고 흉년이 들면 왕에게 책임을 묻기도 하였다.

⭐ANSWER　1.① 2.③ 3.③ 4.①

5 다음은 지눌의 업적을 정리한 것이다. 빈 칸에 들어갈 내용으로 적절한 것은?

- 보조국사
- ( )
- 선종 입장에서 교종 통합
- 돈오점수

- 정혜쌍수
- 수선사 조직
- 권수정혜결사문 선포

---

① 천태종 개창
② 조계종 확립
③ 왕오천축국전 집필
④ 화엄사상

🔍**Advice** 주어진 내용은 지눌의 업적을 정리한 것이다. 무신 정권 성립 이후 불교계가 타락하자 지눌은 정혜결사(수선사)를 조직하여 신앙 결사 운동을 전개하였다. 이러한 결사 운동은 이후 조계종으로 발전하였다. 교종의 입장에서 선종을 통합한 의천과 달리, 지눌은 선종을 중심으로 교종을 포용하는 선·교 일치의 사상 체계를 정립하였다.

6 다음의 내용과 관련이 있는 나라는 어디인가?

- 상가, 고추가
- 제가회의

- 데릴사위제(서옥제)
- 추수감사제(동맹)

---

① 고구려
② 백제
③ 신라
④ 삼한

🔍**Advice** 고구려는 5부족 연맹체를 토대로 발전하였다. 왕 아래 상가, 고추가 등의 대가가 존재하였으며, 이들은 독자적인 세력을 유지하였다. 국가의 중대사는 제가회의를 통해 결정하였으며, 10월에는 추수감사제인 동맹이 열렸고 데릴사위제가 행해졌다.

7 다음의 역사적 사건이 일어난 순서는 어떻게 되는가?

> ㉠ 무신정변 ㉡ 위화도회군
> ㉢ 이자겸의 난 ㉣ 귀주대첩
> ㉤ 개경환도

① ㉣ - ㉢ - ㉤ - ㉠ - ㉡
② ㉣ - ㉢ - ㉠ - ㉤ - ㉡
③ ㉤ - ㉣ - ㉢ - ㉠ - ㉡
④ ㉤ - ㉢ - ㉣ - ㉡ - ㉠

🔍*Advice* 귀주대첩(1018) → 이자겸의 난(1126) → 무신정변(1170) → 개경환도(1270) → 위화도회군(1388)

8 삼한(마한·진한·변한)에 관한 사항으로 가장 옳지 않은 것은?

① 정치적으로는 군장이 다스리는 체제이다.
② 삼한의 제천행사는 계절제(5월, 10월)이다.
③ 밭농사를 중심으로 하고 철을 화폐처럼 활용하였다.
④ 삼한은 제정분리 사회이다.

🔍*Advice* 삼한에서는 벼농사를 중심으로 한 농업이 발달하였으며, 저수지가 풍부하였다.

9 이곳은 고려시대에 송과 아라비아 상인 등이 드나들며 교역이 이루어진 국제 무역항으로 수도 개경과 가까운 예성강 하구에 위치해 있었다. 이곳은 어디인가?

① 의주
② 서경
③ 합포
④ 벽란도

🔍*Advice* 벽란도는 고려 때의 국제 무역항이다. 개경에 가까운 예성강은 물이 비교적 깊어 강어귀에서 약 20리 되는 벽란도까지 큰 배가 올라갈 수 있었으며, 송(宋)·왜(倭)·사라센(sarasen) 등의 상인들이 그칠 사이 없이 드나들었다.

⭐ANSWER 5.② 6.① 7.② 8.③ 9.④

10 다음의 내용과 관계있는 인물은 누구인가?

> 금강삼매경론, 대승기신론소 등을 저술하여 불교를 이해하는 기준을 확립하였으며, 불교의 대중화에 공헌하였다.

① 원효   ② 의상
③ 의천   ④ 지눌

🔖 **Advice** 제시된 내용은 원효에 대한 내용으로 원효는 정토신앙을 널리 전파시켜 불교의 대중화에 기여하였다.

11 다음에서 설명하는 고려 말기의 세력은 누구인가?

> • 지방의 중소지주층이나 향리 출신이 많았다.
> • 성리학을 공부하여 과거를 통해 중앙관리로 진출하였다.
> • 불교의 폐단을 지적하여 사회개혁을 적극적으로 주장하였다.

① 문벌귀족   ② 권문세족
③ 신진사대부   ④ 무인세력

🔖 **Advice** 신진사대부 … 권문세족에 도전하는 고려 후기의 새로운 사회세력으로 유교적 소양이 높고, 행정실무에도 밝은 학자 출신의 관료이다.

12 다음 조선 중기 사화를 발생한 순서대로 나열하면?

㉠ 갑자사화	㉡ 기묘사화
㉢ 무오사화	㉣ 을사사화

---

① ㉠ - ㉡ - ㉢ - ㉣   ② ㉡ - ㉠ - ㉣ - ㉢
③ ㉢ - ㉠ - ㉡ - ㉣   ④ ㉣ - ㉠ - ㉡ - ㉢

✦*Advice* 무오사화(1498) → 갑자사화(1504) → 기묘사화(1519) → 을사사화(1545)

13 다음의 설명과 관련이 깊은 조선 후기 화가는 누구인가?

• 서민들의 일상 생활을 소박하고 익살스럽게 묘사
• 서당도, 씨름도 등

---

① 신윤복   ② 강세황
③ 장승업   ④ 김홍도

✦*Advice* 김홍도 … 서민을 주인공으로 하여 밭갈이, 추수, 집짓기, 대장간 등 주로 농촌의 생활상을 그리면서 땀 흘려 일하는 사람들의 일상생활을 소박하고 익살맞게 묘사하였다.

⭐ *ANSWER* 10.① 11.③ 12.③ 13.④

14 다음의 내용과 관련이 깊은 사건은 무엇인가?

> • 고종이 러시아 공사관으로 거처를 옮겼다.
> • 열강에 의한 각종 이권침탈이 심화되었다.
> • 독립협회가 조직되어 환궁을 요구하였다.

① 갑오개혁   ② 아관파천
③ 갑신정변   ④ 임오군란

  Advice 아관파천 … 을미사변 이후 고종과 왕세자가 1896년부터 1년간 러시아 공사관에서 거처한 사건으로 친러파 정부가 구성되었다. 이로 인해 러시아는 압록강과 울릉도의 삼림채벌권 및 여러 경제적 이권을 요구하였고 다른 서구 열강들도 최혜국 조항을 들어 이권을 요구하였다. 이후 고종은 러시아의 영향에서 벗어날 것을 요구하는 내외의 주장에 따라 환궁하고 광무개혁을 추진하였다.

15 다음 설명의 밑줄 친 '그'가 집권하여 개혁을 펼치던 시기에 발생한 역사적 사실을 모두 고른 것은?

> 그는 "백성을 해치는 자는 공자가 다시 살아난다 해도 내가 용서하지 않을 것이다."는 단호한 결의로 47개소만 남기고 대부분의 서원을 철폐하였다.

> ㉠ 갑신정변
> ㉡ 신미양요
> ㉢ 임술농민봉기
> ㉣ 제너럴셔먼호 사건
> ㉤ 오페르트 도굴 사건

① ㉠㉡㉤   ② ㉠㉢㉣
③ ㉡㉣㉤   ④ ㉢㉣㉤

  Advice 제시문은 서원 철폐를 단행한 흥선대원군의 개혁조치이다. 흥선대원군이 개혁을 펼치던 시기에 미국 상선 제너럴셔먼호가 평양에서 소각되는 사건을 계기로 신미양요(1871)가 벌어졌다. 또한 두 차례에 걸쳐 통상요 구를 거부당한 독일 상인 오페르트가 남연군의 묘를 도굴하려다 실패한 오페르트 도굴사건(1868)이 있었다.
    ㉠ 갑신정변(1884) : 우정국 개국 축하연을 이용하여 김옥균, 박영호, 서재필 등의 급진 개화파들이 거사를 일으킨 것으로 삼일 만에 실패로 끝나게 되었다.
    ㉢ 임술농민봉기(1862) : 경상도 단성에서 시작된 진주 민란(백건당의 난)을 계기로 북쪽의 함흥으로부터 남 쪽의 제주까지 전국적으로 확대된 것이다.

16 다음 중 정미칠적에 해당하지 않는 사람은?

① 이재곤
② 임선준
③ 이완용
④ 권중헌

    Ⓐ*Advice* 정미칠적 ··· 1907년 7월 한일신협약 체결에 찬성한 매국노 7인으로 이완용, 송병준, 이병무, 고영희, 조중
        응, 이재곤, 임선준을 말한다.
        ④ 권중현 : 1905년 을사늑약에 찬성한 매국노로 을사오적에 해당한다.

17 이순신 장군이 승리한 해전이 아닌 것은?

① 옥포해전
② 한산대첩
③ 명량해전
④ 행주대첩

    Ⓐ*Advice* 이순신 장군의 해전 순서
        ㉠ 옥포해전(1592. 5. 7.) : 이순신장군이 지휘하는 조선수군이 임진왜란이 일어난 후 거둔 첫 승리. 왜선
          42척 격파(옥포, 합포, 적진포)
        ㉡ 사천해전(1592. 5. 29.) : 거북선이 처음으로 실전 투입 활약한 해전, 왜선 13척 격파
        ㉢ 당포해전(1592. 6. 2.) : 사천해전에 이어 두 번째로 거북선을 앞세운 전투, 왜선 21척 격파
        ㉣ 한산대첩(1592. 7. 8.) : 이순신 장군이 출전한 해전 중 가장 유명한 해전으로 학날개전법을 사용해 왜선
          을 모두 소탕
        ㉤ 부산포해전(1592. 9. 1.) : 부산포에서 왜선 430여척과 싸운 해전, 왜선 100여척 격파
        ㉥ 명량해전(1597. 9. 16.) : 백의종군에서 풀려나 통제사로 돌아온 이순신장군이 단 13척이 배를 이끌고
          왜선 330척과 맞서 싸운 해전, 왜선 133척을 격파
        ㉦ 노량해전(1598. 11. 19.) : 조선수군과 일본함대가 벌인 마지막 해전, 전투는 승리하였으나 이순신 장군
          은 왜군의 총탄에 전사하였으며 "나의 죽음을 알리지 말라"며 아군의 사기를 떨어뜨리지 않음

⭐ANSWER 14.② 15.③ 16.④ 17.④

✳✳✳

18 동학농민운동에 관한 내용으로 바르지 않은 사항은?

① 발생 원인으로는 청·일본의 경제침탈 심화, 탐관오리들의 횡포 등이 있었다.
② 평등사상 및 외세배척의 강조로 농민들 사이에서 확산되었다.
③ 반봉건·반외세의 민족운동, 농민군의 개혁요구가 갑오개혁에 일부 반영되었다.
④ 전라도 삼례집회에서는 탐관오리의 처벌 및 외세배척을 주장하였다.

Advice 전라도 삼례집회에서는 교주 최제우의 명예회복 및 동학 박해의 중지를 요구하였다.

19 2007년 유네스코 세계 기록유산으로 지정된 국보로 몽골이 고려를 침입하자, 부처의 힘으로 몽골군을 물리치기 위해 만든 것은?

① 팔만대장경　　　　　　② 직지심경
③ 고려사절요　　　　　　④ 동사강목

Advice 팔만대장경 … 고려 고종 23년(1236)부터 38년(1251)까지 16년에 걸쳐 완성한 대장경으로 부처의 힘으로 외적을 물리치기 위해 만들었으며, 경판의 수가 8만 1,258판에 이르며, 현재 합천 해인사에서 보관하고 있다.

20 1372년 백운화상이선의 참뜻을 깨닫게 하려고 엮은 책으로 금속활자로 만든 세계 최초의 책은 무엇인가?

① 삼국유사　　　　　　② 팔만대장경
③ 삼국사기　　　　　　④ 직지심체요절

Advice 직지심체요절 … 고려 승려 경한이 선의 요체를 깨닫는 데 필요한 내용을 뽑아 엮은 책으로 상하 2권으로 되어 있다. 정식 서명은 백운화상초록불조직지심체요절이고, 간략하게 직지심체요절이라고 한다. 내용은 경덕전등록·선문염송 등의 사전 관계 문헌을 섭렵하여 역대의 여러 부처를 비롯한 조사와 고승들의 계·송·찬·명·서·시·법어·설법 등에서 선의 요체를 깨닫는 데 긴요한 것을 초록하여 편찬한 것이다.

21 최씨 무신정권이 고용한 군인으로서 좌별초, 우별초, 신의군으로 구성된 것은 무엇인가?

① 별무반
② 삼별초
③ 어영청
④ 별기군

🔍**Advice** 최씨 무신정권의 사병으로 좌별초(左別抄)·우별초(右別抄)·신의군(神義軍)을 말한다. 삼별초는 경찰·전투 등 공적 임무를 수행했으므로 공적인 군대에 준한다.

22 조선시대의 과거제도에 대한 설명으로 옳지 않은 것은?

① 식년시는 원칙적으로 5년마다 정기적으로 실시하였다.
② 무과는 초시, 복시, 전시로 치러지며 장원을 뽑지 않았다.
③ 취재를 통해 하급 관리를 등용하기도 하였다.
④ 고려시대와 달리 음서보다 과거를 보다 중시하였다.

🔍**Advice** 고려시대에는 3년마다 실시하는 식년시가 원칙이었다. 조선시대에는 3년마다 실시하는 식년시와 중광시·알성시 등 수시로 진행되었다.

23 조선시대 수령의 임무가 아닌 것은?

① 향리의 부정방지
② 농업장려
③ 교육진흥
④ 풍속교화

🔍**Advice** 사림(= 재지사족, 향촌지주)은 지방 사회의 풍속교화에 많은 역할을 맡았다.
　　　※ 조선시대 수령의 7사
　　　　　㉠ 성농상(成膿桑) : 농업을 장려할 것
　　　　　㉡ 식간활(息奸猾) : 향리의 부정을 방지할 것
　　　　　㉢ 증호구(增戶口) : 호구를 확보할 것
　　　　　㉣ 균부역(均賦役) : 부역을 균등히 할 것
　　　　　㉤ 간사송(簡詞訟) : 소송을 간결히 할 것
　　　　　㉥ 흥학교(興學校) : 교육을 진흥시킬 것
　　　　　㉦ 수군정(修軍政) : 군정의 만전을 기할 것

⭐ ANSWER　18.④　19.①　20.④　21.②　22.①　23.④

24 조선시대의 나라를 다스리는 기준이 된 최고의 법전은 무엇인가?

① 경국대전   ② 대전통편

③ 속대전   ④ 대전회통

🔷*Advice* 경국대전 … 조선시대에 나라를 다스리는 기준이 된 최고의 법전으로, 세조 때 최항, 노사신, 강희맹 등이 집필을 시작하여 성종 7년(1476)에 완성하고, 16년(1485)에 펴냈다.

25 다음의 사건들을 일어난 순서대로 바르게 나열하면?

㉠ 척화비 건립	㉡ 병인양요
㉢ 제너럴 셔먼호 사건	㉣ 오페르트 남연군 묘 도굴 미수 사건
㉤ 신미양요	

① ㉠ - ㉡ - ㉢ - ㉣ - ㉤   ② ㉡ - ㉢ - ㉠ - ㉣ - ㉤

③ ㉢ - ㉡ - ㉣ - ㉤ - ㉠   ④ ㉣ - ㉠ - ㉡ - ㉢ - ㉤

🔷*Advice* 제너럴 셔먼호 사건(1866) → 병인양요(1866) → 오페르트 남연군 묘 도굴 미수 사건(1868) → 신미양요(1871) → 척화비 건립

26 다음 중 고려 전기의 대외관계에 관한 내용 중 옳지 않은 것은?

① 이 시기에는 고려, 청, 거란 사이에서 세력의 균형이 이루어졌다.
② 거란의 소손녕의 고려 침입 시 서희의 외교적 담판으로 인해 강동 6주를 회복하게 되었다.
③ 거란의 2차 침입 시에 강조의 정변을 이유로 개경을 함락하고 강화를 체결하였다.
④ 거란의 3차 침입은 강동 6주의 반환거부로 인해 소배압이 침공하였지만 강감찬이 귀주에서 이를 대파하였다.

🔷*Advice* 고려 전기의 정세는 고려, 송, 거란 사이에서 세력의 균형이 이루어졌다.

27 다음 역사적 사건을 순서대로 나열하면?

> ㉠ 5 · 18 민주화 운동   ㉡ 6월 민주 항쟁
> ㉢ 유신헌법 공포   ㉣ 4 · 19 혁명

① ㉣ - ㉠ - ㉡ - ㉢
② ㉣ - ㉡ - ㉠ - ㉢
③ ㉣ - ㉢ - ㉡ - ㉠
④ ㉣ - ㉢ - ㉠ - ㉡

✐ Advice ㉣ 4 · 19 혁명(1960) : 3 · 15 부정선거를 원인으로 이승만 독재 정치 타도를 위해 일어난 민주혁명이다.
　　　　 ㉢ 유신헌법 공포(1972) : 박정희 정부 때 대통령에게 초법적 권한을 부여한 권위주의적 체제이다.
　　　　 ㉠ 5 · 18 민주화 운동(1980) : 10 · 26 사태 이후 등장한 신군부에 저항한 운동이다.
　　　　 ㉡ 6월 민주 항쟁(1987) : 전두환 정권 때 대통령 직선제 개헌을 요구하며 일어난 민주화 운동이다.

28 조선시대 궁궐로 1868년 경복궁이 다시 지어질 때까지 경복궁의 역할을 대체하여 임금이 거처하며 나라를 다스리는 정궁이 된 곳은 어디인가?

① 경복궁
② 창덕궁
③ 창경궁
④ 덕수궁

✐ Advice 창덕궁 …정궁인 경복궁보다 오히려 더 많이 쓰인 궁궐이다. 임진왜란 때 소실된 이후 다시 지어졌고, 1868년 경복궁이 다시 지어질 때까지 경복궁의 역할을 대체하여 임금이 거처하며 나라를 다스리는 정궁 역할을 하였다. 건축사에 있어 조선시대 궁궐의 한 전형을 보여 주며, 후원의 조경은 우리나라의 대표적인 왕실 정원으로서 가치가 높다.

29 다음 중 세도정치의 폐단으로 보기 가장 어려운 것은?

① 농민들의 사회의식 성장
② 세도 가문의 주요 관직의 독점
③ 과거제도의 문란
④ 매관매직의 성행

✐ Advice 세도정치의 폐단 … 세도 가문의 주요 관직의 독점, 과거제도의 문란, 매관매직의 성행, 각종 부정부패의 만연 및 삼정의 문란 등이 있다.

30 다음 글의 내용으로 옳은 것은?

> 이 기구는 초기에는 국방문제를 합의하기 위한 합좌 기구성격을 가지고 있었지만 말기에는 국정 전반을 총괄하는 정무기관이 되었으며 재추, 중서문하성의 재신과 중추원의 추밀과 같은 고관들이 참여하였다.

① 왕권을 강화시키는 결정적 역할을 하였다.
② 고려의 독자적인 기구였다.
③ 무신정권하에서는 무신들의 최고 회의기구였다.
④ 고려 말 신진사대부의 세력 강화기구였다.

Advice 제시문은 고려시대 도병마사에 관한 설명이다. 도병마사는 식목도감과 더불어 고려의 독자적 성격으로 만들어진 고관합좌기구였으며 고려 후기에는 도평의사사(도당)으로 개편되어 담당 업무가 더욱 확대되어 권문세족의 세력기반 유지에 기여하였다.
　① 도병마사 이후 도평의사사의 기능 강화는 오히려 왕권을 약화시켰다.
　③ 무신정권의 최고 회의기구는 중방이었고, 최씨 무신정권에서는 교정도감이 있었다.
　④ 고려 말 신진사대부는 도평의사사를 혁파하고자 하였다.

31 기원전 18년 고구려에서 내려온 유이민들이 한강 근처의 위례성에 자리 잡고 세운 나라는 어디인가?

① 고구려　　　　　　　　　　　② 가야
③ 백제　　　　　　　　　　　　④ 신라

Advice 백제 ⋯ 기원전 18년 고구려에서 내려온 유이민들이 한강 근처의 위례성에 자리 잡고 세운 나라로, 마한의 한 나라인 '백제국'으로부터 시작하였다.

32 신라 제27대 왕으로 진평왕의 뒤를 이은 신라 최초의 여왕은 누구인가?

① 선화공주　　　　　　　　　　② 진덕여왕
③ 선덕여왕　　　　　　　　　　④ 진성여왕

Advice 선덕여왕 ⋯ 신라 최초의 여왕이자 신라 27대 임금으로, 성은 김, 이름은 덕만이다. 호는 성조황고이며 26대 진평왕의 맏딸이다. 634년 연호를 인평이라 고치고, 여러 차례에 걸쳐 백제·고구려와의 분쟁을 겪었으나 내정에 힘써 선정을 베풀고, 자장 법사를 당에 보내어 불법을 들여왔으며 황룡사 구층탑·첨성대 등의 문화적 업적을 이룩하였다. 재위기간은 632 ～ 647년이다.

33 태조의 셋째 아들로 노비안검법을 제정하고, 958년 쌍기의 건의에 따라 과거 제도를 실시한 고려 제4대 왕은 누구인가?

① 목종   ② 성종
③ 경종   ④ 광종

💡**Advice** 광종 ⋯ 고려 제4대 왕(재위 949 ~ 975)으로, 태조의 넷째 아들이며 정종의 친동생이다. 노비안검법과 과거제를 실시하는 등 개혁정책을 통해 많은 치적을 쌓았다.

34 삼국시대에 낙동강 하류의 변한 땅에서 여러 작은 나라들이 모여 연맹체를 이룬 나라는 어디인가?

① 고구려   ② 신라
③ 가야   ④ 백제

💡**Advice** 가야 ⋯ 기원 전후부터 562년까지 낙동강 하류지역에 있던 여러 국가들의 연맹 왕국 또는 그 지역에 위치한 각 국가들의 명칭이다. 가야는 낙동강 하류의 변한 땅에서 여러 작은 나라들이 가야 연맹 왕국을 성립한 것이며, 연맹 왕국이란 여러 마을로 이루어진 작은 국가들이 하나의 우두머리 국가를 중심으로 연맹체를 이룬 국가를 말한다.

35 우리 역사상 가장 넓은 영토를 개척했으며, 해동성국이라 불렸던 나라는 어디인가?

① 고구려   ② 발해
③ 고려   ④ 조선

💡**Advice** 발해 ⋯ 698년에 고구려의 장수였던 대조영이 고구려의 유민과 말갈족을 거느리고 동모산에 도읍하여 세운 나라이다. 수도는 건국 초기를 제외하고 상경 용천부에 두고 '해동성국'이라 불릴 만큼 국세를 떨쳤으나 926년 요나라에 의해 멸망하였다.

⭐ ANSWER   30.②   31.③   32.③   33.④   34.③   35.②

36 조선 후기 서민들 사이에서 유행했던 그림으로 꽃, 새, 물고기, 까치, 십장생, 산수, 풍속 등 자연 생활에서 흔히 볼 수 있는 것들이 소재가 되었던 그림을 무엇이라 하는가?

① 풍속화   ② 민화

③ 산수화   ④ 문인화

ⓞAdvice 민화 … 정통회화의 조류를 모방하여 생활공간의 장식을 위해, 또는 민속적인 관습에 따라 제작된 실용화를 말한다. 조선 후기 서민층에게 유행하였으며, 이규경의 오주연문장전산고에는 이를 속화라 하고, 여염집의 병풍·족자·벽에 붙인다고 하였다. 대부분이 정식 그림교육을 받지 못한 무명화가나 떠돌이화가들이 그렸으며, 서민들의 일상생활양식과 관습 등의 항상성에 바탕을 두고 발전하였기 때문에 창의성보다는 되풀이하여 그려져 형식화한 유형에 따라 인습적으로 계승되었다. 따라서 민화는 정통회화에 비해 수준과 시대 차이가 더 심하다. 민화는 장식장소와 용도에 따라 종류를 달리하는데 이를 화목별로 분류하면 화조영모도·어해도·작호도·십장생도·산수도·풍속도·고사도·문자도·책가도·무속도 등이 있다.

37 다음과 같이 주장한 학자는 누구인가?

> 재물이란 우물의 물과 같다. 퍼내면 차게 마련이고 이용하지 않으면 말라 버린다. 그렇듯이 비단을 입지 않기 때문에 나라 안에 비단 짜는 사람이 없고, 그릇이 찌그러져도 개의치 않으며 정교한 기구를 애써 만들려 하지 않으니, 기술자나 질그릇 굽는 사람들이 없어져 각종 기술이 전해지지 않는다. 심지어 농업도 황폐해져 농사짓는 방법을 잊어버렸고, 장사를 해도 이익이 없어 생업을 포기하기에 이르렀다. 이렇듯 사민(四民)이 모두 가난하니 서로가 도울 길이 없다. 나라 안에 있는 보물도 이용하지 않아서 외국으로 흘러 들어가 버리는 실정이다. 그러니 남들이 부강해질수록 우리는 점점 가난해지는 것이다.

① 박제가   ② 유형원

③ 홍대용   ④ 박지원

ⓞAdvice 박제가 … 18세기 후기의 대표적인 조선 실학자로, 북학의를 저술하여 청나라 문물의 적극적 수용을 주장하였다. 또한 절약보다 소비를 권장하여 생산의 자극을 유도하였으며 수레와 선박의 이용, 상공업의 발달을 주장하였다.

38 불교를 도입하고, 태학을 설립하였으며 율령을 반포하는 등 국가체제를 정비하여 5세기 고구려 전성기의 기틀을 마련한 고구려의 제17대 왕은 누구인가?

① 광개토대왕

② 장수왕

③ 소수림왕

④ 고국천왕

Advice 소수림왕 … 고구려의 제17대 왕으로, 재위 기간은 371 ~ 384년이다. 불교를 도입하고, 태학을 설립하였으며 율령을 반포하는 등 국가 체제를 정비하여 5세기 고구려 전성기의 기틀을 마련하였다.

39 백제가 왜왕에게 하사한 철제 칼로 일본 국보로 지정되어 있는 이 칼의 이름은 무엇인가?

① 첨자도

② 은장도

③ 단도

④ 칠지도

Advice 칠지도 … 백제 왕세자가 왜왕에게 하사한 철제 칼로, 길이 75cm 정도의 곧은 칼에 몸체 좌우로 3개씩 가지 모양이 엇갈린 배열로 나와 있다. 때문에 모두 7개의 칼날을 이루고 있어 칠지도라 이름 붙여졌다. 일본 나라현의 이소노카미 신궁에 소장되어 있으며 1953년에 일본 국보로 지정되었다. 우리나라에는 칠지도에 관한 특별한 기록이 없으나, 일본에서 만든 일본서기에 '백제가 일본에 하사하였다.'라고 기록되어 있다. 4세기 후반 근초고왕 때 일본으로 전해진 것으로 보이며 뛰어난 백제의 제철 기술을 알 수 있다.

40 꽃처럼 아름다운 청년이라는 뜻의 신라시대의 청소년 수련단체는 무엇인가?

① 향도

② 백화도

③ 화랑도

④ 수호대

Advice 화랑도 … 신라 때에 있었던 화랑의 무리를 일컫는 말로, 꽃처럼 아름다운 남성의 무리라는 의미를 갖는다.

⭐ ANSWER 36.② 37.① 38.③ 39.④ 40.③

41 백제의 장군으로 5,000명의 결사대를 이끌고 죽을 각오로 황산벌에서 전투를 한 사람은 누구인가?

① 을지문덕   ② 관창
③ 연개소문   ④ 계백

🕯️*Advice* 계백 ⋯ 백제 말기의 장군으로, 나당연합군이 백제를 공격하자 군사 5,000명을 이끌고 출전하여 황산벌에서 신라 김유신의 군대와 맞서 네 차례나 격파하였다.

42 수나라의 대군을 상대로 살수에서 수나라군 30만을 수장시키며 고구려와 수나라의 전투를 승리로 이끈 장군의 이름은 무엇인가?

① 을지문덕   ② 연개소문
③ 김유신   ④ 강감찬

🕯️*Advice* 을지문덕 ⋯ 고구려 26대 영양왕 때의 장수로, 계루부 출신의 귀족이다. 지략과 무용에 뛰어났고 시문에도 능했다. 영양왕 23년(612)에 수양제가 거느린 수나라 군사 200만을 살수에서 전멸시켰다.

43 신라 진평왕 때 승려 원광이 화랑에게 일러 준 다섯 가지 계율인 세속오계가 아닌 것은?

① 사군이충   ② 부부유별
③ 교우이신   ④ 임전무퇴

🕯️*Advice* 세속오계 ⋯ 원광이 수나라에서 구법하고 귀국한 후, 화랑 귀산과 추항이 찾아가 일생을 두고 경계할 금언을 청하자, 원광이 이 오계를 주었다고 한다. 사군이충(事君以忠 : 충성으로써 임금을 섬긴다) · 사친이효(事親以孝 : 효도로써 어버이를 섬긴다) · 교우이신(交友以信 : 믿음으로써 벗을 사귄다) · 임전무퇴(臨戰無退 : 싸움에 임해서는 물러남이 없다) · 살생유택(殺生有擇 : 산 것을 죽임에는 가림이 있다)이다. 이는 뒤에 화랑도의 신조가 되어 화랑도가 크게 발전하고 삼국통일의 기초를 이룩하게 하는 데 크게 기여하였다.

44 돌로 구불구불한 도랑을 타원형으로 만들고, 그 도랑을 따라 물이 흐르게 만든 정원으로, 신라귀족들은 이 물줄기의 둘레에 둘러앉아 흐르는 물에 잔을 띄우고 시를 읊으며 화려한 연회를 벌였다고 한다. 이곳은 어디인가?

① 안압지   ② 포석정
③ 경회루   ④ 팔각정

✎Advice 포석정 … 경상북도 경주시 배동에 있는 통일신라시대의 정원 시설물이다. 돌로 구불구불한 도랑을 타원형으로 만들고 그 도랑을 따라 물이 흐르게 만든 것으로서, 신라귀족들은 이 물줄기의 둘레에 둘러앉아 흐르는 물에 잔을 띄우고 시를 읊으며 화려한 연회를 벌였다. 기록상으로는 880년대에 신라 헌강왕이 이곳에서 놀았다는 것이 처음 나타나나, 7세기 이전부터 만들어졌던 것으로 추측된다.

45 통일신라시대 서원경 근처 4개 촌락의 여러 가지 경제생활을 기록한 토지문서로 남녀별, 연령별 인구와 노비의 수 등이 기록되어 있는 것은 무엇인가?

① 토지대장   ② 노비문서
③ 민정문서   ④ 촌주일지

✎Advice 민정문서 … 통일신라시대의 경제생활을 알 수 있는 중요한 토지 문서로 1933년 일본 동대사 정창원에서 발견되어 현재 일본에 소장되어 있다. 755년경 서원경 인근 네 개 마을에 대한 인구·토지·마전·과실나무의 수·가축의 수를 조사한 문서로, 촌주가 3년마다 촌의 노동력 징발과 조세, 공납 징수를 잘 하기 위해 작성한 것이다. 노동력 징발을 위해 나이·남녀별로 인구를 조사하였고, 조세와 공납을 징수하기 위해 토지·가축의 수, 과실나무의 수 등 개인의 재산 정도를 기록하였다.

★ ANSWER   41.④   42.①   43.②   44.②   45.③

46 통일신라시대 때 군사제도를 정비하면서 만든 중앙군으로 옛 삼국인과 말갈인을 포함시켜 민족 융합을 도모한 군대는 무엇인가?

① 9주   ② 5소경

③ 9서당   ④ 10정

🖋 **Advice** 9서당 … 신라의 중앙에 배치된 9개 부대이다. 통일 이후 수도의 방어와 치안을 맡은 핵심적 중앙군단을 말한다. 통일 이전인 진평왕 때 녹금서당(신라인) · 자금서당(신라인) 등 2개의 서당이 조직되었는데, 통일이후 문무왕 때 백금서당(백제인) · 비금서당(신라인)이 설치되고, 신문왕 때 황금서당(고구려인) · 흑금서당(말갈인) · 벽금서당(보덕국인) · 적금서당(보덕국인)과 청금서당(백제인)이 추가되어 9서당으로 완성되었다.

47 청해진을 설치해 우리나라에서 최초로 동아시아 바다를 지배해 바다를 통한 교역을 연 신라의 인물은 누구인가?

① 대조영   ② 장영실

③ 최무선   ④ 장보고

🖋 **Advice** 장보고 … 신라 흥덕왕 때의 장수로, 본명은 궁복이다. 중국 당나라에 들어가 무령군 소장이 되었다가 돌아와, 청해진 대사로 임명되어 황해와 남해의 해적을 없애고 해상권을 잡았으며, 신라와 당의 교역을 활발하게 하였다. 희강왕 2년(837) 왕위 계승 다툼에서 밀려난 김우징이 청해진으로 오자 이듬해 같이 반란을 일으켜 민애왕을 죽이고 우징, 곧 신무왕을 왕으로 즉위시켰다. 후에 그의 세력에 불안을 느낀 문성왕의 자객 염장에게 살해되었다.

48 삼국시대에 신라와 백제가 고구려의 남진을 막기 위해 체결한 동맹은 무엇인가?

① 나당동맹   ② 조명동맹

③ 나려동맹   ④ 나제동맹

🖋 **Advice** 나제동맹 … 고구려의 장수왕은 427년에 평양으로 천도하고 남진정책을 추진하였다. 이에 위협을 느낀 신라와 백제는 433년(고구려 장수왕 21, 신라 눌지왕 17, 백제 비유왕 7)에 우호관계를 맺으며 나제동맹이 성립되었다.

49 고구려의 명장이자 안시성전투를 승리로 이끈 안시성의 성주는 누구인가?

① 양만춘　　　　　　　　　　　② 온사문
③ 최영　　　　　　　　　　　　④ 김종서

Advice 양만춘 … 고구려 보장왕 때 안시성의 성주로, 연개소문이 정변을 일으켰을 때 끝까지 싸워 성주의 지위를 유지하였으며, 당나라 태종이 침공하였을 때도 당나라군을 물리쳤다.

50 백제의 13대 왕으로, 백제의 전성기를 이끌었던 왕은 누구인가?

① 비류왕　　　　　　　　　　　② 근초고왕
③ 개로왕　　　　　　　　　　　④ 동성왕

Advice 근초고왕 … 백제 제13대 왕이며, 재위 기간은 346 ~ 375년까지이다. 4세기 중반 백제의 전성기를 이룩한 왕이다. 북으로는 고구려 평양성을 공격해 고국원왕을 전사시켰으며, 남으로는 마한을 완전히 정복해 백제의 영토를 최대로 확장시켰다. 또한 바다 건너 중국의 동진, 왜와 교류하기도 했다. 안으로는 부자 상속의 왕위 계승 체제를 확립시켰으며, 박사 고흥으로 하여금 역사서인 서기를 편찬하게 했다. 백제는 고이왕을 지나 근초고왕에 이르러 전성기를 맞이했다.

PART

03

경기도 소개

01 경기도 역사

출처 : 경기도청 홈페이지

✿ 경기도의 기원

① 1018년(현종 8)에 왕도인 개경의 외곽지역을 일컬어 경기라고 하였다.

② 경기제(京畿制)는 당나라에서 도성 안을 경현, 밖을 기현으로 구분하여 다스렸던 데서 비롯되었으며 고려 성종 때 그 개념을 도입하였고 현종 때 공식적인 명칭으로 경기를 사용하였다.

③ 경기의 기(畿)자를 나누어 보면 전(田 : 밭)과 과(戈 : 창), 즉 도성의 관리를 위한 녹봉을 책임지는 곳, 도성 방어의 역할을 하는 곳이라는 의미임을 알 수 있다.

④ 경기도를 기전(畿甸)지역이라고 하는데 현재의 행정구역을 떠나 지역을 지칭할 때 적합한 개념으로 원래의 경기지역, 즉 인천, 강남(서울), 강화, 충청 일부를 포함하는 땅을 말한다.

✿ 경기도의 역사

① 선사시대 : 경기도는 지리적으로 일찍부터 우리 역사의 중심무대가 되었다. 1978년 연천 전곡리에서 동아시아 최초로 발견된 '아슐리안 주먹도끼'는 세계 구석기 연구의 큰 파장을 일으켰으며, 2000년 이후 구석기 유적이 폭발적으로 발굴되었다. 청동기시대에는 주로 천변의 충적지와 산지 또는 구릉에 유적들이 입지하고 있으며 장방형의 주거지 유적과 고인돌을 중심으로 하는 분묘 유적이 대부분이다. 이밖에 초기철기시대의 유적들도 다수 확인되고 있다.

② 삼국시대 : 경기도가 역사적으로 중요한 위치를 차지하게 된 것은 기원전 1세기 무렵 백제가 하남위례성에 도읍하면서부터였다. 처음 경기도에 정착한 국가는 백제였다. 백제는 4세기 한강유역을 기반으로 오늘날의 호남지역까지 그 세력을 확대하고 고구려 평양성까지 공격하는 등 위세를 크게 떨쳤다. 5세기 무렵 백제는 고구려의 남진으로 인해 도읍을 웅진(공주)로 옮기게 되면서 경기지역은 더 이상 백제의 중심지로 남을 수 없었다. 6세기 중반 백제와 신라가 연합하여 한강유역을 공략하기까지 70여 년간 경기지역은 고구려 세력 하에 놓여있었다. 백제와 고구려를 평정하고 당나라 세력을 몰아낸 후 신라는 9주 5소경의 편제를 시행하였다. 통일신라말의 혼란으로 신라의 지배체제가 한계를 드러내자 후삼국이 건립되어 각축을 벌였다. 한산주 관내에서도 장군과 성주를 지칭하는 호족들이 할거하게 되는데 궁예가 지역을 평정하고 후고구려를 세웠지만 왕건세력에 의해 제거되었다.

332 PART 03. 경기도 소개

③ **고려** : 발해유민까지 흡수하여 우리나라 최초의 통일민족 국가가 된 고려는 개경으로 수도를 옮겼는데, 군사적 · 지리적 요인뿐만 아니라 왕건의 고향으로서 세력의 근거지라는 점이 결정적 계기가 되었다. 고려왕조는 각 지방세력과의 타협 속에서 점차 중앙집권체제를 수립하였으며, 그것을 이끌어간 중심세력은 경기지역 출신들이었다. 고려의 '경기'는 국왕의 근거지 · 직할지를 뜻했다. 고려 말에는 경기지역이 하나의 도(道)로 정착하게 되는데 13개현에서 44개현으로 확장하였고, 좌도와 우도로 나누었고, 각기 도관찰출척사(현재의 도지사)를 파견하였다. 이때의 경기지역을 오늘날 행정구역 기준으로 보면 안산 이북의 경기도와, 강원도 철원, 황해도 남부지역에 해당하며, 지금의 경기도에 비해 다소 북서쪽에 위치하고 있다. 고려의 경기도 지역은 우리 민족의 역사와 문화가 구심력 있고 통일적 모습을 갖추는데 결정적인 기여를 하였으며, 거란과 몽골, 홍건적과 왜구의 침입에 맞서 왕조를 지켜내는 중추 역할을 하였다.

④ **조선** : 도읍이 남쪽으로 이동하면서 일부 지역은 경기에서 제외되고 새로운 지역이 포함되었다. 태종 2년(1402) 경기좌도와 우도를 합쳐 경기좌우도성(京畿左右道省)이라 하였고, 태종 14년(1414)에는 명칭을 '경기'로 정했다. 최고 책임자는 경기관찰사였고, 도의 행정 · 사법 · 군사의 전권과 함께 지방 수령을 감독하는 권한을 가졌다. 경국대전(經國大典)에 따르면 경기관찰사는 4개의 목(牧), 7개의 도호부(都護府), 7개의 군(郡), 19개의 현(縣) 등 37개 고을을 다스렸다. 경기도는 한양을 둘러싸고 있어 국왕의 행차와 중앙 관료들의 출입이 잦았고, 외적의 침입에 대비한 관방시설이 많았으며, 학문의 중심지이기도 하였다.

⑤ **구한말 · 일제강점기** : 수도와 가장 가까웠던 경기만(灣)은 외세침략의 길목이 되었다. 프랑스와 미국의 침략으로 병인 · 신미양요가 일어났으며, 이어 일본도 무력시위를 벌인 끝에 강화도조약이 체결되었다. 이 조약으로 인천이 개항되었으며 커다란 상품판매 시장인 경기도는 일제가 일찌감치 상권을 차지하는 곳이 되었다. 외세침략에 대한 저항은 의병투쟁으로 나타났다. 1919년 3 · 1 만세운동에서 경기도 지역은 가장 활발한 양상을 보였으며, 당시 경기 지역은 전국에서 가장 많은 횟수의 만세운동과 가장 많은 인원을 기록하였다.

⑥ **현대** : 1950년대를 전후해서는 소비재생산 중심의 경공업지역으로 성장했으며, 1970년대 이후에는 정부의 정책과 맞물려 중화학공업이 본격화하였다. 1960년부터 빠르게 성장하기 시작한 경인공업지역은 1981년 통계에 의하면 전국 공장 수의 45.3%를 점한 최대의 공업지역으로 자리 잡았다. 1980년대 들어서는 경기도 전 지역에 기업체들이 들어서기 시작하였고, 식품 · 피혁 · 목재 · 인쇄 분야뿐만 아니라 금속 · 기계 · 화학 부문이 크게 증가하였다. 경기도는 21세기 지식기반 산업의 절대조건인 세계 수준의 통신 · IT인프라를 구축하였고, 4차 산업혁명에 대비한 혁신 클러스터의 조성을 적극 추진 중이다.

🎏 경기도의 지리와 기후

① **경기도의 위치** : 동북아시아에 길게 뻗은 한반도 서부중앙지역으로 동경 126°와 127°, 북위 36°와 38° 사이에 위치해 있다.

② **경기도의 면적** : 전 국토의 약 10%인 10,185㎢이며 북쪽으로는 86km의 휴전선에, 서쪽으로는 332km의 해안선에 접해있다. 동쪽으로는 강원도, 남쪽으로는 충청도와 인접하며 중앙에는 서울이 위치하고 있다.

③ **경기도의 지형** : 동쪽에서 서쪽으로 흐르는 한강에 의해 남과 북 지역으로 나뉘어져서 한수이북은 산간지역, 한수 이남지역은 평야지대가 펼쳐져 있다. 경기도의 땅모양은 광주산맥과 차령산맥이 동쪽에서 뻗어와 차츰 낮아지는 모습이고 서쪽은 김포, 경기, 평택평야가 넓게 펼쳐져 있어, 예부터 동쪽 땅이 높고 서쪽 땅이 낮은 땅(경동지형)이라 하였다.

④ **경기도의 기온** : 경기도의 기후는 여름과 겨울의 기온차이가 심한 대륙성 기후로서 연평균 기온은 11 ~ 13C°로서 북동부 산악지대가 낮고 남서쪽 해안지역이 약간 높다. 1월 평균기온은 경기만 일대가 -4C°, 남한강 유역이 -4 ~ -6C°이고 북한강과 임진강 유역이 -6 ~ -8C°로 해안에서 내륙으로 갈수록 한랭하고 기온차가 커진다. 여름은 겨울보다 지역차가 적으며 내륙지방이 경기만 일대보다 높아 가장 더운 곳은 평택으로 8월 평균기온이 26.5C°이다.

④ **경기도의 강수량** : 연평균 강수량은 1,100㎜ 내외로 비의 양이 많다. 북동부 내륙지방인 북한강 유역과 임진강 상류는 강수량이 1,300 ~ 1,400㎜나 되지만 해안지방 강수량이 900㎜ 정도 된다.

❄ 경기도의 산천

① **경기도의 명산** : 추가령 구조곡을 경계로 북부산지와 남부산지로 나누어지는데, 북부는 중국 요동방향의 마식령산맥, 남부는 중국방향의 광주 산맥과 차령산맥이 각각 그 골간을 이루고 있으며, 서쪽 해안에 가까워질수록 고도가 낮아져 평야나 구릉성 산지로 바뀐다. 도내에 분포하는 주요 산들은 주로 광주산맥에 속하는데, 내륙 쪽의 명지산(明智山, 1,267m), 국망봉(國望峰, 1,167m), 광덕산(廣德山, 1,046m), 용문산(龍門山, 1,157m) 등이 1,000m를 넘고, 도봉산(道峰山, 717m), 관악산(冠岳山, 629m) 등이 700m 내외의 고도를 가지며, 화강암지대에 발달된 이 산들은 화강암의 박리작용(剝離作用)의 결과로 기암절벽이 많고 계곡이 깊어 예로부터 명산으로 알려져 있다.

② **경기도의 하천** : 한강, 임진강, 안성천(安城川) 등이며 대부분이 한강유역에 속한다. 한강은 우리나라에서 네 번째로 긴 강(514km)이며, 그 유역 면적은 약 2만 7,260㎢이다. 한강은 금강산 부근에서 발원하는 북한강 수계와 오대산 부근에서 발원하는 남한강 수계로 구성되어 있다. 북한강은 소양강, 홍천강, 청평강 등의 지류를 합치면서 서남쪽으로 흐르다가 평창강, 옥동강, 달천, 청미천, 섬강, 복하천 등의 지류로 합치며, 서북쪽으로 돌아 흘러오는 남한강과 양수리 근처에서 합류하여 한강의 본류를 이룬 뒤 강화도의 북쪽을 돌아 경기만으로 들어간다. 임진강은 마식령산맥에서 발원하여 서남쪽으로 흐르다가 한탄강, 영평천, 사미천, 문산천 등의 지류를 모아 김포 부근에서 한강과 만난다. 안성천은 길이 76km의 짧은 하천에 불과하지만 한천, 진위천 등과 합류하여 아산만으로 흘러 들어가면서 그 유역에 넓고 비옥한 안성평야를 발달시키고 있다.

02 경기도 시책

출처 : 경기도청 홈페이지

✿ 경기도민 헌장

인간은 존엄하다.
모든 인류 가운데서 우리는 대한민국의 경기도민임을 자랑스럽게 여긴다.
경기도는 우리역사에서 중심적 역할을 해왔다.
고려시대에는 대외교역의 창구였으며, 조선시대에는 실학이 발생하고 근대문명이 태동한 곳이다.
오늘날에도 경기도는 수도 서울을 안고 있는 국가의 가장 큰 웅도(雄道)이자, 통일 한국을 대비하고 새로운 시대를 열어갈 전초기지이다.

우리는 경기도민이다.
우리는 자치의 확대와 참여를 통하여 진정한 민주주의 실현을 추구할 것이다.
민주의 이상은 청렴의 정립과 상생의 조화로 보장되는 것이며 우리들이 가진 모든 것은 공공복리의 목표를 지향하는 민주적 정의를 원칙으로 한다.

우리는 자랑스러운 경기도민이다.
우리는 문명의 전환기에 경기도를 향해 열려있는 무한한 가능성과 기회를 신뢰한다.
도민의 따사로운 마음과 화합의 정신을 토대로 창조적인 생각과 행동을 통해 세계 속의 경기도를 지향하고자 한다.

우리는 함께하는 경기도민이다.
우리가 살고 있는 경기도에서 모든 사람과 함께 화평할 것이며 이웃을 위하여 참되게 봉사할 것이다.
선조들의 희로애락(喜怒哀樂)과 의열(義烈)이 켜켜이 배어있는 아름다운 산하에서 먼 미래를 향해 나아갈 것이다.

> 우리는 민주주의와 지방자치 구현에 힘쓴다.
> 우리는 다양한 문화를 존중한다.
> 우리는 나눔과 베풂의 정신으로 서로 돕는다.
> 우리는 문화유산을 가꾸고 자연환경을 보호한다.

❖ 경기도 도정 슬로건

변화의 중심 기회의 경기 … 경기도 민선 8기의 핵심 가치인 혁신 · 기회 · 통합을 시각적으로 표현한 슬로건이다.

① 유기적인 형태가 겹쳐지는 모습은 유연하고 합리적인 자세로 소통하는 경기도를 의미한다.

② 비대칭적으로 교차되는 모습은 경기도가 변화와 기회를 계속 완성해 나간다는 의미를 담고 있다.

③ 부드러운 외곽 형태와 대비되는 강한 로고타입은, 대한민국의 중심이자 더 나은 미래를 위한 변화의 중심으로 책임있는 경기도의 자세를 나타낸다.

❖ 도정방침

도정 3대 비전 : 더 많은 기회, 더 고른 기회, 더 나은 기회

① 더 많은 기회 : 민간의 혁신과 성장을 뒷받침하는 도정

② 더 고른 기회 : 모두의 삶의 질을 높이는 도정

③ 더 나은 기회 : 가치 있는 미래를 약속하는 도정

❖ 경기도 캐릭터

① 봉공이 : 경기도 민선 8기 도정슬로건에서 파생된 캐릭터로, 이름은 변화 · 기회의 자음인 ㅂ, ㅎ, ㄱ, ㅎ을 세로로 배열한 데에서 유래했다.

② 이름의 의미

㉠ 봉공(奉公) : 나라나 사회를 위하여 힘써 일함, 공직에 종사함

㉡ 목민심서 제3편 봉공6조 : 목민관의 업무 내용 및 처리 방법을 제시

✳ **경기도 상징물**

① 기·문장·브랜드

　㉠ 기(도기의 제작요령) … 도기는 '경기도 GI' 이미지를 대표하는 공식적인 시각 상징물로서 제작 시 세심한 주의가 필요하며, 훼손이나 오염을 방지하여 항상 청결하게 관리한다.

　　· 기면의 길이와 너비는 3 : 2의 비례로 한다.

　　· 도형은 문장을 활용하여 비례 규정에 따라 작도하여 사용한다.

　　· 도기는 필요에 따라 적정한 크기의 동일한 비례로 축소 또는 확대한 규격으로 활용할 수 있다.

　　· 도기 깃봉과 깃대의 제작 기준은 「대한민국국기법」 제7조제4항부터 제6항까지를 준용한다. 다만 도기를 옥외에 게양하는 경우에는 이미 게양대에 설치된 깃봉 및 깃대를 사용할 수 있다.

　㉡ 문장(紋章) … 기본형, 문장+로고타입(국문), 문장+로고타입(영문)

　　• 전체 모형은 경기도 이름의 초성인 한글 'ㄱ, ㄱ, ㄷ'을 상징적으로 표현한다.

　　• ㄱ, ㄱ, ㄷ이 하나의 길로 연결되어 곧게 뻗어나가는 모습은 미래의 새로운 길을 제시하고, 도민과 함께 더 나은 내일의 길을 만드는 경기도를 표현한다.

　　• 직선과 곡선의 조화로 유연하고 강직한 경기도의 이미지 전달한다.

　　　– 왼쪽의 'ㄱ'은 경기도의 '경'을 나타내며, 하단의 우상향 이미지는 '공정한'가치를 바탕으로 번영하는 미래를 향해 나아가는 경기도를 표현한다.

　　　– 가운데의 'ㄱ'은 경기도의 '기'를 나타내며, 하단의 우상향 이미지는 더 위대한 미래를 위한 '가능성'을 만드는 경기도를 표현한다.

　　　– 오른쪽의 'ㄷ'은 경기도의 '도'를 의미하며, 하단의 수평 이미지는 '다양한' 삶이 공존하는 경기도를 표현한다.

　㉢ 브랜드, 슬로건 … GO GREAT, GYEONGGI

　　"GO GREAT, GYEONGGI"는 대한민국 대표 지방정부로서 위상을 굳건히 하며, 도민과 함께 더 나은 미래로 번영해 나가는 경기도를 의미한다.

　　• 경기도의 영문 머리글자 'G'와 한글 초성 'ㄱ'을 결합하여 경기도의 정체성을 명료하게 전달한다.

　　• 'G'하단의 'ㄱ'은 문장 디자인과 연계하여 사선으로 처리하고, 초록색과 파란색의 조화를 통해 새로운 내일의 방향성을 제시하는 경기도를 표현한다.

　　• 이탤릭(Italic) 서체를 통해 미래를 향해 역동적으로 나아가는 선도적인 이미지를 전달한다.

② 나무·새·꽃

　㉠ 도의 나무 : 경기도의 나무는 '은행나무'로, 은행나무의 웅대한 모습은 큰 번영을 뜻하며 양질의 목질과 과실을 맺고 신록과 단풍은 관상수로 손꼽힌다.

　㉡ 도의 새 : 경기도의 새는 '비둘기'로, 인류의 영원한 평화를 상징하며 도민 평화를 통한 조국 평화통일의 염원을 담고 있다.

　㉢ 도의 꽃 : 경기도의 꽃은 '개나리'로 대량으로 도내에서 자생하며 번식이 용이하여 큰 번영을 뜻하고 친근, 명랑, 고귀한 빛을 나타낸다.

❖ 경기도가 하는 일

① 함께 추진하는 일 : 고속철도 건설, 공항건설 등
② 잘 할 수 있도록 도와주는 일 : 주민불편사항 해결 등
③ 활동을 도와주는 일
④ 교통을 편리하게 하는 일
⑤ 하지 못하도록 감시하는 일
⑥ 하천을 보수하는 일
⑦ 119구조대의 응급구조활동 하는 일
⑧ 문화재 관리하기
⑨ 일자리 제공과 어려운 이웃을 도와주는 일
⑩ 불편을 느끼고 있는 것을 찾아서 개선하는 일

❖ 민선8기 정책 비전

① 더 많은 기회 : 민간의 혁신과 성장을 뒷받침하는 도정
㉠ 성장의 기회가 풍부한 경기
- 혁신 성장을 통한 미래 선도
- 중기-스타트업천국 조성
- 재도약의 기회, 일할 기회제공
- 민생 회복지원 및 지역경제활성화

㉡ 주택, 교통, 일자리가 유쾌한 경기
- 노후주택 재정비 및 도시재생 추진
- 3기 신도시 자족도시 건설 및 서민 주거안정지원
- GTX 플러스 등 광역교통기반 확충 및교 통복지실현
- 즐겁게 일할 수 있는 노동환경조성

㉢ 문화예술, 여가가 일상이 되는 경기
- 문화예술 향유 기회확대
- 예술인창작환경 지원
- 지속가능한 K-콘텐츠 확산 기반 구축
- 누구나 누릴 수 있는 여가 · 레저 공간조성 및 체험 기회확대

② 더 고른 기회 : 모두의 삶의 질을 높이는 도정
㉠ 더불어 살아가는 복지 경기
- 다양한 계층의 돌봄 · 복지 수요 충족으로 행복한 사회 구현
- 더불어 살아가는 사회를 위한 격차 없는 복지망 구축
- 여성의 경력 개발과 안전한 생활 지원

- 공공의료 기반 강화
- ⓛ 미래세대의 기회가 보장되는 경기
  - 경기청년 정책 패키지
  - 구직 청년, 일하는 청년의 기회 확대
  - 어린이와 청소년이 안전한 교육환경 조성
- ⓒ 북부에 변화와 평화의 기회를 만드는 경기
  - 경기북부 특별자치도 설치 추진
  - 핵심성장산업 발굴 및 균형발전 기반 조성, 접경지역 규제 완화
  - 한반도 평화를 위한 교류 · 협력의 공간 조성
③ 더 나은 기회 : 가치 있는 미래를 약속하는 도정
- ㄱ 소통 · 협치로 만드는 자치 경기
  - 주거 환경 · 가구 복지 개선을 통한 지속가능한 마을 자치 실현
  - 도민이 안전하게 생활할 수 있는 환경 조성
  - 도민의 도정 참여 확대로 소통행정 구현
- ⓛ 기후위기 대응으로 지속가능한 경기
  - 탄소중립을 통한 기후변화 대응
  - 재생에너지 보급 및 자원순환 활성화
  - 미래 모빌리티 인프라 구축 및 쾌적한 생활환경 조성
- ⓒ 사회적 가치, 평등한 기회가 보장되는 경기
  - 사회적 가치와 혁신으로 더 나은 미래를 준비
  - ESG 확산 및 불공정한 거래환경 개선
  - 기회의 평등 제공으로 선도적 지방자치 실현

1 다음 중 경기도 도정슬로건으로 옳은 것은?

① 인구의 중심, 발전의 경기
② 변화의 중심, 기회의 경기
③ 혁신의 중심, 도약의 경기
④ 환경의 중심, 개발의 경기

Advice 경기도 도정슬로건은 '변화의 중심, 기회의 경기'이다.

2 다음 중 경기도 캐릭터의 이름으로 옳은 것은?

① 봉공이
② 해치
③ 한꿈이
④ 버미

Advice ② 해치 : 서울특별시의 캐릭터이다.
③ 한꿈이 : 대전광역시의 캐릭터이다.
④ 버미 : 인천광역시의 캐릭터이다.

3 우리나라에서 '경기(京畿)'라는 명칭이 처음으로 등장한 것은 언제인가?

① 고려 태조
② 고려 현종
③ 조선 태조
④ 조선 세종

Advice 우리나라에서 '경기(京畿)'라는 명칭이 처음으로 등장한 것은 고려 현종 9년(1018) 개성현령관과 장단현령관이 관할하는 12현을 특별한 하나의 행정구역으로 획정하여 경기(京畿)라고 부르면서이다.

⭐ANSWER 1.② 2.① 3.②

***

4 경기도의 면적은 전 국토의 몇 %를 차지하는가?

① 5%   ② 7%
③ 10%   ④ 15%

🔵**Advice** 경기도의 면적은 전 국토의 약 10%인 10,185㎢이다.

5 다음 중 경기도 기면의 길이와 너비는 비율은?

① 4 : 3   ② 3 : 4
③ 2 : 3   ④ 3 : 2

🔵**Advice** 경기도 기면의 길이와 너비는 3 : 2의 비례로 한다.

6 경기도의 3대 비전으로 옳지 않은 것은?

① 더 많은 기회
② 더 고른 기회
③ 더 빠른 기회
④ 더 나은 기회

🔵**Advice** 도정 3대 비전
　　　　ⓐ 더 많은 기회 : 민간의 혁신과 성장을 뒷받침하는 도정
　　　　ⓑ 더 고른 기회 : 모두의 삶의 질을 높이는 도정
　　　　ⓒ 더 나은 기회 : 가치 있는 미래를 약속하는 도정

7 경기도 브랜드 슬로건으로 옳은 것은?

① GO GREAT, GYEONGGI   ② GO GOOD, GYEONGGI
③ GO GLAD, GYEONGGI   ④ GO GLOW, GYEONGGI

🔵**Advice** GO GREAT, GYEONGGI … 대한민국 대표 지방정부로서 위상을 굳건히 하며, 도민과 함께 더 나은 미래로 번영해 나가는 경기도를 의미한다.

8 다음 중 경기도의 상징물 중 도의 나무로 옳은 것은?

① 소나무
② 향나무
③ 버드나무
④ 은행나무

✑**Advice** 은행나무 … 은행나무의 웅대한 모습은 큰 번영을 뜻하며 양질의 목질과 과실을 맺고 신록과 단풍은 관상수로 손꼽힌다.

9 다음 중 경기도의 상징물에서 도의 꽃 개나리나 나타내는 의미로 옳지 않은 것은?

① 친근
② 명랑
③ 차분함
④ 고귀한 빛

✑**Advice** 개나리 … 대량으로 도내에서 자생하며 번식이 용이하여 큰 번영을 뜻하고 친근, 명랑, 고귀한 빛을 나타낸다.

10 다음 중 경기도의 주요 하천으로 옳지 않은 것은?

① 한강
② 임진강
③ 섬진강
④ 안성천

✑**Advice** 경기도의 주요 하천은 한강, 임진강, 안성천(安城川) 등이며 대부분이 한강유역에 속한다.

★ *ANSWER* 4.③ 5.④ 6.③ 7.① 8.④ 9.③ 10.③

PART

04

정답 및 해설

01 2020년도 공공기관 일반상식 기출문제

문제 p.8

1	②	2	①	3	④	4	①	5	④	6	②	7	④	8	①	9	①	10	②
11	①	12	③	13	②	14	④	15	①	16	④	17	②	18	③	19	③	20	②
21	④	22	①	23	③	24	③	25	②	26	①	27	①	28	②	29	③	30	②
31	④	32	④	33	③	34	①	35	②	36	③	37	①	38	②	39	①	40	④

1 |정 답| ②

|해 설|

철학자 '데카르트'에 대한 설명이다.

|오 답|

① 플라톤 : 고대 그리스의 철학자. 삶이란 얻기 위해 잃어가는 것이다.

③ 칸트 : 비판 철학의 창시자. 인간은 교육을 통하지 않고는 인간이 될 수 없는 유일한 존재다.

④ 파스칼 : 현대 실존주의의 선구자. 인간은 생각하는 갈대이다.

2 |정 답| ①

|해 설|

'가스라이팅 효과'에 대한 설명이다.

|오 답|

② 사일로 효과 : 조직 부서들이 서로 다른 부서와 교류하지 않고 자기 부서의 이익만을 추구하는 현상

③ 파파게노 효과 : 자살에 대한 언론 보도를 줄임으로써 자살률이 낮아지는 효과

④ 제노비스 신드롬 : 목격자가 많으면 많을수록 도움을 주지 않고 방관하는 심리 현상

3 |정 답| ④

|해 설|

목성의 세 번째 위성은 가니메데이다.

|오 답|

① 이오 : 제1위성

② 유로파 : 제2위성

③ 칼리스토 : 제4위성

4 |정 답| ①

|해 설|

'폴리시드맨 캠페인'은 코스텔로와 소녀가 헤어지던 날 코스텔로의 손가락에 매니큐어를 발라준 것에서 착안하였다.

|오 답|

② 아이스 버킷 챌린지 : 루게릭병 환자들에 대한 관심과 기부금을 모으기 위해 미국에서 시작된 이벤트

③ 스테이 스트롱 : 코로나19의 세계적 대유행이 장기화 되면서 외교부 주관으로 시작된 릴레이 캠페인

④ Black Out Tuesday : 조지 플로이드 사망으로 미국 음악 업계가 6월 2일손을 내려놓은 흑인 사망 추모에 뜻을 표하고 연대한 조용한 저항

5 |정 답| ④

|해 설|

홍콩은 1997년 7월 1일 0시를 기준으로 156년 동안의 영국 식민지배를 청산하고 중국의 1국가 2체제(일국양제)와 고도자치 준수 및 인권과 자유의 보장 다짐 속에 출범하였다.

6 |정 답| ②

|해 설|

빈칸에 들어갈 알맞은 단어는 환매이다.

|오 답|

① **전매** : 구입한 부동산을 단기적 이익을 목적으로 하여 다시 파는 것

③ **판독** : 부동산권리의 하자(흠) 유무를 문서와 도면상으로 확인하는 작업

④ **투기** : 상품이나 유가증권의 시세변동에서 발생하는 차익획득을 목적의 거래행위

7 |정 답| ④

|해 설|

「한국통사」는 1915년 중국 상해에서 출판된 박은식이 지은 한국 최근세사에 대한 역사서이다.

|오 답|

① **동사강목** : 조선후기 순암 안정복이 고조선으로부터 고려말까지를 다룬 역사책

② **한국사신론** : 1961년 발행된 이기백의 한국사 개설서

③ **백록담** : 1941년 정지용이 발표한 두 번째 시집

8 |정 답| ①

|해 설|

아마도는 '아마'를 강조하여 이르는 말로 부사이다.

|오 답|

② **다다음** : 다음번의 바로 그 뒤를 뜻하는 관형사

③ **두** : 수량이 둘임을 나타내는 관형사

④ **새** : 사용하거나 구입한지 얼마 되지 아니함을 뜻하는 관형사

※ **관형사** : 문장 안에서 주로 명사, 대명사, 수사를 꾸며 주는 역할을 하는 낱말

9 |정 답| ①

|해 설|

보크는 주자가 루에 있을 때 투수가 규칙에 어긋나는 투구 동작을 하는 것을 말한다.

|오 답|

② **번트** : 배트를 휘두르지 않고 공에 갖다 대듯이 가볍게 밀어 내야에 굴리는 타법

③ **베이스 온 볼스** : 타자가 볼카운트에서 4개의 볼을 얻어 내 1루로 출루하는 것

④ **리터치** : 주자가 원래 있던 루로 돌아가는 것

10 |정 답| ②

|해 설|

고속도로를 주행할 때는 주행속도의 수치를 그대로 m로 한 수치의 안전거리를 확보해야하므로 100km 고속도로에서 안전거리는 100m이다.

11 |정 답| ①

|해 설|

천지창조는 미켈란젤로가 로마의 시스티나성당 천장에 그린 세계 최대의 벽화이다.

|오 답|

오라토리오는 17 ~ 18세기 가장 성행했던 대규모의 종교적 극음악을 말한다.

12 |정 답| ③

|해 설|

수정핵가족은 자식 세대의 맞벌이 부부가 많아지면서 증가한 가족 형태로, 부모와 기혼 자식의 가족이 한집에 동거하지만 각기 독립적으로 생활하는 가족을 말한다.

|오 답|

① **쉐어하우스** : 다수가 한집에서 살면서 개인적인 공간 외는 공유하는 생활방식

② **핵가족** : 부부와 미혼의 자녀만으로 이루어진 소가족

④ **프렌디** : 친구 같은 아빠로 육아에 활발하게 참여하는 아버지

13 |정 답| ②

|해 설|
활음조는 발음하기 어렵고 듣기 거슬리는 소리에서 어떤 소리를 더하거나 바꿔 발음을 매끄럽게 하고 듣기 부드러운 소리로 청각적 효과를 주는 음운현상이다.

|오 답|
① 불협화음 : 조화가 맞지 않는 음과 울림을 뜻하는 말
③ 유음 : 설측음이라고 하며, 혀끝을 잇몸에 가볍게 대었다가 뗄 때 나는 소리
④ 두음법칙 : 첫 말머리에 오는 자음이 본래의 음가를 잃고 다른 음으로 발음되는 현상

14 |정 답| ④

|해 설|
'퍼스트 펭귄'은 무리 중에서 먹이 사냥을 위해 바다에 처음 뛰어드는 펭귄을 나머지 펭귄들도 뒤따른다는 데에서 유래했다.

|오 답|
① 레몬마켓 : 시고 맛없는 레몬만 있는 시장처럼 저급품만 유통되는 시장
② 체리피커 : 기업의 제품이나 서비스를 구매하지 않으면서 자신의 실속만을 차리는 소비자
③ 코요테 모멘트 : 증권시장에서는 증시의 갑작스러운 붕괴를 표현하는 말

15 |정 답| ①

|해 설|
나노미터는 10억분의 1m를 가리키는 단위이다.

16 |정 답| ④

|해 설|
그린러시는 19세기 금광이 발견된 지역에서 몰려드는 현상을 나타내는 골드러시에서 나온 단어이다.

|오 답|
① 골드러시(Gold Rush)에 대한 설명
② 골드칼라(Gold Collar)에 대한 설명
③ 그린북(Green Book)에 대한 설명

17 |정 답| ②

|해 설|
대취타는 부는 악기(吹)와 때리는 악기(打)로 연주하는 음악이라는 뜻의 군례악 행진곡이다.

|오 답|
① 시나위 : 대금, 향피리, 아쟁, 해금, 징 등으로 편성된 무악(巫樂)계의 기악곡
③ 여민락 : 조선 시대에, 임금의 행차 때나 궁중의 잔치 때에 연주하던 아악곡
④ 수제천 : 신라 시대 아악 중 하나, 궁중 연례와 무용에 연주하던 관악곡

18 |정 답| ③

|해 설|
1893년 9월 9일에 세계 최초로 뉴질랜드에서 여성에게 참정권을 부여하였다. 여성 투표권 획득에 앞장선 기독교 여성금주동맹은 원래 술 판매 금지 목적으로 만들어진 단체이지만 케이트 셰퍼드의 주도로 여성 투표권을 요구하는 청원서를 1892년 의회에 제출하였다. 상원이 이를 거부하자, 1893년에 청원을 다시 제출했고, 여성에게 투표권을 허용하는 법안이 9월 8일 가까스로 통과됐다. 9월 19일에 비로소 선거권이 보장되었지만, 피선거권이 주어진 것은 1919년이었으며 1933년이 되어서야 여성 의원이 탄생하였다.

19 |정 답| ③

|해 설|
'베르누이의 정리'에 대한 설명이다.

|오 답|
① 샤를의 법칙 : 기체의 부피는 온도에 비례한다는 법칙
② 뉴턴 : 질량을 가진 물체는 중력이 있다는 만류 인력의 법칙을 발견함
④ 그레셤의 법칙 : 악화가 양화를 구축한다는 그레셤이 제창한 화폐유통에 관한 법칙

20 |정 답| ②

|해 설|

부정(不定)은 일정하지 아니함을 뜻한다. 올바르지 아니하거나 옳지 못함은 부정(不正)이다.

21 |정 답| ④

|해 설|

윤리학 분야의 사고실험으로 소수를 희생하여 다수를 구할 것인지를 판단하는 문제 상황을 가리키는 말이다.

|오 답|

① **죄수의 딜레마** : 자신의 이익을 위한 선택이 결국에는 자신뿐만 아니라 상대방에게도 불리한 결과를 유발하는 상황

② **폴리애나 현상** : 지치고 감당하기 어려운 상황에서 해결 방법을 찾기보다 심리적으로 회피하는 것을 선택하는 심리학적 용어

③ **치킨 게임** : 어느 한쪽이 양보하지 않으면 모두 파국으로 치닫게 되는 극단적인 게임

22 |정 답| ①

|해 설|

② 램프 증후군

③ 노시보 효과

④ 가면 현상

23 |정 답| ③

|해 설|

① **콜 타임(Call Time)** : 야구경기 진행 도중에 감독이나 선수의 요구에 의해 잠시 경기 진행을 정지한 상황

② **브레이크아웃 타임(Breakout Time)** : 특정 국가가 핵무기 제조하고자 결심한 시점부터 핵물질을 확보하는 데까지 걸리는 시간

④ **랩 타임(Lap Time)** : 육상경기나 자동차 경주 등에서 트랙을 한 바퀴를 도는데 걸리는 시간

24 |정 답| ③

|해 설|

우주 구성 물질의 99퍼센트가 플라즈마 상태로 구성되어 있으며 형광등 내부, 네온사인과 같은 일상생활에서도 쉽게 접할 수 있다.

|오 답|

① **콜로이드** : 물질이 분자 또는 이온 상태로 액체 속에 고르게 용해되어있는 용액

② **쿼크** : 물질을 구성하는 가장 기본적인 입자

④ **초전도** : 매우 낮은 온도에서 전기저항이 0에 가까워지는 현상

25 |정 답| ②

|해 설|

문신월과법은 고려 성종이 문신들에게 시부(시와 문장)를 지어 바치게 한 제도이다.

|오 답|

① **진대법** : 우리나라 최초 빈민 구제 제도로 을파소의 건의에 따라 고구려 고국천왕이 실현함

③ **경국대전** : 세조 때 편찬 작업을 시작하여 성종 때 반포됨

④ **녹읍** : 관료에게 직무의 대가로 지급한 논밭으로 신라 신문왕이 689년 폐지함

26 |정 답| ①

|오 답|

② **플라타이아** : 기원전 479년에 페르시아 세력에 대항하여 스파르타, 코린트, 아테네 등 그리스 연합군 사이에 발발한 전투이다.

③ **레우크트라** : 기원전 371년에 보이오티아 동맹과 스파르타 사이에 발발한 전투이다.

④ **펠로폰네소스** : 기원전 431년에 아테네와 스파르타 사이에 발발한 전쟁이다.

27 |정답| ①

|해 설|

마르크스 … 독일의 철학자로, 변증법적 및 사적 유물론, 과
학적 경제학을 정립하였다.

28 |정답| ②

|오 답|

① IB(Investment Bank) : 투자은행을 나타내는 약어로
IPO(기업공개), 증자 등의 업무를 취급하는 금융기관
③ PER(Price - Earning Ratio) : 주가수익비율을 의미하
는 용어로 주가를 주당순이익 나눈 수치를 의미하는 용어
④ ROE(Return On Equit) : 자기자본이익률을 의미하는
용어로 주주의 자본을 통해 경영자가 올리는 이익을 보
여주는 지표

29 |정답| ③

|오 답|

① 프레임 레이트 : 초당 재현되는 프레임 수로 측정되는
것으로 연속된 이미지들이 재현되는 속도의 비율
② 디플레이트 : 일정 기간의 경제 량을 양적 비교할 때 디
플레이터를 사용하여 가격 변동을 산출하는 것
④ 타임 레이트 : 방송 및 전파에 시·청취율에 따라 광고
비에 적용되는 할인요율

30 |정답| ②

|해 설|

설명하고 있는 왕은 숙종이다.

|오 답|

① **탕평책** : 영조가 당쟁을 해소하기 위해 실시한 정책
③ **기유약조** : 광해군 때 일본과 맺은 조약
④ **균역법** : 영조 때 군역의 부담을 덜어주기 위해 만든 세법

31 |정답| ④

|해 설|

① SUMIF : 데이터 중에서 원하는 조건에 맞는 데이터들
의 합만 구할 때 사용하는 함수
② TRIMMEAN : 일정한 비율을 제외하고 평균 점수를 구
하는 함수
③ VLOOKUP : 방대한 데이터 중에서 원하는 데이터 값만
추려내는 함수

32 |정답| ④

|해 설|

① 호줄근하다 → '호졸근하다'
② 엇저녁 → '엊저녁'
③ 부딪쳤다 → '부딪혔다'

33 |정답| ③

|해 설|

③ 카니발리제이션 : 기업에서 신제품이 출시되면 기존 주력상
품이 시장에서 수익, 점유율 등이 감소하는 현상

|오 답|

① 서비타이제이션 : 제품과 서비스의 결합 또는 서비스를
상품화 등 기존 서비스를 새로운 서비스와 결합하는 현
상을 포괄하는 개념
② 리엔지니어링 : 기업의 체질 및 구조와 경영 방식을 재설계
하는 경영기법
④ 서비사이징 : 제품 생산 및 공급에만 집중하던 제조업체
가 사업의 방향을 서비스 중심으로 변경하는 것을 의미

34 |정답| ①

|해 설|

② 바이럴 마케팅 : 소셜 미디어를 통해 소비자들에게 자연스
럽게 정보를 제공하여 기업의 제품을 홍보하는 마케팅
③ 크리슈머 마케팅 : 창조적인 소비자인 크리슈머들이 자
신들이 원하는 제품을 만드는데 참여하는 마케팅
④ MOT 마케팅 : 소비자와 접촉하는 짧은 순간 기업에 좋
은 인상을 가질 수 있도록 만드는 마케팅

35 |정답| ②

|해설|

설명하고 있는 왕은 세조이다.

② 세종 때 여진족을 몰아낸 후 설치한 군사시설 행정구역으로 압록강과 두만강 부근에 설치함

|오답|

① 직전법은 새로운 관리에게 지급할 토지가 부족해지는 상황이 나타나자 실시함

③ 호패법은 조세 징수와 군역 부과를 효과적으로 하기위해 시행함

④ 당시까지의 모든 법을 전체적으로 조화시켜 경국대전 편찬 작업을 시작함

36 |정답| ③

|해설|

바칼로레아 … 1808년 나폴레옹 시대부터 약 200년이 넘는 역사를 자랑한다. 특히 비중이 가장 높은 과목인 철학시험의 경우 4시간 동안 3개의 주제 중 1개를 선택해 논문으로 작성하는데, 이것은 프랑스 지성을 가늠하는 잣대로 인식하고 있다.

|해설|

① SAT : 미국 대입자격시험 중 하나로 1년에 7차례 시행된다.

② 가오카오 : 매월 6월 초에 시행되는 중국의 대입자격시험이다.

④ 아비투어 : 독일의 고등학교 졸업 시험이자 대입자격시험이다.

37 |정답| ①

|해설|

12·12사태, 5·18민주화 운동, 6·29선언, 88올림픽 순으로 진행된다.

① 88올림픽은 1988.9.17 ~ 1988. 10.2. 서울에서 개최된 제24회 올림픽

② 6·29선언은 1987.6.29. 노태우 대통령 후보가 발표한 특별 선언

③ 12·12사태는 1979.12.12. 일어난 군사반란사건

④ 5·18민주화 운동은 1980.5.8 ~ 1980.5.27에 일어난 민주화운동

38 |정답| ②

|해설|

1616년부터 1912년까지 중국 대륙의 마지막 왕조로 누르하치가 여진족을 통합하여 세운 왕조이다.

|오답|

① 명나라(1368~1644) : 몽골족이 세운 원나라를 멸망시키고 안휘성 출신의 주원장이 세운 통일 왕조

③ 송나라(960~1279) : 당나라 멸망 후 5대 10국 시기로 분열된 나라를 통일시켜 조광윤이 세운 왕조

④ 수나라(518~618) : 한나라가 멸망한 뒤 남북조로 분열된 중국을 통일시킨 왕조

39 |정답| ①

|해설|

② 롤오버 턴 : 수영을 하고 벽면 끝에 다다라서 몸을 돌려 배영자세로 벽을 차고 나가는 턴

③ 오픈 턴 : 양손이 벽면에 닿으면 몸을 구부린 후 양 발로 힘차게 몸을 반대편으로 치고 나가는 턴

④ 평영 턴 : 평영으로 끝까지 간 후 양 손을 끝까지 같은 높이에 닿으면 몸을 구부리고 다리로 차서 나가는 턴

40 |정답| ④

|해설|

① 쿠르트 슈마허 : 독일 서방의 통합정책, 방위공동체 구상 등 정책을 비판하는 서독의 국회위원

② 요아힘 가우크 : 동독의 민주화에 앞장섰던 독일의 정치인으로 2012년 3월 제11대 대통령으로 선출됨

③ 빌리 브란트 : 서독 4대 총리로 적극적인 동방 화해정책을 위해 힘씀

02 2021년도 상반기 공공기관 일반상식 기출문제

문제 p.16

1	④	2	③	3	①	4	①	5	②	6	①	7	①	8	④	9	①	10	②
11	③	12	①	13	④	14	②	15	①	16	②	17	③	18	②	19	①	20	③
21	①	22	④	23	①	24	③	25	②	26	②	27	③	28	④	29	③	30	①
31	②	32	④	33	④	34	③	35	①	36	②	37	②	38	②	39	①	40	①

1 |정답| ④

|해설|

① 유문암 : 백색, 담홍색, 담회색으로 화산암의 한 종류이다. 용암이나 대륙 등에서 산출됨

② 안산암 : 담회색, 회색, 갈색 등으로 이뤄진 화산암의 한 종류로 대륙지각의 평균 성분임

③ 화강암 : 석영과 장석류를 주성분으로 한국에선 옥천대, 경상분지 및 영남 변성암대에 다수 분포함

2 |정답| ③

|해설|

① 소도 : 삼한의 신성지역으로 천군이 지배하는 곳

② 영고 : 부여의 제천의식

④ 무천 : 동예의 제천의식

3 |정답| ①

|해설|

② 자바 : 썬 마이크로시스템즈 연구원들에 의해 개발되었으며 간략하고 네트워크 기능 구현이 용이한 객체지향의 프로그래밍 언어

③ 파이선 : 네덜란드 개발자가 개발한 프로그래밍 언어로 문법이 간결하고 표현구조와 사람의 사고체계와 유사하여 초보자도 쉽게 배울 수 있음

④ C언어 : 벨 연구소에서 개발된 것으로 시스템 기술용 프로그래밍 언어

4 |정답| ①

|해설|

광고 카피 작업할 때의 5I의 법칙

㉠ Idea : 멋진 아이디어에서 시작한다.

㉡ Immediate Impact : 직접적인 임팩트 관점에서 제작되어야 한다.

㉢ Incessant Interest : 메시지에서 계속 흥미를 가지도록 구성한다.

㉣ Information : 고객에 대한 필요한 정보를 수집하고 정확히 제시한다.

㉤ Impulsion : 충동을 불러일으키는 힘을 가져야 한다.

5 |정답| ②

|해설|

① 통속소설 : 예술적 가치보다는 흥미 위주의 소설로 대중소설과 비슷함

③ 가문소설 : 고전소설 중 하나로 가문 내 구성원간의 갈등, 애정문제 등을 주제로 한 소설

④ 본격소설 : 일상적 세태와 같은 것을 주제로 삼아 인간의 심리묘사를 주력하는 소설

6 |정답| ①

|해설|

② 제중원 : 고종 22년 개원한 최초의 서양식 국립병원

③ 기기창 : 고종 20년 설치된 무기를 제조하는 관서로 기기국에 부속된 공장

④ 박문국 : 고종 20년 인쇄와 출판과 관련한 사무를 과장하던 관서

7 |정 답| ①

|해 설|

ㄱ **섭씨온도** : 셀시우스가 제안한 것으로 물의 어는점을 0도, 끓는점을 100도로 하여 100등분 한 온도의 단위

ㄴ **절대온도** : 켈빈이 도입한 것으로 물의 어는점을 273.15K, 끓는점을 373.15K로 다른 온도와 달리 물질의 성질에 의존치 않고 상대인 개념으로 만들어 과학적 계산에 무리가 있음

ㄷ **화씨온도** : 파렌하이트가 제안한 것으로 물의 어는점을 32° F, 끓는점을 212° F로 180등분한 온도의 단위

ㄹ **임계온도** : 열역학에서 기체가 액화가 가능한 최고의 온도

8 |정 답| ④

|해 설|

① **셰어하우스** : 다수가 한 집에 살면서 사적인 공간을 제외한 주방, 거실, 화장실 등을 공유하는 주거형태

② **비오톱** : 인간과 동식물 등이 공동으로 지낼 수 있는 생물서식장소를 의미함

③ **타운하우스** : 두 채 이상의 단독주택을 일렬로 나란히 지은 집으로 한쪽 벽면을 공유하는 주택형식

9 |정 답| ①

|해 설|

② 상사로부터의 → 상사로부터

③ 친구에게로의 → 친구에게

④ 부서 안에서의 → 부서 안에

10 |정 답| ②

|해 설|

① **오페라의 유령** : 흉측한 얼굴을 가면으로 가리고 오페라 하우스 지하에서 사는 남성이 프리마돈나를 짝사랑하는 이야기를 그린 뮤지컬

③ **캣츠** : 고양이들의 축제 젤리클 볼을 이야기하는 개성적인 고양이들의 이야기를 담은 뮤지컬

④ **레미제라블** : 프랑스 혁명의 시대에 빵을 훔친 죄로 19년 감옥에서 지내게 되었던 장발장의 일생을 그린 뮤지컬

11 |정 답| ③

|해 설|

① **이더리움** : 2세대 블록체인 기술로 비탈릭 부테린이 창시했다.

② **알트코인** : 비트코인을 제외한 모든 가상화폐를 의미한다.

④ **리플** : 라이언 푸거가 개발한 것으로 실시간으로 자금을 송금하기 위한 암호화폐이다.

12 |정 답| ①

|해 설|

② **그레샴의 법칙** : 악화는 양화를 구축한다는 법칙이다.

③ **그로슈의 법칙** : 1950년 그로시가 주장한 법칙으로 컴퓨터 성능은 크기에 비례한다는 것이다.

④ **무어의 법칙** : 마이크로칩의 처리능력이 18개월마다 2배로 늘어난다는 법칙이다.

13 |정 답| ④

|해 설|

① 레퀴엠 D단조는 모차르트의 작품이다.

② 신곡은 단테의 작품이다.

③ 선상파트의 점심은 르누아르의 작품이다.

14 |정 답| ②

|해 설|

소피스트 … 진리를 상대적인 기준으로 바라보고, 설득을 목적으로 한 수사학과 웅변술 등을 가르쳤던 사람들을 말한다. 프로타고라스, 고르기아스 등이 대표 소피스트이다.

|오 답|

① **탈무드** : 유대인 율법학자들이 유대교의 율법, 사상, 전통 등에 대하여 구전·해설한 것을 집대성한 책이다.
③ **테아이테토스** : 고대 그리스 철학자 플라톤의 저서이다.
④ **크리티아스** : 플라톤과의 친적이자 소크라테스의 제자로, 고대 그리스 철학자이다.

15 |정 답| ①

|해 설|

손 소독제는 에탄올, 글리세롤, 과산화수소, 염화벤잘코늄, 크레졸 등으로 구성된다.

16 |정 답| ②

|해 설|

② BY : 반드시 저작권자를 표시해야만 사용가능

|오 답|

① NC : 비영리 목적으로만 사용가능
③ ND : 저작물을 변경하지 않는 조건으로 사용가능
④ SA : 라이선스 표시하면 다른 저작물로 제작하여 사용가능

17 |정 답| ③

|해 설|

거시경제지표는 국가의 경제상황을 판단하는 기준으로 국민소득, 물가상승률, 종합수지, 실업률, 환율, 통화증가율, 이자율 등이 있다. 개인이나 기업의 경제상황을 판단하는 것은 미시경제학이다.

18 |정 답| ②

|해 설|

① NFT : 대체 불가능한 토큰이라는 의미이다.
③ 블록체인 : 분산형 데이터 저장기술을 의미한다.
④ 디파이 : 탈중앙화된 금융 시스템으로 인터넷 연결로 다양한 금융서비스를 받는 것이다.

19 |정 답| ①

|해 설|

한국형 앰뷸런스 … 인요한 교수의 아버지가 당시 교회 건축에 필요한 자재를 싣고 이동하던 중 만취한 기사가 운전하던 관광버스에 치여 부상을 당했으나, 당시에는 구급차가 없어 차량 뒷좌석에 실려 이송되던 중 결국 사망하였다. 이후 인요한 교수는 추모자금으로 15인승 승합차를 구입·개조하여 구급차를 제작하였다. 이렇게 제작된 1호 구급차는 당시 순천 진료소에서 처음 사용되었고, 건설업체와 계약 후 전국에 5,000여대 이상 보급되었다.

20 |정 답| ③

|해 설|

골품제도는 개인 신분뿐만 아니라 그 친족의 등급도 표시했다. 따라서 골품에 따라 사회·정치활동의 범위가 결정되었다.

21 |정 답| ①

|해 설|

상장제례는 유교적 규범을 시행하려는 정부의도와 달리 토착신앙과 융합된 불교의식과 도교신앙의 풍속을 따랐다.

22 |정 답| ④

|해 설|

①② 통일신라
③ 삼국시대

23 |정 답| ①

|해 설|

제시된 내용은 최승로의 시무28조에 의해 실시된 정책이다.

24 |정 답| ③

|해 설|

① 성균관 : 교육기관이다.

② 춘추관 : 역사서의 편찬과 보관을 담당했다.

④ 홍문관 : 학문적으로 정책결정을 자문하는 기구이다.

25 |정 답| ③

|해 설|

③ 세종 때 정초가 우리나라 기후와 풍토에 맞게 농사기술을 적은 책이다.

|오 답|

① 세조 ~ 성종 때 최항, 노사신 등이 편찬한 조선 기본 법전이다.

② 세종 때 윤회, 신색에 의해 저술된 최초의 인문지리서이다.

④ 세종 때 유효통 등이 저술한 의학서이다.

26 |정 답| ②

|해 설|

② 청명(淸明) : 하늘이 맑아져 봄 농사를 시작하는 다섯 번째 절기

|오 답|

① 춘분(春分) : 낮이 길어지는 네 번째 절기

③ 우수(雨水) : 봄비가 내리고 싹이 트는 두 번째 절기

④ 경칩(驚蟄) : 개구리가 잠에서 깨어나는 세 번째 절기

27 |정 답| ③

|해 설|

③ 지자체가 발행하고 관리하는 화폐이다.

28 |정 답| ④

|해 설|

① 화석정 : 경기도 유형문화재 제61호로 율곡이 시와 학문을 논했던 곳

② 소수서원 : 우리나라 최초의 서원

③ 문회서원 : 황해도 배천군 치악산 기슭 있는 현유의 학덕을 추모하기 위한 서원

29 |정 답| ③

|해 설|

mRNA 백신 … 병원체의 유전 정보(mRNA)를 주입해 체내에서 항원 단백질을 생성하게 하여 면역 반응을 유도하는 백신

30 |정 답| ①

|해 설|

① 금의환향(錦衣還鄕) : 비단옷을 입고 고향으로 돌아옴

|오 답|

② 금상첨화(錦上添花) : 비단 위에 꽃을 더함. 좋은 것에 더 좋은 것을 더하여 가장 뛰어난 것을 만든다는 뜻

③ 금수강산(錦繡江山) : 비단처럼 아름다운 강산

④ 금의야행(錦衣夜行) : 훌륭한 성과를 거둬도 세상으로부터 인정받지 못함

31 |정 답| ②

|해 설|

지문은 일제강점기 독립운동가이자 민족주의 역사학자인 신채호의 「조선사연구초」에 실린 묘청의 서경천도운동에 관한 내용이다. 신채호는 묘청을 중심으로 한 서경천도운동이 김부식을 중심으로 하는 개경파에 의해 진압당함으로써 보수적 유교 사관의 전통이 조선에 계승되고 이는 일제식민통치로 이어지는 원인이 되었다고 주장하였다.

|오 답|

① 강감찬의 귀주대첩은 거란과의 전쟁이다.

③ 김윤후의 처인성 전투와 박서의 귀주대첩은 모두 대몽 항쟁이다.

④ 이성계는 위화도 회군을 계기로 고려 말 실권을 장악하게 되었다.

32 |정답| ④

|해설|

이것은 조선 태조가 건국 직후 서운관에 명하여 제작한 '천상분야열차지도'이다. 당시 천문 관측에 대한 관심과 중요성뿐만 아니라 조선의 과학 기술이 발달 수준을 살펴볼 수 있는 자료다. 「경제육전」은 조선 최초의 법전이고, 「조선경국전」은 정도전이 국가 통치에 관한 내용을 담아 왕에게 올리기 위해 간행되었다.

|오답|

① 조선 태종
②③ 조선 세종

33 |정답| ④

|해설|

조선 후기에는 기존의 성리학을 비판하고 현실 개혁을 주장하는 실학사상이 대두되었다. 토지 개혁을 통해 자영농 육성을 목표로 하는 경세치용 학파(유형원, 이익, 정약용 등)와 상공업 진흥을 통해 부국강병을 추구하는 이용후생 학파(유수원, 홍대용, 박지원, 박제가 등)가 있었다. 「의산문답」은 중상학파 실학자인 홍대용의 저서이다. 유수원의 대표적 저서로는 「우서」가 있다.

34 |정답| ③

|해설|

제시문은 신채호가 작성한 의열단 선언문인 「조선혁명선언」이다. 의열단(1919)은 김원봉을 중심으로 만주에서 결성되어 식민통치기관 파괴 등 무장 독립 투쟁을 전개한 독립 운동 단체다.

|오답|

① 대한광복회(1915) : 김좌진과 박상진을 중심으로 조직된 군대식 비밀 결사 조직이다.
② 신간회(1927) : 타협적 민족주의 계열과 사회주의 계열 인사들의 통합으로 결성된 단체이다.
④ 독립의군부(1912) : 고종의 밀지를 받아 임병찬을 중심으로 결성된 단체이다.

35 |정답| ①

|해설|

제시문은 흥선대원군의 개혁정책이다. 흥선대원군은 세도정치의 폐단을 개혁하고 왕권을 강화하고자 하였다. 이를 위하여 여진과 왜구 방어를 위해 설치한 이후 상설 회의 기구가 되어 세도정치에서 국정 전반을 관장했던 비변사를 혁파하고 의정부와 삼군부의 기능 부활시켰다. 그 외에도 능력별 인재 등용, 서원 철폐 등을 단행하였으며, 국가 통치 기강 확립을 위하여 「대전회통」, 「육전조례」, 「양전편고」를 편찬하였다. 「양전편고」는 법전을 정비하는 과정에서 관리들의 인사 행정에 관한 규정과 사례를 모아 편찬하였다.

|오답|

②③④ 「전록통고」, 「수교집록」은 모두 조선 숙종 때 편찬한 법전이다.

36 |정답| ②

|해설|

제시문은 고부민란(1894)으로부터 시작된 동학농민운동의 과정과 을미개혁(1895. 단발령 실시)까지의 과정이다. 고부민란은 고부군수 조병갑의 탐학에 대한 반발로 시작하여 이후 동학농민군은 황토현 전투 등을 거치며 전주성을 점령하였다. 당시 조정에서는 청나라에 군대를 요청했고 톈진조약에 근거하여 청일 양국 군이 공동 출병하였다. 하지만 전주화약(집강소 설치)이 체결되면서 조정은 청일 양국 군대의 철병을 요청했으나 일본이 이를 어기고 경복궁을 무단 점령하고 군국기무처를 설치하여 개혁을 단행하였다. 이에 동학농민군은 서울 진격을 하는 과정에서 일본군과의 우금치 전투에서 패배하게 된다. 이후 일본은 김홍집, 박영효 연립 내각을 구성해 2차 갑오개혁을 추진하고, 1895년에는 을미개혁을 단행하였다.

|오답|

① 집강소는 전주화약의 체결로 설치된 농민 자치 기구이다.
③ 군국기무처는 갑오 1차 개혁(1894.6)을 주도한 기구이고, 우금치 전투(1894.7)보다 앞서 설치되었다.
④ 독립신문 발행과 독립문 건립은 독립협회(1896)가 주도하였다.

37 |정 답| ②

|해 설|

제시문은 1905년에 체결된 을사늑약이다. 을사늑약의 체결로 통감부가 설치되어 대한제국의 외교권을 강탈하고 초대 통감으로 이토 히로부미가 부임하였다. 이에 저항하여 민영환은 자결하고 장지연은 황성신문에 '시일야방성대곡'을 게재하였다. 한편 고종은 조약의 불법성과 부당함을 세계에 알리기 위하여 헤이그 특사를 파견하였다. 신민회(1907)는 국권이 상실되어 가는 상황에서 애국계몽운동을 전개하였고, 일제는 신문지법(1907)을 제정하여 민족 언론을 탄압하였다.

|오 답|

② 러일전쟁은 1904년에 발발하였다.

38 |정 답| ②

|해 설|

제시문은 김원봉이 주도한 단체들이다. 김원봉은 항일 무장 투쟁에 앞장 선 독립운동가로 1919년 의열단을 결성하여 나석주, 김상옥 등으로 하여금 일제 식민 기관 파괴 활동을 전개하였다. 이후 1930년대에는 좌우합작 성격의 민족혁명당 결성을 주도하고 조선의용대를 창설하여 충칭 임시정부 산하 한국광복군에 합류해 대일 전쟁을 전개하였다.

|오 답|

① 대한독립군을 이끌고 봉오동 전투에서 승리하였다.
③ 대한광복회를 조직하여 국내에서 활동하였고, 이후 김좌진은 북로군정서군을 이끌고 청산리 전투에서 승리하였다.
④ 한국독립군과 한국광복군 활동을 주도하였다.

39 |정 답| ①

|해 설|

제시문의 밑줄 친 이 법안은 6.25 전쟁 중이었던 1952년 임시수도 부산에서 통과된 1차 개헌인 발췌개헌안이다. 1950년 2대 국회의원 선거에서 이승만을 반대하던 무소속의 국회의원의 다수 당선으로 이승만은 기존의 대통령 간선제를 통해서는 재집권이 어렵다고 판단하였다. 그 결과 발췌개헌안을 통과시켜 대통령 간선제를 직선제로 바꾸는데 성공하였다.

|오 답|

② 2차 개헌(1954)은 사사오입 개헌이다.
③ 3차 개헌(1960)은 내각책임제와 대통령 국회 간선제를 규정하였다.
④ 7차 개헌(1972)은 유신헌법이다.

40 |정 답| ①

|해 설|

제시문은 신채호가 저술한 「조선상고사」의 내용이다. 신채호는 대표적인 항일 독립 운동가이자 민족주의 역사학자로서 활동하였다. 국권 피탈기에는 애국 계몽 운동으로 신민회 회원으로 대한매일신보의 주필로 활약하며 「독사신론」, 「수군 제일 위인 이순신전」, 「을지문덕전」 등의 영웅기를 저술하였다. 이후 일제강점기에는 상해 임시정부에 참여했지만 이승만의 정책에 반대하며 임시의정원 의원직을 사퇴하고 의열단 선언문인 「조선혁명선언」을 작성하였다.

|오 답|

① 매일신보(1910)는 조선총독부의 기관지이다.

03 2021년도 하반기 공공기관 일반상식 기출문제

문제 p.24

1	①	2	②	3	④	4	③	5	②	6	①	7	②	8	③	9	④	10	①
11	④	12	①	13	③	14	④	15	③	16	②	17	①	18	③	19	①	20	④
21	④	22	④	23	①	24	①	25	④	26	④	27	④	28	④	29	①	30	②
31	②	32	②	33	①	34	①	35	③	36	④	37	④	38	①	39	②	40	③

1 |정답| ①

|해설|

CCL(Creative Common License)는 일종의 오픈 라이선스로 저작물 사용 시 저작권자의 허락을 구하지 않고도 조건에 맞춰 창작물을 자유롭게 사용할 수 있다. ②③④는 저작물 사용을 위한 조건을 말한다.

|오답|

② NC(Noncommercial) : 영리목적 사용 금지

③ ND(No Derivative Works) : 저작물 변경 금지

④ SA(Share-alike) : 동일조건 변경 허락

2 |정답| ②

|해설|

대체(Alternative)와 코인(Coin)의 합성어로 비트코인을 제외한 나머지 가상화폐들을 통틀어 알트코인(Altcoin)이라고 부른다. ①③④는 알트코인에 속한다.

|오답|

① 이더리움(Ethereum) : 비탈릭 부테린이 2014년 개발한 가상화폐로 블록체인과 스마트계약이 적용되어 있는 가상화폐이다.

③ 라이트코인(Litecoin) : 찰스 리가 2011년 개발한 가상화폐로 암호와 알고리즘 스크립트를 사용하여 복잡함을 줄였다.

④ 폴리비우스(Polybius) : 인터넷 은행이 설립한 코인으로 사물인터넷, 빅데이터, 블록체인 기술을 활용한다.

3 |정답| ④

|해설|

포모증후군 … FOMO는 'Fear Of Missing Out'의 약자로, 세상에 뒤처지거나 소외되는 것에 대한 불안감과 두려움을 느끼는 현상이다.

|오답|

① LID증후군 : 핵가족화가 되면서 노인들이 상실감(Loss)과 소외(Isolation), 우울감(Depression)을 겪는 현상을 말한다.

② 노모포비아 : 'No, Mobile, Phobia' 세 단어의 합성어로 휴대전화가 없을 때 초조해하거나 불안감을 느끼는 증상을 말한다.

③ 램프증후군 : 실제로 일어나지 않거나 일어나도 해결이 어려운 걱정을 하며 끊임없는 걱정을 하는 증상을 말한다.

4 |정답| ③

|해설|

뉴칼라 … 언택트 시대에 맞게 IT와 AI 등 프로그램 개발 기술자를 뜻하는 말이다.

|오답|

① 화이트칼라 : 전문 사무직 노동자를 말한다.

② 골드칼라 : 빛나는 아이디어와 창의적인 사고로 정보화시대를 이끌어가는 전문직 노동자를 말한다.

④ 퍼플칼라 : 근무시간 및 장소를 유연하게 선택하여 탄력적으로 조정하여 근무하는 노동자를 말한다.

5 |정 답| ②

|해 설|

IPO(Initial Public Offering) ··· 기업 공개로, 기업의 주식 및 경영내용을 공개함과 동시에 상장법인이 되는 것이다.

|오 답|

① IR(Investor Relations)로 투자자관계 · 기업설명활동에 대한 설명이다.
③ IB(Investment Bank)로 투자은행에 대한 설명이다.
④ 상장에 대한 설명이다.

6 |정 답| ①

|해 설|

메타버스는(Metaverse) ··· 가상(Meta)과 우주(Universe)의 합성어로 3차원 가상세계를 뜻한다. 가상현실(VR)보다 한 단계 더 진화한 개념으로 실제 현실과 같은 사회 · 경제 · 문화적 활동이 가능하다는 특징이 있다. 메타버스는 1992년 미국 SF작가 닐 스티븐슨의 「스노 크래시」에서 처음 등장한 개념으로, 2003년 린든 랩이 출시한 3차원 가상현실 기반의 '세컨드 라이프'게임이 인기를 끌면서 메타버스가 널리 알려졌다.

7 |정 답| ②

|해 설|

공동저작물 저작재산권에서는 가장 마지막으로 사망한 저작자가 사망한 후 70년간 존속한다.

8 |정 답| ③

|오 답|

① **슈바베의 법칙** : 소득에 따른 생계비에서 차지하는 주거비 지출 관계에 대한 법칙이다. 소득이 클수록 주거비용이 낮고 소득수준이 낮을수록 생계비에서 차지하는 주거비가 크다.
② **그레셤 법칙** : 악화가 양화를 구축한다는 화폐유통에 관한 법칙이다.
④ **그로슈 법칙** : 컴퓨터의 성능은 크기나 규모의 제곱에 비례한다는 법칙이다.

9 |정 답| ④

|해 설|

|오 답|

① **로젠탈 효과** : 칭찬의 긍정적인 효과를 말한다.
② **리카도 효과** : 실질 임금의 하락으로 기계보다 노동력을 더 선호한다는 것이다.
③ **크레스피 효과** : 당근과 채찍을 뜻하며 보상과 처벌의 강도는 점점 강해져야 능률이 계속해서 오른다는 것이다.

10 |정 답| ①

|해 설|

|오 답|

② **해시태그** : 게시물에 꼬리표를 다는 기능으로 일종의 SNS 검색용 메타데이터를 말한다.
③ **브이로그** : 비디오와 블로그의 합성어로 개인의 일상을 영상으로 촬영한 콘텐츠를 말한다.
④ **딥페이크** : AI기술을 활용하여 특정인의 얼굴, 신체 등을 합성한 영상 편집물을 말한다.

11 |정 답| ④

|해 설|

|오 답|

① **리엔지니어링** : 기업의 체질 · 구조 · 경영 방식을 재설계하는 경영기법이다.
② **전사적 자원관리** : 자원을 효율적으로 관리하여 기업경쟁력을 강화하기 위한 통합정보 시스템이다.
③ **가치분석** : 제품의 기능 및 가격에 대해 조사하고 분석하여 원가를 줄이는 방법이다.

12 |정답| ①

|해설|

국가안전보장에 관련되는 대외정책·군사정책과 국내정책의 수립에 관하여 국무회의의 심의에 앞서 대통령의 자문에 응하기 위하여 국가안전보장회의를 둔다. 국가안전보장회의는 대통령이 주재한다〈헌법 제91조 제1항 및 2항〉.

|오답|

② 국정의 중요한 사항에 관한 대통령의 자문에 응하기 위하여 국가원로로 구성되는 국가원로자문회의를 둘 수 있다〈헌법 제90조 제1항〉.

③ 국민경제의 발전을 위한 중요정책의 수립에 관하여 대통령의 자문에 응하기 위하여 국민경제자문회의를 둘 수 있다〈헌법 제93조 제1항〉.

④ 평화통일정책 수립에 관한 대통령의 자문에 응하기 위하여 민주평화통일자문회의를 둘 수 있다〈헌법 제92조 제1항〉.

13 |정답| ③

|해설|

|오답|

'아비뇽의 여인들'은 파블로 피카소의 작품이다. 클로드 모네의 대표적인 작품은 '인상, 일출' 등이 있다.

14 |정답| ④

|오답|

① 디지털 루덴스 : 디지털 자료들을 적극적으로 활용하여 예술활동을 하는 사람을 말한다.

② 디지털 네이티브 : 태어날 때부터 디지털 기기에 둘러싸여 성장한 세대를 말한다.

③ 디지털 워터마크 : 파일의 저작권 정보를 식별할 수 있도록 삽입하는 비트 패턴을 말한다.

15 |정답| ③

|해설|

③ 장구는 타악기이다.

16 |정답| ②

|해설|

참매 … 수리목 수리과에 속하는 조류이다.

|오답|

① 송골매 : 매의 다른 이름으로 몽골어 '송홀'이 고려어에 차용되어 붙여졌다.

③ 보라매 : 난 지 1년이 안 된 새끼를 잡아 길들여서 사냥에 쓰는 매를 일컫는다.

④ 옥송골 : 좋은 송골매를 일컫는 말이다.

17 |정답| ①

|오답|

② 엄브렐러 펀드 : 전환형 펀드의 일종으로 펀드 아래에 여러 유형의 하위 펀드가 우산살처럼 있다는 뜻에서 지어졌다.

③ 멀티클래스 펀드 : 하나의 펀드에 투자기간 및 투자액이 다른 투자자들로 구성되어 있는 펀드이다.

④ 뮤추얼 펀드 : 증권투자자들이 펀드의 주식을 매입해 주주로서 참여하며 원할 때 언제든지 주식의 추가발행환매가 가능한 투자신탁이다.

18 |정답| ③

|해설|

'하' 앞의 말이 모음이나 유성 자음으로 끝나는 경우 어간의 끝음절 '하'의 모음 'ㅏ'가 축약되고 'ㅎ'와 다음 음절의 첫소리와 어울려 거센소리가 된다. 따라서 간편하도록은 간편토록이 된다.

|오답|

① '겄잡다'는 표현은 없다. '겉잡다'는 겉으로 보고 대강 짐작하여 헤아리다의 의미이며 '걷잡다'는 한 방향으로 치우쳐 흘러가는 형세 따위를 붙들어 잡다의 뜻이다.

② 서투르다에 어미가 붙는 것으로 '서툴렀던'으로 사용해야 한다.

④ '날다'의 활용형은 '날고', '날지', '나는' 등이다.

19 |정 답| ①

|오 답|

② 남의 싸움에 관계없는 사람이 해를 입는 경우를 비유적으로 이르는 말이다.

③ 남보다 많이 가진 사람들이 더 깍쟁이 노릇을 한다는 말이다.

④ 쓸데없이 궁한 소리를 자꾸 하지 말라는 말이다.

20 |정 답| ④

|해 설|

셰익스피어의 4대 비극은 「햄릿」, 「리어왕」, 「맥베스」, 「오셀로」이며 5대 희극으로는 「한여름 밤의 꿈」, 「십이야」, 「베니스의 상인」, 「말괄량이 길들이기」, 「뜻대로 하세요」가 있다.

21 |정 답| ④

|해 설|

철썩철썩은 파도의 소리를 흉내낸 말로 의성어이다. 의태어는 사람 또는 사물의 모양과 행동을 묘사한 말이다.

22 |정 답| ④

|해 설|

사이시옷은 다음과 같은 경우 받치어 적는다.

㉠ 순우리말로 된 합성어로서 앞말이 모음으로 끝난 경우

•뒷말의 첫소리가 된소리로 나는 것

•뒷말의 첫소리 'ㄴ', 'ㅁ'앞에서 'ㄴ'소리가 덧나는 것

•뒷말의 첫소리 모음 앞에서 'ㄴㄴ'소리가 덧나는 것

㉡ 순우리말과 한자어로 된 합성어로서 앞말이 모음으로 끝난 경우

•뒷말의 첫소리가 된소리로 나는 것

•뒷말의 첫소리 'ㄴ', 'ㅁ'앞에서 'ㄴ'소리가 덧나는 것

•뒷말의 첫소리 모음 앞에서 'ㄴㄴ'소리가 덧나는 것

㉢ 두 음절로 된 한자어 : 한자어에는 사이시옷을 붙이지 않는 것이 원칙이지만 곳간(庫間), 셋방(貰房), 숫자(數字), 차간(車間), 횟수(回數)는 사이시옷을 붙인다.

23 |정 답| ①

|해 설|

'드러나다'는 보이지 않던 것이 보이게 됨을 이르는 말이다.

|오 답|

② 움츠리다 : 몸이나 몸의 일부를 오그리어 작아지게 함을 이르는 말이다.

③ 얽히고설키다 : 관계, 일, 감정 따위가 이리저리 복잡하게 됨을 이르는 말이다.

④ 설레다 : 마음이 가라앉지 아니하고 들떠서 두근거림을 이르는 말이다.

24 |정 답| ①

|해 설|

녹색 GNP … GNP에서 환경오염 부분을 상쇄한 순 GNP의 개념이다. 즉 모든 생산 활동에서 발생하는 오염물질, 폐기물 등의 환경오염을 해결하는 데 사용된 비용을 계산해야 한다는 것이다.

25 |정 답| ④

|해 설|

플래그십 마케팅 … 시장에서 성공을 거둔 특정 상품을 중심으로 판촉활동을 하는 마케팅을 말한다.

|오 답|

① **프로슈머 마케팅** : 소비자들이 공모전이나 대회 등에 참여하여 직접 아이디어를 제안하고 신제품 개발에 참여하는 마케팅이다.
② **PPL 마케팅** : TV프로그램이나 영화 등 매체 속에 특정 기업이나 상품을 자연스럽게 노출시키는 마케팅이다.
③ **넛지 마케팅** : 소비자가 상품을 선택할 때 유연하게 접근하도록 소비자를 유도 하는 마케팅이다.

26 |정 답| ③

|해 설|

업사이클링 … Upgrade와 Recyling의 합성어로, 디자인이나 활용도를 더하여 전혀 다른 제품으로 생산하는 것을 말한다. 버려지는 물건을 재활용하여 필요한 제품으로 재탄생시키며 최근에는 착한 소비, 가치 있는 소비로 새로운 소비 트렌드가 되었다. 업사이클링 문화가 확산되면서 서울시는 국내 최대의 업사이클 타운을 조성하기도 하였다. 국내 최대 크기 업사이클링 타운인 서울새활용플라자는 2017년에 개관하여 과학관, 공방, 카페 등을 운영하는 문화공간이다. 이를 비롯하여 "아름다운 가게"에서 운영하는 "에코파티메아리" 등 업사이클링 제품 가게와 사업도 늘어나고 있는 추세이다.

|오 답|

① **사이버 렉카** : 각종 이슈가 된 사건들에 달려들어 영상을 올리는 유튜버를 뜻한다. 이들은 오로지 구독자들의 후원금과 조회 수를 목적으로 하여 무분별하게 콘텐츠를 재생산한다.
② **제로웨이스트** : 환경보호를 위해 플라스틱 용기, 비닐봉지, 나무젓가락 등 일회용품 사용을 자제하고 장바구니나 도시락 통, 텀블러 등을 사용하는 것을 말한다.
④ **브레인 포그** : 희뿌연 안개가 머리에 낀 것처럼 생각과 표현이 불분명한 상태를 말한다. 레인 포그의 원인으로는 스트레스, 수면부족, 호르몬 변화 등을 들 수 있으며 이를 방치할 경우 치매 발병 위험이 높아지므로 관리가 필요하다.

27 |정 답| ③

|오 답|

① **통크족** : 자식은 있지만 자식에게 의존하지 않고 취미 · 운동 · 여행 등으로 부부만의 생활을 즐기는 사람을 일컫는다.
② **예티족** : 젊고 기업가적이며, 기술에 바탕을 둔 인터넷 엘리트를 일컫는다.
④ **싱커즈족** : 결혼 후 맞벌이를 하면서 아이를 낳지 않고 일찍 정년퇴직하여 노후생활을 즐기는 것을 말한다.

28 |정 답| ④

|해 설|

상강(霜降)은 가을을 나타낸다.
※ **계절을 나타내는 한자**
  ㉠ **봄** : 입춘(立春), 우수(雨水), 경칩(驚蟄), 춘분(春分), 청명(淸明), 곡우(穀雨)
  ㉡ **여름** : 입하(立夏), 소만(小滿), 망종(芒種), 하지(夏至), 소서(小暑), 대서(大暑)
  ㉢ **가을** : 입추(立秋), 처서(處暑), 백로(白露), 추분(秋分), 한로(寒露), 상강(霜降)
  ㉣ **겨울** : 입동(立冬), 소설(小雪), 대설(大雪), 동지(冬至), 소한(小寒), 대한(大寒)

29 |정 답| ①

|해 설|

2025년의 최저임금은 10,030원이다.

30 |정 답| ②

|해 설|

신간회 … 신석우, 안재홍, 이승훈, 권동진, 한용운, 신채호, 백관수 등 여러 민족주의자와 사회주의자가 모여 회장 이상재, 부회장 홍명회로 결성되었으며, '민족 유일당 민족협동전선'이란 표어 아래 설립되었다.

|오 답|

② 양기탁은 안창호와 주도하여 신민회를 설립했다.

※ 신민회(1907)와 신간회(1927)

구분	신민회(1907)	신간회(1927)
설립	안창호, 양기탁 등	이상재, 안재홍 등
목표	국권회복, 독립자주국 건설	비타협적 민족전선 수립 3대 강령
활동	독립운동 기지, 대성학교, 오산학교 설립	• 광주학생항일운동 진상 조사단 파견 • 원산 노동자 총파업 지지
특징	• 비밀단체 • 애국계몽운동 • 105인 사건으로 해체	• 민족주의와 사회주의 결합 • 자진 해산

31 |정답| ②

|해설|

부여에 관한 내용이다. 부여는 왕을 중심으로 마가, 우가, 구가, 저가와 같은 제가 세력이 사출도라는 독자적 영역을 통치하는 연맹왕국이다. 제천행사로는 영고(12월)가 있었고 순장, 형사취수제 등의 풍습이 있었다. 또한 우제점복(牛蹄占卜)의 풍습이 있어 전쟁에 출전하기 전 소의 굽으로 승패를 예측하였다.

|오답|

① 영고는 12월에 시행한 부여의 제천행사이다.
③④ 동예에 관한 내용이다.

32 |정답| ②

|해설|

제시문은 무신집권기 최충헌이 왕에게 올린 〈봉사 10조〉다. 최충헌은 횡포를 자행하는 이의민을 죽이고 무신집권으로 인한 사회적 혼란을 예방하기 위한 방책으로 왕에게 〈봉사 10조〉를 올렸다. 하지만 실질적으로 이를 통해 자신이 정권을 장악하고 이후 최씨 무신 정권을 확립하는 계기가 되었다.

|오답|

① 신라 말 최치원이 진성여왕에게 국정 개혁을 위해 올린 〈시무 10여조〉이다.
③④ 고려 말 공민왕의 개혁정치 과정에서 시행되었다.

33 |정답| ①

|해설|

'이번 문서에서는 강화로 도읍을 옮긴지 40년에 가깝지만, 오랑캐의 풍습을 미워하여 진도로 도읍을 옮겼다'에서 해당 조직은 고려시대 삼별초임을 알 수 있다. 삼별초는 고려시대 최씨 정권의 최우 집권기에 만들어진 야별초가 좌별초·우별초로 나뉘고, 후에 몽고로 포로로 잡혀간 이들이 돌아와 편성된 신의군이 합쳐져 삼별초가 되었다. 따라서 최씨 정권 말엽이라고 할 수 있지만 시작은 최우의 야별초에서 비롯되었다고 할 수 있다.

34 |정답| ①

|해설|

부를 축적한 농민은 지위를 높이고 역 부담을 모면하기 위해 신분을 사거나 족보를 위조하여 양반이 되었고 노비 또한 도망, 상민과의 결혼, 군공이나 납속을 통해 상민이 되었다. 이러한 상민의 감소와 양반 수의 증가는 국가재정상·국방상 많은 지장을 초래하였다. 국가에서는 국가재정의 기반이 되는 상민의 수를 늘리기 위해 공노비를 단계적으로 해방시켰다.

35 |정답| ③

|해설|

(가)는 을미사변과 단발령에 반발하여 발생한 을미의병(1895)이고 (나)는 1908년 13도 창의군의 서울진공작전에 대한 내용이다. 안중근이 하얼빈에서 이토 히로부미를 저격한 것은 1909년이다.

|오답|

① 1905년에 일본이 강제로 체결한 을사늑약 내용이다.
②④ 1907년에 헤이그 특사 파견이 발각되며 일제는 고종의 강제 퇴위와 군대를 강제 해산시켰다.

36 |정답| ④

|해설|

공민왕의 개혁정치

㉠ 반원 자주 정책 : 친원세력 숙청, 정동행성 이문소 폐지, 관제 복구, 몽고풍 일소, 쌍성총관부 수복, 요동지방 공략

㉡ 내정개혁 : 신돈의 등용, 권문세족 억압, 정방 폐지, 전민변전도감 설치, 성균관의 설치, 신진사대부 등용

㉢ 실패 원인 : 원의 압력, 권문세족의 반발, 신진사대부의 미약

37 |정답| ④

|오답|

① 의정부(議政府)는 조선시대 최고 합의 기구이고 조선 후기로 올수록 점점 실권이 약화되었다. 조선시대 최고의 행정집행기관은 육조(六曹)이다.

② 홍문관(弘文館)은 조선시대 궁중의 경서·사적의 관리와 문한(文翰)의 처리 및 왕의 각종 자문에 응하는 일을 담당하던 관서로 사헌부·사간원과 함께 삼사(三司)로 불렸다.

③ 대간(臺諫)이란 감찰 임무를 맡은 대관(臺官)과 국왕에 대한 간쟁 임무를 맡은 간관(諫官)의 합칭으로 조선시대 때 대관은 사헌부(司憲府), 간관은 사간원(司諫院)이었다. 예문관은 조선시대 임금의 말이나 명령을 대신하여 짓는 것을 담당하기 위해 설치한 관서이고 춘추관은 조선시대 시정(時政)의 기록을 관장하던 관서이다.

38 |정답| ①

|해설|

일제통치가 진행되던 1926년 광화문 앞에 지어진 조선총독부는 패망 직전의 상황까지 우리 민족에 대한 수탈의 상징물이었다. 당시 일제는 우리나라에 대한 통치의 위엄을 과시하려 경복궁의 근정전 바로 앞에 건물을 세우며 우리나라의 혼을 뺏으려 했다. 우리나라는 구 조선총독부 건물을 1986년부터 국립중앙박물관으로 사용했는데, 과거 자신들의 만행을 반성하는 것이 아닌 자부심을 가지고 일본인 관광객들이 필수 관광코스로 방문하여 논란이 되었다. 이에 역사학계에서는 아프고 치욕적인 역사도 남겨서 교육을 해야 한다는 의견과 민족의 정기를 말살하여 했던 건물을 철거를 해서 일제의 잔재를 뿌리 뽑아야 한다는 의견으로 나뉘었다. 결국후자인 철거의 목소리가 높아 2년여 간의 논의 끝에 철거를 실행에 옮겼다.

39 |정답| ②

|해설|

제시문은 〈영조실록〉에 기록된 붕당정치의 폐단에 관한 기록이다. 인조반정 이후 서인과 남인의 정치적 대립은 예송논쟁, 환국으로 이어졌고 그 결과 서인의 일당전제화가 이루어지면 붕당정치의 폐단은 날로 심해졌다. 영조와 정조는 붕당정치의 폐단을 시정하기 위하여 탕평정치를 시행하였다. 균역법은 군포 납부의 부담을 줄여주기 위하여 영조 때 시행되었다.

|오답|

① 대동법은 조선 광해군 때 이원익의 건의로 시행되었다.

③ 영정법은 조선 인조 때 시행되었다.

④ 규장각은 조선 정조 때 설치되었다.

40 |정답| ③

|해설|

제시문의 밑줄 친 지역은 간도, 해당 비문은 조선 숙종 때 세워진 백두산정계비(1712)에 기록되어 있다. 백두산 정계비에는 간도가 서쪽으로는 압록강, 동쪽으로는 토문강을 경계로 한다고 기록되어 있는데 토문강에 대한 해석이 조선과 청 사이에 일치하지 않아 그 영유권을 놓고 분쟁 지역이 되었다. 대한제국에서는 이범윤을 간도 관리사로 임명하고 함경도 행정구역으로 편입하였지만, 일본이 남만주 철도 부설권을 얻는 대가로 청의 영토로 인정하는 간도협약(1909)을 체결하였다.

|오답|

①②④ 모두 독도에 관한 설명이다.

문제 p.32

1	①	2	②	3	②	4	③	5	④	6	②	7	③	8	③	9	①	10	②
11	④	12	④	13	①	14	①	15	③	16	②	17	①	18	③	19	②	20	④
21	④	22	②	23	③	24	①	25	②	26	③	27	④	28	④	29	②	30	①
31	③	32	①	33	③	34	④	35	②	36	②	37	④	38	②	39	②	40	④

1 |정답| ①

|오답|

② 디즈니피케이션 : 도시가 놀이공원(디즈니랜드)처럼 관광객 유치를 위해 테마파크로 변하는 현상을 일컫는다.

③ 어시더피케이션 : 사전적 의미로는 "산성화, 산패"의 뜻을 가지며, 와인용어로는 "더운 지방에서 자란 포도는 산도가 약하므로 유기산(주석산)을 첨가하여 산도를 맞추는 일"을 말한다.

④ 투어리스티피케이션 : 투어리스티파이(Touristify)와 젠트리피케이션(Gentrification)의 합성어로, 관광객들이 주거지역을 찾아오며 발생하는 소음과 쓰레기, 주차 문제 등을 이유로 거주민들이 이주하게 되는 현상을 뜻한다.

2 |정답| ②

|해설|

※ 민요 장단 빠르기

장단	설명
진양	• 판소리·산조 등에 쓰이는 느린 장단이다. • 빠르기는 ♩ = 35 정도이다
중모리	• 판소리, 산조, 민요, 무악 등에 쓰인다. • 빠르기는 ♩ = 84 ~ 92이다.
중중모리	• 산조, 판소리 등에 조금 빠른 장단으로 쓰인다. • 빠르기는 ♩ = 80 ~ 96이다.
자진모리	• 자진모리는 '잦게 몰아 간다'는 뜻에서 붙여진 이름이다. • 빠른 장단에 해당하며, ♩ = 80 ~ 110이다.
휘모리	• 빠른 정도에 따라 휘모리·단모리 등으로 나누기도 한다. • 빠르기는 ♩ = 208 ~ 230 정도이다.

3 |정답| ②

|오답|

① 욜로족 : 내 집 마련이나 노후준비보다는 현재의 삶을 즐기는 사람들을 일컫는다.

③ 프리터족 : 특정 직업 없이 아르바이트로 생활하는 젊은층을 일컫는다.

④ 파이어족 : 30대 말 ~ 40대 초에 조기 은퇴하겠다는 목표를 가진 사람들을 일컫는다.

4 |정답| ③

|해설|

생물테러감염병 또는 치명률이 높거나 집단 발생 우려가 커서 발생 또는 유행 즉시 신고하고 음압격리가 필요한 감염병은 제1급 감염병에 해당한다. 제1급 감염병에는 에볼라바이러스병, 마버그열, 라싸열, 크리미안콩고출혈열, 남아메리카출혈열, 리프트밸리열, 두창, 페스트, 탄저, 보툴리눔독소증, 야토병, 신종감염병증후군, 중증급성호흡기증후군(SARS), 중동호흡기증후군(MERS), 동물인플루엔자 인체감염증, 신종인플루엔자, 디프테리아가 있다.

|오답|

① 전파가능성을 고려하여 발생 또는 유행 시 24시간 이내에 신고하여야 하고, 격리가 필요한 제2급 감염병에 해당한다.

②④ 발생을 계속 감시할 필요가 있어 발생 또는 유행 시 24시간 이내에 신고하여야 하는 제3급감염병에 해당한다.

5 |정답| ④

|해설|

헌법 제37조 제2항(국민의 모든 자유와 권리는 국가안전보장·질서유지 또는 공공복리를 위하여 필요한 경우에 한하여 법률로써 제한할 수 있으며, 제한하는 경우에도 자유와 권리의 본질적인 내용을 침해할 수 없다)에 따라 제한을 할 수도 있다.

6 |정답| ②

|해설|

일반적인 법원에는 양식에 따라 성문법과 불문법으로 구분된다. 성문법에는 헌법, 조례, 법률, 명령, 규칙 등이 해당되며 불문법에는 관습법, 판례법, 조리 등이 해당된다.

7 |정답| ③

|오답|

① 플레처리즘 : 건강을 위하여 음식의 양을 알맞게 줄이자는 주의를 말한다.

② 개피털리즘 : 선진국에서 시작된 소득 및 교육 등의 양극화 문제가 전 세계로 확산되는 현상을 말한다.

④ 메타폴리즘 : 대도시 인간에게 나타나는 무인정주의(無人情主義)를 말한다.

8 |정답| ③

|오답|

① 타히티의 여인들 - 고갱

② 도라 마르의 초상 - 피카소

④ 비너스의 탄생 - 보티첼리

9 |정답| ①

|해설|

① 공매도 : 주식이나 채권을 가지고 있지 않은 상태에서 매도주문을 내는 것을 말한다. 가지고 있지 않은 주식이나 채권을 판 후 결제일이 돌아오는 3일 안에 해당 주식이나 채권을 구해 매입자에게 돌려주면 되기 때문에, 약세장이 예상되는 경우 시세차익을 노리는 투자자가 활용하는 방식이다.

|오답|

② 공매수 : 신용거래에서 자금이 없거나 주권 인수 의사 없이 행사하는 매수주문이다.

③ 대차거래 : 증권 회사가 고객과의 신용 거래에 필요한 돈이나 주식을 증권 금융 회사로부터 빌리는 일을 말한다.

④ 선물옵션 : 선물계약을 매매대상으로 하는 옵션이다. 선물옵션의 매입자는 대상이 되는 선물의 포지션을 취할 수 있는 권리를 갖지만 의무는 없다.

10 |정답| ②

|오답|

② 선거여부를 스스로 자유롭게 결정할 수 있는 자유선거의 원칙이 있으나 선거의 4대 원칙에 포함되지 않는다.

※ 선거의 4대 원칙

㉠ 보통선거 : 일정한 나이가 된 모든 국민에게 선거권이 있는 원칙이다.

㉡ 평등선거 : 유권자 개개인의 투표권이 재산, 신분, 성별, 교육 정도, 종교, 문화 등의 영향을 받지 않고 모두 같다는 원칙이다.

㉢ 직접선거 : 다른 사람이 대신할 수 없고 선거권을 가진 사람이 직접 투표를 하는 원칙이다.

㉣ 비밀선거 : 누구에게 투표했는지 다른 사람이 알지 못하게 비밀이 보장되는 원칙이다.

11 |정답| ④

|오답|

※ 삼강오륜

㉠ 유교의 도덕사상에서 기본이 되는 3가지 강령과 5가지 인륜을 말한다.

㉡ 삼강

• 군위신강(君爲臣綱) : 임금과 신하 사이에 지켜야 할 떳떳한 도리

• 부위자강(父爲子綱) : 부모와 자식 사이에 지켜야 하는 떳떳한 도리

• 부위부강(夫爲婦綱) : 부부 사이에 지켜야 하는 떳떳한 도리

㉢ 오륜

• 부자유친(父子有親) : 부모는 자식에게 이자하고 자녀는 부모에게 섬김을 다하라 뜻

• 군신유의(君臣有義) : 군주와 신화의 관계는 의리를 바탕에 두어야한다는 뜻

• 부부유별(夫婦有別) : 남편과 아내 사이에는 인륜의 분별이 있어야 한다는 뜻

• 장유유서(長幼有序) : 어른과 어린아이 사이에는 사회적인 순서와 질서가 있다는 뜻

• 붕우유신(朋友有信) : 친구 사이에는 믿음이 있어야 한다는 뜻

12 |정답| ④

|오답|

① 디지털 트윈 : 현실세계의 장비나 사물 등을 가상세계에 구현한 것을 말한다.

② 디지털 노마드 : 디지털 접속을 전제로, 기기를 이용하여 공간에 제약 받지 않고 재택 및 이동근무를 하면서 자유로운 생활을 하는 사람들을 말한다.

③ 디지털 리터러시 : 디지털 미디어 정보를 평가 및 판단하고 새로운 지식을 창출하는 능동적인 개념이다.

13 |정답| ①

|오답|

① 삼한에 대한 설명이다.

14 |정답| ①

|오답|

약관(弱冠)은 20세를 나타낸다. 15세에는 학문에 뜻을 두었다는 의미로 지학(志學)이라고 한다.

15 |정답| ③

|오답|

① **고용보험** : 실직 시 실업급여를 지급하여 근로자의 생활안정과 구직 활동을 촉진함으로써 경제·사회 발전에 이바지하고 실업의 예방, 고용의 촉진 및 근로자의 직업능력의 개발과 향상을 꾀하는 사회보험제도로 1995년에 시행되었다.

② **산재보험** : 산재근로자와 그 가족의 생활을 보장하기 위하여 국가가 책임을 지는 의무보험으로 사용자가 근로기준법상 재해보상책임을 보장하기 위하여 국가가 사업주로부터 소정의 보험료를 징수하여 그 기금으로 사업주를 대신하여 산재근로자에게 보상을 해주는 사회보험제도로 1964년에 시행되었다.

④ **건강보험** : 일상생활에서 발생하는 질병·상해·부상 등으로 인하여 고액의 진료비가 소요되어 가계가 파탄되는 것을 방지하기 위하여 보험원리에 의거 보험금을 납부하고 사고가 발생했을 때 보험급여를 제공함으로써 국민 상호간에 위험을 분담하고 의료서비스를 제공하는 사회보험제도로 1977년에 시행되었다.

※ **사회보험** … 국민에게 발생하는 사회적 위험(질병, 상해, 실업, 노령 등)을 보험방식에 의하여 대처함으로써 국민의 건강과 소득을 보장하는 제도로써 가입을 의무적으로 한다.

※ 사회보험 특징

구분	사회보험	민간보험
보험대상	인(人)보험	인(人), 물(物)보험
제도의 목적	최저생계 또는 의료보장	개인적 필요에 따른 보장
보험가입	의무	임의
수급권	법적 수급권	계약적 수급권
운영주체	정부 및 공공기관	민간기업
부담대상	공동부담	본인부담
보험료산정방식	정율제	소득정율제
보험료 수준	위험율 상당 이하 요율	경험율
보험자의 위험선택	불필요	필요
급여 수준	균등급여	기여비례
인플레이션 대책	가능	취약
성격	집단보험	개별보험

16 |정답| ②

|오답|

① **유스 올림픽** : 14 ~ 18세 선수들이 참가하여 종목별 기량을 가리는 청소년 올림픽이다.

③ **프레올림픽** : 올림픽대회가 열리기 1년 전에 그 경기시설이나 운영 등을 테스트하는 의미로 개최되는 비공식 경기대회이다.

④ **대항 올림픽** : 모종의 사유로 근대 올림픽과 대립하여 열린 대회이다.

17 |정답| ①

|오답|

18세 이상의 국민은 대통령 및 국회의원의 선거권이 있다〈공직선거법 제15조(선거권) 제1항〉.

18 |정답| ③

|오답|

① **탄소제로** : 기업 활동에서 발생되는 이산화탄소를 최대한 줄이고 절감이 불가능한 부분에 대해서는 탄소배출권을 자발적으로 매입하여 궁극적으로 이산화탄소의 발생을 '0'으로 만드는 것을 말한다.

② **RE100** : 기업이 사용하는 전력 100%를 재생에너지로 충당하겠다는 캠페인이다.

④ **업사이클링** : 재활용할 수 있는 옷이나 의류 소재 따위에 디자인과 활용성을 더하여 가치를 높이는 일을 일컫는다.

19 |정답| ②

|오답|

① **공유경제** : 이미 생산된 제품을 공유해서 사용하는 협력 소비경제를 일컫는다.

③ **구독경제** : 일정액을 내면 사용자가 원하는 상품이나 서비스를 공급자가 주기적으로 제공하는 서비스를 일컫는다.

④ **매크로경제** : 거시경제를 말하며 국민소득 이론에 입각한 소비·투자·저축 등의 집계량을 가지고 국민소득의 결정을 논한다.

20 |정답| ④

|오답|

① WIPO : 세계지적소유권기구
② IFAD : 국제농업개발기금
③ ITLOS : 국제해양법재판소

21 |정답| ④

|해설|

④ **청년면접수당** : 취업면접에 참여한 경기도에 거주하는 청년(만 18~39세)까지를 대상으로 한다. 최대 30만 원(면접 1회 5만원, 최대6회)을 지원한다. 희망하는 지역의 '경기도 지역화폐'로 지급한다. 전국 지자체 최초로 경기도에서 시행하였다.

|오답|

① **취업촉진수당** : 구진촉진수당 수급자격을 인정받은 구직자에게 지원하는 수당이다.
② **조기재취업수당** : 구직급여의 수급자격자가 대기기간이 지난 후에 재취업한 날의 전날을 기준으로 소정의 급여일수를 1.2이상 남기고 재취업을 하는 경우 구직급여의 1/2를 조기재취업수당으로 지급하여 구집급여 수급자가 빠르게 재취업을 하도록 촉진하는 제도이다.
③ **창업농육성장학금** : 영농 및 농림축산식품 분야에 취업 또는 창업하여 의무종사를 할 대한민국 국적자의 대학재학생에게 제공하는 장학금이다.

22 |정답| ②

|오답|

① 기준금리를 0.5% 인상하는 것이다.
③ 기준금리를 0.75% 인상하는 것이다.
④ 기준금리를 0.25% 인상하는 것이다.

23 |정답| ③

|오답|

③ 기생충은 제72회 칸 영화제에서 황금종려상을 수상받았다.

24 |정답| ①

|오답|

① 2025년은 '푸른 뱀의 해'로 갑진년이다.
② 2024년이다.
③ 2022년이다.
④ 2023년이다.

25 |정답| ③

|오답|

① 튀르키예의 수도이다.
② 인도네시아의 수도이다.
④ 오스트레일리아의 수도이다.

26 |정답| ③

|오답|

993년 고려의 서희 장국이 흥화, 용주, 통주, 철주, 구주, 곽주의 평안도 지역을 차지하였다.

27 |정답| ④

|오답|

① **반의사불론죄** : 피해자가 가해자의 처벌을 원하지 않는 경우 처벌을 할 수 없는 범죄를 의미한다.
② **친고죄** : 피해자의 고소가 있어야 공소를 제기할 수 있는 범죄를 의미한다.
③ **무고죄** : 타인을 형사나 징계처분을 받게할 목적으로 허위 사실을 신고하는 죄를 의미한다.

28 |정답| ④

|오답|

① 블록체인 : 비트코인의 기반이 되는 기술로 사토시 나
카모토가 고안한 기술이다.
② NFT : 대체 불가능한 토큰으로 희소성이 있는 디지털
자산을 토큰화 한 것이다.
③ 메타버스 : 현실과 가상공간의 합성어로 3차원 가상세
계를 의미한다.

29 |정답| ②

|오답|

① 브라운백 미팅 : 간단한 점심식사와 함께하는 토론을
의미한다.
③ 워크아웃미팅 : 자유로운 분위기의 회의를 의미한다.
④ 도어스테핑 : 출근길에 기자들과 가지는 약식회견을 의
미한다.

30 |정답| ①

|오답|

② 리쇼어링 : 비용절감을 위해 해외에 나가 있던 기업이
자국으로 돌아오는 현상이다.
③ 오프쇼어링 : 기업의 업무를 해외에 있는 기업에 맡기는
것으로 아웃소싱의 범주가 외국으로 확대된 것이다.
④ 니어쇼어링 : 리쇼어링이 어려울 경우 인접한 국가에서
아웃소싱을 하는 것을 의미한다.

31 |정답| ③

|오답|

① 인지 부조화 : 신념과 가치관이 실제와 상이할 때 생기
는 것을 말한다.
② 귀인 이론 : 자신이나 타인의 행동이 발생한 원인을 추
론하는 것을 말한다.

32 |정답| ①

|오답|

곶 … 하천이나 바다쪽으로 육지 일부분이 뾰족하게 뻗은
모양을 한 지형을 말하며 갑(岬) 또는 단(端)이라고도 불
리운다.

33 |정답| ③

|오답|

① 스모킹 건 : 어떤 범죄나 사건을 해결할 때 나오는 확
실하고 결정적인 증거를 일컫는 용어이다.
② 패스트트랙 : 사전적 의미로는 '목표를 달성하기 위한
지름길'을 뜻하며 긴급하고 중요한 안건을 신속하게
처리하기 위해 2015년 도입한 제도로, 일정 기간 내
해당 법안이 본회의에 상정되도록 만들었다.
④ 훌리건 : 축구장의 난동꾼들을 가리킨다.

34 |정답| ④

|오답|

삼한사온 … 겨울철 대게 동부아시아에서 나타나는 날씨의
특징으로 시베리아기단 세력이 팽창과 수축하는 과정에
영향을 받으며 3일간 춥고 4일간 따뜻한 기온 변화를 나
타낸다.

35 |정답| ③

|오답|

편익 … 경제 활동을 통해 지출된 비용에서 얻게 된 이득
이나 만족감을 금전화하여 표현한 것을 말한다. 예로, 음
식 A, B의 가격이 20,000원으로 동일할 때 A를 선택할
경우 직접 골랐으므로 편익은 20,000원 보다 크게 될
수 있다는 것이다.

36 |정 답| ③

|오 답|

도급의 의의 〈「민법」 제664조〉 … 도급은 당사자 일방이 어느 일을 완성할 것을 약정하고 상대방이 그 일의 결과에 대하여 보수를 지급할 것을 약정함으로써 그 효력이 생긴다.

37 |정 답| ④

|오 답|

머그샷(Mug Shot) … 정식 명칭은 "Police Photograph"로 18세기 얼굴을 뜻하는 은어, 머그(Mug)에서 유래된 말로 범죄 현장에서 체포된 피의자를 식별하기 위해 찍는 얼굴 사진을 말한다.

38 |정 답| ②

|오 답|

① **뿌리산업** : 나무의 뿌리처럼 제조업 경쟁력의 근간이 되는 산업을 말한다.
④ **기간산업** : 산업의 기초가 되는 산업으로 기초산업이라고도 불리운다.

39 |정 답| ②

|오 답|

문화지체 … 미국 사회학자 W.F.오그번(William Fielding Ogburn)의 '사회변동론'에서 주장한 내용으로 급격한 물질 문화의 변화를 비물질문화가 대처하지 못하여 뒤떨어지는 현상을 말한다.

40 |정 답| ④

|오 답|

우범소년 … 10세 이상 19세 미만의 범죄 및 비행 행위를 일으킬 가능성이 있는 소년을 말한다.

05 2022년도 하반기 공공기관 일반상식 기출문제

문제 p.39

1	②	2	①	3	②	4	①	5	③	6	②	7	④	8	①	9	①	10	③
11	②	12	④	13	②	14	①	15	④	16	③	17	①	18	③	19	②	20	④
21	①	22	③	23	④	24	②	25	③	26	④	27	②	28	③	29	②	30	③
31	④	32	②	33	①	34	④	35	②	36	③	37	④	38	③	39	①	40	②

1 |정답| ②

|오답|

소셜커머스 … SNS를 통한 전자상거래를 일컫는다. 대부분 구매자들 간의 자발적인 홍보가 이루어지므로 마케팅 비용이 크게 발생하지 않는다. 최근에는 오픈마켓과 소셜커머스의 구분이 많이 모호해지고 있는 추세이다.

2 |정답| ①

|오답|

유레카(Eureka) … 고대 그리스 수학자 중 한명인 아르키메데스가 목욕탕안에서 목욕을 하던 중 욕조 안 물이 넘치는 것을 보고 '유레카'라고 외친 것이 유래가 되었다. '알아냈다', '찾아냈다'라는 뜻을 지닌 이 단어는 생각지도 못한 발견을 하거나 깨달았을 때 외치는 단어로 사용되어지고 있다.

3 |정답| ②

|오답|

킥오프(Kick Off) … 축구에서 경기가 시작됨을 표현하는 단어 킥오프(Kick-Off)가 확장된 것으로 비즈니스 영역에서는 새로운 프로젝트를 시작하는 단계를 말하며 관계자들이나 고객들과의 첫 회의를 뜻하는 용어를 말한다.

4 |정답| ①

|오답|

노르딕 복합 … 스키점프와 크로스컨트리 스키로 구성된 경기로 1924년 초대 동계올림픽에서 정식 채택되었다.

5 |정답| ③

|오답|

디깅소비 … '파다, 파내다'란 뜻의 'Dig'에서 파생된 용어로, 관심있어하는 분야에 대하여 깊게 파고들며 나아가 소비행위로 이어지는 현상을 말한다.

6 |정답| ②

|오답|

① CEM : 기업이 모든 접점에서 고객과 관계를 맺고 각기 다른 고객 경험 요소를 서로 통합하여 고객의 경험을 데이터화 하여 구축한 것을 말한다.

③ ESG : 친환경, 사회적 책임 경영, 지배구조를 개선하는 등 기업활동을 투명하게 경영해야만 기업발전이 지속 가능하다는 경영방식을 의미한다.

④ ERP : 기업 내의 통합정보시스템을 구축하여 인적·물적인 자원의 활용도를 극대화하고자 하는 경영혁신 기법이다.

7 |정답| ④

|오답|

① **브로드밴딩** : 직무등급의 수를 줄이는 대신 직무등급의 급여 폭을 넓히는 인사관리 방법을 말한다.

② **코칭** : 본인의 역량을 최대한으로 끌어올려 목적을 달성할 수 있도록 도와주는 것을 말한다.

③ **변혁적 리더십** : 구성원들의 가치관이나 행동규범 등을 변화시켜 조직을 바람직한 방향으로 변혁시키는 리더십을 말한다.

8 |정답| ①

|오답|

메타버스 … 3차원 가상세계를 뜻한다. 기존의 가상현실보다 업그레이드된 개념으로 가상현실이 현실세계에 흡수된 형태이다. 즉, 가상세계의 현실화인 셈이며, 게임으로 가상현실을 즐기는 것보다 앞서서 가상의 세계에서 현실처럼 사회, 문화, 경제활동 등을 할 수 있는 것이다.

② **증강현실** : 실제 사물에 CG가 합해져서 디지털 콘텐츠를 표현한다.

③ **혼합현실** : 별도의 장치 없이 실감나는 CG를 볼 수 있는 것이다.

④ **확장현실** : VR, AR, MR, HR 등의 다양한 기술이 합해진 실감기술로 가상공간에서 제약 없이 활동할 수 있다.

9 |정답| ①

|오답|

② **시나위** : 전라도 무악계의 기악곡으로, 일명 신방곡(神房曲)이라고도 한다.

③ **추임새** : 판소리에서 창(唱)의 사이사이에 고수가 흥을 돋우기 위하여 삽입하는 소리이다.

④ **발림** : 판소리에서 창자(唱者)가 소리의 극적인 전개를 돕기 위한 몸짓·손짓을 말한다.

10 |정답| ③

|오답|

미란다 원칙 … 경찰관이 피의자를 체포·조사하기 전에 고시하는 원칙으로 1966년 미란다(E. Miranda)가 미국 대법원의 판례로 확립된 피의자를 위해 정한 인권보호책이다. 묵비권과 변호사 선임권이 있음을 고지하고 자백한 범행사실이 증거능력이 되지 않는다는 원칙인 미란다의 권리이다.

① **불고불리의 원칙** : 법원은 검사가 공소를 제기한 사건에 한하여 심리한다는 원칙이다.

② **신의성실의 원칙** : 근대 민법의 수정원리로써 권리를 행사하고 의무를 이행하는것은 신의에 따라 성실해야 한다는 원칙이다.

④ **무죄추정의 원칙** : 모든 피의자나 피고인은 무죄의 가능성이 있기 때문에 가능한 한 시민의 권리가 보장되어야 한다는 원칙이다.

11 |정답| ②

|오답|

님비 현상 … 'Not In My Back Yard'의 약어로, 혐오시설이 자기 지역 내에 설치되는 것을 반대하는 현상이다.

① **스프롤 현상** : 도시의 급격한 팽창에 의해 대도시의 교외가 무질하고 무계획적으로 주택화 되어가는 현상을 말한다.

③ **아노미 현상** : 급격한 사회변동 과정에서 규범의 혼란을 느끼는 상태를 말한다.

④ **소외 현상** : 개인이 사회로부터 감정적 단절을 느끼는 현상을 말한다.

12 |정답| ④

|오답|

① **모라토리엄** : 전쟁·천재(天災)·공황 등으로 경제가 혼란되어 채무이행에 어려움이 생길 때 국가의 공권력에 의해 일정 기간 채무의 이행을 연기 또는 유예하는 것을 뜻한다.

② **골든크로스** : 주가나 거래량의 단기 이동평균선이 중장기 이동평균선을 아래에서 위로 돌파해 올라가는 현상을 말한다.

③ **왝더독** : 개의 몸통을 꼬리가 흔든다는 의미로, 앞뒤가 바뀌었다는 말이다. 증권시장에서 주가지수 선물가격이 현물지수를 뒤흔드는 현상으로 주식시장이 장 마감을 앞두고 선물시장의 약세로 말미암아 프로그램 매물이 대량으로 쏟아져 주가가 폭락하는 경우를 나타내는 현상을 일컫는다.

13 |정답| ②

|오답|

① **오버론** : 예금에 비해 대출이 과하게 많은 상태를 말한다.

③ **브릿지론** : 일시적으로 자금을 연결해주는 것으로 임시방편 자금의 대출을 의미한다.

④ **디파이** : 탈중앙화가 된 금융 시스템을 의미한다.

14 |정답| ①

|오답|

모라토리엄 … '지체하다'란 뜻의 'Morari'에서 파생된 말로 대외 채무에 대한 지불유예를 말한다. 신용의 붕괴로 인하여 재무의 추심이 강행되면 기업의 도산(倒産)이 격증하여 수습할 수 없게 될 우려가 있으므로, 일시적으로 안정을 도모하기 위한 응급조치로서 발동된다.

② **모블로그** : 무선통신을 뜻하는 '모바일(Mobile)'과 '블로그(Blog)'를 합쳐 만든 신조어로 때와 장소를 가리지 않고 모바일을 관리할 수 있어 인기를 끌고 있다.

③ **서브프라임 모기지론** : 서브프라임(Subprime)은 '최고급 다음가는, 최우대 대출 금리보다 낮은'을 의미하며 모기지(Mortgage)는 '주택담보대출'이라는 뜻이다. 즉, 한마디로 신용등급이 낮은 저소득층을 대상으로 주택자금을 빌려주는 미국의 주택담보대출 상품을 말한다.

④ **디폴트** : 빌린 돈에 대한 이자 지불 및 원금 상환이 불가능해진 상태를 말한다.

15 |정답| ④

|오답|

④ **트롤리 딜레마** : 윤리학 분야의 사고실험으로 소수를 희생하여 다수를 구할 것인지를 판단하는 문제상황이다.

① **죄수의 딜레마** : 자신의 이익을 위한 선택이 자신뿐만 아니라 상대방에게도 불리한 결과를 유발하는 상황이다.

② **폴리애나 현상** : 지치고 감당하기 어려운 상황에서 해결방법보다 심리적으로 회피를 선택하는 심리학적 용어이다.

③ **치킨 게임** : 어느 한쪽이 양보하지 않으면 모두 파국으로 치닫게 되는 극단적인 게임이다.

16 |정답| ③

|오답|

① **암호화폐(Cryptocurrency)** : 암호화 기술을 사용한 전자화폐를 의미한다.

② **메타버스(Metaverse)** : 가상세계를 의미하는 것으로 가상세계에서 현실처럼 다양한 활동을 할 수 있는 공간이다.

④ **알트코인(Altcoin)** : 비트코인을 제외한 모든 가상화폐를 의미한다.

17 |정답| ①

|오답|

푸가 … 모방대위법에 의한 악곡형식 및 그 작법을 말한다.

② **서버** : 근거리통신망(LAN)에서 집약적인 처리기능을 서비스하는 서브시스템이다.

③ **데몬** : 주기적인 서비스 요청을 처리하기 위해 계속 실행되는 프로그램이다.

④ **미러** : 컴퓨터 그래픽에서 표시면상의 하나의 직성을 축으로 하여 전체 또는 일부분을 180° 회전시켜서 화면에 표시하는 것을 말한다.

18 |정답| ③

|오답|

크림반도 … 우크라이나 남쪽 부근에 위치해 있으며 흑해 방향으로 돌출돼 있는 반도를 말한다.

19 |정답| ②

|오답|

잭슨 홀 미팅 ⋯ 미국 지방 연방 준비은행 중 하나인 캔자스시티 연방 준비은행이 1978년부터 와이오밍주 잭슨 홀에서 주최하는 연례 경제정책 심포지엄으로 글로벌 금융위기가 한창이었던 2010년 버냉키 의장이 이 회의의 연설을 통해 2차 양적완화(QE2) 정책을 내놓으면서 세계적인 관심을 끌기 시작했다.

20 |정답| ④

|오답|

애자일(Agile) ⋯ '날렵한', '민첩한'이란 뜻으로 2000년대부터 주목을 받아왔으며 유연하면서 반복적인 소프트웨어 개발 접근 방식을 말한다.

21 |정답| ①

|오답|

② 그린북 : 기획재정부에서 발표하는 최근 경제 동향을 말한다.
③ RE100 : 2050년까지 기업이 사용하는 전력량 100%를 재생에너지로 충당하겠다는 환경 캠페인이다.
④ 그린메일 : 경영권을 담보로 보유주식을 시가보다 비싸게 되파는 행위를 말한다.

22 |정답| ③

|오답|

인포데믹스 ⋯ 정보(Information)와 전염병(Epidemics)의 합성어로, 추측이나 뜬소문이 더해진 부정확한 정보가 미디어나 IT 기기를 통해 전염병처럼 빠르게 확산되며 부작용을 일으키는 현상을 말한다.
① 네카시즘 : 다수의 사람들이 여론몰이를 이용해 특정대상을 공공의 적으로 매도하는 현상을 말한다.
② 사이버 불링 : 사이버상에서 특정대상을 집단적으로 괴롭히거나 따돌리는 행위를 말한다.
④ 인터넷 트롤링 : 인터넷상에서 반사회적이며 공격적인 행위를 하는 것을 말한다.

23 |정답| ④

|오답|

옴부즈만 ⋯ 정부나 의회에 의해 임명된 관리로서, 시민들이 제기한 각종 민원을 수사하고 해결해주는 민원조사관을 말한다.
① 마타도어 : 근거 없는 사실을 조작하여 상대를 중상모략하기 위한 흑색선전의 의미로 정치계에서 사용되는 용어다.
② 로그롤링 : '통나무 굴리기'라는 뜻으로, 서로 협력하여 통나무를 모으거나 강물에 굴려 넣는 놀이에서 연유된 것으로 선거를 도와주고 그 대가를 받거나 이권을 얻는 행위를 일컫는다.
③ 게리맨더링 : 특정 정당이나 특정 후보자에게 유리하도록 자의적으로 선거구를 정하는 것을 말한다.

24 |정답| ②

|오답|

OTT ⋯ "Over The Top"의 약자로, 다양한 미디어 콘텐츠를 인터넷을 통해 제공하는 서비스를 말한다.

25 |정 답| ③

|오 답|

① **고슴도치 딜레마** : 인간관계에 있어 서로의 친밀함을 원하면서도 동시에 적당한 거리를 두고 싶어 하는 욕구가 공존하는 모순적인 심리상태
② **램프 증후군** : 실제로 일어날 가능성이 없는 일에 대해 마치 알라딘의 요술 램프의 요정 지니를 불러내듯 수시로 꺼내 보면서 걱정하는 현상
④ **가면현상** : 사회적으로 인정받는 지위와 신분에 이른 사람이 자신은 가면을 쓰고 있다는 망상에 시달리는 현상

26 |정 답| ④

|오 답|

IRA(Inflation Reduction Act)는 미국이 폭등한 인플레이션을 대응하기 위해 법인세 인상, 의료비 지원, 기후변화 대응 등을 중심으로 마련한 인플레이션 감축법이다.

27 |정 답| ②

|오 답|

① **팩저널리즘**(Pack Journalism) : 취재 방법, 시각 등이 획일적이고 독창성이 없어 개성이 없는 저널리즘이다.
③ **제록스저널리즘**(Xerox Journalism) : 제록스로 극비의 문서를 비밀리에 복사하여 발표하는 저널리즘이다.
④ **포토저널리즘**(Photo journalism) : 특정 대상의 사실이나 시사적인 문제를 사진기술로 표현하고 보도하는 저널리즘이다.

28 |정 답| ③

|오 답|

사출도 ⋯ 마가, 우가, 구가, 저가

29 |정 답| ②

|오 답|

창덕궁 ⋯ 정궁인 경복궁보다 오히려 더 많이 쓰인 궁궐이다. 임진왜란 때 소실된 이후 다시 지어졌고, 1868년 경복궁이 다시 지어질 때까지 경복궁의 역할을 대체하여 임금이 거처하며 나라를 다스리는 정궁 역할을 하였다. 건축사에 있어 조선시대 궁궐의 한 전형을 보여 주며, 후원의 조경은 우리나라의 대표적인 왕실 정원으로서 가치가 높다.

30 |정 답| ③

|오 답|

① **오버투어리즘** : 특정 장소나 지역에 관광객들이 모여드는 현상을 말한다.
④ **볼런투어리즘** : 자원봉사에 초점을 맞춘 관광을 말한다.

31 |정 답| ④

|오 답|

① 왼손법칙과 오른손의 법칙이 있는 것으로 왼손 손가락을 지각이 되게 폈을 때 검지를 자기장의 방향, 중지를 전류의 방향으로 가리키면 엄지는 힘의 방향이 되는 것을 의미한다.
② 일정 시간 내에 발생하는 열량은 전류 세기의 제곱과 도선의 저항에 비례한다.
③ 자석에 코일을 넣었다 빼면서 발생하는 유도전류의 방향은 코일을 통과하는 자력선의 변화를 방해하는 방향으로 발생한다.

32 |정 답| ②

|오 답|

① **파랑새 증후군** : 현재에 일에 만족이나 정열을 느끼지 못하고 미래의 행복만을 꿈꾸는 증후군이다.

③ **피터팬 증후군** : 성인이 되어서도 무거운 현실을 도망치고, 책임지는 상황을 회피하는 등 어른의 세계에 들어가지 않고 아직 어리다고 생각하면서 타인에게 의존하는 심리로 어른아이를 의미하는 용어이다.

④ **스톡홀름 증후군** : 범죄자에게 납치되었던 피해자가 범죄자에게 동화하여 긍정적인 감정을 가지게 되는 현상이다.

33 |정 답| ①

|오 답|

② **3면 등가의 원칙** : 국민소득의 세 가지 측면은 이론적으로 모두 동액이라는 이론이다.

③ **회기계속의 원칙** : 회기 중에 국회 심의에서 의결되지 않은 안건을 다음 회기에 이어 심의하도록 하는 원칙이다.

④ **페이고 원칙** : 새로운 재정 지출 사업 추진 시 재원 확보를 위한 대책을 의무적으로 마련해야 하는 시스템

34 |정 답| ④

|오 답|

① **블랙 스완** : 극단적 예외사항이라 발생 가능성이 없어 보이지만 발생하면 엄청난 충격과 파급효과를 가져오는 것을 말한다.

② **그레이 스완** : 이미 알고 있는 사항이지만 대처 방법이 모호하여 위험 요인이 계속 존재하는 상태를 말한다.

③ **어닝 쇼크** : 기업이 예상보다 저조한 실적을 발표하여 주가에 영향을 미치는 현상을 말한다.

35 |정 답| ②

|오 답|

밈(meme) … 그리스어 '미메시스(Mimesis)'와 '유전자(Gene)'의 합성어로, 1976년, 리처드 도킨스 〈이기적 유전자〉에서 처음 등장한 용어이며 DNA가 자신을 존재를 유지하려고 복제하는 생물학적 존재로 본다면, 지식이나 문화처럼 하나의 완성된 정보가 문자나 말을 통해 시대를 뛰어 넘어 보존하거나 전파되는 것을 말한다.

36 |정 답| ③

|오 답|

긱 경제 … 기업들이 계약직 혹은 임시직으로 사람을 고용하는 경제형태를 말한다.

37 |정 답| ④

|오 답|

높새바람 … 북동풍을 뜻한다.

※ 바람에 관련된 말

구분	내용
갈마바람	'서남풍'의 뱃사람 말
고추바람	몹시 찬바람
색바람	초가을에 선선히 부는 바람
소소리 바람	초봄 제법 차갑게 부는 바람
된마파람	'동남풍'의 뱃사람 말
살바람	좁은 틈새로 들어오는 바람
왜바람	일정한 방향 없이 부는 바람
건들바람	초가을에 선들선들 부는 바람

38 |정답| ③

|오답|

① **제국신문** : 대한 제국 시대에 발행된 일간 신문으로, 1898년 8월 10일 이종일이 창간했다.
② **한성순보** : 1883년(고종 20)에 창간된 한국 최초의 근대 신문으로, 서울 관악구 봉천동 서울대학교 중앙도서관에 소장되어 있다.
④ **독립신문** : 1896년 4월 7일 서재필이 창간한 우리나라 최초의 순 한글신문이자 민간신문이다. 1957년 언론계는 이 신문의 창간일인 4월 7일을 신문의 날로 정하였다.

39 |정답| ①

|오답|

명량해전 ⋯ 1597년 9월, 정유재란 당시 백의종군에서 풀려나 돌아온 이순신 장군이 명량에서 13척의 배로 133척의 일본배와 전투를 하여 승리한 해전을 말한다.

40 |정답| ②

|오답|

㈎ 팔관회
② 연등회에 관한 설명이다.

06 2023년도 상반기 공공기관 일반상식 기출문제

문제 p.46

1	④	2	③	3	①	4	④	5	②	6	③	7	④	8	①	9	④	10	①
11	②	12	③	13	①	14	②	15	①	16	④	17	②	18	①	19	④	20	②
21	③	22	④	23	③	24	④	25	①	26	①	27	②	28	③	29	①	30	①
31	③	32	④	33	④	34	①	35	②	36	③	37	④	38	③	39	①	40	③

1 |정 답| ④

|오 답|

사용자가 요구하는 경우에는 대본, 논문, 기사 작성은 물론 서비스 상담이나 간단한 문서작업 등 다양한 분야에서 활용되어지고 있다.

2 |정 답| ③

|오 답|

① **게놈** : 생물의 생존에 필요한 최소한도의 유전자군(1쌍의 염색체)을 말한다.
② **멜라민** : 합성 섬유, 본드, 내연재 등의 재료로 쓰이는 공업용 화학제품을 말한다.
④ **바이메탈** : 상이한 두 종류의 금속판을 포개 하나의 형태로 만드는 물체를 말한다.

3 |정 답| ①

|오 답|

불체포특권 ··· 면책특권과 더불어 헌법에서 보장한 국회의원의 2대 특권 중 하나이다.
② **면책특권** : 국회의원이 국회에서 직무상 행한 발언과 표결에 관하여 국회 밖에서는 책임을 지지 않는 특권을 말한다.

③ **게리멘더링** : 특정 정당이나 특정 후보자에게 유리하도록 자의적으로 선거구를 정하는 것을 말한다.
④ **옴부즈만** : 정부나 의회에 의해 임명된 관리로서, 시민들이 제기한 각종 민원을 수사하고 해결해주는 민원조사관을 말한다.

4 |정 답| ④

|오 답|

① **뮤추얼펀드(Mutual Fund)** : 투자자들이 맡긴 돈을 굴려 수익을 돌려주는 간접 투자상품으로 각각의 펀드가 하나의 독립된 회사로 만들어지고 투자자는 여기에 출자하는 방식이어서 회사형으로 분류된다.
② **역외펀드(Off Shore Fund)** : 외국의 자산운용 회사가 국내에서 자금을 모아 외국에 투자하는 펀드로, 해외에서 만들어 운용하므로 국내법의 적용을 받지 않는다.
③ **스폿 펀드(Spot Fund)** : 투자신탁들이 일정한 수익률을 올려주겠다고 고객들에게 약속한 후 목표수익률을 달성하면 만기 이전이라도 환매수수료 없이 투자자에게 원금과 이자를 돌려주는 초단기 상품이다.

5 |정 답| ②

|오 답|

바라나띠얌은 인도의 전통 춤이다. 스페인의 전통 춤은 플라멩코이다.

6 |정 답| ③

|오 답|

3저호황 … 저달러 · 저유가 · 저금리

7 |정 답| ④

|오 답|

슈베르트(Franz Peter Schubert) … 오스트리아의 초기 독일 낭만파의 대표적 작곡가로 '가곡의 왕'이라고 불린다. 주로 빈에서 활동하며 다양한 장르의 작품을 남겼고 가곡을 독립된 주요한 음악의 한 부문으로 끌어올려 독일 가곡에 큰 영향을 주었다. 주요작품으로는 '아름다운 물방앗간의 처녀', '겨울 나그네', '죽음과 소녀' 등이 있다.
④ 멘델스존의 작품이다.

8 |정 답| ①

|오 답|

체리슈머 … 체리(Cherry)와 소비자(Consumer)의 합성어로, 한정적인 자원을 알뜰하게 소비하여 효율을 극대화하려는 소비자를 말한다.
② 그린슈머 : 자연을 상징하는 말인 그린(Green)과 소비자(Consumer)의 합성어로, 친환경 제품을 구매하는 소비자를 말한다.
③ 블루슈머 : 블루오션(Blue Ocean)과 소비자(Consumer)의 합성어로, 경쟁자가 없는 미개척 시장을 주도하는 소비자를 말한다.
④ 리뷰슈머 : 리뷰(Review)와 소비자(Consumer)의 합성어로, 제품을 남들보다 먼저 사용해 보고 인터넷에 상품에 대한 평가 글을 전문적으로 올리는 소비자를 말한다.

9 |정 답| ④

|오 답|

오비삼척(吾鼻三尺) … 내 코가 석자라는 뜻으로, 내가 당장 곤경에 처해 있어 남을 도울 수 없음을 이르는 말이다.
① 군계일학(群鷄一鶴) : 닭 무리 속에 있는 한 마리의 학이란 뜻으로, 평범한 사람들 가운데 뛰어난 한 사람을 이르는 말이다.
② 오비이락(烏飛梨落) : 까마귀 날자 배 떨어진다는 뜻으로, 공교롭게 때가 같아 억울하게 의심을 받게 됨을 이르는 말이다.
③ 토사구팽(兎死狗烹) : 토끼를 잡으면 사냥하던 개는 쓸모가 없어 잡아먹는다는 뜻으로 필요할 때 써 먹고 쓸모가 없어지면 버린다는 의미이다.

10 |정 답| ①

|오 답|

고수는 북을 치며 반주하는 사람을 일컫는다.

11 |정 답| ②

|오 답|

① 니트족 : 교육이나 훈련을 받지 않고 일도 하지 않으며 일할 의지도 없는 청년 무직자를 말한다.
③ 통크족 : 자식은 있되 자식뒷바라지에 의존하지 않고 취미 · 운동 · 여행 등으로 부부만의 생활을 즐기는 계층을 말한다.
④ 리터루족 : 부모의 곁을 떠나 독립하였다가 부모의 곁으로 다시 돌아가는 사람들을 말한다.

12 |정답| ③

|오답|

보기는 '님비 현상'에 대한 현상을 말하며 님비현상의 반대말은 핌피현상이다.

※ **핌피현상** : 'Please in my front yard'의 약어로, 자기 지역 내에 수익성 있는 사업을 끌어들이겠다는 지역이기주의의 한 일종이다.

① **도넛 현상** : 대도시의 거주지역과 업무의 일부가 외곽지역으로 집중되고 도심에는 상업기관·공공기관만 남게 되어 도심이 도넛모양으로 텅 비어버리는 현상을 말한다.

② **스프롤 현상** : 도시의 급격한 팽창에 따라 대도시의 교외가 무질서·무계획적으로 주택화 되는 현상이다.

④ **U턴 현상** : 대도시에 취직한 시골 출신자가 고향으로 되돌아가는 노동력 이동현상을 말한다.

13 |정답| ①

|오답|

광상곡 … 자유로우면서 정해진 형식에 얽매이지 않는 기악곡을 말한다.

②③④ 사람의 죽은 영혼을 달래기 위한 미사곡을 말한다.

14 |정답| ②

|오답|

① **공유경제** : 이미 생산된 제품을 공유해서 사용하는 협력 소비경제를 일컫는다.

③ **구독경제** : 일정액을 내면 사용자가 원하는 상품이나 서비스를 공급자가 주기적으로 제공하는 서비스를 일컫는다.

④ **매크로경제** : 거시경제를 말하며 국민소득 이론에 입각한 소비·투자·저축 등의 집계량을 가지고 국민소득의 결정을 논한다.

15 |정답| ①

|오답|

진원 … 지구 땅 속에서 최초로 지반변동이 최초로 일어나는 지점으로 지진의 원인이 되는 지점을 말한다.

16 |정답| ④

|오답|

소리의 3요소
㉠ 세기 : 진폭에 따라 결정
㉡ 높낮이 : 진동수에 따라 결정
㉢ 맵시 : 음파의 모양에 따라 결정

17 |정답| ②

|오답|

대기오염경보 단계별 대기오염물질의 농도기준 〈「대기환경보전법 시행규칙」 별표7〉 … 초미세먼지(PM-2.5) 농도기준

대상 물질	경보 단계	발령기준	해제기준
초미세먼지 (PM-2.5)	주의보	기상조건 등을 고려하여 해당지역의 대기 자동 측정소 PM-2.5 시간당 평균농도가 $75\mu g/m^3$ 이상 2시간 이상 지속인 때	주의보가 발령된 지역의 기상조건 등을 검토하여 대기자동측정소의 PM-2.5 시간당 평균 농도가 $35\mu g/m^3$ 미만인 때
	경보	기상조건 등을 고려하여 해당지역의 대기 자동 측정소 PM-2.5 시간당 평균농도가 $150\mu g/m^3$ 이상 2시간 이상 지속인 때	경보가 발령된 지역의 기상조건 등을 검토하여 대기자동측정소의 PM-2.5 시간당 평균농도가 $75\mu g/m^3$ 미만인 때는 주의보로 전환

18 |정답| ①

|오답|

정신현상학은 헤겔이 집필한 도서이다.

19 |정답| ④

|오답|

사모펀드 ⋯ 주식이나 채권 등에 소수의 투자자들로부터 자금을 모아 이를 가지고 투자하는 펀드로 금융기관이 관리하는 일반 펀드와는 달리 '사인(私人)간 계약'의 형태를 띠고 있다. 금융감독기관의 감시를 받지 않으며, 공모펀드와는 달리 운용에 제한이 없는 만큼 자유로운 운용이 가능하다.

① **상장지수펀드** : 수익률이 특정 주가지수에 따라 결정되며 주식처럼 거래를 할 수 있는 펀드를 말한다.

② **멀티클래스 펀드** : 투자기간과 투자액 서로 다른 투자자들로 구성되어 있는 하나의 펀드를 말한다.

③ **엄브렐러 펀드** : 전환형 펀드의 일종으로 펀드 아래에 여러 유형의 하위 펀드가 우산살처럼 있다는 뜻에서 지어졌다.

20 |정답| ②

|오답|

담호호지 ⋯ 호랑이도 제 말을 하면 온다는 뜻으로, 이야기에 오른 사람이 마침 그 자리에 나타남을 이르는 말이다.

21 |정답| ③

|오답|

브렉시트 ⋯ '영국(Britain)'과 '탈퇴(Exit)'의 합성어로 영국의 유럽연합 탈퇴를 뜻하는 용어로 2016년 6월 23일 유럽연합 탈퇴 여부를 결정하기 위한 국민투표를 실시한 결과 영국 국민들은 'EU 탈퇴' 51.9%(1,741만742표), 'EU 잔류' 48.1%(1,614만1,241표)의 결과인 126만여표 차로 탈퇴를 가결함으로써 영국은 43년 만에 유럽연합 탈퇴를 결정하였고 2021년 1월 1일에 탈퇴하였다.

22 |정답| ④

|오답|

① **아웃소싱(Outsourcing)** : 제품생산 · 유통 · 포장 · 용역 등을 하청기업에 발주하거나 외주를 주어 기업 밖에서 필요한 것을 조달하는 방식을 말한다.

② **어닝 쇼크(Earning Shock)** : 기업이 시장에서 예상했던 것보다 저조한 실적을 발표하여 주가에 영향을 미치는 현상을 말한다.

③ **워크아웃(Workout)** : 주채권은행을 중심으로 한 채권단이 해당 기업과의 자율적인 협약에 따라 부실기업의 재무구조를 개선해 회사를 살리는 것을 말한다.

23 |정답| ③

|오답|

우리나라 4대 명절

㉠ **설날** : 음력 1월 1일

㉡ **한식** : 동지로부터 105일째 되는 날

㉢ **단오** : 음력 5월 5일

㉣ **추석** : 음력 8월 15일

24 |정답| ④

|오답|

① **프리터족** : 아르바이트를 전전하면서 경제활동을 하는 집단으로 평생직장 개념이 사라지면서 직업을 가지지 않고 아르바이트로 생계를 이어나가는 사회인을 말한다.

② **파이어족** : 늦어도 40대 초반에 은퇴를 하겠다는 목표로 극단적으로 소비를 줄여서 은퇴를 위한 자금을 만드는 사람들을 말한다.

③ **니트족** : 교육이나 훈련을 받지 않고 일도 하지 않으며 일할 의지도 없는 청년 무직자를 말한다.

25 |정답| ①

|오답|

NBC, CBS, ABC는 미국의 3대 방송사를 말한다.

26 |정 답| ①

|오 답|

지천명(知天命) … 하늘의 명을 깨달았다는 의미로 50세의 나이를 뜻한다.

② **약관(弱冠)** : 갓을 쓰는 나이라고 하여 20세의 남성을 뜻한다. 20세의 여성의 경우 20세 전후 꽃과 같은 나이라고 하여 방년(芳年)이라고 말한다.

③ **이립(而立)** : 확고한 마음에 서서 움직이지 않는다는 의미로 30세의 나이를 뜻한다.

④ **망팔(望八)** : 여든을 바라본다는 의미로 71세의 나이를 말한다.

27 |정 답| ②

|오 답|

부르카 … 이슬람 여성의 전통복식으로 눈 주의 망사를 제외하고 머리에서 발목까지 전신을 덮어쓰는 통옷 형태의 의상을 말한다.

28 |정 답| ③

|오 답|

베이컨의 4대 우상 … 종족의 우상, 동굴의 우상, 시장의 우상, 극장의 우상

29 |정 답| ①

|오 답|

② **망상장애** : 왜곡된 해석으로 자신의 잘못된 신념이 고정되어 있는 상태이다.

③ **강박증** : 본인의 의지와 무관하게 불안하여, 그 불안을 없애기 위해 반복적으로 행동하는 것을 말한다.

④ **조현병** : 정신분열병이라고도 불리며 사고(思考), 감정, 지각(知覺), 행동 등 인격의 여러 측면에 걸쳐 이상증상을 일으키는 정신 질환이다. 환청이나 환시 등의 환각이 나타난다.

30 |정 답| ①

|오 답|

레임덕(Lame Duck) … 공직자의 임기 말에 나타나는 권력 누수 현상을 일컫는다. 대통령을 배출한 집권당이 중간 선거에서 다수의석을 확보하지 못하여 대통령의 정책이 의회에서 잘 관철되지 않는 경우를 가리킬 때 사용하기도 한다.

31 |정 답| ③

|오 답|

언더독 효과 … 사람들에게는 약자를 동정하는 심리가 있어 여론조사결과 열세에 있는 후보를 지지하는 경향을 보이는 것을 말한다.

① **밴드왜건 효과** : 정치학에서는 소위 말하는 대세론으로 후보자가 일정 수준 이상의 지지율을 얻으면 그 후보를 따라가게 되는데 이를 밴드왜건 효과라고 한다. 경제학에서는 대중적으로 유행하는 상품을 따라서 소비하는 성향을 일컫는다.

② **데킬라 효과** : 1995년 초 발생한 멕시코의 금융 위기가 다른 중남미 국가에 미친 파급효과를 지칭하는 말이다.

④ **위약 효과** : 약효가 전혀 없는 가짜약을 복용한 환자의 상태가 호전되는 현상을 의미한다.

32 |정 답| ④

|오 답|

① **디지털 트윈** : 현실세계의 장비나 사물 등을 가상세계에 구현한 것을 말한다.

② **디지털 노마드** : 디지털 접속을 전제로, 기기를 이용하여 공간에 제약 받지 않고 재택 및 이동근무를 하면서 자유로운 생활을 하는 사람들을 말한다.

③ **디지털 리터러시** : 디지털 미디어 정보를 평가 및 판단하고 새로운 지식을 창출하는 능동적인 개념이다.

33 |정 답| ④

|오 답|

골프 4대 메이저 대회 … 마스터스, PGA 챔피언십, US 오픈, 디 오픈 챔피언십

34 |정 답| ①

|오 답|

② 구례 화엄사 각황전 앞 석등 : 국보 제12호
③ 강진 무위사 극락보전 : 국보 제13호
④ 영천 거조사 영산전 : 국보 제14호

35 |정 답| ②

|오 답|

청동기 시대의 유물들로 생산경제의 발달, 청동기 제작과 관련된 전문 장인의 출현, 사유재산제도와 계급이 발생하게 되었다. 또한 정치, 경제력이 우세한 부족이 선민사상을 가지고 주변의 약한 부족을 통합하거나 정복하고 공납을 요구하였으며 군장이 출현하게 되었다.
①③④ 구석기시대에 대한 설명이다.

36 |정 답| ③

|오 답|

㈐ 660년 백제 멸망 → ㈑ 660년 백제 멸망 후 → ㈎ 668년 → ㈏ 675년

37 |정 답| ④

|오 답|

① 태조 : 북진정책
② 광종 : 노비 안검법 시행
③ 성종 : 시무 28조 수용
④ 현종 : 초조대장경 간행

38 |정 답| ③

|오 답|

① 현량과 실시(중종) → ㈏
② 무오사화, 갑자사화(연산군) → ㈎
④ 금난전권 폐지(정조) → ㈑ 이후

39 |정 답| ①

|오 답|

흥선대원군은 비변사의 기능을 축소하고 1865년 삼군부를 부활하고 의정부의 기능을 강화하였다.

40 |정 답| ③

|오 답|

제시문은 1895년 11월 17일에 추진된 을미개혁(제3차 갑오·을미개혁)안들이다. 을미개혁은 삼국간섭 이후 친러내각이 성립되자 일본은 조선 침략에 방해가 되는 명성황후를 시해하는 만행을 저지르고, 제4차 김홍집 내각이 성립되어 진행한 것이다.
① 임오군란(1882)
② 갑신정변(1884)
④ 을사늑약(1905)

문제 p.53

1	③	2	③	3	②	4	④	5	②	6	④	7	④	8	①	9	①	10	③
11	③	12	②	13	④	14	①	15	③	16	④	17	①	18	①	19	②	20	④
21	②	22	③	23	②	24	④	25	②	26	③	27	④	28	②	29	③	30	①
31	②	32	②	33	①	34	②	35	④	36	①	37	①	38	③	39	①	40	④

1 |정답| ③

|오답|

베버는 사회계층화가 계급, 지위, 권력의 세 가지 측면으로 이루어진다고 하였다.

2 |정답| ③

|오답|

정의〈「감염병의 예방 및 관리에 관한 법률」제2조 제1호~제12호〉 … 이 법에서 사용하는 용어의 뜻은 다음과 같다.

㉠ "감염병"이란 제1급감염병, 제2급감염병, 제3급감염병, 제4급감염병, 기생충감염병, 세계보건기구 감시대상 감염병, 생물테러감염병, 성매개감염병, 인수(人獸)공통감염병 및 의료관련감염병을 말한다.

㉡ "제1급감염병"이란 생물테러감염병 또는 치명률이 높거나 집단 발생의 우려가 커서 발생 또는 유행 즉시 신고하여야 하고, 음압격리와 같은 높은 수준의 격리가 필요한 감염병으로서 다음 각 목의 감염병을 말한다. 다만, 갑작스러운 국내 유입 또는 유행이 예견되어 긴급한 예방·관리가 필요하여 질병관리청장이 보건복지부장관과 협의하여 지정하는 감염병을 포함한다. (에볼라바이러스병 / 마버그열 / 라싸열 / 크리미안콩고출혈열 / 남아메리카출혈열 / 리프트밸리열 / 두창 / 페스트 / 탄저 / 보툴리눔독소증 / 야토병 / 신종감염병증후군 / 중증급성호흡기증후군(SARS) / 중동호흡기증후군(MERS) / 동물인플루엔자 인체감염증 / 신종인플루엔자 / 디프테리아)

㉢ "제2급감염병"이란 전파가능성을 고려하여 발생 또는 유행 시 24시간 이내에 신고하여야 하고, 격리가 필요한 다음 각 목의 감염병을 말한다. 다만, 갑작스러운 국내 유입 또는 유행이 예견되어 긴급한 예방·관리가 필요하여 질병관리청장이 보건복지부장관과 협의하여 지정하는 감염병을 포함한다. (결핵(結核) / 수두(水痘) / 홍역(紅疫) / 콜레라 / 장티푸스 / 파라티푸스 / 세균성이질 / 장출혈성대장균감염증 / A형간염 / 백일해(百日咳) / 유행성이하선염(流行性耳下腺炎) / 풍진(風疹) / 폴리오 / 수막구균 감염증 / b형헤모필루스인플루엔자 / 폐렴구균 감염증 / 한센병 / 성홍열 / 반코마이신내성황색 포도알균(VRSA) 감염증 / 카바페넴내성장내세균목(CRE) 감염증 / E형간염)

㉣ "제3급감염병"이란 그 발생을 계속 감시할 필요가 있어 발생 또는 유행 시 24시간 이내에 신고하여야 하는 다음 각 목의 감염병을 말한다. 다만, 갑작스러운 국내 유입 또는 유행이 예견되어 긴급한 예방·관리가 필요하여 질병관리청장이 보건복지부장관과 협의하여 지정하는 감염병(엠폭스(MPOX))을 포함한다. (파상풍(破傷風) / B형간염 / 일본뇌염 / C형간염 / 말라리아 / 레지오넬라증 / 비브리오패혈증 / 발진티푸스 / 발진열(發疹熱) / 쯔쯔가무시증 / 렙토스피라증 / 브루셀라증 / 공수병(恐水病) / 신증후군출혈열(腎症候群出血熱) / 후천성면역결핍증(AIDS) / 크로이츠펠트–야콥병(CJD) 및 변종크로이츠펠트–야콥병(vCJD) / 황열 / 뎅기열 / 큐열(Q熱) / 웨스트나일열 / 라임병 / 진드기매개뇌염 / 유비저(類鼻疽) / 치쿤구니야열 / 중증열성혈소판감소증후군(SFTS) / 지카바이러스 감염증)

㉤ "제4급감염병"이란 제1급감염병부터 제3급감염병까지의 감염병 외에 유행 여부를 조사하기 위하여 표본감시 활동이 필요한 다음 각 목의 감염병을 말한다. 다만, 질병관리청장이 지정하는 감염병(코로나바이러스

감염증-19)을 포함한다. (인플루엔자 / 회충증 / 편충증 / 요충증 / 간흡충증 / 폐흡충증 / 장흡충증 / 수족구병 / 임질 / 클라미디아감염증 / 연성하감 / 성기단순포진 / 첨규콘딜롬 / 반코마이신내성장알균(VRE) 감염증 / 메티실린내성황색포도알균(MRSA) 감염증 / 다제내성녹농균(MRPA) 감염증 / 다제내성아시네토박터바우마니균(MRAB) 감염증 / 장관감염증 / 급성호흡기감염증 / 해외유입기생충감염증 / 엔테로바이러스감염증 / 사람유두종바이러스 감염증)

ⓗ "기생충감염병"이란 기생충에 감염되어 발생하는 감염병 중 질병관리청장이 고시하는 감염병(회충증, 편충증, 요충증, 간흡충증, 폐흡충증, 장흡충증, 해외유입기생충감염증)을 말한다.

ⓐ 삭제 〈2018. 3. 27.〉

ⓞ "세계보건기구 감시대상 감염병"이란 세계보건기구가 국제공중보건의 비상사태에 대비하기 위하여 감시대상으로 정한 질환으로서 질병관리청장이 고시하는 감염병(두창, 폴리오, 신종인플루엔자, 중증급성호흡기증후군(SARS), 콜레라, 폐렴형 페스트, 황열, 바이러스성 출혈열, 웨스트나일열)을 말한다.

ⓩ "생물테러감염병"이란 고의 또는 테러 등을 목적으로 이용된 병원체에 의하여 발생된 감염병 중 질병관리청장이 고시하는 감염병(탄저, 보툴리눔독소증, 페스트, 마버그열, 에볼라바이러스병, 라싸열, 두창, 야토병)을 말한다.

ⓩ "성매개감염병"이란 성 접촉을 통하여 전파되는 감염병 중 질병관리청장이 고시하는 감염병(매독, 임질, 클라미디아, 연성하감, 성기단순포진, 첨규콘딜롬, 사람유두종바이러스 감염증)을 말한다.

ⓣ "인수공통감염병"이란 동물과 사람 간에 서로 전파되는 병원체에 의하여 발생되는 감염병 중 질병관리청장이 고시하는 감염병(장출혈성대장균감염증, 일본뇌염, 브루셀라증, 탄저, 공수병, 동물인플루엔자 인체감염증, 중증급성호흡기증후군(SARS), 변종크로이츠펠트-야콥병(vCJD), 큐열, 결핵, 중증열성혈소판감소증후군(SFTS), 장관감염증을 말한다.

ⓣ "의료관련감염병"이란 환자나 임산부 등이 의료행위를 적용받는 과정에서 발생한 감염병으로서 감시활동이 필요하여 질병관리청장이 고시하는 감염병(반코마이신내성황색포도알균(VRSA) 감염증, 반코마이신내성장알균(VRE) 감염증, 메티실린내성황색포도알균(MRSA) 감염증, 다제내성녹농균(MRPA) 감염증, 다제내성아시네토박터바우마니균(MRAB) 감염증, 카바페넴내성장내세균속균종(CRE) 감염증)을 말한다.

3 |정답| ②

|오답|

① 자기자본 : 기업의 총 자산액에서 부채의 총액을 뺀 순재산을 말한다.

③ 자본준비금 : 주식회사나 유한회사가 적립해야 할 법적 준비금을 말한다.

④ 타인자본 : 기업의 자본에서 제삼자로부터 끌어온 자본을 말한다.

4 |정답| ④

|오답|

한옥의 종류로는 초가집, 기와집, 너와집, 귀틀집 등이 있다.

5 |정 답| ②

|오 답|

한국의 세계문화유산

연번	등재 목록	등재일
1	석굴암 · 불국사	1995
2	해인사 장경판전	1995
3	종묘	1995
4	창덕궁	1997
5	화성	1997
6	경주역사유적지구	2000
7	고창 · 화순 · 강화 고인돌 유적	2000
8	제주화산섬과 용암동굴	2007
9	조선왕릉	2009
10	한국의 역사마을 : 하회와 양동	2010
11	남한산성	2014
12	백제역사유적지구	2015
13	산사 , 한국의 산지승원	2018
14	한국의 서원	2019
15	한국의 갯벌	2021
16	가야고분군	2023

6 |정 답| ④

|오 답|

① ERP : 기업 내의 통합정보시스템을 구축하는 것을 말한다.
② ESG : 환경보호, 사회공헌, 법과 윤리를 준수하는 경영방식을 말한다.
③ MOU : 국가 사이의 외교교섭 결과 서로 양해된 내용을 확인 · 기록하기 위해 정식계약 체결에 앞서 행하는 문서로 된 합의를 말한다.

7 |정 답| ④

|오 답|

사중주(Quartet) … 독주 악기 4대로 연주하는 것을 말한다.
① Octet : 8중주
② Sextet : 6중주
③ Quintet : 5중주

8 |정 답| ①

|오 답|

초 미세먼지가 유난히 짙어지는 (12월부터 이듬해 3월)까지 미세먼지 감축을 위해 다양한 방안을 강구하여 시행하고 있다.

9 |정 답| ①

|오 답|

② 로빈 후드 효과 : 경제적인 불평등을 해결하기 위해 부를 재분배하지만 되레 사회 전반적으로 부가 줄어드는 현상을 말한다.
③ 리카도 효과 : 기업이 기계를 대신하여 노동력을 사용하려는 경향을 말한다.
④ 립스틱 효과 : 경기 불황기에 최저 비용으로 품위를 유지하고 소비자의 심리적 만족을 충족시켜줄 수 있는 상품이 잘 판매되는 현상을 말한다.

10 |정 답| ③

|오 답|

쓰레기 처리장은 님비현상과 관련된 건물이다.
㉠ **핌피현상** : 'Please in my front yard'의 약어로, 자기 지역 내에 수익성 있는 사업을 끌어들이겠다는 지역이기주의의 한 일종이다.
㉡ **님비현상** : "Not In My Back Yard"의 약어로, 지방자치제가 실시되면서 대두된 그 지방의 댐, 쓰레기, 핵처리장소 등을 거부하는 지역이기주의로 혐오시설이 자기 지역 내에 설치되는 것을 반대하는 현상

11 |정 답| ③

|오 답|

노벨상 ··· 다이너마이트 발명가인 알프레드 노벨의 유언에 따라 인류의 평화를 위해 공헌한 자에게 수여하는 상으로 물리학상, 화학상, 생리의학상, 문학상, 평화상, 경제학상 이렇게 총 6개 분야에서 수상을 받게된다.

12 |정 답| ②

|오 답|

물은 산소 원자(O) 1개와 수소 원자(H) 2개가 하나로 이루어진 무기화합물로 H_2O로 표기한다.

13 |정 답| ④

|오 답|

오륜기 ··· 흰 바탕에 왼쪽부터 파랑, 노랑, 검정, 초록, 빨강의 5색 고리를 위 3개, 아래 2개로 엮은 모양이다. 동그란 5개의 고리는 5개의 대륙을 상징하며 전 세계 선수의 만남과 어울림을 의미한다.

14 |정 답| ①

|오 답|

스태그플레이션 ··· 경기불황 속에서 물가상승이 발생하는 상태로, 인프레이션과 디플레이션이 동시에 일어나는 경우를 일컫는다.
② **택스플레이션** : 높은 세율이 인플레이션을 일으키는 경우를 말한다.
③ **디플레이션** : 물가가 하락하고 경제활동이 침체되는 현상을 말한다.
④ **디스인플레이션** : 인플레이션을 수습하기 위한 경제정책을 말한다.

15 |정 답| ③

|오 답|

① **리디노미네이션** : 화폐 단위를 하향 조정하는 것을 말한다.
② **머천다이징** : 적당한 상품을 적당하게 제공하기 위한 상품화 계획이다.
④ **하우스 푸어** : 집을 소유하고 잇지만 과한 대출로 빈곤하게 사는 사람을 일컫는다.

16 |정 답| ④

|오 답|

세계 3대 영화제 ··· 베니스 국제 영화제, 베를린 국제 영화제, 칸 영화제
④ **몬트리올 영화제** : 1977년 캐나다 몬트리올에서 창설된 국제영화제로 매년 8월 말 ~ 9월 초에 일반 극영화 및 TV용 영화 등이 출품하여 경쟁을 벌인다.

17 |정 답| ①

|오 답|

메모리반도체의 종류

구분	내용
D램	전기를 넣은 상태에서도 일정 주기마다 동작을 가하지 않으면 기억된 정보가 지워지는 휘발성 메모리. 빠른 속도로 모바일기기나 PC의 시스템 메모리로 사용
S램	충전없이도 일정 기간 기억내용이 지워지지 않으므로 같은 집적도의 D램보다 고도화된 기술을 필요로 하는 반도체
플래시 메모리	D램·S램과 달리 전원 꺼져도 저장정보가 지워지지 않는 비휘발성메모리. 디지털카메라, PDA, MP3플레이어 등에 사용
F램	D램(고집적도), S램(고속동작), 플래시메모리(비휘발성)의 장점만을 모아 제작된 통합메모리. PDA, 스마트폰, 스마트카드 등에 사용

18 |정답| ①

|오답|

코드커팅 … '선을 끊는다'는 의미로 기존에 가입된 지상파나 케이블 등의 유료 방송을 해지한 시청자들이 OTT(Over – The – Top), 인터넷 TV와 같이 온라인 스트리밍 서비스 등의 새로운 플랫폼으로 이동하는 현상을 말한다.

19 |정답| ②

|오답|

①③④ 바나나에 들어있는 다양한 화학성분이다.

20 |정답| ④

|오답|

외국인 계절근로제 … 농어업 인력 부족 문제를 해결하기 위해 2015년부터 시행하고 있는 제도로, 계절근로자의 체류 기간을 기존 5개월에서 1회에 한 해 3개월 범위 내에서 연장을 하여 최대 8개월간 체류기간이 가능하다.

21 |정답| ②

|오답|

① 양적완화 : 중앙은행이 시중에 통화를 직업 풀어 경기를 부양하는 정책을 말한다.
③ 유동성 함정 : 금리를 아무리 낮추어도 투자나 소비 등의 실물경제에 아무런 영향을 미치지 못하는 태를 말한다.
④ 어닝쇼크 : 기업이 실적을 발표할 때 시장에서 예상했던 것보다 저조한 실적을 발표하는 것을 말한다.

22 |정답| ③

|오답|

① 프리퀄(Prequel) : 작품 속 시간대 이전의 내용을 다룬 작품을 말한다.
④ 시퀄(Sequel) : 작품 속 시간대 이후의 내용을 다룬 작품을 말한다.

23 |정답| ③

|오답|

허생전은 박지원의 소설작품이며 ①②④는 허균의 작품이다.

24 |정답| ①

|오답|

② 딩크족 : 정상적인 부부생활을 영위하면서 의도적으로 자녀를 갖지 않는 젊은 맞벌이 부부를 일컫는다.
③ 딘트족 : 경제적으로 풍족하지만 바쁜 업무로 소비생활을 할 시간이 없는 신세대 맞벌이를 일컫는다.
④ 파이어족 : 경제적 자립을 토대로 자발적 조기 은퇴를 추진하는 사람들을 말한다.

25 |정답| ①

|오답|

병목현상 … 병의 좁은 입구로 물이 나올 때 속도가 제한돼 있는것처럼, 소수의 구성 요소로 인해 시스템 전체 기능이 저하되는 현상을 말한다.
② 빨대 현상 : 좁은 빨대로 컵 안의 내용물을 빨아들이듯, 대도시가 주변 도시의 인구 및 경제력을 흡수하는 대도시 집중현상을 일컫는다. 교통여건의 개선이 균형 있는 지역 개발이 아닌 지역 쇠퇴를 초래하는 부작용으로, 1960년대에 일본 고속철도 신칸센이 개통된 후에 도쿄와 오사카 도시로 인구와 경제력이 집중되어 제3의 도시 고베가 위축되는 현상에서 비롯되었다.
③ 도넛 현상 : 대도시의 거주공간과 업무의 일부가 외곽 지역으로 집중되고 도심에는 상업기관 및 공공기관만 남게되어 도심이 도넛모양으로 텅 비어버리는 것을 말한다.
④ U턴 현상 : 대도시에 취직한 지방 출신자가 고향으로 되돌아가는 노동력 이동 현상을 말한다.

26 |정 답| ③

|오 답|

빈센트 반 고흐는 후기 인상파 화가이다.

27 |정 답| ④

|오 답|

테니스 4대 메이저 대회 ⋯ 영국의 윔블던, 프랑스의 프랑스오픈, 미국의 US오픈, 호주의 호주오픈으로 그 해에 열리는 이 대회에서 모두 우승했을 경우 그랜드슬램을 달성했다고 말한다.

28 |정 답| ②

|오 답|

① **권불십년(權不十年)** : 권세는 10년을 넘지 못한다는 뜻으로 권력은 오래가지 못하고 늘 변함을 이르는 표현이다.

③ **전전반측(輾轉反側)** : 이리저리 뒤척인다는 뜻으로 사모(思慕)하여 잠을 이루지 못함을 이르는 표현이다.

④ **방약무인(傍若無人)** : 곁에 아무도 없는 것처럼 여긴다는 뜻으로 주위에 있는 다른 사람을 의식하지 않고 제멋대로 행동하는 것을 이르는 표현이다.

29 |정 답| ③

|오 답|

2022 항저우 아시안게임 슬로건 ⋯ Heart to Heart, @ Future(마음이 서로 통하면, 미래가 열린다.)

30 |정 답| ①

|오 답|

가성우역 ⋯ 야생 반추동물 또는 가축이 바이러스에 감염될 때 발생하는 동물전염병이다.

31 |정 답| ②

|오 답|

훈민정음 창제 당시 자음 17자, 모음 11자를 합하여 총 28자로 구성되었다.

32 |정 답| ②

|오 답|

엠바고(Embargo) ⋯ 일정한 시점까지의 보도를 금지하는 것으로 취재대상이 기자들을 상대로 보도 자제를 요청할 경우나, 기자들 간의 합의에 따라 일정 시점까지 보도를 자제하는 행위를 포함한다.

33 |정 답| ①

|오 답|

동방견문록 ⋯ 동방을 여행한 마르코 폴로의 체험담으로 루스티첼로가 기록한 여행기를 말한다.

34 |정 답| ②

|오 답|

① 철기시대 유적이다.

③ 고인돌은 청동기의 대표적인 유적이다.

④ 전라남도 나주시 복암리 일대에 있는 삼국시대 고분이다.

35 |정답| ④

|오답|

④ 신석기 시대 집터에 대한 설명이다.

36 |정답| ①

|오답|

제시문의 왕은 고려의 광종이다. 쌍기의 건의를 받아들여 과거제도를 실시하였으며, 문신 유학자를 등용하여 신·구세력의 교체를 도모하였다.

② 고려 성종은 지방에 12목을 설치하고 지방관을 파견하였다.

③ 고려 태조는 호족을 견제하기 위해 사심관과 기인제도를 실시하였다.

④ 공민왕은 승려 신돈을 등용하여 전민변정도감을 설치하였다.

37 |정답| ①

|오답|

③ **광학보** : 고려시대 불법을 배우는 자를 위해 설치된 장학 재단이다.

④ **제위보** : 고려시대 백성들을 위해 설치된 구호 및 의료기관이다.

38 |정답| ③

|오답|

조선의 토지 제도는 과전법 → 직전법 → 관수관급제로 변화하였다. 과전법은 경기 지방에 한하여 관리들에게 토지의 수조권을 지급하였으나 세습되는 과전이 많아지면서 신진 관리들에게 지급할 토지가 부족해지자 세조 때에는 직전법을 실시하여 현직 관리에게만 지급하였다. 이후 관리들의 수조권을 남용하며 백성들의 피해가 커지자 성종 때에는 관수관급제를 실시하여 국가의 토지 지배권을 강화하였다. 수취 체제는 조세, 공납, 역이 있었고 세종 때에는 전분 6등, 연분 9등법(공법)을 시행하였다. 이 중 토산물을 납부해야 하는 공납은 백성들에게 가장 큰 부담이었다.

③ 과전법은 고려 말 공양왕 때 이미 시행되었다.

39 |정답| ③

|오답|

제시된 정책은 신문왕이 귀족세력을 숙청하고 정치세력을 다시 편성하여 중앙집권적 전제왕권을 강화하려는 의도였다.

40 |정답| ④

|오답|

ⓒ 삼포왜란(1510) → ⓔ 정유재란(1597) → ㉠ 정묘호란(1627) → ⓛ 병자호란(1636)

08 2024년도 공공기관 일반상식 기출문제

문제 p.60

1	②	2	②	3	①	4	①	5	②	6	③	7	②	8	③	9	③	10	②
11	①	12	④	13	③	14	②	15	④	16	③	17	④	18	②	19	④	20	③
21	②	22	③	23	①	24	④	25	④	26	②	27	③	28	①	29	④	30	③
31	②	32	①	33	③	34	④	35	③	36	④	37	④	38	③	39	②	40	①

1 |정답| ②

|오답|

산소 원자 3개가 결합하여 오존(O_3)이 형성되며, 오존은 지구 대기 중에서 자외선을 흡수하는 역할을 한다.
① 이산화탄소(CO_2) : 탄소 원자 1개와 산소원자 2개로 이루어진 분자이다.
③ 메탄(CH_4) : 탄소 원자 1개와 수소원자 4개로 이루어져 있다.
④ 산소(O_2) : 산소원자 2개가 결합되어 있다.

2 |정답| ②

|오답|

물이 액체에서 기체로 전환되는 온도는 끓는점 또는 비등점이라 하며, 일반적으로 말하는 끓는점은 압력1기압에서 끓는 온도로 100℃를 말한다.
① 어는점 : 물이 액체 상태에서 고체상태로 변화하는 온도이다.
③ 녹는점 : 물이 고체에서 액체 상태로 변하는 온도로 물의 어는점과 녹는점은 0℃로 같다.
④ 승화점 : 고체상태에서 바로 기체상태로 변화하는 온도로 드라이아이스가 바로 승화하여 기체로 변화하는 현상을 예로 들 수 있다.

3 |정답| ①

|오답|

트로이목마에 대한 설명이다. 트로이목마는 스스로 복제하여 전파되지는 않으며, 사용자가 프로그램을 직접 실행하거나 다운받아 감염된다.
② 애드웨어 : 특정 사이트에 접속하거나 소프트웨어를 실행할 때 자동으로 실행되는 광고프로그램이다.
③ 웜 바이러스 : 컴퓨터에서 실행되는 악성프로그램으로 자기복제를 하여 시스템을 파괴하거나 실행을 방해한다.
④ DDoS 공격 : 특정 사이트에 많은 트래픽을 한꺼번에 일으켜 사이트를 다운시키는 해킹기법이다.

4 |정답| ①

|오답|

런던협약은 폐기물 및 기타 물질의 해양 투기를 규제하고, 해양 환경 보호를 목적으로 한다.
② 바젤협약 : 유해 폐기물의 국가 간 이동을 규제하고, 안전한 폐기물 처리를 촉진하는 협약이다.
③ 몬트리올의정서 : 프레온가스 등과 같이 오존층을 파괴하는 물질의 생산 및 사용을 규제하기 위한 국제 협약이다.
④ 교토의정서 : 온실가스 배출을 줄이기 위한 국제 협약으로, 기후 변화 대응을 주요 목표로 한다.

5 |정답| ②

|오답|

디버깅(Debugging)은 소프트웨어 개발 과정에서 코드의 오류를 찾아 수정하는 작업으로, 프로그램이 정상적으로 동작할 수 있도록 개선한다.

① **컴파일** : 프로그래밍 언어로 작성된 소스 코드를 컴퓨터가 실행할 수 있는 기계어로 변환하는 과정이다.

③ **리팩토링** : 코드의 기능은 유지하면서 내부 구조를 개선하여 가독성과 유지보수성을 높이는 작업이다.

④ **테스팅** : 프로그램이 올바르게 동작하는지 검증하는 과정이다.

6 |정답| ③

|오답|

미켈란젤로 바이러스는 전형적인 부트 바이러스로, 네트워크가 아닌, 주로 플로피 디스크와 같은 이동식 저장장치를 통해 감염된다.

7 |정답| ②

|오답|

변혁적 리더십은 구성원들에게 비전과 영감을 제공하여 동기를 부여하고, 자발적인 변화를 유도한다. 조직의 목표를 구성원 개인의 성장과 연결시켜 조직 전체의 혁신을 촉진하는 것이 핵심이다.

① 변혁적 리더십은 조직의 변화와 혁신을 중요하게 여기지만, 구조적 변화 자체보다는 구성원의 내적 동기 부여와 가치 변화에 초점을 둔다.

③ 변혁적 리더십은 기존 방식을 유지하기보다는 혁신과 변화를 촉진하며, 전통적인 보수적 운영과는 반대되는 개념이다.

④ 절차와 규정을 강조하는 것은 거래적 리더십의 특징이며, 변혁적 리더십은 유연성과 창의적인 접근을 중시한다.

8 |정답| ③

|오답|

탄소발자국은 인간의 활동으로 인해 배출되는 온실가스의 총량을 의미하며, 주로 화석연료 사용, 산업 활동, 농업, 교통, 소비 생활 등에서 발생한다. 일부는 자연적인 유기물 분해와 같은 자연적인 탄소 순환도 존재하지만, 탄소발자국은 인간의 활동과 직접적인 관련이 있다.

9 |정답| ③

|오답|

오로라는 태양풍에 포함된 입자들이 지구의 자기장과 반응하면서 대기 중의 산소, 질소 분자와 충돌하여 빛을 내는 현상이며, 대기의 오염으로 인해 발생하는 광학적 현상이 아니다.

10 |정답| ②

|오답|

성층권에는 오존층이 존재하며, 태양에서 방출되는 자외선을 흡수한다.

① 지표면과 맞닿아 있는 곳은 대류권으로, 기상 현상이 활발하게 발생한다.

③ 성층권에서는 오존층이 태양의 자외선을 흡수하기 때문에 고도가 올라갈수록 기온이 상승하며, 대류 현상이 일어나지 않는다.

④ 성층권은 우주와 바로 맞닿아 있지 않고, 그 위로 중간권과 열권이 존재한다. 또한, 성층권의 산소 농도는 낮다.

11 |정답| ①

|오답|

쑤타이는 태국의 전통 의상이며, 말레이시아의 전통의상으로는 바주 쿠룽과 바주 멜라유가 있다.

② **아오자이** : 베트남의 전통 의상으로, 몸에 밀착된 긴 원피스 형태의 옷이다.

③ **사리** : 인도의 전통 의상으로, 긴 천을 몸에 감싸 입는 형태가 특징이다.

④ **기모노** : 일본의 대표적인 전통 의상이다.

12 |정답| ④

|오답|

프로슈머는 생산자(Producer)와 소비자(Consumer)의 합
성어로, 단순히 제품을 구매하는 것뿐만 아니라, 제품 개
발과 개선 과정에도 적극적으로 참여하는 소비자를 의미
한다.
① 생산자와 소비자의 경계가 흐려지며, 소비자가 제품
　생산 과정에 직접 영향을 미친다.
② 프로슈머는 전통적인 기업-소비자 관계를 넘어, 소비
　자가 제품 개발에 영향을 주는 역할을 한다.
③ 프로슈머는 기업의 마케팅 전략과 밀접한 관계가 있
　으며, 특히 사용자 리뷰, 제품 피드백 등에서 중요한
　역할을 한다.

13 |정답| ③

|오답|

슈링크플레이션은 가격은 유지되지만, 제품의 양이나 질
이 감소하는 현상을 의미한다. 이는 원자재 비용 상승이
나 생산비 증가로 인해 기업이 공식적인 가격 인상 없이
비용 절감을 하기 위해 사용하는 전략 중 하나이다.
① 인플레이션 : 물가가 전반적으로 상승하여 화폐 가치가
　하락하는 현상이다.
② 디플레이션 : 물가가 지속적으로 하락하는 현상으로,
　소비 위축과 경기 침체를 동반하는 경우가 많다.
④ 스태그플레이션 : 경기 침체와 물가 상승이 동시에 발
　생하는 현상이다.

14 |정답| ②

|오답|

코스피(KOSPI)는 대한민국의 대표적인 주가지수로, 한국
경제의 흐름을 반영하는 중요한 지표이다.
① 중소기업과 벤처기업이 주로 상장된 시장은 코스닥
　(KOSDAQ)이다.
③ 코스피 지수는 시장 상황에 따라 실시간으로 변동한다.
④ 코스피와 코스닥은 각각 상장 요건과 운영 방식이 다
　르다.

15 |정답| ④

|오답|

NFT(Non-Fungible Token) 티켓은 블록체인 기술을
활용하여 위·변조를 방지하는 디지털 티켓으로 암표 거
래를 막기 위해 개발되었다. 스마트폰 사용이 익숙지 않
은 디지털 소외계층에게는 해당 시스템이 공연 관람의
진입 장벽을 높일 수 있다는 우려도 제기되고 있다.

16 |정답| ③

|오답|

미디어 리터러시는 미디어 콘텐츠를 비판적으로 분석하
고, 올바르게 해석하며, 효과적으로 활용하는 능력을 의
미한다. ①, ②, ④는 모두 미디어 리터러시의 핵심 요
소다.
③은 특정 미디어를 독점적으로 이용하도록 유도하는 것
으로 미디어 조작 또는 편향된 소비와 관련된 내용이다.

17 |정답| ④

|오답|

디오니소스는 금주와 절제보다는 술과 축제, 쾌락, 해방,
광란을 상징하는 신이다. 그는 자유와 쾌락을 추구하며,
때로는 추종자들에게 광기를 불어넣는 존재로 묘사된다.

18 |정답| ②

|오답|

피에르 드 쿠베르탱은 고대 그리스 올림픽의 정신을 되
살려 국제 올림픽 위원회(IOC)를 설립하고, 1896년 첫
번째 근대 올림픽을 개최했다.
① 짐 나이스미스 : 농구의 창시자로, 1981년 미국 스프링
　필드 대학에서 농구를 고안했다.
③ 토마스 바흐 : 독일 출신의 펜싱 금메달리스트이자 제9
　대 국제올림픽위원회(IOC) 위원장이다.
④ 후안 안토니오 사마란치 : 제7대 국제올림픽위원회(IOC) 위
　원장으로 올림픽의 현대화와 상업화를 이끈 인물이다.

19 |정답| ④

|오답|

구겐하임 빌바오 미술관은 1997년 프랭크 게리가 설계한 건축물로, 스페인 빌바오에 있는 현대적인 미술관이다. 빌바오는 15세기 이래 제철소, 철광석 광산 등이 있던 공업도시였으나, 1980년대에 철강산업이 쇠퇴하고 도시의 기능이 침체되자 바스크 지방정부가 1991년 구겐하임 미술관을 유치했다.

20 |정답| ③

|오답|

ⓒ은 #Name?에 대한 것이며, #Null!은 교차하지 않는 두 범위에서 논리곱을 지정할 경우 나타난다.
ⓔ은 #Null!에 대한 설명이고, #Name?은 수식의 텍스트를 인식할 수 없을 때 나타나는 오류 메시지다.
ⓜ은 #NUM!에 대한 설명이다. #REF!는 다른 수식에서 참조한 셀이 삭제되어 셀참조가 유효하지 않을 때 나타난다.

21 |정답| ②

|오답|

캔슬 컬처는 주로 사회적 보이콧과 비판의 형태로 이루어지며, 법적 처벌과는 직접적인 연관이 없다.

22 |정답| ③

|오답|

2023년부터 정부는 농어촌의 현장 수요에 맞게 기존 5개월이었던 외국인 계절근로자의 체류기간을 추가로 3개월 더 연장시켰다. 외국인 계절근로자의 취업을 최대 8개월간 허용하여 노동력 수급의 유연성을 확보하였다.

23 |정답| ①

|오답|

뉴노멀(New Normal)은 기존의 방식이 변화하여 새로운 기준이 자리 잡은 상태를 의미하며, 특히 2008년 글로벌 경제위기 이후 나타난 새로운 경제 질서를 말한다. 경제 질서뿐만 아니라 사회 전반적인 새로운 기준이 보편화되는 현상을 나타내는 말로도 사용한다.

24 |정답| ④

|오답|

한강 작가의 대표작으로는 「흰」, 「소년이 온다」, 「작별하지 않는다」, 「채식주의자」, 「희랍어 시간」 등이 있다. 「무의 노래」는 고은 시인의 시집이다.

25 |정답| ④

|오답|

④ 격세지감(隔世之感) : 시대의 변화를 체감함
① 와신상담(臥薪嘗膽) : 원수를 갚거나 목표를 이루기 위해 참고 견디며 각오를 다짐
② 수수방관(袖手傍觀) : 나서지 않고 방관하며 문제를 해결하려는 의지가 없음
③ 전전반측(輾轉反側) : 걱정과 불안으로 인해 밤새 뒤척이며 쉽게 잠들지 못함

26 |정답| ②

|오답|

팝아트는 1950년대 후반부터 1960년대에 걸쳐 미국과 영국에서 발전한 미술 운동으로, 광고, 만화, 영화 등 대중문화의 이미지를 예술 작품에 도입하여 고급 예술과 대중문화의 경계를 허물었다. 대표적인 작가로는 앤디 워홀과 로이 리히텐슈타인이 있다.
① 팝아트는 전통적인 회화 기법과 고전적 주제에서 벗어나, 현대 대중문화를 소재로 다룬다.
③ 팝아트는 대중문화의 구체적인 이미지를 활용하는 데 중점을 둔다.
④ 인상주의의 특징으로 팝아트와는 다른 미술 사조이다.

27 |정답| ③

|오답|

서킷브레이커는 주식시장에서 급격한 가격 변동을 방지하기 위해 일정 수준 이상의 주가 변동이 발생하면 일시적으로 매매거래를 중단하는 제도이다.

① 거래량이 아니라 주가 하락 또는 상승률에 따라 발동된다.

② 암호화폐 시장에서는 서킷브레이커가 법적으로 의무 적용되지 않는다.

④ 서킷브레이커는 일정 시간 동안 매매를 정지하는 제도로, 특정 종목의 거래를 하루 동안 금지하는 규제가 아니다. 특정 종목의 이상 거래 시 적용되는 제도로는 거래정지나 투자경고종목 지정 등이 있다.

28 |정답| ①

|오답|

퍼레니얼 세대(Perennial generation)는 기존의 세대 구분과 달리 연령에 관계없이 다양한 세대의 특성을 가진 사람들을 의미한다. 은퇴 후에도 학업을 하거나 재취업에 도전하는 노인 또는 Z세대에 해당하는 연령층이지만, 부모님과 같은 취향·문화를 추구하는 사람들은 퍼레니얼에 속한다.

29 |정답| ④

|오답|

실업률과 임금·물가 상승률의 반비례 관계를 나타내는 곡선은 필립스 곡선이다. 단기적으로 실업률이 낮아지면 노동 수요 증가로 인해 임금이 상승하고, 이는 물가 상승으로 이어질 가능성이 높다는 것을 나타낸다.

① 소득 증가에 따른 소비 지출 패턴 변화를 나타내며, 소득이 증가할수록 필수품 지출 비중은 감소하고, 사치품 지출 비중은 증가하는 경향을 보인다.

② 세율과 정부 세수간의 관계를 나타내는 이론적 곡선으로, 세율이 0% 또는 100%일 때 세수가 0이 되며, 그 사이에 세수를 극대화하는 적정 세율이 존재한다는 것을 시사한다.

③ 소득 분배의 불평등 정도를 시각적으로 표현하는 곡선으로, 인구의 누적 비율과 소득의 누적 비율 간의 관계를 나타낸다.

30 |정답| ③

|오답|

스타트업은 비용 효율과 빠른 성장을 위해 혁신적인 마케팅 전략을 선호한다. TV, 라디오, 신문 등 전통 매체를 이용한 전통 광고는 비용이 많이들고 성과 측정이 어려워 상대적으로 비효율적이다.

① 그로스 해킹 : 데이터 분석과 창의적인 아이디어를 활용하여 빠른 성장을 추구하는 마케팅 전략이다.

② 퍼포먼스 마케팅 : 정확한 타겟팅과 성과 측정이 가능한 디지털 매체를 활용하는 전략이다.

④ 소셜 미디어 마케팅 : SNS 플랫폼을 활용하여 브랜드 인지도 향상과 고객과의 소통을 도모하는 전략이다.

31 |정답| ②

|오답|

짧은 영상 콘텐츠에 중독되어 현실에 대해서는 둔감하게 반응하는 뇌구조를 의미한다. 뇌에서 생각을 담당하는 회백질이 줄어들어 팝콘처럼 튀어오르는 것처럼 즉각적인 자극에만 뇌가 반응을 하며, 현실에서의 독서나 장시간 집중이 필요한 작업 등에는 흥미를 느끼지 못하는 현상이다.

32 |정답| ①

|오답|

파열음은 자음을 발음하는 방식 중 하나로, 공기가 혀, 입천장, 입술 등과 같은 조음 기관에 의해 완전히 막혔다가 갑자기 터져 나오면서 형성되는 소리이다. 한국어에서 'ㄱ', 'ㄲ', 'ㅋ', 'ㄷ', 'ㄸ', 'ㅌ', 'ㅂ', 'ㅃ', 'ㅍ'이 이에 해당하며, 짧고 강하게 발음되는 것이 특징이다.

33 |정답| ③

|오답|

민며느리제는 여자가 어릴 때 신랑 집에서 성장한 후 혼례를 올리는 옥저의 혼인 풍습이다.

① 사출도 : 부여의 정치 체제로, 왕 아래 마가·우가·저가·구가(4출도)가 있어 각 지방을 다스리는 연맹 왕국 형태였다.

② 순장 : 왕이 죽으면 신하나 노비를 함께 묻는 풍습으로 부여에서는 왕이 죽었을 때 100명이 넘는 신하들이 산채로 묻히는 일도 있었다.

④ 영고 : 12월에 열리는 부여의 대표적인 제천 행사이다.

34 | 정 답 | ④

| 오 답 |

위례성은 백제 건국 초기의 도읍지이다.
① 졸본은 고구려의 첫 번째 수도이고, ② 국내성은 고구려의 두 번째 수도로 고구려 유리왕이 수도를 옮긴 곳이다. ③ 평양성은 고구려 후기 장수왕이 수도를 국내성에서 평양으로 천도한 곳이다.

35 | 정 답 | ③

| 오 답 |

어사대는 고려 시대 감찰 기관으로, 관리를 감찰하고 풍기를 단속하는 역할을 수행했다. 관리들의 부정부패를 조사하고 탄핵하는 기능을 가졌다.

36 | 정 답 | ④

| 오 답 |

고조선은 우리나라 최초의 국가로, 단군 조선과 위만 조선으로 구분된다. 위만 조선은 철기 문화를 받아들이며 세력을 키웠으나, 기원전 108년 한 무제의 침략으로 멸망하였다.
① 세형동검과 잔무늬거울은 초기 철기 시대의 유물들이다.
② 현존하는 사서 중 고조선에 대한 사실을 가장 오래된 기록은 중국의 '관자(管子)'이다.
③ 단군조선은 제정일치 사회였으나, 본격적인 중앙집권 체제는 위만조선에서 이루어졌다.

37 | 정 답 | ④

| 오 답 |

음서제도는 고려와 조선에서 시행된 관리 임용 방식으로, 고위 관료의 자제나 친인척이 과거시험 없이 하급 관직에 임명되는 제도였다. 특히 고려에서는 5품 이상 관료의 자제가 대상이 되어 문벌귀족의 정치적 기득권 유지 수단으로 활용되었다. 다만, 음서로 관직에 오른 자도 고위직으로 승진하려면 과거시험을 치러야 했다.
① **기인제도** : 고려시대 지방 호족의 자제를 수도에 머물게 하여 중앙정부가 지방 세력을 통제하기 위해 실시한 제도이다.
② **상수리제도** : 신라와 고려 초기에 지방 세력 견제를 위해 지방 세력가의 자제를 수도에 머물게 한 제도로, 기인제도의 전신이다.
③ **과거제도** : 고려와 조선에서 관리 선발을 위해 시행한 시험 제도로, 학문과 능력을 평가하여 관리로 임용하였다.

38 | 정 답 | ③

| 오 답 |

갑신정변(1884) 이후 미국에서 돌아온 서재필은 남궁억, 이상재, 윤치호 등과 함께 독립협회를 창립하고 만민공동회와 관민공동회를 개최하여 국권 및 민권 신장 운동을 전개했다. 또한 중추원 개편을 통한 의회 설립과 서구식 입헌군주제 실현을 목표로 활동하며, 절영도 조차 반대, 한러은행 개설 규탄, 독립문 건립 등의 개혁 운동을 추진했다. 그러나 1898년 독립협회의 개혁 움직임에 반발한 보수 세력(황국협회 등)의 공격과 정부의 탄압으로 강제 해산되었다.

39 | 정 답 | ②

| 오 답 |

일제는 1910년대 강압적인 식민 통치를 위해 헌병 경찰 제도를 도입하고 민간인까지 감시·탄압하였다.
① **통감부** : 1905년 을사늑약 이후 설치되어 대한제국의 외교권을 박탈하였으며, 1910년 한일병합 이후 조선총독부로 개편되었다.
③ **조선총독부** : 1910년 한일병합 이후 설치되었으며, 을사늑약 이후 대한제국의 외교권을 박탈한 기관은 '통감부'이다.
④ **동양척식주식회사** : 1908년 일본이 조선의 토지를 수탈하고 일본인에게 분배하기 위해 설립한 기관으로, 조선 농민을 착취하는 역할을 하였다.

40 | 정 답 | ①

| 오 답 |

일본 도쿄 유학생들이 결성한 조선청년독립단은 1919년 대표 11인을 중심으로 도쿄에서 2·8 독립선언서를 발표했다. 이는 미국 대통령 윌슨이 주창한 민족자결주의의 영향을 받은 것으로, 이후 국내에서도 3·1 운동이 전개돼 민족대표 33인이 기미독립선언서를 발표하고 국내외에 독립을 선언했다. 3·1 운동은 일제가 무단통치를 완화하고 식민지 통치를 문화통치 방식으로 변화시키는 계기가 됐다.

가볍게! 빠르게! 확인하는 용어사전 시리즈

시사용어사전 | 경제용어사전 | 부동산용어사전

시사용어사전 1228

매일 접하는 각종 기사와 정보! 공기업/언론사/기업체/공무원 채용을 준비하는 수험생과
현대인이 꼭 알아야 할 최신 시사상식을 쏙쏙 뽑아 이해하기 쉽도록 영역별로 정리

경제용어사전 1050

주요 경제용어는 거의 다 실었다! 금융권/공기업/언론사/기업체/공무원 채용을 준비하기 전에,
경제 공부를 시작하기 전에 읽어보면 경제가 쉬워지도록 사전식으로 구성

부동산용어사전 1310

부동산에 대한 이해를 높이고 부동산의 개발과 활용, 투자 및 부동산 용어 학습에도
적극적으로 이용할 수 있는 교재, 공인중개사 출제용어도 수록

자격증

한번에 따기 위한 서원각 교재

한 권에 준비하기 시리즈 / 기출문제 정복하기 시리즈를 통해 자격증 준비하자!